大学教育研究 系列丛书　主编◎楼世洲

近代中国大学
教育学科研究

项建英◎著

华东师范大学出版社

近代中国大学
研究科学百年

汪家熔 著

本书系全国教育科学"十一五"规划
教育部重点课题研究成果

课题批准号:DAA100188

《大学教育研究系列丛书》总序

一

一百年前,中国的思想巨人梁启超在思考饱受列强欺凌的中国前途命运时,提出了振聋发聩的"少年强则中国强、少年智则中国智"时代强音。从1872年为祖国富强学习新技术的第一代留美幼童起,到当时求学于南开中学的未来的共和国总理周恩来执着于"为中华崛起而读书";从清末民初的工程师詹天佑、教育家蔡元培等,到成为共和国"两弹一星"元勋的钱学森、邓稼先等,一代一代的中国人为中华之崛起而努力。

穿越时光的隧道,历史到了21世纪,一种叫"中国模式"的社会发展形态引起世人的密切关注。就是这样一个一百多年前积贫积弱的中国,一百年后已经是国民生产总值世界第二、外汇储备世界第一,并成为制造业规模最大的"世界工厂"。经过无数中国人的努力与奋斗,一个政治上独立、经济上繁荣、军事上日益强大的中国屹立在世界的东方。

二

然而,经济大国并不等于世界强国。中国如何从经济大国成为世界强国,是未来百年我们面临的机遇与挑战,有人曾对世界历史上的大国崛起进行了研究,发现一个真正意义上的大国一定是一个高等教育的强国,一定是有一些世界一流的大学。近代大学从英国发轫,英国就很快成为领导全球第一次工业革命的国家;研究型大学出现于德国,德国也很快成为第二次工业革命的强大国家;吸取英国博雅书院教育,德国研究型大学的优点并和自己独创的专业应用型学院结合,形成了美国大学体系,美国也成了第三次工业革命的领袖,世界也进入了"美国世纪"。(丁学良:《什么是世界一流大学》)著名的香港中文大学的金耀基教授在一次演讲中提到,很多人说21世纪是中国人的世纪,但是他认为如果华人社会没有一百间以上的第一流的大学,那很难想像21世纪会是华人的世纪(金耀基:

《大学的理念》)。因此,中国要真正崛起于世界民族之林,成为一个世界的强国和大国,首先一定要是一个教育的强国。而要成为一个教育的强国,那一定要有世界一流的大学和一流的大学教育。

中国人在致力于中华民族复兴的过程中,一直努力学习西方技术,也努力探讨和建设中国的世界一流大学,有的从器物层面,有的从制度层面。近十年来,我国对于大学教育的研究蔚为壮观。天下兴亡,匹夫有责,为此,我们一批有志于大学教育研究的同仁,集思广益,终于形成了这一期大学教育研究系列丛书,希望为中国的高等教育现代化尽一份绵薄之力。

三

首期大学教育研究系列丛书是由我校的四位青年学者的研究成果形成,按照从宏观到微观的研究逻辑,分别为周国华博士的《大学教师组织认同研究:影响因素及其建构基础》、冯典博士的《大学模式变迁研究:知识生产视角》、项建英博士的《近代中国大学教育学科研究》和周志发博士的《美国大学物理学科教学、科研史研究(1876—1950年)》四本专著。

周国华博士的《大学教师组织认同研究:影响因素及建构基础》一书,从大学教师的立场出发,探讨大学制度如何有利于学术创新与教学育人。长期以来,不少学者从制度的产生与发展,制度的社会性与文化性等多种角度考察我国大学制度存在的问题,探讨大学制度创新道路,也取得了不少的成绩。然而,周国华博士另辟蹊径,从教师与学校制度的认同关系视角出发,采用组织行为学的研究范式,把量化研究与质性研究方式结合起来并进行对话,形成一种多元整合的研究范式,探讨了我国大学教师对大学的制度认同关系。周国华博士的研究发现,大学教师对大学的认同既有自身的因素如年龄、性格或性别上的因素,也有学校的因素,如大学所在的自然环境、人文环境和制度环境,还有教师与学校相互关系所形成的特别因素,如教师所在一所大学的专业、职业合适性和事业的发展空间,以及教师在大学所知觉到的尊重,甚至是与其他大学相比较所产生的相对剥夺感。在所有这些影响对大学组织的认同的因素中,一所大学声望的好坏是非常重要的,也是最为重要的。除此之外,大学教师所知觉到的公平感及工作满意感也是影响教师对于大学组织认同的最为重要因素之一。研究还发现，如果大学教师认同于大学，就可能表现出良好的组织公民行为（一种自愿的奉献行为，而这正是教学育人的真谛所在！）。周国华博士的研究对于正在致力于世界一流大学建设，形成现代大学制度的我国大学发展政策制定，具有重要的参考价值。

  大学模式变迁与知识生产的互动关系不仅是高等教育研究的基本理论命题，而且是关涉到大学发展问题的具有深刻时代意义的重大现实课题。冯典博士的《大学模式变迁研究：知识生产视角》一书，以知识生产为视角，考察了大学模式的历史变迁与知识生产的互动关系。观今宜鉴古，无古不成今。我们知道，大学自中世纪产生以来，一直作为文化的机构而存在，它始终与知识的生产、传播、传递和普及联系在一起，大学的兴盛与衰落和知识生产息息相关。不研究大学的知识生产不仅无法理解今天大学发展的状态，更无法把握未来大学的发展动向。从方法论上看，本研究突破了传统的"国家—市场—大学"或"政治—经济—文化"研究视野的局限，从知识生产的视角，力图构建大学模式研究的基本理论框架，厘清大学模式变迁的基本历程，勾勒大学模式变迁的地理路径，揭示大学模式与知识生产的关系机理。如果说周国华博士的研究是从当下来看大学发展存在问题，那么冯典博士的研究则是从历史的角度，探讨大学发展的成败，给我们未来的大学建设提供了宝贵的历史经验。

  大学教育问题既需要从宏观的制度创新、学术范式等视角来观察，也需要从微观层面进行细究。项建英博士和周志发博士的研究就是深入到学科内部，具体探讨了大学学科发展问题。项建英博士在《近代中国大学教育学科研究》一书中，以近代中国不同类型的大学为纬，以其发展演变的历史为经，具体探讨了大学教育学科在中国的发展历程。以往学者对中国近代大学的发展进行过专门研究，也有学者侧重从理论层面考察了近代教育学科的发展历程，而对近代大学教育学科进行研究的专著、论文尚不多见。项建英博士通过研究，发现近代中国教育学科伴随着"西学东渐"而产生，从一开始就依附于学校，并先后借鉴日本、美国学校教育体制，不仅以"双轨制"运行在高等师范和国立综合性大学，而且还设置在教会大学、私立大学、独立教育学院和独立师范专科学校，出现了"多元化"格局。从20世纪初到1949年中华人民共和国成立，近代中国大学教育学科经过近半个世纪的发展，已在全国范围内形成了网络状结构，教育学科群已初步形成，学科建设已趋于制度化，近代中国大学教育学科体系遂基本形成。考察这一时段内各类大学教育学科建立和发展的历程，以及在师资建设、课程设置、教学内容与方法、学术研究、人才培养等方面积累的经验与教训，不仅有助于我们了解近代中国大学教育学科现代化的历程，而且对于今天中国大学学科建设仍是一笔值得借鉴的宝贵财富。

周志发博士的《美国大学物理学科教学科研史研究(1876—1950年)》则从一个具体的学科发展的角度，探讨了大学学科教育发展独特的规律。研究发现，自1876年至1950年美国大学物理学科近八十年的发展史，是一个物理学科从世界边缘走向世界中心的历史。为顺应从牛顿经典物理学向现代物理学过渡的历史性变革，美国大学物理学科在师资、教学、课程、学科信念以及相应的制度和组织等方面做出了回应。20世纪30年代美国大学物理学科专业化达到了成熟期，首次创造的大物理学组织——以核物理学科为核心，以交叉学科为主要特征的新型组织，标志美国物理学科开始引领世界物理学的发展。美国物理学科发展的历史对于正在致力于学科建设的我国大学来说，是不无裨益的。

四

百年中国繁荣富强的历史，也是一个中国高等教育不断发展壮大的历史。回首百年大学教育发展的坎坷之路，高等教育研究同仁常为之叹，并期待早日实现高等教育强国梦。浙江师范大学与华东师范大学出版社共议，以定期或不定期方式，每期收录若干本少而精、对大学教育发展有独特思想的作品，集腋成裘，从历史与现实的角度充实对我国大学教育制度和思想演变的研究。作为主编，在此衷心感谢出版社领导、学界同仁的理解和支持。

文章千古事，得失寸心知，同时真诚期待各界朋友不吝赐教。是为序。

楼世洲

2011年4月26日于金华

目 录

绪论 /1

    一、课题的设定 /1
    二、文献综述 /4
    三、概念界定 /11
    四、研究方法及内容概要 /17

第一章 近代中国大学教育学科发展的历史背景 /23

    一、西方教育学科的导入 /23
        （一）西方教育学科的初步导入 /24
        （二）清末以日本为媒介教育学科的导入 /28
        （三）民国以美国为指向教育学科的导入 /33
    二、学制的颁定和实施 /40
        （一）清末《壬寅·癸卯学制》确立了大学教育学科的合法地位 /40
        （二）民初《壬子·癸丑学制》提高了大学教育学科的层次 /45
        （三）1922年《壬戌学制》使大学教育学科的设置趋于多元化 /49
    三、教育"科学化"运动的兴起和发展 /54
        （一）教育"科学化"运动的兴起 /55
        （二）近代中国大学教育学科"科学化"运动的展开 /57
        （三）"科学化"运动对中国大学教育学科的影响 /60

第二章 近代高等师范教育学科 /64

    一、高等师范教育学科的雏形：清末优级师范学堂 /64
        （一）从京师大学堂师范馆到优级师范学堂 /65

（二）日本教习与清末优级师范学堂教育学科/67
　　（三）留日归国学生在清末优级师范学堂/72
　　（四）教育学科课程设置及教材/75
二、民初高等师范学校教育学科的发展/78
　　　　——以北京高等师范学校为中心
　　（一）以归国留学生为主体的教师群体/79
　　（二）教育学科建设趋向学术化/82
　　（三）教学内容和方法科学化/85
　　（四）注重培养教育学科专业化人才/87
三、陶行知与南京高等师范学校教育学科/90
　　（一）陶行知留美期间的学习和研究/91
　　（二）陶行知在南高师教育学科推行的教育改革/93
　　（三）陶行知对南高师教育学科建设的贡献/96
　　（四）陶行知与南高师教育学科教师群体/101
四、"高师改大"后的高等师范教育学科/104
　　　　——以北平师范大学为个案
　　（一）教育系课程设置及其教学概况/104
　　（二）教育研究所的建立与发展/109
　　（三）教育学科人才培养之特色/114
五、廖世承与蓝田师范学院教育学科/116
　　（一）蓝田师范学院的创设/117
　　（二）蓝田师范学院院长廖世承/118
　　（三）蓝田师范学院教育学科的课程设置及社会教育活动/120
六、近代高等师范教育学科的基本特征/124

第三章　近代国立综合性大学教育学科/135

一、从东南大学到中央大学/135
　　（一）从东南大学教育科到中央大学师范学院教育系/136
　　（二）《新教育》与东南大学教育学科/139
　　（三）教育学术研究制度化、规范化/143
二、北京大学教育学科/149

（一）师资与课程不断充实/150
　　（二）教材教法别具一格/153
　　（三）学生学术研究机构：从"教育研究会"到"教育学会"/155
三、西南联合大学教育学系/158
　　（一）学术研究弦歌不辍/159
　　（二）课程设置的特点及不足/161
　　（三）颇具特色的师生群体/165
四、近代国立综合性大学教育学科的基本特征/167

第四章　近代教会大学教育学科/178

一、教会大学教育学科的缘起/178
　　（一）教育学科有助于传播基督教/179
　　（二）教育学科能满足教会学校对师资的需求/181
　　（三）教育学科有利于教会大学毕业生就业/182
二、近代教会大学教育学科的建立与发展/184
　　（一）从牧师兼职到专业教师/184
　　（二）课程趋于实用化、本土化/187
　　（三）教学方法强调多样化、科学化/189
　　（四）培养人才注重博专结合/192
三、燕京大学教育学科的建立和发展/194
　　　　——以3位系主任为中心
　　（一）虔诚的教育学科"传教士"高厚德：教育学科的开创/194
　　（二）河北教育界的人杰周学章：教育学科的发展/197
　　（三）教育学科的弄潮儿廖泰初：教育学科的恢复与调整/200
四、近代教会大学教育学科的基本特征/202

第五章　近代私立大学教育学科/209

一、私立大学教育学科成立和发展概况/209
二、影响私立大学教育学科发展的主要因素/213
三、私立大学教育学科个案考察：厦门大学与大夏大学/217

　　　　（一）专任教师少而精/217
　　　　（二）教学管理严格而灵活/219
　　　　（三）学科齐全、课程丰富/220
　　　　（四）教育教学实习富有特色/222
　　　　（五）在"教育救国"主旋律下师生和谐共存/223
　　四、近代私立大学教育学科的基本特征/224

第六章　独立教育学院和独立师范专科学校教育学科/232

　　一、独立教育学院教育学科的创立及其特征、贡献/232
　　　　（一）独立教育学院的创立/232
　　　　（二）独立教育学院教育学科的主要特征/233
　　　　（三）从比较的角度看独立教育学院创办乡村教育学科/238
　　　　（四）独立教育学院对近代教育学科的贡献/242
　　二、独立师范专科学校教育学科的创设及其特征/245
　　　　（一）独立师范专科学校的创设/245
　　　　（二）独立师范专科学校教育学科的主要特征/247
　　　　　　——以福建省立师范专科学校为中心

第七章　近代中国大学教育学科的历史地位/251

　　一、近代中国大学教育学科体系的确立/251
　　　　（一）近代中国大学教育学科的分布结构/251
　　　　（二）近代中国大学教育学科群初步形成/257
　　　　（三）近代中国大学教育学科建设的制度化/260
　　二、近代中国大学教育学科的局限性与不足/264
　　　　（一）教育学科地域分布及分支学科发展不平衡/264
　　　　（二）课程设置不完善/268
　　　　（三）教材建设整体水平不高/271
　　三、问题与反思/273
　　　　（一）教育学科与师范教育的关系问题/273
　　　　（二）近代中国大学教育学科的"双轨制"及"多元化"问题/276

（三）近代中国大学教育学科本土化问题/280

　　四、后续课题/284

附表目录

表2-1　清末主要优级师范学堂教育学科日本教习概况表/68
表2-2　民初北高师历届校长及部分教师留日简况表/81
表2-3　陶行知在哥伦比亚大学师范学院学习课程表/92
表2-4　北平师大教育系1924—1932年度课程表/105
表2-5　蓝田师范学院教育系分组选修课程表/121
表3-1　1943—1948年间中央大学教育学科硕士研究生简况表/146
表3-2　教育部部颁课程与西南联大教育学系课程对照表/162
表7-1　1943—1948年间各大学教育学科硕士研究生简况表/263

主要参考文献/286

后　记/300

绪 论

一、课题的设定

晚清，伴随着"西学东渐"的潮流，西方近代教育开始传入中国，反映在学校教育学科的建设方面，国人最早关注的是日本师范学校的课程设置。1896年梁启超在《论师范》一文中曾列举日本师范学校设有教育课程。他说："日本寻常师范学校之制（日本凡学校皆分二种，一高等，二寻常）其所教者有十七事：一修身，二教育，三国语（谓日本文语），四汉文，五史志，六地理，七数学，八物理化学（兼声光热力等），九博物（指全体学动植物学），十习字，十一图画，十二音乐，十三体操，十四西文，十五农业，十六商业，十七工艺。"他又认为中国师范学校课程应该参考日本课程设置进行增减，至于"教育"一门，"至其所以为教之道，则微言妙义，略具于《学记》之篇，循而用之，殆庶几矣。"[1]但梁启超竭力提倡师范教育，认为师范学堂是"群学之基"，这种兴办师范的呼声促使国人去了解、研究日本师范学校的教育学科。

学校中最早开设教育课程的是1897年盛宣怀创办的南洋公学师范院，其宗旨是造就师资，以推广新教育，共考取学生40人。学习内容"视西国师范学校肄习师范教育管理学校之法"[2]，学校所属译书院编有教育课程讲义供师范院使用。同时，仿照日本师范学校有附属小学校之法，南洋公学另设"外院"学堂，派师范生兼任教习，这也是我国师范学校附设小学之始。但南洋公学师范院只是相当于中等师范学校。1898年3月，罗振玉在上海新马路之梅福里创设了东文学社，希望通过培养日文翻译人才以介绍日本及业经日本翻译的欧美国家有关教育、时务之书，故在课程设置上，以日文为主，辅之以修身、教育、历史、地理、数学、格致等，学社聘

---

[1] 林志钧主编：《饮冰室合集》文集之一，北京：中华书局1989年版，第37页。
[2] 陈学恂主编：《中国近代教育史教学参考资料》上册，北京：人民教育出版社1986年版，第315页。

请了日本人藤田丰八负责教务,田冈岭云为助教。20世纪初,随着师范学校的增设,教育学开始作为一门独立的学科在学校出现。1901年罗振玉在《教育世界》杂志第12号上发表了《设师范急就科议》一文,他主张仿日本师范速成科之例,立师范急就科,并拟定出详细章程十条。其要点是每县立师范急就学堂一所,借用原有的书院或分所为学堂之所,以省经费。学习科目"日本师范学科凡十有三目,曰教育……","科目既定,宜选课书,兹就近日已译之书合用者,开列于此,曰学校管理法、曰教授法、曰学校卫生学、曰内外教育史、曰教育学"。1902年2月,通州师范学校聘请师范教习4人,分教"教授管理法"等课程,并附设小学校,为师范生实习之地。1902年5月,湖北师范学堂课程除授普通学外,另加"教育学"、"卫生学"、"教授法"、"学校管理法"等。但最早在中国大学明确规定设置教育学科的是京师大学堂师范馆。1902年《钦定学堂章程》规定京师大学堂附设速成科,速成科又分仕学馆和师范馆,师范馆于10月与仕学馆一起开始招生,规定设置"教育学"课程。① 此后,随着师范教育的不断发展,教育学科成为师范学堂的主干学科和必修课程,如南京两江师范学堂、北洋师范学堂等,均设有教育学科。1904年颁定的《奏定学堂章程》规定,师范分初级和优级两级,优级师范学堂在第二学年和第三学年开设教育理论、教育史、教授法、学校卫生、教育法令,以及"教授实事练习"等。这些教育学课程在清末优级师范学堂的系统开设,标志着近代中国大学教育学科的建立。

中国近代教育学科从一开始就依附于学校,并先后借鉴日本、美国学校教育体制而形成了"双轨制":其一,教育学科设置在高等师范。从清末优级师范学堂到民初高等师范学校,再到1922年"高师改大"后的高等师范,主要以教学为主,目的是培养师资,同时也开展教育学术研究和教育行政人员的培养。其二,教育学科设置在国立综合性大学②。建国前中央大学、北京大学、西南联大等综合性大学的师范学院、教育学院、教育学系及其附属的教育研究所,以培养教育学科研究人才为主要目标,成为我国近代教育学科研究的重要基地。关于教育学科设置在高等师范还是综合

---

① 这里"教育学"课程包括中外教育史、教育理论、教授法、教育法令、教育制度、学校管理法、学校卫生、学堂参观(即教育见习)、教授实事练习(或称实事授业,即教学实习),还包括心理学大要、伦理学大要、辨学(逻辑学)大要等课程。
② 论文中综合性大学均指国立或公立综合性大学。

性大学，这两种模式在近代中国发生过多次论争，但纵观近代中国大学发展的历程，教育学科基本上以"双轨制"运行，既在高等师范设置又在综合性大学发展。而独立教育学院和独立师范专科学校教育学科的设置，使大学教育学科内容更加丰富。此外，教会大学和各类私立大学教育学科的建立也为教育学科的发展和人才培养作出了贡献，成为中国近代国立或公立高等师范及综合性大学教育学科的重要补充。这样，教育学科在近代中国各类大学既相互竞争又相互促进，共同推动着大学教育学科的发展。

本文试图以20世纪初近代中国大学教育学科的设置为起点，以1949年中华人民共和国成立为下限，具体考察这一时段内各类大学教育学科建立和发展的历程，主要从师资状况、课程设置、教学方法、人才培养、学术研究等方面揭示近代中国大学教育学科的发展轨迹。本文之所以设定近代中国大学教育学科为研究课题，主要基于以下几方面的考虑：

1. 有助于增强大学教育学科建设的自我意识。梁启超曾说："盖吾辈不治一学则已，既治一学，则第一步须先将此学之真相，了解明确，第二步乃批评其是非得失。"①因此，进行大学教育学科建设，首先必须了解其本身的历史。"没有过去，不仅今天毫无意义，将来也没有希望。"②本文旨在实证地考察近代各类大学教育学科的建立和发展历程，虽然从清末到民国，政局动荡，战事纷扰，教育学科作为后发外生型的学科，其发展亦几经波折，但大学教育学科始终按其自身内在的发展规律不断地走向成熟，课程设置日趋系统，教育学术研究不断深化，人才培养模式也趋于多元化。透视近代中国大学教育学科的发展历史，有利于增强大学教育学科建设的自我意识，从而使当代我国大学教育学科的发展不断从自在走向自为。

2. 有助于各类大学教育学科形成自身的个性和特色。在大学学科建设中，只有凸显自身的特色，发挥其优势和长处，才能在学科丛林中占有一席之地。近代中国各类大学教育学科充分意识到这一点，在其不同大学方针指导下，学科建设也朝着不同的方向发展。一般而言，高等师范

---

① 林志钧主编：《饮冰室合集》专集之三十四，北京：中华书局1989年版，第32页。
② M. Nakosteen, *The History and Philosophy of Education*, New York: The Ronald Press Company, 1965. p. 22.

注重学生的人格教育、注重教学实习、注重师范技能课程的设置等,主要目的是培养中学、中等师范学校的师资,因此,以"师范性"为其学科建设的基本价值取向;综合性大学学术传统悠久,提倡大学乃研究高深学问之地,注重学术研究,注重专门学术人才的培养等,主要以"学术性"为中心开展教育学科的建设;教会大学教育学科为了能在中国大地生存发展,无论师资、课程、教学等都朝着中国化、世俗化方向发展,并且其新型平等的师生关系、对话式教学、注重博专结合的人才培养模式等曾引领时代风骚;私立大学由于资金、生源等因素,课程设置注重社会应用性,教学管理严格而灵活,并善于扩大其社会影响。此外,独立教育学院注重社会教育,独立师范专科学校则偏重于师范技能的训练,主要目的是培养初级中学的师资。近代中国各种不同类型的大学,其不同的办学方针,不同的校园文化氛围,对教育学科发展的不同关注,使其发展方向及特色随之各异。深入考察上述历史事实,对我国今天不同类型大学如何建设教育学科,如何张扬自身特色,以求更好的生存和发展仍具有重要的参考价值。

3. 有助于促进教育科学的整体发展。大学教育学科是教育科学体系的重要组成部分,也是开展教育学术研究的前沿阵地,许多学术研究领域首先在大学得到拓展,故而有的学者曾称大学教育系科为教育科学的主要"生长地"。[①] 大学教育学科的发展带动着整个教育科学的发展,当然,教育科学的发展也为大学教育学科发展提供了重要的基础,它们之间的关系是相互影响、相互促进的。

总之,近代中国大学教育学科在师资建设、课程设置、教学内容与方法、学术研究、人才培养等方面积累了不少经验与教训,对于今天中国大学教育学科的建设仍是一笔值得借鉴的宝贵财富。

二、文献综述

迄今为止,有的学者对中国近代大学的发展进行过专门研究,也有学者侧重于从理论层面考察了中国近代教育学科的发展历程,而对近代大学教育学科进行研究的专著、论文尚不多见。因此,把近代中国大学教育学科作为研究选题具有创新性,但同时更富有挑战性;因为要真实反映教

---

① 郑金洲、瞿葆奎:《中国教育学百年》,北京:教育科学出版社2002年版,第353页。

育学科在近代高等师范、综合性大学、教会大学、私立大学、独立教育学院和独立师范专科学校的发展历程，可供参考的先期研究成果十分有限，文献史料的分布也相当零碎。

（一）关于近代大学发展的研究

1. 从总体上来研究近代中国各类大学的专著主要有郑登云编著《中国高等教育史》（上册，华东师范大学出版社1994年版），该书分析了从1840年到1949年中国近代高等教育制度的建立和发展；霍益萍著《近代中国的高等教育》（华东师范大学出版社1999年版）一书对清末、民国初年、北京政府时期、南京国民政府时期的高等教育概况进行了描述，并对北京大学和东南大学作为个案进行了深入研究；金以林著《近代中国大学研究》（中央文献出版社2000年版）一书系统地考察了中国近代大学教育产生的社会背景、发展演变过程，并分析了公立大学、教会大学、私立大学等不同类型高校的演变轨迹。类似的专著还有熊明安著《中国高等教育史》（重庆出版社1983年版），加拿大学者许美德著《中国大学：1895—1995，一个文化冲突的世纪》（教育科学出版社2000年版），刘少雪著《中国大学教育史》（山西教育出版社2007年版），等等。这些专著为本文的写作提供了大量背景性材料。

2. 有关高等师范教育的专著主要有刘捷、谢维和著《栅栏内外——中国高等师范教育百年省思》（北京师范大学出版社2002年版）一书，该书对近代高等师范教育的肇端和发展进行了详细的考察，其"第五章高等师范专业性的论争及其发展模式的历史变迁"、"第七章教育科学的发展和教育职业的变迁"，对本文研究高等师范教育学科具有直接的参考价值。另外，刘问岫编《中国师范教育简史》（人民教育出版社1984年版）、马啸风主编《中国师范教育史》（首都师范大学出版社2003年版）、崔运武著《中国师范教育史》（山西教育出版社2005年版）等论著，也为本文分析高等师范教育学科的演变提供了有价值的参考。

3. 有关教会大学的专著主要有杰西·格·卢茨著《中国教会大学史（1850—1950）》（浙江教育出版社1987年版）一书，可以说是有关中国教会大学史的经典专著，该书对教会大学的师资、课程、学生、学术等问题进行了深入研究，为本文考察教会大学教育学科打下了重要的基础；何晓夏、史静寰著《教会学校与中国教育近代化》（广东教育出版社1996年版）

一书论述了教会大学的师资、组织管理、教学方法等方面的内容,并从中国教育近代化的角度研究教会学校,也为本文的写作提供了新的视角和启示。另外,章开沅、马敏主编《中国教会大学史丛书》,吴梓明主编《基督教教育与中国社会丛书》,章开沅主编《教会大学在中国》大型多卷本丛书等,也为本文开展个案研究提供了重要参考。

4. 宋秋蓉著《近代中国私立大学研究》(天津人民出版社2003年版)是第一部关于近代私立大学的独立专著,从社会转型的角度描述了近代中国私立大学的发展概况。王炳照主编《中国私学、私立学校、民办教育研究》(山东教育出版社2002年版)一书在第二编对中国近代私立大学展开了研究。这些先期研究成果对本文研究近代私立大学教育学科的发展及其特征等问题具有很大的启发和参考价值。

5. 有关独立师范专科学校的专著主要有李均著《中国高等专科教育发展史》(学林出版社2005年版),该书中编专门分析了中国近代高等专科教育的转型问题,而论述近代独立教育学院的专著尚未见到。

另外,有关各类大学的研究论文较多,如肖朗著《中国近代大学学科体系的形成——从"四部之学"到"七科之学"的转型》(《高等教育研究》2001年第6期)、刘剑虹著《我国近代综合性大学的发展历程与办学经验》(《宁波大学学报》教育科学版2004年第5期)、田正平著《关于中国私立高等学校的几点思考》(《北京大学教育评论》2003年第1期),等等,这些论文也为本文的写作提供了重要的参考和借鉴。

以上专著和论文均未以近代中国大学教育学科建设作为研究的主题,但为本文的撰写提供了总体概况和背景介绍,明确了教育学科在近代中国的生存环境;同时,这些专著和论文中也有涉及大学教育学科的描述,虽然着墨不多,甚至只是偶尔提及,但对本文的写作仍然弥足珍贵。

(二) 关于近代教育学科发展的研究

20世纪80年代、特别是90年代以来,教育学界开展了以教育学科自身历史发展为对象的研究。

金林祥主编《20世纪中国教育学科的发展与反思》(上海教育出版社2002年版)在利用大量文献资料的基础上,对中国教育学科体系的发展进行了梳理,其中前三章论述了1949年前中国教育学科体系的萌芽、初现到教育学科体系的构建,介绍了各分支学科的发展概况和几种主要的教育学术专著,并分析了不同阶段中国教育学科的特点,书中对教育学科在师范院校的课程设置、学科分化、师资培养等方面也有所介绍。但该书主要侧重于教育学科的理论层面的发展,并未全面论述教育学科在近代中国各类大学的发展情况。郑金洲、瞿葆奎著《中国教育学百年》(教育科学出版社2002年版)一书,以教育学中最基本的范畴、概念、命题为中心,对百年来中国教育学发展的逻辑线索作了论述和分析,其中前二章分析了1900年到1949年教育学的引入及其草创,主要从教育学科的设立和教育科学著作的译介入手,对近半个世纪中国教育学的若干代表作进行了深入的考察。值得一提的是,该书附录《中国教育系科百年》,对近代中国大学教育学科的发展规模、教科书、课程设置、学科建设等情况作了介绍,这对本文的写作具有重要的借鉴意义,但该附录内容十分简略,大都点到为止,没有进一步深入,很多资料更是直接从《第一次中国教育年鉴》丙编(上)摘录而来。叶澜主编《二十世纪中国社会科学——教育学卷》(上海人民出版社2005年版),对20世纪中国教育学科发展问题进行了重新审视,如教育学科发展与政治和意识形态的关系问题,教育学科发展的中外关系问题,教育学科的性质问题等,这些问题比较宏观,但对本文考察教育学科的建立与发展仍具有重要参考意义。周谷平著《近代西方教育理论在中国的传播》(广东教育出版社1996年版)一书,侧重于介绍西方教育理论在近代中国导入和传播的情况,但也涉及日本教习在清末优级师范学堂、留日学生和留美学生回国后从事教育研究等内容,这些对本文的研究也有重要的参考价值。类似的专著还有陈元晖著《中国教育学史遗稿》(北京师范大学出版社2001年版)、杜成宪等著《中国教育史学九十年》(华东师范大学出版社1998年版)、侯怀银著《中国教育学发展问题研究——以20世纪上半叶为中心》(山西教育出版社2008年版)等,其中也有涉及近代中国大学教育学科发展的具体内容。此外,瞿葆奎、郑金洲主编的"二十世纪中国教育名著丛编"(福建教育出版社)也为研究近代教育学科提供了重要参考。

有关近代西方教育学科发展的专著则有张渭成编《国外教育学科发展概述》(教育科学出版社1982年版)、陈桂生著《历史的"教育学现象"透视——近代教育学史探索》(人民教育出版社1998年版)、王坤庆著《教育学史论纲》(湖北教育出版社2000年版)和《20世纪西方教育学科的发展与反思》(上海教育出版社2000年版)等。上述著作描述了西方教育学的起源、教育学理论的发展、教育学科的分化和发展等情况,有助于笔者更加深入地了解中国近代教育学科的理论来源及其特征。

除专著外,有关中国近代教育学科的单篇论文有周谷平著《近代西方教育学在中国的传播及其影响》(《华东师范大学学报》教科版1991年第3期),肖朗著《王国维与西方教育学理论的导入》(《浙江大学学报》人文社科版2000年第6期),肖朗著《异源同流,殊途同归——严复和王国维导入西方教育学说的比较研究》(《华东师范大学学报》教科版2001年第4期),肖朗、叶志坚等著《王国维与赫尔巴特教育学说的导入》(《华东师范大学学报》教科版2004年第4期),侯怀银《20世纪上半叶中国教育学发展的基本历程》(《山西大学学报》哲社版2002年第6期),等等。以上论文阐述了近代中国教育学科的起源,教育学科发展的阶段,教育学科本身的性质、结构、内容、研究方法等,也为本文研究近代中国大学教育学科提供了重要的参考。

然而,从总体上看,上述关于近代教育学科的研究成果侧重于若干代表性人物及其代表作,从理论层面揭示近代中国教育学科发展的内在逻辑线索,而对近代中国各类大学教育学科发展的实际情况则未作专门论述。

(三) 关于各类大学教育学科的主要史料

本文在写作过程中,主要拟从史料汇编、校史、年鉴、回忆录、文集、报刊等处收集大量丰富而宝贵的史料,主要包括:

1. 有关高等师范学校教育学科的史料

本文主要从三个阶段来展开分析:清末优级师范学堂、民初高等师范学校和"高师改大"后的师范大学和师范学院,每一阶段都选取了具有典型意义的个案进行考察。其基本史料主要来自陈学恂主编《中国近代教育史教学参考资料》(上册、中册,人民教育出版社1986年版),舒新城编《中国近代教育史资料》(上册、中册,人民教育出版社1981年版),璩鑫圭等编《中国近代教育史资料汇编·实业教育 师范教育》(上海教育出版社1994年版),张静庐辑注《中国近代出版史料》(初编、二编、补编,中华书局1957年版),苏云峰著《三(两)江师范学堂》(南京大学出版社2002年版),郝平著《北京大学创办史实考源》(北京大学出版社1998年版),朱有瓛主编《中国近代学制史料》(第一辑上册、下册、第二辑上册、下册、第三辑下册,华东师范大学出版社1983年版、1987年版、1987年版、1989版、1992年版),李友芝等编《中国近现代师范教育史资料》(1—2册),蔡振生、刘立德编《陈宝泉教育论著选》(人民教育出版社1996年版),汤才伯主编《廖世承教育论著选》(人民教育出版社1992年版),许椿生等编《李建勋教育论著选》(人民教育出版社1993年版),北京师范大学校史编写组编《北京师范大学校史(1902—1982)》(北京师范大学出版社1982年版),江苏省陶行知教育思想研究会编《纪念陶行知》(湖南教育出版社1984年版),华中师范大学教科所主编《陶行知全集》(第5卷)(湖南教育出版社1985年版),等等。上述文献记载了有关高等师范教育学科的师资、教学、课程、人才培养、学术研究等各方面的情况,但资料比较分散。

2. 有关综合性大学教育学科的史料

本文选取了中央大学、北京大学、西南联大的教育学科作为主要个案,资料主要来自王学珍、郭建荣主编《北京大学史料(1898—1949年)》(全6册,北京大学出版社2000年版),萧超然等编《北京大学校史(1898—1949)》(上海教育出版社1981年版),朱斐主编《东南大学史》(东南大学出版社1991年版),王德滋主编《南京大学百年史》(南京大学出版社2002年版),《南大百年实录》编辑组编《南大百年实录·中央大学史料选》(南京大学出版社2002年版),西南联合大学校友会编《国立西南联合大学校史》(北京大学出版社1996年版),北京大学、清华大学、南开大学、云南师范大学编《国立西南联合大学史料》(全6卷,云南教育出版社1998年版),朱一雄主编《东南大学学校校史研究》(东南大学出版社1989年版),等等。在这些校史及其资料汇编中,广泛收集了反映上述大学教育学科的师资、课程、学生等情况的史料,成为本文写作的第一手资料。此外,本文还参考了若干回忆录及报刊。回忆录主要有谢泳、智效民著《逝去的大学》(同心出版社2005年版),罗德真、罗一真编《秉烛沧桑——教育学家罗炳之》(南京大学出版社2002年版),王世儒、闻笛编《我与北大》(北京大学出版社1998年版),等等,其中包含与教育学科有关的内容。报刊主要有《教育杂志》、《新教育》、《京报》、《北平晨报》等。它们既刊登了对近代大学教育学科的课程设置、教科书等问题进行探讨的文章,也有直接对各大学教育学科的具体活动所作的跟踪报道,虽然篇幅有限,所涉及的也只是某一方面的情况,但具有很高的史料价值。

3. 有关教会大学教育学科的史料

关于教会大学教育学科的研究成果及文献资料相当分散。本文首先总体介绍了教会大学教育学科的建立和发展历程，再选取燕京大学作为个案进行剖析，所涉及的资料主要从各当事人的回忆录、文集、专著、论文等处寻找。主要有中国社会科学院世界宗教研究所编《中华归主》(中国社会科学出版社1987年版)，史静寰著《狄考文与司徒雷登》(珠海出版社1999年版)，德本康、蔡路得著《金陵女子大学》(珠海出版社1999年版)，徐以骅著《教育与宗教：作为传教媒介的圣约翰大学》(珠海出版社1999年版)，文乃史著《东吴大学》(珠海出版社1999年版)，李楚材编著《帝国主义侵华教育史资料——教会教育》(教育科学出版社1987年版)，吴梓明著《基督教大学华人校长研究》(福建教育出版社2001年版)，张玮瑛、王百强、钱辛波主编《燕京大学史稿》(人民中国出版社1999年版)，燕京研究所编《燕京大学人物誌》第一辑(北京大学出版社2001年版)，燕京大学文史资料编委会编《燕京大学文史资料》第一辑(北京大学出版社1988年版)，燕京大学文史资料编委会编《燕京大学文史资料》第三辑(北京大学出版社1990年版)，刘家峰、刘天路著《抗日战争时期的基督教大学》(福建教育出版社2003年版)，等等。

4. 有关近代私立大学教育学科的史料

有关近代私立大学的史料不多，有关教育学科的更少，主要来自《学府纪闻：私立大夏大学》(南京出版有限公司1982年版)，张德龙主编《大夏大学建校七十周年纪念》，《广东国民大学十周年纪念册·校史概略》(1935年)，厦门大学校史编委会编《厦门大学院系馆所简史(1921—1987)》(厦门大学出版社1990年版)，洪永宏编著《厦门大学校史》(厦门大学出版社1990年版)，黄宗实、郑文贞选编《厦门大学校史资料》(厦门大学出版社承印1987年，内部资料)，私立武昌中华大学校史组编《中华大学》(华中师范大学出版社2003年版)，王文俊等选编《南开大学校史资料选》(南开大学出版社1989年版)，等等。这些回忆录、纪录册、校史资料等，虽然对教育学科的描述只是点点滴滴，但对再现当年私立大学教育学科的有关情况，仍然提供了形象而生动的宝贵资料。

5. 有关独立教育学院和独立师范专科学校教育学科的史料

独立教育学院教育学科的史料主要来自湖北省立教育学院编《湖北省立教育学院》(1934年印)，江苏省立教育学院校友会编《人民教育家俞庆棠与江苏省立教育学院》(丛刊)第一辑，《国立社会教育学院概况》

(1948年印)、《西南师范大学校史》编修组编《西南师范大学校史》(西南师范大学出版社2000年版)、熊贤君著《俞庆棠教育思想研究》(辽宁教育出版社1997年版),等等。独立师范专科学校教育学科史料主要来自中国人民政治协商会议福建省委员会文史资料委员会编《福建文史资料》第二十三辑(1990年),刘海峰、庄明水主编《福建教育史》(福建教育出版社1996年版),等。上述史料虽然十分有限,但却真实地记录了独立教育学院和独立师范专科学校教育学科的课程设置、人才培养、学科特色等,为本文研究提供了重要的依据。

三、概念界定

(一) 学科

目前,国内外学界关于"学科"的概念尚缺乏统一的界定,对"学科"的起源、内涵及范围等问题存在着多种解释。

关于"学科"概念的起源,据外国学者考证,它最初起源于希腊文 didasko(教)和拉丁文 disco(学),古拉丁文 disciplina 一词本身已兼有知识(知识体系)及权力(孩童纪律、军纪)之义。① "乔塞(Chaucer)时代的英文 discipline 指各门知识,尤其是医学、法律和神学这些新兴大学里的'高等部门'。"②《牛津英语词典》对 discipline 一词具体解释如下:(1)对门徒或学生实践的教导、教学、教育,也包含求学、学习的意思;(2)特指对门徒教授的课程;(3)教导或教育的一个分支,以及知识学习的一个部门;(4)对学生所进行的智力和道德方面的训练。③ 1981年出版的《世界辞书》对 discipline 的解释有9条之多。④ 可见,discipline 是一个多义词,而汉语中缺乏与之完全对应的词,用"学科"一词很难包容它的丰富含义,这也使得对"学科"有了多种解释和界定。

---

① [美]华勒斯坦:《学科·知识·权力》,北京:生活·读书·新知三联书店1999年版,第13页。
② 同上。
③ J. Simpson and E. S. C. Weiner ed., *The Oxford English Dictionary*, Oxford: Oxford University Press, 1989, Vol. 4, pp. 574—575.
④ CF. C. Darnhart and R. K. Barhart ed., *The World Book Dictionary*, New York: World Book-Child Craft International Inc., 1981, Vol. 1, p. 597.

《现代汉语词典》中对"学科"一词的解释是:"(1)按照学问的性质而划分的门类。如自然科学中的物理学、化学等;社会科学中的历史学、经济学等。(2)学校教学的科目。如语文、数学、物理、地理、生物等。"①《辞海》对"学科"的解释主要也有相似的两层含义:"(1)学术的分类。指一定科学领域或一门科学的分支。如自然科学部门中的物理学、生物学;社会科学部门中的史学、教育学等;(2)'教学的科目'的简称,即'科目'。"②

近若干年来,我国学者也对"学科"这一概念进行了广泛而深入的研讨。有学者指出,"学科的特征在于它不依赖于其他学科的独立性,这种独立性反映在它的研究对象、语言系统和研究规范上。"③也有学者列举了学科必须具备的几个条件,其中包括专业组织、独特的语言系统、特殊的研究策略、特有的规划等。④还有一部分学者致力于对"学科"概念作具体的界定。例如孔寒冰认为:从传递知识、教育教学的角度看,学科的含义指的是"教学的科目"(subjects of instruction),即"教"的科目或"学"的科目;从生产知识、学问研究的角度看,学科的含义则是指"学问的分支"(branches of knowledge),即科学的分支或知识的分门别类;从大学教学与研究组织的角度看,学科又可作为学界的或学术的组织单位(units of institution),即从事教学与研究的机构。⑤鲍嵘指出学科可以从广义和狭义的角度进行划分,认为广义的"学科"是指一般而言的学问分支或学术组织机构;狭义的"学科"是指高等学校利用学问划分来组织教学和研究活动,以实现高校培养人才、发展科学、服务社会之职能的单位。⑥万力维则把学科分为本指、延指和隐指三个方面,并解释道:"学科本指一定历史时期形成的规范化、专门化的知识体系;延指围绕规范化、专门化的知识体系结成的学术组织,它为专门化知识的生产与再生产提供平台;也隐指为实现知识的专门化、规范化,对研究对象与门徒予以规训和控制的权力

---

① 中国社会科学院语言研究所词典编辑室编:《现代汉语词典》,北京:商务印书馆1973年版,第1166页。
② 辞海编辑委员会编:《辞海》,上海:上海辞书出版社2000年版,第1360页。
③ 李光、任定成:《交叉学科导论》,武汉:湖北人民出版社1989年版,第248页。
④ 参见金吾伦:《跨学科研究引论》,北京:中央编译社1997年版,第14—17页。
⑤ 参见孔寒冰:《高等学校学术结构重构的动因》,见胡建雄主编:《学科组织创新》,杭州:浙江大学出版社2001年版,第243—244页。
⑥ 参见鲍嵘:《学科制度的源起及走向初探》,《高等教育研究》2002年第4期。

技术的组合"。①

综合上述观点,我国学者对"学科"的表述虽各有不同,但最宽泛的解释至少包括四层含义:一是学问的分支,二是教学的科目,三是学术的组织,四是权力技术的组合。本文在参考上述观点的基础上,认为"学科"主要可以从以下三个方面来理解和解释:其一是指科学的分支或知识的分类,与"专业"的区别在于"学科"主要指向知识体系,而"专业"主要指向社会职业的领域;其二是指"教学的科目",即教与学的科目,起着传递知识的教育功能;其三是指高等学校或科研机构开展教学和科研的组织单位,是对教师或科研人员教学、科研业务隶属范围的相对界定。从历史上看,起源于欧洲中世纪的大学正是这种"学科"产生和发展的主要平台。

(二) 大学学科

"大学学科"是"学科"属概念下的种概念,是"学科"的下位概念,因而"大学学科"与"学科"有内在的关联,但也存在一定的区别。我国的学者对"大学学科"也分别进行了阐述。

冯向东认为,如果从大学的角度来看学科,"它既是指以知识系统为基础的学科,又指以具体的院系建制为依托的学科(例如某某大学某某学科)。作为前者,它是按知识门类划分的学术体系;作为后者,它是一个组织实体,有自己的机构建制、力量配置、运行机制等。质言之,大学中的学科是高等教育系统中最基本的学术组织(而不只是学术上的分类),是大学各种功能的具体承担者"。② 具体而言,他认为大学中的学科与一般意义上的学科相比,主要有两点不同:1. 大学中的学科呈现出结构性。由于学科门类、发展水平、研究方向、力量配置等方面的差异,学科之间的关联在不同的大学中会具有不同的状态,同一门学科处在不同的学科结构中也可能会有不同的发展结果。2. 大学中的学科只是学科的"亚群体",处在学术系统矩阵结构的"节点"上。一所大学的某个学科,只是一个具体的学术群体,这个学术群体相对于其所属的学科共同体而言,是众多亚群体中的一个。科学发展的内在逻辑、科学组织、社会需求和政府干预等各

---

① 万力维:《控制与分等:大学学科制度的权力逻辑》,南京:南京师范大学出版社2005年版,第28页。
② 冯向东:《张力下的动态平衡:大学中的学科发展机制》,《现代大学教育》,2002年第2期。

种力量作用于大学的学科,形成一种张力,大学学科的发展就是在这种张力下的动态平衡。

万力维认为,"大学学科"包含了两重含义:"既指提高大学学科作为知识体系的规范化、专门化程度,不断生产出高深专门知识;又包括加强博士点、硕士点、重点学科、研究基地、实验室等传播与发展知识的学术组织建设。"①据此他提出4点:第一,大学学科在知识层次上体现为学问的高深性;第二,大学学科在组织上强调对大学机构的归属性;第三,大学学科在职能上强调传播与发展知识的统一性;第四,大学学科在结构上强调组成的合理性。

庞青山在《大学学科论》一书中对"大学学科"的内涵界定为:"大学学科是以知识分类为依据,以高深专门知识为主要内容的承担大学职能的基本单元。"②具体把大学学科的特征概括为:1.从内容来看,大学学科的基本组成材料是高深专门知识;2.从基本组成方式来看,大学学科呈现出结构性特征上,也就是形成一定的学科结构;3.从地位和作用来看,大学学科是大学实现大学职能的平台,大学正是通过实现以学科为基础的三大职能(培养人才、发展科学与服务社会)而促进社会的发展;4.从目标来看,人才培养在一定程度上决定和影响大学学科的走向;5.从活动特点来看,大学学科活动以学术性为基本特征;6.从活动方式来看,大学学科的自主性与集聚性并存;7.从其发展动力来看,大学学科发展的基本动因是科学自身发展的内在逻辑以及一个国家不同时期政治、经济、科技、社会传统等多种需要的综合作用,不同情况下某种力量起相对重要的作用。

由此可见,大学学科既具有学科的一般特性,但又与一般学科不同,它强调和突出了大学机构的归属性、学科结构的合理性、学问的高深性、教学研究与人才培养的统一性等特性。

(三) 大学教育学科

"大学教育学科"是"学科"及"大学学科"的下位概念,因此,在理解了"学科"、"大学学科"的概念后,"大学教育学科"的概念也基本清晰了。应

---

① 万力维:《控制与分等:大学学科制度的权力逻辑》,南京:南京师范大学出版社2005年版,第33页。
② 庞青山:《大学学科论》,广州:广东教育出版社2006年版,第43—44页。

该说,"大学教育学科"是大学学科的一个分支,它具有大学学科的基本内涵和特征。

近代中国大学教育学科是在中国特定的历史条件和背景下产生的,它既具备世界各国大学教育学科的共同性,又呈现出其特殊性。在中国,最早教育学科是随着师范教育的产生而出现的。1894年甲午战争失败,朝野上下普遍认识到"教育救国"的重大意义,而发展教育的关键则在于师范教育。1904年《奏定学堂章程》规定师范分初级和优级,并明确规定在优级师范堂第二学年和第三学年系统开设教育理论、教育史、教授法、学校卫生、教育法令,以及"教授实事练习"等课程,从此,教育学科作为必修课程在优级师范学堂确立。民国初期,优级师范学堂改称为高等师范学校,1912年教育部公布的《师范教育令》规定将高等师范学校定为国立。1913年教育部公布的《高等师范学校规程》对高等师范学校的学制更是进行了具体而详细的规定:高等师范学校分为预科、本科、研究科、专修科和选科,修业年限预科1年,本科3年,研究科1年或2年,专修科2年或3年,选科2年以上、3年以下,等等。这些规定说明民初国家对高等师范更加重视,高等师范学校遂在这一时期获得了更大的发展,出现了教育专修科、教育研究科,开始培养教育专门人才。1922年北洋政府颁行《学校系统改革案》规定:"依旧制设立之高等师范学校,应于相当时期内提高程度,修业年限四年,称为师范大学校。""为补充初级中学教员之不足,得设二年之师范专修科附设于大学校教育科或师范大学校,亦得设师范学校或高级中学,收受师范学校及高级中学毕业生。"①于是,高等师范学校在学制系统上获得了与综合性大学平等的地位,其教育学科出现了4年制本科。与此同时,综合性大学开始参与教育学科的设置。其实,早在1902年《钦定学堂章程》就规定师范馆附设在京师大学堂,师范馆设"教育学"课程以培养教师,成为综合性大学设置教育学科课程的滥觞。随后,由于独立的师范教育制度的建立,综合性大学遂不再设置教育学科。民初,综合性大学为了扩大毕业生的出路,设立师范科或教育科,如北京大学于1917年设置了教育课程,暨南大学前身暨南学校于1918年设立了师范科。不过,总的说来,这一时期综合性大学设置教育学科的很少。随着1922年学制的颁定及实施,综合性大学才开始大规模参与教育学科

---

① 参见李友芝等编:《中国近现代师范教育史料》第二册,内部材料,第267—268页。

建设,教育学科开始运行于近代中国高等师范和综合性大学,"双轨制"的格局基本形成。然而,这一时期掀起了"高师改大"运动,高等师范学校纷纷改为综合性大学,高等师范曾一度中落。一直到抗战爆发后,南京国民政府教育部颁布《师范学院规程》,独立设置的师范学院出现,高等师范才逐渐恢复和发展,而教育学科始终是高等师范的支撑性学科。继 1922 年学制规定综合性大学参与设置教育学科后,1929 年教育部又公布《大学规程》,规定大学设文、理、法、教育等各学院;大学如设有文学院或文科而不设教育学院或教育科者,得设教育学系于文学院或文科;此外,大学得附设师范专修科。① 1938 年颁布的《师范学院规程》规定,师范学院可以单独设置,也可以设置在综合性大学中。至此,综合性大学不仅设置教育学系、教育学院,还出现了师范学院。在近代中国,综合性大学和高等师范一起共同承担着师资培养、学科建设的重任。

众所周知,鸦片战争爆发后中国逐渐沦为半殖民地半封建社会,西方列强通过与清政府签订不平等条约,开始在中国享有传教、办学等特权。起初,外国教会所办的学校主要是小学和中学,规模不大,设备简陋,为了培养"治华"代理人,19 世纪末外国教会开始在教会中学基础上增设大学课程或大学班级,教会大学遂应运而生,成为近代中国一种特殊类型的私立大学。教会大学自成立起,教育学科就备受关注。但清末民初,教会大学不受中国政府领导和管辖,一直游离于中国高等教育体制之外。除教会大学而外的私立大学是伴随着近代中国民族资本主义的发展而产生的,中国民族资本家创办了一批质量较高的私立大学。民初,民主共和政体的建立更是推动了私立大学的发展,1912 年教育部公布的《大学令》明确规定:"私人或私法人亦得设立大学"。② 次年颁布的《私立大学规程》则使私立大学的地位得到进一步巩固,教育学科开始在私立大学大批涌现。1920 年教育部布告第十一条规定:"兹为整理教育,奖励人才起见,特定外国人之在国内设立高等以上学校者,许其援照大学令、专门学校令,以及大学专门学校各项规程办法,呈请本部查核办理,以泯畛域,而期一致。"③教会大学遂被纳入近代中国高等教育体制之中。随着私立大学和

---

① 参见李友芝等编:《中国近现代师范教育史料》第二册,内部材料,第 291—296 页。
② 宋恩荣、章咸选编:《中华民国教育法规选编》,南京:江苏教育出版社 2005 年版,第 385 页。
③ 朱有瓛、高时良主编:《中国近代学制史料》第四册,上海:华东师范大学出版社 1993 年版,第 782—783 页。

教会大学在近代中国高等教育体制中地位的确立,教会大学教育学科和私立大学教育学科开始以合法的身份运行于近代中国,成为近代中国大学教育学科的重要补充。

近代中国高等教育发展至20世纪20年代末、30年代初,其制度和体制渐趋完备。1929年颁布的《大学组织法》和《大学规程》规定,大学必须具备三学院以上,不合条件者为独立学院,并且得分两科。于是独立教育学院出现,教育学科随之在独立教育学院兴起。抗日战争爆发后,师资日益紧缺,为弥补高等师范和综合性大学教育学科的不足,独立师范专科学校教育学科应时而生。因此,独立教育学院和独立师范专科学校教育学科也成为近代中国大学教育学科体系中不可分割的部分。

由此可见,近代中国大学教育学科主要设置在以上几种类型的大学之中。因此,本文中所说的"大学教育学科"主要是指:在近代中国高等师范、国立综合性大学、教会大学、私立大学、独立教育学院和独立师范专科学校中设置的,由一系列教育分支学科(如教育哲学、教育史、教育心理学、教授法、教育社会学、比较教育学等)所构成,各类大学教育学科以院系科等建制为依托,主要通过师资队伍的组织、人才培养模式的确立、课程的设置、教学和学术研究的开展等活动,形成一定的教育学术体系,最终以实现教学、科研、服务社会之职能。与此同时,由于不同类型的大学中教育学科的中心任务、培养目标、经费投入以及大学中学科群体的学术传统、学术风格等方面的影响,其教育学科又呈现出不同的特征,遂以不同的形式共同推动着近代中国教育学术的发展。

四、研究方法及内容概要

(一) 研究方法

作为一项历史研究,本文主要采用了以下三种研究方法:

1. 文献法。历史研究的主要方法之一是文献研究法,即通过搜集某种教育现象发生、发展和演变过程中所形成的相关文献,加以系统客观的分析研究,从而揭示其发展规律的一种研究方法。[①] 文献研究最能体现研究的功力,是研究的前提和基础。因此,本文在撰写过程中,第一步就是

---

① 参见裴娣娜:《教育研究方法导论》,合肥:安徽教育出版社1995年版,第136页。

收集、查阅大量的文献资料,包括校史资料、校友回忆录、文集、人物传记、论著、部分外文资料、档案文献、报刊、杂志等,力图使资料丰厚系统;第二步是对这些资料进行整理与分析,力求再现近代各类大学教育学科的本来面目,并在此基础上总结经验与规律,力图做到论从史出、史论结合。

2. 个案法。近代大学数量宏富,要把所有大学教育学科的演变情况逐个予以展现,因时间、篇幅所限不可能,也没这个必要。因此,本文在各类大学中选取了富有典型意义的个案进行研究,既可以避免宏大叙事的疏漏,又可透过一所大学教育学科窥探同类大学教育学科,从而揭示近代各类大学教育学科的共同规律和普遍特征。

3. 比较法。比较研究法希望从"事物的相互联系和差异的比较中观察事物、认识事物,从而探索规律。"①本文对各类大学教育学科进行比较研究,分析其共同点和不同点,从而探索和揭示各类大学教育学科的办学特色。本文既对高等师范、综合性大学、教会大学、私立大学、独立教育学院及独立师范专科学校各教育学科的特色进行横向比较,又拟对同类大学教育学科在不同时段的发展开展纵向比较。采用比较法,可以较为准确地把握和揭示近代各类大学教育学科的历史地位。

(二) 内容概要

本文以近代中国不同类型的大学为纬,以其发展演变的历史为经,具体考察了教育学科在各类大学的建立与发展状况。本文除"绪论"外,分为三大部分。

第一部分为第一章"近代中国大学教育学科的历史背景"。本章从总体上阐述了近代中国大学教育学科建立和发展的历史背景,因为中国传统学术中并没有产生现代意义上的教育学科,教育学科从一开始就由西方导入,从以日为师到以欧美为指向,使教育学科走过了从无到有的历程;学制的颁定和实施在制度和法律上确立了教育学科的地位,从而使教育学科得以在大学立足和发展;教育"科学化"运动则加强了大学教育学科的学术性和专业化,使教育学科开始走进大学的学术殿堂,使其在大学的地位日益巩固。正是在此历史背景下,近代中国大学教育学科遂不断地发展。

---

① 裴娣娜:《教育研究方法导论》,合肥:安徽教育出版社1995年版,第224页。

第二部分为第二章到第六章。各类大学教育学科的建立与发展是本文的主体部分。第二章"近代高等师范教育学科"主要考察了高等师范教育学科的建立与发展。教育学科从一开始就与高等师范学校的关系最为密切。随着甲午战争的爆发和民族危机的加深，当时普遍形成了"救亡图存"、"教育救国"的思想，而教育发展的关键又在于师范。有识之士一致认识到师范教育的重要性，提出了"欲革旧习，兴智学，必以立师范学堂为第一义"，①甚至把师范教育提高到"教育之母机"的地位。而师范之所以成为师范，最重要的特征是教育学科的开设。因此，高等师范教育学科是本文的重点，在本章写作过程中具体分成三段：清末优级师范学堂教育学科、民初高等师范学校教育学科、"高师改大"运动后的师范大学和独立师范学院教育学科。清末，随着西方教育学科的导入，教育学成为优级师范学堂的必修课程，如京师优级师范学堂、南京两江师范学堂、北洋师范学堂等，均开设有教育学科课程。这一时期教育学科一个显著特点是以日本为榜样：教育学科师资主要是日本教习和留日学生；课程设置借鉴日本高等师范学校，主要有教育原理、教授法、学校管理法、教育史、学校卫生、教育实习；教科书和参考书都直接移植日本；教学内容也借道日本，传授的主要是德国赫尔巴特教育学。到民国初期，随着教育部《师范教育令》的颁布，全国分成六大师范区，每一区设一高等师范学校，另加北京女子高等师范学校。由于高等师范学校的建立，高等师范学校教育学科加速发展，教育学科已从公共课程发展成为专业学科。这一时期以北京高等师范学校教育学科为中心，高等师范教育学科已经形成了以留学归国学生为主体的师资队伍，教育学科建设趋向学术化，教学内容和方法科学化，人才培养模式多元化等特征。本章还重点介绍了陶行知和南京高等师范学校教育学科的关系，以此说明以陶行知为代表的留美归国学生对推动高等师范教育学科发展所起的作用。从1911年到1922年，可以说是高等师范教育学科的发展和繁荣时期。1922年以后，随着《壬戌学制》的制定，掀起了"高师改大"运动，除北京高等师范学校改为北平师范大学、北京女子高等师范学校改为北京女子师范大学外，其余高等师范均改为综合性大学，高等师范遭遇挫折，一直到抗日战争爆发，南京国民政府又开始重视师范教育，高等师范数量又有所回升。尽管高等师范发展曲

---

① 陈学恂主编：《中国近代教育文选》，北京：人民教育出版社1983年版，第142—144页。

折,但由于教育改革和社会发展的需要以及学科自身发展的内在规律,教育学科在高等师范还是取得了长足的发展。"高师改大"后高等师范分为师范大学和独立师范学院两种,本章选择了北平师范大学教育学科和蓝田师范学院教育学科为典型个案,并具体分析了教育学科在北平师范大学和蓝田师范学院的发展状况。本章最后在分析各个阶段的高等师范教育学科基础上总结了其基本特征。

  第三章为"近代国立综合性大学教育学科"。1922年以后,高等师范教育学科的发展遭受挫折的同时,综合性大学开始大规模参与教育学科的建设工作。其实,早在清末综合性大学就曾设置教育学科课程,如1902年京师大学堂师范馆设置教育学科课程以培养师资,堪称我国综合性大学设置教育学科课程的肇端。但随着《壬寅·癸卯学制》的颁行,独立的师范教育制度在我国建立,特别是1908年清政府将京师大学堂师范科改为京师优级师范学堂,从此,独立的高等师范学校建立。到民初,一些大学为了扩大毕业生的出路,设立师范科或教育科,如北京大学于1917年设置了教育课程。但这一时期,综合性大学设置教育学科的很少。随着"高师改大"运动兴起,在当时社会上和教育界引发了一场时人称之为"近数年来教育界争辩甚烈之一问题"[①]的论争,以北京高等师范学校为一方,要求将高等师范学校改为师范大学,另一方以郭秉文、顾树森、许崇清、贾丰臻等为代表,认为应将高等师范学校并入综合性大学,在综合性大学设置教育学科。论争双方都著文宣传各自的主张,最后由1922年颁布的《壬戌学制》正式确定高等师范学校提高程度,改为师范大学。但《壬戌学制》同时亦规定:"设二年之师范专修科附设于大学教育科"。[②] 这一时期,许多高等师范升格为综合性大学,从此,综合性大学开始大规模参与教育学科的建设,并出现了前所未有的繁盛景象。本章以中央大学教育学科、北京大学教育学科、西南联大教育学科为典型个案,对国立综合性大学教育学科进行了专门的考察。之所以选择这三所大学,主要是基于下述考虑:中央大学是由高等师范脱胎而来,南京高等师范学校在"高师改大"运动中成为全国第一所寓师范于大学的综合性大学——东南大学,东南大学后改名为中央大学,可以说是当时高等师范升格为综合性大学的典型;

---

① 霍益萍:《近代中国的高等教育》,上海:华东师范大学出版社1999年版,第159页。
② 李友芝等编:《中国近现代师范教育史资料》第二册,内部材料,第268页。

北京大学是一所最早成立的综合性大学，历史悠久，并且这两所大学在民国时期声誉卓著，一南一北成为中国高等教育史上的两大支柱；西南联大是抗日战争时期中国最高学府的象征，它是在北京大学、清华大学、南开大学三校的基础上合并而成的，西南联大师范学院教育系主要是在北京大学教育系基础上发展而来，从这个意义上来讲，西南联大师范学院教育系就是北京大学教育系的延伸和发展。在个案分析的基础上，本章最后从良好的学术环境、文理渗透的课程设置、雄厚的师资力量、教育学术研究机构等几个方面，归纳出国立综合性大学教育学科的基本特征。

第四章为"近代教会大学教育学科"。高等师范和国立综合性大学教育学科以"双轨制"运行的同时，作为近代中国大学重要组成部分的教会大学从成立伊始即设置了教育学科，这主要有三方面的原因：第一，教育学科有助于传播基督教；第二，教育学科能满足教会学校对师资的需求；第三，教育学科有利于教会大学毕业生就业。在分析了教会大学设置教育学科的主要原因之后，本章从总体上论述了教会大学教育学科的建立与发展状况：从牧师兼职到专业教师；课程趋于实用化、本土化，并逐渐从理论走向实践，从课堂走向社会；教学方法多样化、科学化，积极开展教学实习和教育测量；培养人才注重博专结合等。教会大学教育学科在很多方面开风气之先，促进了近代中国大学教育学科现代化进程。继而本章选取燕京大学教育学科为个案，侧重于通过燕京大学教育学科3位系主任在不同历史时期的重要建树描述了教育学科的发展历程。本章最后归纳出教会大学教育学科的基本特征，主要是教育学科弥漫着宗教色彩，教育学科关注中国教育现实问题并率先导入西方先进的教育理念等。

第五章为"近代私立大学教育学科"。本章首先对近代中国私立大学教育学科的演变进行了梳理，进而分析了影响私立大学教育学科的内外因素，其外部因素如地理位置、资金来源、政府政策等，内部因素则主要通过厦门大学与大夏大学教育学科的个案考察，归纳为少而精的师资、严格而灵活的教学管理、齐全的学科、丰富的课程设置、富有特色的教育实习等方面，以上内外因素共同影响着近代私立大学教育学科的发展。本章最后从服务社会的教育理念、课程设置适应社会需求、为社会造就大批应用性人才等方面，分析和揭示了私立大学教育学科的基本特征。

第六章为"独立教育学院和独立师范专科学校教育学科"。独立教育学院和独立师范专科学校均属于高等师范教育，但由于其教育学科性质特殊,因此专辟一章进行论述。1929年根据《大学组织法》和《大学规程》规定,大学必须具备三个学院以上,不合条件者为独立学院,并且得分为两科。因此,独立教育学院是大学整顿的产物,其教育学科自创立起就汇集了一大批民众教育专家,他们勇于实践,敢于创新,形成了若干显著的特征。为突出其特征,本章又从比较的角度考察了独立教育学院创办乡村教育学科的特色。总结了独立教育学院教育学科对近代中国成人教育学科和社会教育学科的建立和发展做出的贡献。独立师范专科学校教育学科主要在抗战时期应社会急需而创设。本章以福建省立师范专科学校教育学科为中心。具体分析了独立师范专科学校的主要特征。

第三部分为第七章"近代中国大学教育学科的历史地位"。在考察各类大学教育学科建立与发展的历史状况后,本章对近代中国大学教育学科的历史地位作一总体的评价。首先,从近代大学教育学科的分布呈网络状结构,教育学科群的初步形成,教育学科建设的制度化等三个方面,论证了近代大学教育学科体系已基本确立;其次,在肯定近代大学教育学科所取得的巨大成就的同时,指出了近代大学教育学科的局限性与不足。主要表现为教育学科地域分布及分支学科发展不平衡、课程设置不完善、教材建设整体水平不高等。再次,本章针对近代大学教育学科的成绩和不足背后潜在的若干深层次问题,如教育学科与师范教育的关系问题,近代中国大学教育学科的"双轨制"及"多元化"问题,近代中国大学教育学科本土化问题等,做了进一步的反思。最后,本章在上述分析的基础上,引申出中国近代大学教育学科研究的若干后续课题。

需要说明的是,论文的基本框架及其谋篇布局,主要基于上述关于"学科"、"大学学科"、"大学教育学科"的思考和分析,既是根据世界各国大学教育学科的共同内涵及其普遍性,又充分考虑到近代中国大学教育学科的实际情况及其特殊性,目的在于较为全面、系统地考察近代中国各种类型的大学中的教育学科的产生和发展,力图从中概括归纳出不同大学教育学科的基本特征,并在此基础上对近代中国大学教育学科的历史地位作一总体的、客观的评价,尽管这些不同大学教育学科的基本特征从根本上讲是相对的。

第一章　近代中国大学教育学科发展的历史背景

19世纪下半叶，随着西方列强的武力入侵，中国闭关自守的大门被打开，但延续两千多年的封建专制政治以及由此而形成的社会历史文化传统是根深蒂固的，积淀深厚而又有着强大惰性。西方的各种制度与近代文化被移植到中国之后，中国和西方正面相遇，从而使近代中国社会发生了剧烈的新陈代谢，新式教育取代传统教育已成为必然之势。在发展新式教育的过程中，清政府对创办高等教育十分重视，官方兴学次序是先办高等教育，次及中等教育和初等教育。王国维曾说："若问学问之根柢与教师之所自由，则初等教育之根柢存于中等教育，中等教育之根柢存于高等教育。不兴高等教育，则中等及初等教育亦均无下手之处"。[①] 清末大学的发展，尤其是师范的发展，无论从理论上还是实践上都需要教育学科的指导，但中国传统学术中并没有产生现代意义上的教育学科，教育学科从一开始就由西方导入，从以日为师到以欧美为指向。在此过程中，学制的制定和实施又在制度和法律上确立了教育学科的地位，使之得以在近代中国大学立足和发展。而教育"科学化"运动的兴起和发展，则使大学教育学科的学术性和专业性大大增强，教育学科开始走进了大学的学术殿堂，它在大学的地位日益巩固，遂不断地发展和渐臻完善。

一、西方教育学科的导入

西方教育学科的导入大致可分为清末和民国两个时期，每一时期教育学科的导入都有其特定的背景和特色，清末教育学科导入以日本为媒介，民国以后则以欧美为指向。由于中国传统学术体制下并没有产生现

---

① 舒新城编：《中国近代教育史资料》下册，北京：人民教育出版社1981年版，第999页。

代意义上的教育学科,因而西方教育学科的导入为近代中国大学开设教育学科创造了重要的条件。

(一) 西方教育学科的初步导入

教育学科导入有着深刻的社会背景:一方面,伴随着"西学东渐"的潮流,西方传教士在传教的过程中导入了教育学说、教育理论,西方近代教育学开始了作为一门独立学科传入中国的历程;另一方面,国门打开后,许多人睁眼看世界,尤其是甲午一战更给国人当头一棒。国人普遍认为中国落后的根源在于教育,因而必须进行教育改革,而改革的直接结果是产生了大量新式学校,这就需要对新式学校进行理论上的指导,同时也需要大量新式教师,由此师范学校兴起,教育学科成了师范学校的必修课程。因此,教育学科的出现从一开始就是由被动输入和主动吸收两方面因素交互作用的结果。

1. 西方教育在中国的传播为教育学科的导入奠定了基础

西方教育最早由明末清初来华耶稣会士导入中国,他们为了传教的需要,翻译介绍了一些有关西方教育的内容。例如,高一凡的《童幼教育》一书,论述了西方自胎教以至成人的家庭教育和学校教育。再如,艾儒略的《西学凡》一书,介绍了耶稣会的高等教育体制,其中写道:"极西诸国,总名欧逻巴者,隔于中华万里,文字语言,经传书集,自有本国圣贤所纪。其科目考取,虽国各有法,小异大同,要之尽于六科"。[①] 所谓六科,即文科、理科、医科、法科、教科(宗教法规)、道科(宗教哲学)。当时的大学在文、理科的基础上设置了理科、医科、教科和道科,这是西方大学最早设置的学科。艾儒略另一部著作《职方外纪》主要介绍了欧洲各国的学校制度,并扼要地介绍了欧洲一些著名大学的情况和曾在这些大学就学或任教的著名学者。但总的来说,这一时期介绍西方教育的著作十分稀少,而传统的教育制度和科举制度仍然发挥着巨大的作用,因而西学对中国传统教育的影响相当有限。

如果说明末清初是"西学东渐"第一波浪潮的话,那么随着鸦片战争的爆发,则迎来了"西学东渐"第二波浪潮。在不平等条约的保护下,欧美一些新教传教士纷纷来华,他们在传教的过程中也带来了与中国传统文

---

① 李之藻编:《天学初函》,台北:台北学生书局1965年版,第27页。

化不同的"异质异构"的文化。这一时期,以西方传教士为主体,比较系统地介绍了西方的教育制度。如花之安是鸦片战争后最早来华的传教士之一,他"不像林乐知精力充沛,既办学校,又编报纸,样样干得出色;不像傅兰雅,热衷传播西学,几乎忘了传教;也不像李提摩太活动能力特强,与达官显宦、硕彦鸿儒有广泛的联系。"①他虽是一个传教士,但更像一位学者,所著的《德国学校论略》一书堪称中国近代史上第一部系统论述西方近代教育的专著。在该书中,花之安以较大篇幅论述了德国高等教育机构,介绍了西方高等教育机构的四大专业:经学、法学、智学和医学,其中智学专业包括语言学、修辞学、逻辑学、心理学、伦理学、美学等,而心理学、伦理学等专业的介绍则为教育学科的导入作了直接铺垫。同时,花之安还论述了高等专门学校,其中"师道院每年招生约百名,分作上班、下班进行教学。毕业生可成为乡塾或郡学院的教师,若欲成为实学院或仕学院的教师,则必须再入太学院深造。"②此外,还有丁韪良撰写的《西学考略》,李提摩太撰写的《七国兴学备要》,林乐之翻译的《文学兴国策》等,这些著作在19世纪后半叶中国知识阶层中广为传阅。

传教士不仅通过著书、译书导入西方学校制度,而且还通过创办教会学校自觉或不自觉地实践和传播西方教育制度、教学方法、教育理念等。他们所创办的教会学校由最初规模较小的小学逐渐发展为中学、大学。1877年5月,在华传教士在上海举行了第一次传教士大会,会上狄考文发表了《基督教会与教育的关系》的讲话,指出教会学校的首要任务是培养牧师和教会学校教师;1890年李承恩在分析了教会学校的历史和现状后,倡导创办师范学校,他认为"具有才干的本地教员是学校工作的头等大事,专门培养基督教教师的学校更为重要"。③

在传教士传入西方教育的同时,国人开始主动吸收西方教育。自鸦片战争始,一些有识之士深感时世艰难,把眼光转向现实,亟谋救亡图存之法,提出废科举兴学校,开始走上了学习外国的道路。1882年曾出使过俄国的王之春在《广学校篇》中对西方学校的情况进行了介绍:"乡塾之上有郡学院,再上有实学院,再进为仕学院,然后入大学院。学分四科:曰

---

① 熊月之:《西学东渐与晚清社会》,上海:上海人民出版社1994年第1版,第401页。
② 田正平主编:《中外教育交流史》,广州:广东教育出版社2004年版,第271页。
③ 陈学恂主编:《中国近代教育史教学参考资料》下册,北京:人民教育出版社1987年版,第42页。

经学,法学,智学,医学"。① 另一位出使过英法比意四国的外交官薛福成在《出使四国日记》一文中写道:"西洋各国教民之法,莫盛于今日","西洋各国……学堂林立,有大有中有小,自初学以至成材,及能研究精微者,无一不有一定程限。文则有仕学院,武则有武学院,农则有农学院,工则有工艺院,商则有商通院。"②冯桂芬作《采西学议》,提出了学习西方的重要性,并介绍了西方的学校教育和选才制度。③郑观应在参考了《德国学校论略》后编撰了《易言》一书,并得出结论:"治乱之源,富强之本,不尽在船坚炮利,而在议院上下同心,教养得法。兴学校,广书院,重技艺,别考课,使人尽其才。"④总之,他们都主张博采西学,兴办学校以发展新式教育。在教育理论方面,1882年颜永京翻译了署名大英史本守著《肄业要览》,史本守即斯宾塞,《肄业要览》即他的代表作《教育论》中的第一篇《什么是最有价值的知识》,成为近代国人翻译西方教育名著之滥觞。1895年严复则在借鉴进化论和斯宾斯教育思想的基础上,提出鼓民力、开民智、兴民德的主张,而开民智的根本措施在于废除八股,提倡西学。

西方教育在中国的传播,教育和教育学之名开始广为流传,为随之到来的教育学科的导入作了铺垫。可以说,西方教育在中国的传播是教育学科导入的先声。

2. 清末教育改革使教育学科导入成为必需

蔡元培曾说过:"我国输入欧化,六十年矣,始而造兵,继而练军,继而变法,最后乃知教育之必要"。⑤ 这一段话形象地说明了中国近代教育改革的动因。甲午战败彻底震醒了天朝大国的迷梦,朝野上下一致认为只重学习外国的"坚船利炮"并无多少成效,必须重视外国的教育制度。丁韪良在《同文馆记》中认为:"日本的教师在兵士的制服之后为国家取得了胜利。"⑥许多有识之士开始反省,意识到富国强兵要靠人才,而人才的培养关键在学校。1896年李端棻在《请推广学校折》中提出:"夫以中国民众

---

① 朱有瓛主编:《中国近代学制史料》第二辑上册,上海:华东师范大学出版社1987年版,第4页。
② 薛福成:《出使四国日记》,长沙:湖南人民出版社1981年版,第229页。
③ 郑振铎编:《晚清文选》卷上·卷中,北京:中国社会科学出版社2002年版,第144页。
④ 夏东元编:《郑观应集》上册,上海人民出版社1982年版,第233—234页。
⑤ 高平叔编:《蔡元培全集》第3卷,北京:中华书局1984年版,第312页。
⑥ 丁韪良:《同文馆记》,《教育杂志》第27卷第4号,1937年。

数万万,其为士者数万,而人才乏绝至于如是。非天之不生才也,教之之道未尽也。"①1898年康有为在《请开学校折》一文中进一步指出:"近者日本胜我,亦非其将相兵士能胜我也,其国遍设各学,才艺足用,实能胜我也。"②国人甚至把教育提高到国家存亡的高度,认为"甲午庚子以还,内为志士所呼号,外受列强之侮辱,始知教育为中国存亡之绝大问题,于是众口一声,曰教育、教育"。③ 因此,无论戊戌变法还是后来清政府的"新政",都把教育改革放在首要地位。废除科举制度,代之以新式的学校教育制度已成为大势所趋。有学者粗略估计,维新运动之前三十余年间,新式学堂创办总数不足三十所,而1898年一年创办的新式学堂就远远超出三十所。④ 光绪皇帝在百日维新期间发布的变法上谕有一百二十项左右,涉及政治、经济、军事和文化教育的各个方面,而其中有关教育方面的就达40项,占了将近三分之一左右。⑤ 在百日维新中创设的京师大学堂,成为近代中国高等学校的楷模。此后,随着各级官学和书院的改革、科举制度的废除,新式学堂数更是快速增长。1904年清廷废止科举之诏颁布前一年,全国学堂总数为4 222所;1906年废止科举之诏颁布一年后,学堂总数猛增至19 830所。⑥ 大量新式学校的兴起,急需从理论上进行指导,这正如马克思指出的:"理论在一个国家的实现程度,决定于理论满足这个国家的需要程度。"⑦因此译介西方教育学科著作成为急需。

大批新式学校的出现,需要大批的师资,而长期以来中国无论在社会上还是在官学、私学、书院里,往往是以长者为师、能者为师、学者为师或者以吏为师,教师远未达到专业化、科学化的境地。为使教师自身先受专业教育,故师范教育又成为当务之急。"不论保守党、进步党、急激党,莫不公认教育为当今惟一之问题矣。即就教育而论,不论官立学堂、民立学

---

① 陈学恂主编:《中国近代教育史教学参考资料》上册,北京:人民教育出版1986年版,425页。
② 陈学恂主编:《中国近代教育文选》,北京:人民教育出版社1983年版,第109页。
③ 脱勒:《教育箴言》,《教育世界》第1—5期合订本。
④ 参见田正平主编:《中国教育史研究·近代史分卷》,上海:华东师范大学出版社2001年版,第142页。
⑤ 同上,第118页。
⑥ 同上,第142页。
⑦ 《马克思恩格斯选集》第1卷,北京:人民出版社1972年版,第10页。

堂、莫不公认师范为当今惟一急务矣。"①当时国人都公认"师范学堂为教育造端之地","教育为实业之母,师范为教育之母"。梁启超早在《论师范》一文中明确指出:"故欲革旧习,兴智学,必以立师范学堂为第一义。"②师范学校作为培养师资的机构,急需开设教育学、心理学等课程,对教师进行专门训练,以提高教师的专业化程度。而晚清的洋务学堂和教会学校,虽然引进了西方的教育内容和教育方法等,但还未设置过教育学方面的专业课程,以至于王国维也曾感叹道:"以中国之大,当事及学者之多,教育之事之亟,而无一人深究教育学理及教育行政者,是可异也。以余之不知教育且不好之也,乃不得不作教育上之论文及教育上之批评,其可悲为如何矣。"③

由此可见,近代中国的教育改革无论从理论上还是教育实践上都需要教育学科的指导,导入并开设教育学科已成为当务之急。因此,教育学作为一门独立的学科,被引入学校教育已提上议事日程。

(二)清末以日本为媒介教育学科的导入

清末导入教育学科已逐渐成为国人的共识,而教育学科最早产生于欧洲。从夸美纽斯的《大教学论》将教育学视为一门独立的学科,到康德等人在柯尼斯堡大学开设教育学讲座,再到风靡世界的赫尔巴特教育学理论,几乎教育学上重大的突破都出现在欧洲。尤其是19世纪末,赫尔巴特教育学"不仅称雄于19世纪下半叶的德国教育理论界,而且逐渐跨越国界,在欧洲和美国形成了一场声势颇为壮观的赫尔巴特运动"。④ 日本明治时代盛行的也是德国赫尔巴特教育学。这一时期,清廷内外形成以日为师的共识有其特定的历史原因。

从清朝方面来说,甲午一战,日本这个"蕞尔小国"竟然打败了"天朝大国",这对国人是极大的刺激,痛定思痛,最后得出的结论是日本的教育打败了中国。当时的有识之士普遍认为"西洋不如东洋",其原因"一、路近省费,可多遣;一、去华近,易考察;一、东文近于中文,易通晓;一、西书

---

① 璩鑫圭等:《中国近代教育史资料汇编·实业教育 师范教育》,上海:上海教育出版社1994年版,第607页。
② 陈学恂主编:《中国近代教育文选》,北京:人民教育出版社1983年版,第144页。
③ 姚淦铭等编:《王国维文集》第3卷,北京:中国文史出版社1997年版,第80页。
④ 王坤庆:《教育学史论纲》,武汉:湖北教育出版社2000年版,第325—326页。

甚繁,凡西学不切要者,东人已删节而酌改之。中东情势,风俗相近,易仿行,事半功倍,无过于此,若自欲求精求备,再赴西洋,有何不可?"① 光绪皇帝的上谕也指出:"出国游学,西洋不如东洋。东洋路近费省,文字相近,易于通晓,且一切西书均经日本择要翻译。"② 1901 年出洋学生总监督夏偕复在所撰《学校刍言》中更是作了详细的阐述,他说:"今日欲立学校宜取法于日本,夫我之取法日本,较之日本之取法泰西,弊害尤鲜,取径尤易。何者,学校之设施匪取法于政治宗教风土沿革相同之国,一有不慎,教育之途径与其国之性质歧趋,著手既难,证果亦异,势必大乱。日本泰东之国也,政治宗教风土与泰西诸国未尝有相同之比例,既神摹力追,以师彼人之长,尤苦心孤诣,以保旧有之善。我于日本,古来政治之大体相同,宗教之并重儒佛相同,同洲同种,往来最久,风土尤相同,故其国现行之教育与我中国之性无歧趋,则而行之无害而有功。"③ 在分析了利害得失之后,部分人士认为日本教育学科已经历了日本化的过程,对西方教育学科进行了吸收、消化和融合,因此,中国借道日本导入西方教育学科,可以少走弯道,收到事半功倍的效果。

而从日本方面来看,在"清国保全"思想的指导下,日本也想在中国的教育方面占有一席之地。日本外务大臣小村寿太郎认为:"清国教育的实权断然不能委之欧美,必须由日本把握之。"④ 当时日本《教育时论》刊载了《对清教育策》一文,其中写道:"当今清王缺少胜任的教师和合适的教科书的紧迫问题……在此情形下,我们应该鼓励并帮助中国人如愿邀请众多的日本人,使他们能够完善中国的教育体制。同时,我们应让日本人把我们的文化介绍给中国,扩大我们在那儿的势力"。⑤ 另外,日户胜郎在致吴汝纶的信中也说道:"仆本日见敝邦菊池(大麓)文部大臣,对清国教育事业宜有所谈及。……文相意,处于今之际,敝邦虽乏干济之材,然欲为清国选送优良教员,则属定局"。⑥ 从以上言论可以得知,日本方面是希望

---

① 朱有瓛主编:《中国近代学制史料》第二辑上册,上海:华东师范大学出版社 1987 年版,第 17 页。
② 同上。
③ 同上,第 35—36 页。
④ 服部武:《滨尾先生和父亲》,日本《汉学会杂志》第 7 卷第 3 号,1939 年。
⑤ 日本《教育时论》,第 610 号,1902 年 3 月 15 日。
⑥ 转引自王桂主编:《中日教育关系史》,济南:山东教育出版社 1993 年版,第 334 页。

通过对清国在教育上的"帮助"来扩大自己在中国的势力。

清政府想以日本为师以维持其封建统治,而日本政府也希望通过帮助清政府以获取自己的利益,这样双方一拍即合,教育学科的著作、教材等以日本为媒介源源不断地涌向中国。据周谷平著《近代西方教育理论在中国的传播》一书介绍,当时通过日本传入中国的教育学著作分为四类:讲义类、报刊连载类的译本、出版社出版的译本和国人据日原本译编、改编或自编的著作,共计达64种之多;而实藤惠秀、谭汝谦主编的《中国译日本书综合目录》统计,1896—1911年间,中国共译日本教育类书籍76种。① 在此过程中,创办于20世纪初的教育专业期刊《教育世界》,在以日本为媒介介绍和导入西方教育学科方面作出了突出的贡献。

1. 教育学

(1) 日本文学士立花铣三郎讲述、王国维译:《教育学》,第9—11号。

(2) 日本加纳友市、上田仲之助著:《实用新教育学》,第24—25号。

(3) 日本牧濑五一郎著、王国维译:《教育学教科书》,第29—30号。

(4) 日本吉田熊次:《新教育学释义》,第84—85号。

(5) 《休来哀摩谐氏之教育学》,第105、107、108号。

(6) 《烈蒙忒氏之教育学大义》,第124—125号。

(7) 《兰因氏之教育学》,第134—138号,140—142号。

(8) 日本熊谷五郎著:《大教育学》,第147、149—150、152—153、155—157号。

2. 教授学

(1) 日本汤本武比古著:《教授学》,第12—14号。

(2) 日本藤泽利喜太郎著、王国维译:《算术条目及教授法》,第14—18号。

(3) 日本矢泽米三郎著:《理科教授法》,第21—23号。

(4) 日本大濑甚太郎、中川延治所著:《教授法沿革史》,第25—28号。

(5) 日本东基吉著、沈纮译:《小学教授法》,第35—36号。

(6) 日本和田喜八郎著:《新规则小学校各科教授要义》,第64—

---

① 参见周谷平:《近代西方教育理论在中国的传播》,广州:广东教育出版社1996年版,第17—23页。

65号。

(7)《法国修身教授法之一斑》,第73号。

(8) 日本长谷川乙彦所著:《教授原理》,第93—95号。

(9)《巴嘉氏之统合教授论》,第97—102号。

(10) 译自《日本教育时论》:《劣等生教授法》,第143号。

(11) 日本富永岩太郎著:《大教授法》,第144—148、153、156号。

(12) 日本新井博次著:《二部教授论》,第158、166号。

3. 教育史

(1) 日本原亮三郎编、沈纮译:《内外教育小史》,第15—17号。

(2) 日本熊谷五郎著:《十九世纪教育史》,第18号。

(3)《日本明治三十四年教育小史》,第19号。

(4) 本谷富著:《欧洲教育史要》,第76—78号、80—83号、85—87号。

(5)《欧洲教育史》,第157—160、163、165号。

4. 学校管理

(1) 本田中敬一编、周家树译:《学校管理法》,第1—7号。

(2) 日本寺内颖著:《新令学校管理法》,第21—23号。

(3) 日本大井民吾据美国槐脱原本编述:《学校管理法》,第118—119、121—122、142号。

(4) 阿丁堡学校校长乌斐尔著:《校外监督法》,第123—124号。

(5) 本稻垣末松著:《校外监督法解说》,第124号。

(6) 美国登普肯著:《学校管理原论》,第133—142号。

5. 学校卫生学

(1) 日本医学士三岛通良著、汪有龄译:《学校卫生学》,第1—8号。

(2) 日本医学博士坪井次郎著:《学校卫生学》,第43—45号。

6. 社会教育学

(1) 日本佐藤善治郎著、沈纮译:《社会教育学》,第31号。

(2)《培格曼氏之社会教育学》,第93—95号。

(3)《讷德普氏之社会教育学》,第106、109—116号。

此外,还有日本上田邦彦著《日本普通教育行政论》(第104—106、111—116号)等。《教育世界》的宗旨即为"土积而成山岳,水积而成川流,人才组合而世界,是世界者人才之所构成,而人才者又教育为之化导者也。

无人才不成世界,无教育不得人才。方今世界公理不出四语:曰优胜绌败。今中国处此列雄竞争之世,欲图自存,安得不于教育亟加之意乎？爰取最近之学说书籍,编译成册,颜之曰(原文如此——笔者注):教育世界,以饷海内读者。"并且"附译之书约为六类:曰各学科规则,曰各学校法令,曰教育学,曰学校管理法,曰学级教授法,曰各种教科书。"①1901年在《教育世界》第9—11号上,连续刊载日本文学士立花铣三郎讲述、王国维翻译的《教育学》,该书的小序说:"我国古代无固有之教育学,而西洋则学说甚多,颇难取舍。就中德国教育学,略近完全,故此讲义,以德国教育家留额氏所著书为本。氏之教育学不但理论而已,于实际亦为有名者,则其决非纸上空谈,可比也。"②虽然有些人不修教育学也能教育子弟,这是因为他们不知不觉在按照教育学的理论行事,作为一个教师,"若无教育学上之知识,不知教育之宗旨,教育之方法等,此人必不堪教授之任。为教师者,不可不研究斯学而与之同化。"③该书把教育学分成三个部分组成:一、教育之精神;二、教育之原质(原理);三、教育之组织。在具体论述教育之组织时,该书以赫尔巴特教育学说为主要依据,着重谈了教育、训练、教授等三个方面,还具体介绍了模范法、言语法、赏罚法、普通法等训练方法;在谈到教授时,该书则介绍了课程设置、教授形式、方法、原则等。同时,《教育世界》陆续介绍了教育科学各分支学科,主要包括教育学(教育原理)、教授学(教学论)、教育史、学校卫生学、学校管理法、社会教育学、教育行政学等。此外,《直隶教育杂志》《学部官报》《教育公报》等杂志也对早期教育学科的导入和设置发挥了重要的作用。

在西方教育学科导入的同时,国人也开始编著有关教育学科方面的著作和教材。有关教育学方面的主要有:缪文功编著《最新教育学教科书》(文明书局1906年),侯鸿鉴编辑《教育学》(无锡速成师范学校出版1908年),季新益著《教育学教科书》(广智书局1907年),秦毓钧编辑《教育学》(中国图书公司1908年),蒋维乔著《教育学》(商务印书馆1909年),吴馨著《简明实用教育学》(中华书局1910年),张继煦编辑《教育学讲义》(昌明公司1910年)。有关教育史方面的主要有:蒋黻著《中国教育

---

① 罗振玉:《教育世界序例》,《教育世界》第1号,1901年。
② 日本立花铣三郎讲述,王国维翻译:《教育学》(小序),《教育世界》第9号,1901年。
③ 日本立花铣三郎讲述,王国维翻译:《教育学》(总论),《教育世界》第9号,1901年。

史资料》(《教育世界》1905年),侯鸿鉴编辑《教育史略述》(无锡速成师范学校1909年),四川速成师范生编《教育史讲义》(1909年),黄绍箕、柳诒徵等著《中国教育史》(1910年纂成,现存本1925—1927年版)。有关教授法方面的主要有:湖北师范生编《教授法》(第四种,湖北学务处1905年)。有关学校管理法方面的主要有:蒋维乔著《学校管理法》(1909年),等等。

综观这一时期中国教育学科的发展,主要以引进日本教育学科著作为主,而且基本上是教科书,学科内容则深受赫尔巴特学派教育学理论的影响,注重实际操作。虽然这一时期教育学科著作以导入为主,但国人开始编著教育学科理论,尝试编撰适合中国国情的教育著作,如"蒋维乔著学校管理法,学部批颇多经验有得之作。"① 综而言之,以上教育学科著作及教科书的导入和国人的编著,有助于教育学科以独立形态设置于近代中国大学,并以速成的方式初步建立了大学教育学科体系的基本框架。

(三) 民国以欧美为指向教育学科的导入

1911年辛亥革命推翻了清朝统治,结束了两千多年的封建专制统治,建立了以孙中山为首的资产阶级共和国,并确定了新的建国纲领:"尽扫专制之流毒,确定共和,以达革命之宗旨"。② 在教育上开始批判封建主义的旧教育,实施一种与资产阶级共和国相适应的新教育。《教育杂志》曾发表论文道:"昔日之言教育者,曰日、曰英、曰德,今日之言教育者,曰法、曰美;昔日之言教育者曰养成立宪国民,今日之言教育者曰养成共和国民;言立宪故取日、英、德之学制,言共和故取法、美之学制,此今昔之所以不同。"③ 五四新文化运动爆发后,中国教育界更以开放的心态关注世界。而当时美国教育界盛行的是实用主义教育理论,进步主义教育运动风起云涌,提倡民主和科学,反对传统教育等,这些正是当时中国教育所需要的。而且从美国方面来讲也加大了对中国扩张和渗透的力度,在文化教育上开始对中国的学务表现出更多的"关注",并利用退还庚款培养留美学生,有意识的把留学潮流引向美国。因此,民初以后,教育学科的导入开始出现从日本转向欧美的趋势。尤其是随着留美教育学者的陆续

---

① 张静庐辑注:《中国近代出版史料》初编,北京:中华书局1957年版,第241页。
② 孙中山:《中华民国临时大总统宣言书》,1912年1月1日。
③ 平民:《余谈》,《教育杂志》第3卷第11期,1911年。

学成归国,他们回国后一般都在大学担任教职,把国外所学的教育理论运用到自己的教学和科研中,竭力宣传欧美教育。加之杜威、孟禄、推士、麦柯尔、柏克赫司特等美国教育家来华在大学讲学所产生的轰动效应,一时"中国教育必须取法西洋"①成为时代的强音,并在国内掀起了学习美国教育的热潮。南京国民政府成立后,在外交上逐步走上联络英美以对抗日本的道路,反映在教育上,西方教育思潮更是源源不断地涌入中国,这种热潮一直持续到1949年。这样,日本在中国教育界的地位迅速下降,据统计,译自日本的教育类书从民国前(1896—1911)的年均5.1种降为民国后(1912—1945)的年均2.2种。②而与此同时,美国在中国教育界的地位大大提高,教育学科的导入形成了以美国为指向的格局。以教育学科的主要分支学科为例,1911年至1949年从美国引进了大量教育学科专著和教材③:

1. 教育学原理

(1) 巴格莱著、杨荫庆等译:《巴格莱氏教育学》(The Education Proess),北京共和书局1923年版。

(2) 桑代克著、陈兆衡译:《桑代克教育学》,商务印书馆1927年版。

(3) 桑代克、盖次合著,雷通群译:《新教育的基本原理》,新亚书店1933年版。④

(4) 查浦曼、康茨著,赵演改译:《教育原理》,商务印书馆1935年版。

(5) 克伯屈著、朱炳乾译:《新教育原理》,商务印书馆1948年版。

(6) 密勒著、郑宗海、俞子夷译:《密勒氏人生教育》,商务印书馆1921年版。

(7) 杜威著、元尚仁译:《德育原理》,中华书局1921年版。

---

① 陈独秀:《近代西洋教育——在南开学校演讲》,《新青年》第3卷第5号,1917年。
② 实藤惠秀监修、谭汝谦主编:《中国译日本书综合目录》,香港:香港中文大学出版社1980年版,第47页。
③ 参见侯怀银:《20世纪上半叶中国教育学发展问题的反思》附录二,博士学位论文,华东师范大学,2001年。
④ 除此译本外,另外还有五个译本,分别是熊子容译:《教育学原理》,上海:世界书局1933年版;陈衡玉译:《教育概论》,上海:大东书局1933年版;宋桂煌译:《教育之基本原理》,上海:商务印书馆1934年版;贡子容译:《教育原理》,上海:大东书局1934年版;王丂萍译:《教育之根本原理》,上海:中华书局1934年版。以上都是同一本书,只是译名不同而异。

2. 课程与教学论

（1）格利哥莱著、严既澄译述:《教学的七个法则》,商务印书馆1926年版。①

（2）巴格莱、克玉书合著,林笃信译:《教学概论》(An Introduction to Teaching),商务印书馆1931年版。

（3）毅夫译:《地理教授法》(译美国哥伦比亚大学教育专门部之记录),《湖南教育杂志》,1915年8月,第8期。

（4）施脱兰欧著、俞子夷译述:《施脱兰欧教授法概要》,国光书局1916年。

（5）克拉可韦瑞著、沈有乾译:《初等教育设计教学法》,中华书局1923年1版、1931年9版、1941年12版。

（6）帕克著、俞子夷译述:《普通教学法》,商务印书馆1924年版。

（7）锐甫著、孙邦正译:《中学教学法》,商务印书馆1926年。

（8）约翰生·亨利著、何炳松译:《历史教学法》,商务印书馆1926年版。

（9）密里著、程其保译:《中学教学法研究》,商务印书馆1927年版。

（10）克伯屈著、孟宪承、俞庆棠译:《教育方法原论》,商务印书馆1927年版。

（11）勃兰罗著、曹刍译:《设计教学法精义》,中华书局1927年版1版、1928年2版、1931年4版、1933年5版。

（12）密利斯、密利斯夫人著,程其保译:《中学教学法研究》,商务印书馆1928年版。

（13）约翰孙著、李安素译:《中学教学指导法》,广西教育厅编译处1928年版。

（14）Harrgob、Wilson等著,温耀斌译:《教学新法》,广西南宁教育厅编译处1929年。

（15）舒慈著、苏笠夫译:《中等学校算学教学法》,商务印书馆1934年版。

（16）纳尔逊·鲍新著,黄式全、赵望译:《现代中学教学法》,世界书局1936年。

---

① 另还有徐松石的译本:《教学的七个定律》,上海:上海浸会书局1928年版。

(17) 华虚朋著,龚启昌、沈冠群译:《文纳特卡新教学法》,中华书局1936版。

(18) 斯吹儿著,邓竣壁、许绍桂译:《普通教学法》,贵阳文通书局1947年版。

(19) 戴尔著、杜维涛译:《视听教学法之理论》,中华书局1949年版。

(20) 波比忒著、张师竹译:《课程》,商务印书馆1928年版。

(21) 巴比特著、熊子容译:《课程编制》,商务印书馆1943年版。

3. 教育心理学

(1) 桑代克著、何乐益译:《基于心理学的教学原理》(*The Principles of Teaching Based on Psychology*),原译名为《教育学:根据于最新心理学》,上海广学会1918年版。

(2) 哥尔文、沛葛兰著,廖世承译:《教育心理学大意》(原名 *Human Behavior*),中华书局1921年版。

(3) 斯达奇著、戴应观译:《教育心理的实验》,商务印书馆1922年版。

(4) 史屈朗著,朱定钧、张绳祖译:《教育心理学导言》,商务印书馆1925年版。

(5) 桑代克著、陆志韦译:《教育心理学概论》,商务印书馆1926年版。

(6) 盖次著、陈德荣译述:《教育心理学》,世界书局1934年版。

(7) 波特著,孟宪承、张楷译:《教育心理学辨歧》,正中书局1936年版。

(8) 盖次著、宋桂煌译述:《教育心理学》,商务印书馆1936年版。

(9) 詹姆士著、温心园译:《教育心理学谈话》,中华书局1937年版。

(10) 斯密斯等著,王书林、郑德萍译:《教育心理学谈话》,中华书局1937年版。

(11) 柯林华著,吴绍熙、徐儒译:《教育心理学》,中华书局1939年版。

(12) 派尔著,朱定钧、夏承枫译:《学习心理学》,中华书局1924年版。

(13) 派尔著、张绳祖译:《实用学习心理学》,中华书局1934年版。

(14) 里德著、水康民译:《小学各科心理学》,商务印书馆1939年版。

(15) 夫利曼著、陈鹤琴等译：《小学各科心理学》，商务印书馆1939年版。

4. 教育研究方法

(1) 吉特著、郑宗海译：《教育之科学的研究》，商务印书馆1924年1版、1933年3版。

(2) 谷德著，钟鲁斋、吴江霖合译：《教育研究法及其原理》，世界书局1947年版。

(3) 麦柯著、薛鸿志译述：《教育实验法》，求知学社1925年版。

(4) 塞斯顿著、朱君毅译：《教育统计学纲要》，商务印书馆1928年版。

(5) 塞斯顿著、罗志儒译：《教育统计学纲要》，商务印书馆1928年版。

(6) 葛雷德著、朱君毅译述：《心理与教育之统计法》，商务印书馆1934年版。

(7) 杜佐周编译：《麦柯教育测量法撮要》，民智书局1927年版。

(8) 欧提斯著、顾克彬译：《教育测量统计法》，南京书店1934年版、大东书局1941年版。

5. 教育史

(1) 格累甫兹著著、吴致觉译：《近代教育史》，商务印书馆1922年版。

(2) 王凤谐编译：《西洋教育史纲要》，商务印书馆1922年版。

(3) E. H. Reisner著，陈明志、唐珏译：《近代西洋教育发达史》，商务印书馆1934年版。

(4) 古柏莱著、詹文浒译：《世界教育史纲》，世界书局1935年版。

(5) 格莱夫斯著、吴康译：《中世教育史》，商务印书馆1938年版。

6. 教育哲学

(1) 豪恩著、周从政译述：《教育哲学》，中华书局1924年版。

(2) 波特著、孟宪承译：《教育哲学大意》，商务印书馆1924年版。

(3) 杜威著、邹恩润译：《民本主义与教育》，商务印书馆1928年1版、1949年3版。

(4) 杜威讲演，郭智方等笔记：《杜威教育哲学》，商务印书馆1933年版。

(5) 柴尔兹著、许孟瀛译:《教育与实验主义哲学》,正中书局 1948年版。

7. 教育社会学

(1) 史密斯著、刘著良译:《教育社会学导言》,《安徽教育月刊》1918年1月,第12期;1919年1月,第15期。

(2) 斯密司著、陈启天译述:《应用教育社会学》,中华书局 1925年版。

(3) 芬赖原著、余家菊译述:《教育社会哲学》,中华书局 1933 年1版、1937 年再版。

(4) 彼得斯著,鲁继曾译《教育社会学原论》(上、下册),商务印书馆 1937 年版。

(5) 鲁塞克著、许孟瀛译:《社会学与教育》,商务印书馆 1947 年版。

8. 教育行政

(1) 克伯雷著、夏承枫译:《城市教育行政及其问题》,南京书店 1930 年版。

(2) 克伯雷著、夏承枫译:《教育行政通论》,南京书店 1933 年版。

(3) 汉土著、陈汝衡译:《教育政策原理》,商务印书馆 1934 年版。

另外,有关教育财政方面有美国内务部教育署全国教育财政调查团著、陈友松译:《教育财政学原论》(商务印书馆 1936 年版)。

这一时期,除了主要引进美国教育学科方面的专著和教材外,还注意引进德国、苏联等国的教育学科专著和教材。据周谷平在《近代西方教育理论在中国的传播》一书的不完全统计,这一时期翻译编著有关苏俄教育理论和实践的书籍主要有 37 种,在《教育杂志》上发表有关苏联教育的主要译介文章达 17 篇之多。① 1935 年国内出版了品克微支(A. P. Pindevitch)著、卢哲夫译的《教育学新论》一书,译者在序言中明确写道:"苏联是一个新兴的国家,目前正在建设的途中迈进,其教育上也相应地有急剧的变动。这个领域里他们也正在大规模的实验,他们将社会中一切有组织的教育设施,都归纳于教育系统中,有计划的去实施。这些都与欧美的教育迥异,而值得我们来介绍。"② 当时一些学者也深受德国文化教育学的

---

① 参见周谷平:《近代西方教育理论在中国的传播》,广州:广东教育出版社 1996 年版,第 277—282 页。
② 品克微支(A. P. Pindevitch)著、卢哲夫译:《教育学新论》,上海:辛垦书店 1935 年版,译者"序"。

影响,如石联星在其《教育学概论》的自序中谈道:"我国的教育思想,因为缺乏严密的组织和体系,所以自实施新教育以来,时而抄袭日本,时而模仿美国,好像处处都仰人鼻息,加之一般教育家,又多采摘其表面,而不肯作深刻的研究,遂使一种方法或一个制度,往往在我国教育界热烈的鼓吹乃至试验期中,便烟消火亡。"为此,作者以教育与文化的内部关联作为重点进行探讨,并在探讨过程中,"常常见到卢梭、裴斯泰洛齐及福禄培尔等的教育思想。"①从该书的注释来看,外文注释53个,德文注释就占了50个,所占比例达94.3%,可见该书深受德国教育学的影响。此外,从20世纪20年代初至30年代末,还引进了日本野田义夫著《训育论》(苏芗雨译,北平人人书店1934年版),关宽之著《儿童学原理》(俞寄凡编译,中华书局1935年版),吉田熊次著《社会教育的设施及理论》(马宗荣译,中华书局1935年版)等24种;英国南尼著《教育的重要原理及其根据》(刘朝阳译,商务印书馆1929年版),洛克著《教育漫话》(傅任敢译,商务印书馆1937年版),罗素著《儿童教育原理》(谢曼译,上海新中国书局1933年版)等专著8种。此外还有卢梭的《爱弥儿》(魏肇基节译,商务印书馆1923年版),夸美纽斯的《大教学论》(傅任敢译,商务印书馆1933年版)等②。近现代欧美教育学说和思想的导入,使教育学科的内容更加丰富,并开始呈现出多元化趋势。

在引进的主旋律下,国内学者也开始自编各教育分支学科的专著和教材。据粗略统计,从1911年到1949年,仅教育学原理就有99种(包括教育概论、教育通论、教育原理),有关教学论的达117种,有关教育史的有92种(包括中国教育史和外国教育史),有关教育研究和方法的有54种(包括教育科学、教育研究、教育研究方法、教育统计学、教育测验与统计、教育测量、教育测验),有关教育行政的有43种,有关教育心理学的有41种,有关教育哲学的有17种,③等等。这些编著都或多或少受美国实用主义教育思想的影响,但与前一阶段相比,无论在数量上还是质量上,都有了明显的提高,国人已不再局限于对原著的编译,开始尝试用教育理

---

① 石联星:《教育学概论》,上海:中国文化服务社1946年版,"序言"。
② 参见侯怀银:《20世纪上半叶中国教育学发展问题的反思》附录二,博士学位论文,华东师范大学,2001年。
③ 参见侯怀银:《20世纪上半叶中国教育学发展问题的反思》附录三,博士学位论文,华东师范大学,2001年。

论去回答和解决中国教育的实际问题,力求在借鉴的基础上进行本土化的努力。

总的来说,教育学科无论借道日本,还是直接从欧美国家导入,虽然途径不同,但都无法抹去"引进"这两个字的痕迹,在整个20世纪上半叶,"引进"一直是教育学科的"主旋律",导致"近百年来,社会几经风雨,教育几经曲折,许多东西发生了变化,但教育学科领域内'引进'这个似乎是'娘胎'里带来的记号却难以抹去"。① 但在此同时,教育学者和广大教育工作者也努力使教育学科与中国现实相结合,使教育学科不断地走向中国化、本土化。随着大量教育学科的引进,近代中国大学教育学科开始建立和发展,走过了从无到有、从小到大、从一元到多元的历程,学科本身不断地分化、重组和融合,学科群日趋庞大,学科体系逐渐形成。

二、学制的颁定和实施

在教育学科导入过程中,中国近代历届政府共颁布了三个重要的学制。清末《壬寅·癸卯学制》的颁定和实施,从制度上确立了教育学科在大学的合法地位,加速了教育学科在大学的设置;民初《壬子·癸丑学制》的颁定和实施则使教育学科的发展上了一个层次和台阶;1922年《壬戌学制》的颁定和实施使大学教育学科的开设趋向开放化,不仅师范大学设置教育学科,而且综合性大学也设置教育系科。此外,教会大学和私立大学的教育学科也迅速增加。因此,大学教育学科日渐繁盛。应该说,中国近代教育史上三个重要学制的颁定和实施,从制度上保证了大学教育学科的发展。

(一) 清末《壬寅·癸卯学制》确立了大学教育学科的合法地位

在学制颁定前,京师大学堂总教习吴汝纶赴日本考察,他先后听取19次有关教育方面的讲座,内容涉及教育行政、各类学校概况、学校管理、教育方法、学校卫生、学校设施等,并广泛接触日本各类教育专家,他还为京师大学堂物色到了教育学科教习服部宇之吉。在致张百熙函中他写道:"所延服部严谷二君,此邦上下皆贺我得人,皆望能尽其用。"同时又推荐

---

① 叶澜:《教育研究方法论初探》,上海:上海教育出版社1999年版,第102—103页。

留日学生范源濂任助教,对此他又写道:"服部严谷二君为讲师,必应有人通译。此间范景生名源濂,湖南留学生,弘文书院讲演,范生因系教吾国生徒,自愿为之通译,能畅明未尽之绪,听者悦服。近日以事回国,公若用为通译,范必乐就,希卓裁不具。"①他十分强调要优先发展师范教育,认为"高等师范学校的情况是,预科一年,专讲科学,本科三年,分四学部,加教育学课程。其最后一年是研究教育学之外,有教育制度、学校卫生、教儿童研究、教育研习等等,课程较少,专重教育方法的训练"。②虽然由于清政府内部权力之争,吴汝纶随即被召回国内,并送回故乡桐城,但正是他在日本三个月的考察,为京师大学堂教育学科的开设创造了必要的条件。另外,一批有识之士也提议大学教育学科的设置应列入学制。例如,罗振玉曾在《学制私议》第四条建议:"于京师立大学校外,以每一省为一大学区,立高等学校一(亦称各省大学堂),武备学校一,高等师范学校一(将来更须立女子高等师范学校,现姑从缓)"。其中高等师范学校分文理两科,"文科分五门,曰教育、曰文学、曰外国语、曰历史、曰地理。"而且他认为培养教师有三法:"一寻常师范本科,二速成科,三讲习科。今定本科三年卒业,速成科二年卒业,讲习科五月至一年卒业。讲习科虽短期,然必全修教育各学,至普通学则选三科以下一科以上习之。"③可见,罗振玉已经把教育学设定为培养教师的必修课程之一。

1902年8月15日,由管学大臣张百熙主持制定的中国近代第一部学校系统章程《钦定学堂章程》(亦称《壬寅学制》)颁布,这是中国近代教育史上第一个法定学校制度。学制的指导思想相当明确,正如张百熙在《进呈学堂章程折》中所指出的,"古今中外,学术不同,其所以致用之途则一,值智力并争之世,为富强致治之规,朝廷以更新之故而求之人才,以求人才之故而本之学校,则不能不节取欧美日本诸邦之成法,以佐我中国二千余年旧制,固时势使然"。④《壬寅学制》共包括6份文件,属于高等教育的

---

① 朱有瓛主编:《中国近代学制史料》第二辑上册,上海:华东师范大学出版社1987年版,第43—45页。
② 钱曼倩、金林祥主编:《中国近代学制比较研究》,广州:广东教育出版社1996年版,第75页。
③ 朱有瓛主编:《中国近代学制史料》第二辑上册,上海:华东师范大学出版社1987年版,第12—14页。
④ 同上,第63页。

有:《钦定京师大学堂章程》、《钦定考选入学章程》、《钦定高等学堂章程》。学制对教育学科的课程、师资、教材作了明确规定。其中《钦定京师大学堂章程》规定京师大学堂师范馆课程门目表为:"伦理第一,经学第二,教育学第三,习字第四,作文第五,算学第六,中、外史学第七,中、外舆地第八,博物第九,物理第十,化学第十一,外国文第十二,图画第十三,体操第十四。"①章程把"教育学"明确定为第三,而且规定教育学课程分4年,按一定的顺序开课:第一年教育宗旨、第二年教育之原理、第三年教育之原理及学校管理法、第四年实习。教育学课程的课时数占师范馆总课时数的百分之九点七左右。除了明确规定"教育学"课程外,《钦定京师大学堂章程》第一章第七节还指出:"学堂开设之初,欲求教员,最重师范。现于速成科特立专门之外,仍拟酌派数十人赴欧、美、日本诸邦学习教育之法,俟二三年后卒业回华,为各处学堂教习"。② 至于教育学科教材,《钦定京师大学堂章程》规定教育学等各科"均用译出课本书"。③ 1903年京师大学堂译书局翻译的有关教育学方面的教科书是:埕氏实践教育学5册(埕斯佛勒特力著,日本藤代祯辅译,中岛端重译),欧洲教育史要3册,格氏(格露孟升)特殊教育学和独逸教授法各一册,它们被列入《暂定各学堂应用书目》中。《壬寅学制》首次确认了教育学科在大学的合法地位,但由于种种原因,该学制并未在全国实施。

　　第一部正式颁布并在全国实施的是,1904年1月13日由张百熙、张之洞、荣庆会同拟订的《奏定学堂章程》(亦称《癸卯学制》)。《奏定学堂章程》的指导思想与《钦定学堂章程》相一致,是对《钦定大学堂章程》的细化和发展,具体包括《奏定学务纲要》、《奏定各学堂管理通则》、《奏定各学堂考试章程》、《奏定各学堂奖励章程》及各级各类学堂章程,以及译学馆、进士馆、任用教员章程等22件。《奏定学堂章程》对教育学科的师资和课程设置作了更为细致而明确的规定。

　　《奏定学务纲要》称:大学堂、高等学堂、省城之普通学堂、优级师范学堂可以聘东西各国教员为师;如无师范教员可请者,即速派人到外国学师范教授管理各法,分别学速成师范若干人,学完全师范科若干人,回国后

---

① 璩鑫圭等编:《中国近代教育史资料汇编·实业教育 师范教育》,上海:上海教育出版社1994年版,第561页。
② 同上。
③ 舒新城主编《中国近代教育史资料》中册,北京:人民教育出版社1981年版,第552页。

再转相传授。对女子师范学堂的教习,"许聘用外国女教习充之,惟须选聘在女子高等师范毕业、品学优良者,且须明定应与中国女教习研究教法。其研究时限,由该学堂自行酌定。"① 可见,中国教育学科师资来源主要有二个:一是聘请外国教习,尤其是日本教育学教师;二是回国留学生。关于教育学科课程设置,《奏定优级师范学堂章程》中把优级师范学堂的课程分为公共科、分类科和加习科。

公共科——章程规定"公共科者,因入分类科后四类学业各有专重之处,钟点不能兼及,而其中有紧要数事各类皆所必需,故于第一年未分类以前公同习之(英文东文及辨学算学,以后用处甚多,而现有学力尚不足用)。"② 其具体课程为"人伦道德"、"群经源流"、"中国文学"、"东语"、"英语"、"辨学"、"算学"、"体操"。

分类科——章程规定具体分为四类:第一类系以中国文学、外国语为主,总共 13 科;第二类系以地理、历史为主,共 12 科;第三类系以算学、物理学、化学为主,共 12 科;第四类系以植物、动物、矿物、生理学为主,共 14 科。在这四类学科中,教育、心理为必修课,"一概通习无异致"。③ 各类学科除开设教育学课程外,还增加了心理学课程。心理学在第一、第二年开设,而教育学在第二、第三年开设,这是因为教育学是以心理学和伦理学为基础的。日本学界十分重视心理学,故"高等师范四学部中课程表,第一年皆无教育一门,然未有无心理学者,盖心理伦理诸科为教育之预科也"。④ 教育学课程具体有"教育理论及应用教育史"、"教育史"、"各科教授法"、"学校卫生"、"教授实事练习"、"教育法令"等。在各分类科课程中,教育学所占比重较大。以第一类中国文学、外国语为例,"第一学年开设普通心理学,每周 2 小时;第二学年开设教育理论和教育史每周 4 小时,应用心理学每周 2 小时;第三学年开设教育史、各科教授法、教育法令、学校卫生以及实事练习,每周 8 小时。教育和心理类课程 3 年总学时中所占比重为 14.81%。

---

① 璩鑫圭等编:《中国近代教育史资料汇编·实业教育 师范教育》,上海:上海教育出版社 1994 年版,第 580 页。
② 舒新城主编:《中国近代教育史资料》中册,北京:人民教育出版社 1961 年版,第 683 页。
③ 同上,第 684 页。
④ 璩鑫圭等编:《中国近代教育史资料汇编·实业教育 师范教育》,上海:上海教育出版社 1994 年版,第 717 页。

加习科——章程规定"因分类科毕业后，自觉于管理法教授法其学力尚不足用，故自愿留学一年，择有关教育之要端加习数门，更考求其精深之理法。"①加习课具体课程为十科："一、人伦道德，二、教育学，三、教育制度，四、教育政令机关，五、美学，六、实验心理学，七、学校卫生，八、专科教育，九、儿童研究，十、教育演习；但教育演习缺之亦可。修加习科者，于此诸科目所选修，须在五科以上，不得过少；毕业时须使呈出著述论说，以考验其研究所得如何。"②由此可知，加习科已经开设了许多教育学专业的课程，而且这些课程为"教育之要端"，必须选五门课以上，还必须撰写论文，以考查其研究水平。但加习科课程可学可不学，听凭自选。

另据《奏定大学堂章程》规定，政治科大学"政治学门"的"主课"中设有"教育学"；文学科大学的英、法、俄、德、日文学门的"补助课"中都设有"教育学"；文学科大学的中国史学、万国史学和中国文学门，也列"教育学"为"随意科目"。《奏定进士馆章程》规定第一年学习"教育学"，《奏定译学馆章程》规定第五年学习"教育学"。《奏定实业教员讲习所章程》规定"设实业教员讲习所，令中学堂或初级师范学堂毕业生入焉；以教成各该实业学堂及实业补习普通学堂艺徒学堂之教员为宗旨；以各种实业师不外求为成效。"③因此，农业教员讲习所、商业教员讲习所、工业教员讲习所等都设有教育学、教授法等科目。

通过清末学制的颁布和实施，教育学科在大学的地位以法制的形式得以确立。清末优级师范学堂把教育学科作为必修和主要课程，认为"教育为师范学堂之主要科目，师范生不谙教育，即使通晓各科学，将来决不能应用，故部章所规定之教育科授课时间，万不可减少"。④此后，学部对学制进行了修订和补充，1906年订定了《优级师范选科简章》，规定优级师范选科为历史地理本科、理化本科、博物本科和数学本科，本科通习科为伦理、教育、心理、论理、英文、日文、体操；第一学年开设"教育学"，第二

---

① 舒新城主编：《中国近代教育史资料》中册，北京：人民教育出版社1961年版，第683页。
② 同上，第692页。
③ 朱有瓛主编：《中国近代学制史料》第二辑下册，上海：华东师范大学出版社1989年版，第106页。
④ 璩鑫圭等编：《中国近代教育史资料汇编·实业教育 师范教育》，上海：上海教育出版社1994年版，第612页。

学年开设"学校制度及管理法"、"管理法教授法"。1907年,《女子师范学堂章程》规定女子师范学堂教育学课程旨在"使理会女子小学堂教育、蒙养院保育及家庭教育之旨趣法则,并修养为教育者之精神。其教课程度,先教以教育原理,使知心理学之大要,及男性女性之别,并使明解德育智育体育之理;次教以家庭教育之法;次教以蒙养院保育之法;次教以小学堂一切教授管理训练之法;并使知家庭教育与学堂教育之关系,及家庭教育与国家之关系;次使于附属女子小学堂及蒙养院实地练习教授生徒及保育幼儿之法则。"①《壬寅·癸卯学制》颁布后,王国维在《奏定经学科大学、文学科大学章程书后》一文中主张,合经学科大学于文学科大学中,定文学科大学的分科为经学科、理学科、史学科、国文学科和外国文学,并将"教育学"列入各分科的课程设置中,这从一个侧面说明大学教育学科地位及其重要性已获得时人的普遍认同。

(二)民初《壬子·癸丑学制》提高了大学教育学科的层次

如果说清末学制使各大学教育学科设置合法化,各大学尤其是优级师范学堂开始把教育学科作为必修课程,那么民初《壬子·癸丑学制》的制定和实施则使大学教育学科的层次明显提高。该学制包含《学校系统令》、《大学令》、《师范教育令》、《高等师范学校规程》、《高等师范学校课程标准》、《实业教员养成所规程》、《高等师范学校招考学生办法》、《女子高等师范规程》等法令。《壬子·癸丑学制》颁定后一直实行到1922年,历时近十年,在这段时间内,它不断得到修正和补充,遂使大学教育学科的层次和地位大大提高。

1. 高等师范学校教育学科层次大大提高

时任民初教育总长的蔡元培认为:"没有好大学,中学师资那里来?没有好中学,小学师资那里来?所以我们第一步,当先把大学整顿。"②在各大学大力发展的同时,高等师范迎来了发展的春天。孙中山在1912年3月14日通告各省将已设之优级、初级师范一并开学一文中强调:"顾欲兴办中、小学校,非养成多数教员不可;欲养成多数中、小学教员,非多设初级、优级师范学校不可","此时注重师范,既能消纳中学以上之学生,复

---

① 舒新城主编:《中国近代教育史资料》下册,北京:人民教育出版社1961年版,第805页。
② 高平叔编:《蔡元培全集》第7卷,北京:中华书局1989年版,第197页。

可隐植将来教育之根本,是真当务之急者。"①因此,民初通过了《学校系统令》《师范教育令》《高等师范学校规程》《高等师范学校课程标准》等法令,大力发展高等师范学校,遂使民初高等师范学校的发展进入了黄金时期,而教育学科作为高等师范学校的支撑性学科,其层次和地位都得到显著提高。

首先,《壬子·癸丑学制》规定,高等师范学校以造就中学校、师范学校教员为目的;女子高等师范学校以造就女子中学校、女子师范学校教员为目的;高等师范学校定为国立,由教育总长在全国选定地点及校数。这样,高等师范学校教育学科的管理机构由清末的省立改为国立。教育总长通计全国,将全国划分为直隶、东三省、湖北、四川、广东、江苏等六个师范区,并按六大区设置6所国立高等师范学校,由国家统一管理。因此,高等师范教育学科的管理层次大大提高。

其次,学制规定高等师范学校、女子高等师范学校分预科、本科、研究科、专修科和选科,修业年限预科1年,本科3年,研究科1—2年,专修科2—3年,选科2年或3年。高等师范学校入预科须师范学校、中学校毕业或有同等学力者,由行政长官保送,或有保证人具保证书,送校试验收录;本科生由预科毕业生升入,专修科、选科根据需要临时招生,以补充中学校、师范学校教员;研究科由校长在本科及专修科毕业生中选取。学制把清末的公共科改为预科,分类科改为本科,加习科改为研究科,另设专修科和选科,这样,教育学科由清末的公共课程上升到教育专修科、教育研究科,并颁发教育学士学位,由此教育学科专业性越来越强。民初高等师范教育专修科和教育研究科,明确提出要培养教育学术专门人才。北京高等师范学校校长在1922年4月教育研究科第一次授教育学士学位典礼上就说,教育研究科的宗旨是为社会造成教育学术专门人才及教育领袖。武昌高等师范学校于1917年设置教育补修科,"系为已充中小学校之教员,缺乏教育学术者而设"。②1920年南京高等师范学校设教育专修科,因为"教育已成一种专门科学,非造就此种专门人才,不足以促教育之进步"。③因此,民初教育学科专业层次越来越高,专业化已成为一种普遍

---

① 璩鑫圭等编:《中国近代教育史资料汇编·实业教育 师范教育》,上海:上海教育出版社1994年版,第789页。
② 《教育公报》,第2期,1919年。
③ 朱有瓛主编:《中国近代学制史料》第三辑下册,上海:华东师范大学出版社1992年版,第650页。

第一章　近代中国大学教育学科发展的历史背景

的趋势。

再次,学制对高等师范学校教育学科课程作了专门规定。高等师范学校预科的学习科目为论理学(逻辑学)、国文、英语、数学、伦理学、图画、乐歌、体操。本科分为国文部、英语部、历史地理部、数学物理部、物理化学部、博物部等6部。其公共科目为伦理学、心理学、教育学、英语、体操,而其中"心理学"和"教育学"主要课程有心理学、教育学、教育史、教授法、学校卫生、教育法令等。选科专为愿任师范学校及中学教员者设立,选习本科及专修科中之一或数科目,但须兼习伦理学、教育学。学制虽然没有对教育专修科、教育研究科明确规定课程设置,但规定高等师范学校设置教育专修科和教育研究科,其课程设置必然更加专业化和系统化。当时北京高等师范学校教育专攻科课程设置为实践伦理、中国伦理学史、西洋伦理学史、伦理学、纯粹心理学、应用心理学、东亚教育史、西洋教育史、教育学、学校卫生学、教授法、学校管理法、世界教育制度、教育行政、德文、国文、言语学、哲学、美学、生理等19门。南京高等师范学校教育专修科科目为"实践伦理、伦理学、中国伦理学史、西洋伦理学史、心理学、教育心理学、教育学、中国教育史、西洋教育史、东洋教育史、教授法、教育社会学、教育行政、各国教育比较、学校组织及管理法、学校卫生与设备、职业教育、中等教育、初等教育、学务调查报告法、学务统计法、国文、国语、英语、哲学概要、论理学、社会学、应用社会学、乐歌、体育、教育研究报告、实地教授及参观"等[①],共计达32门。北京女子高等师范学校设置了保姆讲习科(即幼儿教育),招生简章中规定课程为:"儿童研究学、保育法、教育学、幼稚教育史、教授法、手工技术、故事、恩物科之研究、社会学、游戏、乐歌、体育、实习",[②]共计达13门。可见,学制的制定也从某种程度上促使高等师范教育学科课程设置日趋丰富化、专业化、系统化。

2. 教会大学和私立大学教育学科快速发展

《壬子·癸丑学制》开始把教会大学和私立大学纳入学校法制系统。1912年教育部公布的《大学令》、《修正大学令》明确规定:"私人或私法人

[①] 朱有瓛主编:《中国近代学制史料》第三辑下册,上海:华东师范大学出版社1992年版,第644—645页。
[②] 璩鑫圭等编:《中国近代教育史资料汇编·实业教育 师范教育》,上海:上海教育出版社1994年版,第1043页。

亦得设立大学。"① 同时,《专门学校令》、《公立私立专门学校规程》、《私立大学规程》等,对私立大学的科目、教学管理、学生定额及私立大学的设立、变更、终止等作了明确而翔实的规定。1913年12月,教育部公布了《取缔私立大学之布告》,对私立大学进行整顿审核,强调私立大学的立案要经过教育部官员的视察,分别优劣后方可确实。但到1914年,教育部在整理教育方案草案时则强调"变通从前官治的教育,注重自治的教育",并指出"全国之大,无完善之大学不可也,大学不能多设尤不可也"。② 私立大学遂得以迅猛发展。而对于教会大学教育学科,政府一直采取默认的态度,民初学制虽然没有对教会大学作特别规定,但政府的基本态度始终未变。1920年11月16日,教育部布告第十一条规定:"兹为整理教育,奖励人才起见,特定外国人之在国内设立高等以上学校者,许其援照大学令、专门学校令,以及大学专门学校各项规程办法,呈请本部查核办理,以泯畛域,而期一致。"③ 因此,教会大学也逐渐增加。1911年至1922年,新成立的教会大学有金陵女子文理学院、华南女子文理学院、北京协和医学院、岭南大学、铭贤学院、齐鲁大学、燕京大学等;④新成立的私立大学主要有武昌中华大学、北京中华大学、朝阳大学、中国大学、大同大学、明德学校大学部、民国大学、南开大学、中法大学、厦门大学等。⑤ 随着教会大学和私立大学的增多,设置在教会大学和私立大学的教育学科也逐渐增多。

此外,《壬子·癸丑学制》通过颁定《大学令》、《大学规程》等法令,规定综合性大学文科哲学门下分中国哲学类和西洋哲学类,"教育学"为哲学门下的课程。

总之,通过《壬子·癸丑学制》的颁定和实施,教育学科在大学的层次和地位明显提高。袁世凯在《颁定教育要旨》一文中明确提出教育学等

---

① 宋恩荣、章咸选编:《中华民国教育法规选编》,南京:江苏教育出版社2005年版,第385页。
② 璩鑫圭、唐良炎编:《中国近代教育史资料汇编·学制演变》,上海:上海教育出版社1991年版,第733页。
③ 朱有瓛、高时良主编:《中国近代学制史料》第四册,上海:华东师范大学出版社1993年版,第782—783页。
④ 参见郑登云编著:《中国高等教育史》,上海:华东师范大学出版社1994年版,第187—200页。
⑤ 参见钱曼倩、金林祥主编:《中国近代学制比较研究》,广州:广东教育出版社1996年版,第212—213页。

"皆立国之大本大原也"。① 与清末大学教育学科相比,民初大学教育学科无论在质还是量上,都出现了一个飞跃性的发展。

(三) 1922年《壬戌学制》使大学教育学科的设置趋于多元化

《壬戌学制》是中国近代学制中实施时间最长、影响最大的一个学制。从 1922 年北京政府教育部颁定《壬戌学制》开始,其间虽有内容上的变更,但主要框架一直沿用至 1949 年。《壬戌学制》的制定和实施是中国教育近代化进程中的一个重要标志,对近代中国大学教育学科也产生了深远的影响。

1. 学制颁定前对大学设置教育学科的议论

早在《壬戌学制》颁定前,教育学科是否在综合性大学设置的争论就已经开始。1915 年第一届全国教育会联合会议期间,以符定一为会长的湖南省教育会提出一项《改革学校系统案》,其中关于师范教育称:"教授中等学校之技术,易于初等远矣,本无须专门养成,至于三年之久,且教授中等学校之学识,原不在专门大学各科之外,更无独设一校之必要"。② 最后建议取消高等师范学校,改在大学设师范研究科。1919 年 10 月,在第五届全国教育会联合会大会上,由浙江省教育会提出的《改革师范教育议案》指出:"高等师范的各科毕业生,至多明白各该科教授上需要的教育原理罢了,各科教授上所需要的教育原理,和担任教育学教授纯正的教育原理,一则是形式,一则是精神,实在是不同的。现行的法令凡是高等师范毕业生,都允许他能担任师范学校的教育教员,但事实上请他们担任教育一科,都是怕势势(疑为兮兮——笔者注)的居多,非有一种特别的努力,是不敢担任的"。他们认为"不如爽爽快快把教育精神唯一的责任,归到大学里去,大学里面应当正正当当设一教育科。"③1920 年,云六在《现行师范学制的流弊及其改革法》一文中更是尖锐批评道:"原有的高等师范

---

① 璩鑫圭、唐良炎编:《中国近代教育史资料汇编·学制演变》,上海:上海教育出版社 1991 年版,第 162 页。

② 朱有瓛主编:《中国近代学制史料》第三辑上册,上海:华东师范大学出版社 1992 年版,第 63 页。

③ 璩鑫圭等编:《中国近代教育史资料汇编·实业教育 师范教育》,上海:上海教育出版社 1994 年版,第 839—845 页。

学校,实是大学及专门学校的赘疣,大可割去。"①他认为英国数年以前就有大学的师范部,美国也有教员养成院,大学中附设教员练习科等,因此,中国可以把高等师范六部一律并入大学及专门学校,在大学及专门学校多出一个师范部的名目。1921年第七届全国教育会联合会议决学制系统草案规定,"大学得设师范科,高等师范学校得仍独立","高等师范学校毕业生得入大学研究院"。可见,有关综合性大学设置教育学科的呼声在《壬戌学制》颁定前就已经很高,故学界一般称之为"高师改大"运动,1922年《壬戌学制》的颁定只是这种呼声的制度化而已。

2. 学制对大学教育学科的规定

1922年9月,教育部召开学制会议,通过了北京高等师范学校校长李建勋提出的《请改全国国立高等师范学校为师范大学案》,结论是"现在高等师范亟宜提高程度,延长修业年限为六年,与其他六年之大学平等,改称为师范大学,除设教育科外,宜兼设毕业后应承担教授之各种学科"。②同年11月,北洋政府公布了《学校系统改革令》(即《壬戌学制》),学制明确规定了高等师范学校升格为师范大学,综合性大学设置教育学科。具体而言,大学设数科或一科均可,其单设一科者,称某科大学校,修业年限为四至六年,实行选科制;依旧制设立之高等师范学校,应于相当时期内提高程度,收受高级中学毕业生,修业年限四年,称为师范大学校;为补充初级中学教员之不足,得设二年之师范专修科附设于大学校教育科或师范大学校,亦得设于师范学校或高级中学,收受师范学校及高级中学毕业生。③ 学制不论是指导思想,还是整体结构,均受美国实用主义教育思想的影响。学制废除了旧教育宗旨,代之以7条标准:"适应社会进化之需要"、"发挥平民教育精神"、"谋个性之发展"、"注意国民经济力"、"注意生活教育"、"使教育易于普及"、"多留各地方伸缩余地"。④《壬戌学制》体现的弹性和灵活性,克服了《壬子·癸丑学制》的呆板、划一性,与当时的教育改革发展趋势相适应。正如陶行知在《新学制与师范教育》一文中所指出的:"大学师范科是适应近年大学设立教育科的趋势定的;职业教员养

---

① 云六:《现行师范学制的流弊及其改革法》,《教育杂志》第12卷第9号,1920年。
② 李建勋:《请改全国国立高等师范学校为师范大学案》,《教育丛刊》第3卷第5集,1922年。
③ 参见李友芝等编:《中国近现代师范教育史料》第二册,内部材料,第267—268页。
④ 同上,第264—265页。

成科是适应近年职业教育的需要定的"。① 学制的颁定标志着大学教育学科开始走向开放化、多元化。

3.《壬戌学制》对大学教育学科发展的影响

在《壬戌学制》实施过程中,教育部又陆续颁布了一系列的法令,近代中国大学教育学科迎来了多元化发展的新局面。

(1) 国立或公立综合性大学开始设置教育学科

《壬戌学制》颁定后,许多高等师范学校纷纷改为综合性大学。1922年南京高等师范学校率先改为东南大学,1923年沈阳高等师范学校与文学专门学校合并为东北大学;同年武昌高等师范学校改为武昌师范大学,一年后又改为武昌大学;1924年广东高等师范学校与农专、法专合并为广东大学,不久又改为中山大学;1927年成都高等师范学校改为成都师范大学,不久又改为四川大学。这样,民国初期的7所高等师范学校(除了北京高等师范学校于1923年升格为北京师范大学,北京女子高等师范学校于1924年升格为女子师范大学,并于1931年与北平师范大学合并为北平师范大学外,其余高师都改为综合性大学。正是由于此时许多综合性大学由原来的高等师范学校脱胎而来,因此综合性大学设置教育学系、教育学院的较多。1929年8月14日,教育部又通过了《大学规程》,规定"大学教育学院或独立学院教育科:分教育原理、教育心理、教育行政、教育方法及其他各学系,大学或独立学院之有文学院或文科而不设教育学院或教育科者,得设教育学系于文学院或文科。"同时又规定"大学各学院或独立学院各科得分别附设师范、体育……公共卫生等专修科"。② 综合性大学开始普遍设置教育学系、教育学院,并对教育学科的研究表现出前所未有的兴趣,积极开展各种新教育学说的引进,各种新教学方法的试验,各种不同教育观点的辩论以及中学各科新式教材的编撰,从而为中国近代教育学科的学术研究作出了很大贡献。同时,由于大学教育学院、教育学系偏重于教育学术的研究,学生所学科目并不针对普通中学,加上大多数人对教育工作不够热诚,因此,一时间中等教育师资力量受到了严重削弱。为加强中学师资建设,1937年6月,教育部颁布了《训练中学师资

---

① 陶行知:《新学制与师范教育》,《新教育》第4卷第3期,1922年。
② 宋恩荣、章咸选编:《中华民国教育法规选编》,南京:江苏教育出版社2005年版,第387—390页。

的暂行办法》,其中规定:"大学教育学院或教育学系学生须按照大学规定第七条之规定,选定其他学院之某一学系,或同学院不属教育性质之其他学系为辅系,其辅系所修之主要学科须在50学分以上;大学教育学院以外之各院学生,志愿毕业后为中等学校教员者,须修习教育原理、教育心理学、普通教学法、专门学科教学法等教育学科12学分以上;凡依此办法受师资训练之大学毕业生,除发给毕业证书外,由学校另发给得充任中等学校某科教员之证明书。"①从而促使综合性大学教育学科除了重视教育学术研究外,也重视中学师资的培养。

(2) 高等师范教育学科的学术研究大大加强

学制规定高等师范学校升格为师范大学,本意是为了提高高等师范学校的程度,但结果是各高等师范学校纷纷改为综合性大学。1923至1938年间,中国除了北平师范大学和河北女子师范学院外,没有其他高等师范院校。因此,这一时期被称为高等师范的消沉时期。随着高等师范的削弱,在某种程度上影响了教育学科的发展。从抗战爆发到1945年,国民党政府开始注重师范教育,尤其是高等师范教育,并把急速设立独立高等师范作为"挽救教育"的重要措施之一,先后颁布了《战时各级教育实施方案纲要》、《各级教育实施方案》、《师范学院规程》(1938年7月、1942年12月修正,1948年12月第二次修正)等一系列章程,独立高等师范遂渐复兴。1938年3月召开的国民党临时全国代表大会上作出决议:"对师资之训练,应特别重视而亟谋实施。各级教师之资格审查与学术进修之办法,应从速规定,以养成中等学校德智体三育所需之师资,并应参酌从前高等师范之旧制而急谋设置。"②1938年颁定的《师范学院规程》规定,师范学院由教育部根据各地情形,可分区单独设立,也可于大学中设置。1941年国民党第五届中央执行委员会第八次会议提出,应尽力恢复师范单独设立的制度,遂推动独立高等师范逐渐发展起来。1937年以后,南京国民政府对独立高等师范设置所采取的一般原则是"教育比较发达的地区,多是在综合性大学内设师范学院或教育学院,如沿海地区;而在教育比较落后的地区,则设立独立师范学院或独立师范专科学校,比如在中部地区或西部地区"。朱家骅于1942年向陈立夫建议:"独立师范学

---

① 刘问岫编:《中国师范教育简史》,北京:人民教育出版社1984年版,第84页。
② 李友芝等编:《中国近代教育史参考资料》第二册,内部材料,第389页。

院,可于尚未设立大学或教育特别落后省区设置之。内设国文、历史、地理、内科学、物理、化学、动物、植物等系外,另再酌教育体育等系,必要时并设特别班,招致国内各大学毕业生之愿往省区担任中学教职者,予以专业训练。"① 因此,1938 年至 1945 年,在国民党统治区共有独立师范学院 6 所:国立师范学院(地点在湖南蓝田,又称国立蓝田师范学院)、国立西北师范学院、国立贵阳师范学院、国立湖北师范学院、国立桂林师范学院、国立女子师范学院(地点在重庆)。② 高等师范从抗战前的消沉逐渐走向恢复和发展,一直到中华人民共和国成立前夕,独立设置的师范学院计 11 所,其中国立 9 所、省立 2 所。另外,全国共有独立师专 13 所,其中国立 5 所、省立 8 所。教育学科作为高等师范的核心学科,自然随着独立高等师范的沉浮而律动,但教育学科在其本身的发展过程中,遵循着一定的规律,有相对的独立性。因此,教育学科从总体来看,虽然数量不多,但在质的方面还是得到了明显的提高,尤其是随着综合性大学、教会大学、私立大学普遍设置教育学科,独立高等师范学校教育学科的竞争意识增强,教育学科开始注重学术研究。例如,北京高等师范学校改为师范大学后,"颇转趋于高深学术之研究,骎骎乎与普通无异。近两年来,始认清目标,努力完成本校此两重任务。因此,一方面努力于专业化之设施,例如,与各附校谋切实之联络,加增参观之钟点,与注重本科教学法,设置副科等;另一方面,亦不敢忘其为大学,对于有关高深学术之研究,仍努力不懈"。③ 1933 年 8 月,北平师范大学在《组织大纲》中把培养教育学术研究人员作为师范大学的主要任务之一,这是北平师范大学建校以来第一次把研究教育学术及适用于教育的专门学术定为学校的职能,标志着独立高等师范教育学科在把培养教师作为办学目标的同时致力于教育学术的研究。

(3) 教会大学和私立大学教育学科普遍设置教育学科

《壬戌学制》7 项标准的总体精神中包含了灵活性和开放性,这就为教会大学和私立大学的发展提供了广阔的空间,设置教育学科的教会大学和私立大学也大大增加。1929 年 8 月 14 日教育部通过的《大学规程》

---

① 王聿均、孙文武合编:《朱家骅先生言论集》,台北:台北中央研究院近代史研究所 1977 年,第 169—170 页。
② 参见李桂林:《中国现代教育史》,长春:吉林教育出版社 1991 年版,第 254 页。
③ 转引自刘捷、谢维和:《栅栏内外——中国高等师范教育百年省思》,北京:北京师范大学出版社 2002 年版,第 103 页。

第二十八条中特别强调,"私立大学或私立独立学院,除适用本规程外,并须遵照私立学校规程办理"。① 这里所谓"私立大学"中也包含了教会大学。教会大学和私立大学普遍设置教育学科,极大地推动了近代中国大学教育学科的多元化发展。对此,时人曾明确评价道:虽然国立师范学院已成立数处,但仍感师资不足,"各省市私立中等学校尤其是各教会在中国创办之中等学校,其师资多由已立案之私立大学供给。已立案之私立大学以往对于师范教育颇多供献,其已造就之中等学校师资,为数亦不少,自应利用其原有之设备与人才,继续训练"。②

另外,《壬戌学制》的颁布,教育学科不仅设置在高等师范、综合性大学、教会大学、私立大学,独立教育学院和独立师范专科学校教育学科也开始兴起。独立教育学院教育学科注重实验,培养社会教育或民众教育人才;而独立师范专科学校教育学科注重教学,培养初级中学教师。

总之,在历经了三个学制的演变后,近代中国大学教育学科从教育课程的开设到教育专修科和教育本科的设置,再到教育研究科、教育研究所的建立,纵向办学层次逐渐提高。与此同时,横向办学层次日趋多元化,不仅国立和公立高等师范、综合性大学设置教育学科,教会大学和私立大学也设有教育学科。此外,独立教育学院和独立师范专科学校也设有教育学科。可以说,上述三个学制的颁定和实施,标志着近代中国大学教育学科的发展已渐制度化、规范化。

三、教育"科学化"运动及其影响

1923年,胡适在《科学与人生观》一书的序言中写道:"近三十年来,有一个名词在国内几乎做到了无上尊严的地位,无论懂与不懂的人,无论守旧和维新的人,都不敢公然地对他表示轻视或戏侮地态度,那名词就是'科学'。"③从20世纪20年代开始,"科学化"已成为国际教育学界的普遍趋势。姜琦在《现代西洋教育史》一书中认为:20世纪初以后,西方学术界最引人注目的倾向是由"教育学"向"教育科学"(Eriehungswissenschaft)的转

---

① 李友芝等编:《中国近代教育史参考资料》第二册,内部材料,第297页。
② 同上,第675—676页。
③ 白吉庵、刘燕云编:《胡适教育论著选》,北京:人民教育出版社1994年版,第178页。

化。① 整个 20 世纪上半叶,欧美教育"科学化"运动从兴起到 20—40 年代达到高潮,对近代中国大学教育学科的发展产生了深远的影响。

(一) 教育"科学化"运动的兴起

随着近代自然科学勃兴,一些学者开始以自然科学的模式去从事教育研究,如赫尔巴特曾率先致力于教育的科学研究。他认为:"教育作为一种科学,是以实践哲学和心理学为基础的。前者指明目的,后者指明途径、手段以及对教育成就的阻碍。"②赫尔巴特明确把教育学的理论基础建立在心理学之上,使教育学向"科学"迈出了关键的一步。因此,在西方教育史上,赫尔巴特被誉为"科学教育学的奠基人",③他的《普通教育学》被视为教育史上第一部具有科学体系的教育学著作。20 世纪初实验教育学的兴起给教育研究领域带来了新的生机,有力的推进了教育学科的科学化进程。它用大量实验材料、统计数据和实际效果向人们展示教育学科的客观性,明确宣称:"教育学不仅是一门通过实践经验得来的艺术……而且是一门科学。""像医学一样,教育学是一门科学,教育实践是建立在这门科学基础之上的艺术。"④教育科学思潮冲击着传统的教育学,整个欧美国家都卷入了这场教育研究科学化运动。1905 年,法国比奈和西蒙合作提出了第一份智力量表,这对教育科学产生了重要的影响。英国著名科学史家贝尔纳评价道:"过去的教育学只能是哲学的教育学,而不是科学的教育学。教育学具有科学气味而成为一门真正的科学,是由于智力测验引进到教育学中了。"⑤而美国的霍尔、桑代克、杜威、吉特、孟禄等人进一步把教育科学运动推向了高潮。例如,桑代克把教育视为"机体对外部刺激的反应过程,由刺激引起并通过练习加以强化。在桑代克看来,教育的全部活动就是一种行为训练,行为之基本单位就是刺激与反应两者构成的一种结合——'感应结',教育就是要给学生造成适应的'感

---

① 姜琦:《现代西洋教育史》,上海:商务印书馆 1935 年版,第 447 页。
② 张焕庭主编:《西方资产阶级论著选》,北京:人民教育出版社 1964 年版,第 288 页。
③ [德]赫尔巴特:《普通教育学·教育学讲授纲要》,杭州:浙江教育出版社 2002 年版,"前言"第 1 页。
④ [德]拉伊著,沈剑平、瞿葆奎译:《实验教育学》,北京:人民教育出版社 2005 年版,第 140 页。
⑤ [英]贝尔纳著,伍况甫等译:《历史上的科学》,北京:教育科学出版社 1959 年版,第 641 页。

应结'"。① 为了使教育研究具有科学性,他对教学成果和智力测量及其数据处理方法进行大量研究,编制标准化的教育成就测验及非文字量表。他曾说:"教育科学,当它在发展的时候,就像其他科学那样,有赖于对教育机构的影响作直接观察和实验,并且有赖于以定量的精确性研究出来和加以描述的方法。"②吉特在《教育科学研究导论》一书中指出:"教育学说必须以实验及统计研究为基础,遵从自然科学法则对教育现象作解释与说明,这样的教育学才是真正的科学,而科学的本质不在于结论怎样,乃在于方法怎样。"③他力主用科学方法研究教育,极大地推动了美国教育"科学化"运动的发展。

欧美教育"科学化"运动的兴起和发展,尤其是美国教育"科学化"运动,直接推动了近代中国大学教育学科的"科学化"运动。杜威从1919年至1921年,在华讲学两年零两个多月,先后踏入奉天、直隶、山西、山东、江苏、江西、湖北、湖南、浙江、福建、广东11个省区,讲演多达二百余次,所到之处,无不受到热烈欢迎,许多报刊还纷纷登载介绍杜威实用主义学说的文章,其实用主义教育理论在中国盛行一时。如果说杜威在华传播的主要是实用主义教育理论,那么,继他之后孟禄、推士、麦柯尔、柏克赫斯特、克柏屈等人来华则把教育"科学化"运动推向了中国教育研究的各个方面。孟禄于1921年夏应北京实际教育调查社之邀,进行了为期4个月的教育考察,他调查了中国南部江浙粤闽等省的教育情况,对中国教育提出了许多改革的措施,陶行知曾赞扬孟禄是"以科学的目光调查教育,以谋教育之改进,实为我国开一新纪元。"④继孟禄之后,麦柯尔来华从事学校的科学教育调查,他"足迹踏遍10个省24个城市的248所学校,讲演二百余次,除组织科学研究会外,还拟定'考查及改进中国自然科学教育计划',著有《科学与教育》一书,对中国的科学教育,尤其是科学教学法有很大的贡献。"⑤杜威、孟禄等人来华讲学,极大的推进了近代中国教育"科学化"运动的展开。

---

① 王坤庆:《教育学史论纲》,武汉:湖北教育出版社2000年版,第189—190页。
② 转引自王坤庆:《教育学史论纲》,武汉:湖北教育出版社2000年版,第190页。
③ 同上,第191页。
④ 华中师大教科所主编:《陶行知全集》第1卷,长沙:湖南教育出版社1984年版,第173页。
⑤ 栗洪武:《西学东渐与中国近代教育思潮》,北京:高等教育出版社2002年版,第203页。

民国初期大批留美学生回国,他们极力倡导科学。1915年任鸿隽撰文认为教育之事无论从何方言之,都不能离开科学以从事,"科学于教育之重要,不在于物质上之智识,而在其研究事物之方法;尤不在研究事物之方法,而在其所与心能之训练"。① 蒋梦麟在《高等学术为教育学之基础》一文中明确指出:"自十九世纪科学发达以来,西洋学术,莫不以科学方法为基础;即形而上学,亦以此为利器。至今日一切学问,不能与科学脱离关系;教育学亦然。故今日之教育,科学的教育也。舍科学的方法而言教育,是凿空也,是幻想也。幻想凿空,不得谓二十世纪之学术。"② 这一时期中国教育学界已经形成了"科学化"的共识。

陈翊林在《近代中国教育总评》一文中概括了民国以后中国教育发展的八大趋势,其中第五个方面是:"要求教育的科学化。即一方面要求在教育中增高科学的地位,注重科学的研究,又一面要求将教育的本身也构成一种科学。最近几年来的科学教育和教育的科学研究——教育调查、教育测验、教育试验和教育研究的发达,便足证明这种趋势"。③

(二) 近代中国大学教育学科"科学化"运动的展开

蒋梦麟在《学风与提高学术》一文中写道:前清时代,"一个学校里,能多请几位外国人,或多请几位洋文优长的教员,多造几座洋房,大家就高兴的了不得。自民国六七年至九年,大家所抱的信仰就是'文化运动'。那个时候,讲起'文化运动',大家都抱无穷的希望。"④ 接着他又继续说,可惜现在这些都渐渐消灭了,提出一个办法就是"提高学术",要在提高学术上下功夫。但如何提高教育学术?有学者说:"从前的教育学术,被'玄学鬼'附在身上,凭你大翻觔斗,终是跳不出哲学的范围,数千年来,低首下心,伏居在哲学的门下。所以教育问题,虽然聚讼纷纭,依旧不著边际。此无他,只有意见的论争,没有从事实上去观察和实验。"所以"近世教育家知教育学术有脱离哲学羁绊,自成独立科学的必要,所以竭力引进种种科学方法,以求教育学术的进步。现在教育事业中,如行政、教学、课程编

---

① 任鸿隽:《科学与教育》,《科学》第1卷第12期,1915年。
② 蒋梦麟:《高等学术为教育学之基础》,《教育杂志》第10卷第1期,1918年。
③ 陈翊林:《近代中国教育总评》,《中华教育界》第18卷第4期,1930年。
④ 蒋梦麟:《晨报四周年纪念日之感想》,《北京晨报副刊》,1922年12月2日;又见曲士培主编:《蒋梦麟教育论著选》,题目改为《学风与提高学术》。

制、成绩考查各方面,都应用科学的方法,搜求真确的事实,以求真确的结果。"①强调唯有用科学的教育方法,教育学科才能科学化。丁文江甚至认为:"在知识界里科学无所不包,所谓'科学'与'非科学'是方法问题,不是材料问题。凡世界上的现象与事实都是科学的材料,只要用的方法不错,都可以认为科学。"②结合教育学的"科学化",有的学者强调:"科学的教育学,乃以科学的方法,研究教育,而使教育学列于真正科学之林也"。③ 教育"科学化"主要表现为教育研究方法的科学化,这已成为近代中国教育学界很大一部分人士的共识,近代中国大学教育学科积极参与其中并得以发展。

1. 教育实验

实验教育法的主要目的"在用以发见学校中教育的因素之影响,而证实悬定之假设。研究者,选定其因素,控制其动境以审视其变异。如使二组或二组以上的学生受同一的测验后,而使其能力相当,然后再施以不同的教育方法,最后再测验其结果,以视其异同。此种方法,极合科学之精神,而为教育学之所最需要者。"④当年杜威以美国芝加哥实验学校作为其教育哲学实验室的成功尝试,"在美国在欧洲均有好多教育专家起来创办试验学校"。⑤ 中国亦然,教育学者普遍认为,要使教育学科科学化,就必须采取实验的方法。胡适在讲演中曾指出:"那时候,杜威的学生们在北京、南京、苏州和上海这些地方,创办了几个'实验学校',其中有的就叫做'杜威学校',像南京高等师范所附设的那所实验学校就是的。杜威对这些新办的'实验学校',很感兴趣。"⑥但杜威还在来华的演讲中感叹在观察了日本和中国的教育后,深感两国教育皆无试验精神,因此,他大力倡导中国教育界多创办实验学校,认为"试验学校愈多,成绩自佳。"在杜威的大力倡导下,当时一批教育学专家如陶行知、李建勋、钟鲁斋、罗廷光、孟宪承等人,都纷纷撰文提倡实验教育。李建勋明确指出:"近代的教育已

---

① 甘豫源:《论教育上之科学方法》,《教育杂志》第 19 卷第 7 号,1927 年。
② 丁文江:《科学化的建设》,《独立评论》第 151 号,1935 年。
③ 王倘:《教育学是一种精确的科学》,《中华教育界》第 15 卷第 7 期,1926 年。
④ 同上。
⑤ 杨骏如:《中国的实验小学》,《教育杂志》第 26 卷 4 号,1936 年。
⑥ 胡适:《杜威在中国》,《胡适作品集》第 25 册,台湾:台湾远流出版公司 1986 年版,第 37 页。

走向科学的道路,一切理论均需要实验的证明方可为信,所以实验工作在教育上占有重要位置。"①在具体实践上,各大学教育实验如火如荼,如在教学法的实验上,各教育学专家先后试行了赫尔巴特五段教授法实验、单级教学法实验、自学辅导法实验、分团教学法实验、设计教学法实验、道尔顿制实验、文纳特卡制实验等。各种新教学方法实验蔚然成风,给教育界带来了新鲜空气,有力地促进了大学教育学科的科学化。

2. 教育测验

在美国被誉为"教育科学之父"的桑代克有句名言:"如果说存在着一件事物,它一定存在于一定的数量之中,如果它存在于一定的数量之中,它便是可被测量到了。"②桑代克推崇定量研究,他认为要使教育学科学化,不仅要进行实验,而且还要在实验中进行测量。他说:"当我们对自然进行观察和实验时,我们就了解了它们的真相。当我们对它们测量时,我们就把它们变为我们的奴仆。"③这样,教育测验成为教育科学必不可少之工具。"民国七年(1917年)俞子夷仿造一种小学国文毛笔书法量表,据说是我国最早的测验。到了民国八九年间,各大学有测验科目的设立,而留美回国的学生颇加以提倡。十一年夏,中华教育改进社聘请麦柯来华,主持编造各种测验,实可以说是标准测验编造的开端。那时帮助的,有北京师范大学、北京大学、北京高等师范、东南大学等校教授和学生,计共编成测验四十余种。"④教育测验在20世纪20年代达到高潮,当时麦柯尔评判中国所编造的各种测验,认为"我们所编造的各种测验,至少都与美国的标准相等,有许多种竟比美国的为优。然而这也不足为荣,因为对于一种继承物,个个人应该感激,个个人应该想方法去改良。"⑤这一时期教育测验在许多大学轰轰烈烈的展开。1920年廖世承和陈鹤琴在南京高等师范学校担任教职时,已开始用心理测验方法对考生进行考试,次年他们两人又合作出版了《智力测验法》一书。1922年春,廖世承和陈鹤琴用增补过的比奈西蒙量表,在京沪等地,对各公私立幼稚园和中小学校从3岁到

---

① 李建勋:《在北平师范大学研究所开学典礼上的讲话》,《师大月刊》,1933年第8期。
② 转引自唐莹:《元教育学》,北京:人民教育出版社2002年版,第61页。
③ 转引自赵祥麟主编:《外国现代教育史》,上海:华东师范大学出版社1987年版,第126页。
④ 赵轶尘:《测验之一般理论》,《教育杂志》第23卷第12号,1931年。
⑤ 曹日昌:《我国测验运动的回顾与展望》,《教育杂志》第30卷第7号,1938年。

20岁的儿童和中小学生进行了智力测验,受试者多达一千四百多人。此后,各类大学都展开了测验运动。陆志韦两次修订比奈西蒙智力测验量表,翻译和引进西方的教育心理学理论;艾伟毕生致力于学科心理学的研究;肖孝嵘长期从事心理学教学,并研究各种心理测验;俞子夷进行教育测验的研究,编制了多种测验量表,开我国学者自编测验之先河。此外,还有刘廷芳的中学智力测验,刘湛恩的非文学智力测验,等等。正是各大学教育学科的教育学者孜孜以求地进行教育测验,从而为教育学科科学化奠定了基础。赵轶尘在《测验之一般理论》一文中明确指出:"要使得教育成为一种精密的科学,像物理学一样,那末,我们也一定要发明各种测量工具,以期搜集许多关于教育之数量上正确的知识。近年来的测验运动,便是应着这种要求而产生的。现在对于学生的智愚和教育成绩的好坏,都有标准测验去刻量。自后,数量上正确的知识将愈积愈多,教育便可渐渐成为一种科学了。所以,测验运动实在可说是促成教育科学化的一种运动。"①

可见,教育实验及教育测验等科学方法的应用,促使近代中国大学教育学科开始朝着客观、定量、精确的方向发展。当年有的学者在《教育杂志》发文指出:"今日时令所趋,教育学术受了科学的洗礼",此后教育发展的趋势应该是"1. 打破个人之私见,求客观的标的。2. 废除散漫的观察,作严密的实验。3. 由等级的评判,进于单位的测量。4. 由定性的方法,进于定量的研究"。② 另有学者认为所谓科学的研究方法,其标志是"(1)求真实的知识,(2)化品质为数量,(3)执简驭繁,(4)纯客观,(5)有系统,(6)可反复证明"。③

(三)"科学化"运动对大学教育学科的影响

教育学从引进之日起,国人对它一直存在着诘难和怀疑。夏承枫在《教育学术科学化与教育者》一文中曾概括国人对教育学科的态度:"1. 从事于其他科学的人,存门户之见,以为教育学术不能成一家言,得与他科并列。2. 只须饱藏实学,不患不能传授。徒斤斤于师道,近于未嫁学养。

---

① 赵轶尘:《测验之一般理论》,《教育杂志》第23卷12号,1931年。
② 甘豫源:《论教育上之科学方法》,《教育杂志》第19卷第7号,1927年。
③ 夏承枫:《教育学术科学化与教育者》,《教育杂志》第18卷第2号,1926年。

3.教育重身体力行,人格感化,无需多列方法。4.师范之学内容简陋,仅能认为文科中之一枝(支)流。"①可见,许多人对教育学术不了解,觉得教育学术太肤浅,教育不足称为学术,甚至并不需要这种学术,错误地认为凡知识阶级,人尽可为师,教育原理并无秘诀,不比他项筋肉技巧,非熟练不可,教育学科不过常识而已,没必要进行特殊的训练。随着教育"科学化"运动的展开,教育学科进一步分化和完善,其学术价值逐渐为世人所了解,教育学科在大学的地位日益得到提高。

首先,教育学科的学术性得以增强。教育"科学化"运动提高了教育学科的科学性。如"儿童方面因心理教育诸种测验,可以固定教育事业的对象——儿童之性质。在教材方面因测量社会的结果,可以固定其范围。在方法方面因心理实验分析感应之确定,增加之有效率的进程。所以教育学在廿世纪中,实有形成严密科学如自然科学一样的可能。"②教育学科的科学性又促使其学术性和专业性也不断增强,教育学科有自己的话语体系。正如有的学者所指出的,"像美国《教育心理月刊》(Journal of Educational Psychology)等杂志所刊载的文字,不是一般人所能看懂的;即如本期《教育心理研究》专辑也刊载着几篇科学性的艰深文字,可见得教育的学问并不如一般人所料想那样的浅薄。"③教育学科必须由教育学者才能进行专门的研究,如李蒸认为:"教育之需要专家,正如工业之需用工程师,医药事业之需用医药师一样。过去的错误在于任何人皆能高谈教育,以为教育是一种常识而非专门学问,此为不科学之头脑,无怪教育之不能进步。教育这一门学问虽尚不能如物理、化学等自然科学之严格客观,但其中有许多部门实已达到科学化之境地。最明显者如教育心理、教育行政、课程编制、教育统计、师资训练等,均系各国教育学经过多年之研究实验而得到的结果,均能以客观事实验证其价值,绝非教育门外汉所以常识判断者"。④ 钟鲁斋更是对教育学科的科学化充满信心,他强调"一切教育事业非有教育学者去办不可,教学非习过教学法和教育原理去担任不可,教育的问题非用着科学的方法去解决不可。如此教育学愈有研究的必

---

① 夏承枫:《教育学术科学化与教育者》,《教育杂志》第18卷第2号,1926年。
② 曹刍:《本刊今后之使命》,《中华教育界》第16卷第7期,1927年。
③ 赵廷为:《教育学术研究的重要性》,《教育杂志》第33卷第4号,1948年。
④ 李蒸:《今后教育建设之路》,《西北师范学术季刊》,1945年第2期。

要,教育家愈有特殊的权衡"。①随着教育学科的学术性和专业性不断增强,教育学科在大学的地位大大提高。陈友松曾客观地评价道:"在中华教育改进社的领导下,我国聘请了杜威、麦柯尔、推士、克伯屈等大师讲学,教育学才开始从传统因袭的氛围超脱出来。实验、统计、调查,成了时髦的名辞。南北两高等师范学校成了教育科学运动的中心。接着有中央大学教育研究所的成立和郑宗海、罗廷光、钟鲁斋等人关于这方面的译著,二十年来确实有些进步,教育学术确实比以前科学化。"②20世纪20年代以后,不仅高等师范开设教育学科,而且在以学术研究为主的综合性大学也开始增设教育学科,这也反映出教育学科在大学的地位得到了公认。

其次,教育学科的建设日趋完善。随着多种科学方法的应用,教育学科开始分化,新兴的分支学科不断涌现。例如,教育统计学从19世纪末到20世纪30年代,从描述统计发展到推断统计,逐渐演变为若干教育分支学科通用的方法。"教育领域内最先应用的是描述统计,如对教育现象的统计调查、分类整理、汇总、绘制图表等,后来引入了推断统计,兴起抽样调查,采用小样本,并用随机样本的统计估量参数,进行假设实验等,教育统计进入了崭新的应用阶段。"③此后,学者们又把数理统计应用于教育和心理科学领域,从而使教育统计学成为一个重要的教育分支学科,有关教育统计学方面的专著和教材也层出不穷。重要的有薛鸿志著《教育统计学》(1925年),周调阳著《教育统计学》(1925年),宋君毅著《教育统计学》(1930年),瑟斯顿著、朱君毅译《教育统计学纲要》(1933年),葛雷德著、朱君毅译《心理与教育之统计法》(1934年),沈有乾著《教育统计学讲话》(1946年),《实验设计和统计方法》(1947年)等。再如,随着生物学的发展,部分教育学者开始关注遗传、环境对人类生长、发育等多方面的影响,其结论对教育注重儿童本能,适应儿童的年龄特征及为他们提供适当的生长环境和相应经验刺激,具有重要意义。

教育"科学化"运动"促使教育学术为独立的、专门的、严整的、充实的应用科学,使一般人无冷讥热嘲、排斥嫉视、乱发议论、乱作文章的余

---

① 钟鲁斋:《教育科学研究之史的演进及其最近趋势》,《中华教育界》第24卷第11期,1937年。
② 陈友松:《五十年来美国之教育科学运动的贡献》,《教育杂志》第30卷第9号,1940年。
③ 金林祥主编:《20世纪中国教育学科的发展与反思》,上海:上海教育出版社2002年版,第69页。

地"。① 从而使近代中国大学教育学科在20世纪20—40年代呈现出一派繁荣景象,极大的推动了大学教育学科的发展。虽然还有人对教育学科进行非议,但教育学科在大学的主流地位已经得到确认。当然,教育"科学化"运动也带来了一些负面影响,正如时人所指出的,很多人在教育研究上多注意方法和技术,却甚少关注中国教育的目标和前途等重大问题,甚至"不知来自何处,亦不知往哪里走,忘记了这方法技术在整个教育中的地位,更忽略了教育在整个中国中的地位。"②

总之,近代中国大学教育学科的设置以导入为总体背景,各门教育分支学科几乎都从国外导入,在导入的基础上,国人开始对国外的教育学科进行编译、自撰等。因此,导入始终贯穿近代中国大学教育学科的发展历程;随着教育分支学科的增多,学制从制度上确认了教育学科在大学的合法地位,使各类大学都相继开设教育学科,大学教育学科的设置得以出现丰富多样的繁盛景观,因此,学制使教育学科在大学发展趋于制度化、合法化;教育"科学化"运动则使教育学科的学术性也大大增强,教育学科的内容也更加丰富,学科建设日趋完善。因此,"科学化"运动使大学教育学科的学术地位日益稳固和提高。教育学科在近代中国大学的设置,从成立到发展,应该说是由多方因素共同促成的。但同时也应该看到,由于教育学科以外来为主,加上学科本身发展迟缓,因此,教育学科在近代中国大学的发展历程中,始终伴随着合法化、科学化、本土化之争。也可以这样说,近代中国大学教育学科是伴随着论争逐渐发展起来的。

---

① 夏承枫:《教育学术科学化与教育者》,《教育杂志》第18卷第2期,1926年。
② 廖泰初:《中国教育研究的回顾与前瞻提要初稿》,《教育学报》1940年第5期。

第二章 近代高等师范教育学科

教育学科是高等师范的核心学科,也体现了高等师范的特色之所在,师范教育和教育科学之间的关系是"相互依存、相得益彰的:师范教育质量的提高有赖于教育科学的繁荣和发展,教育科学的推广和应用也有赖于师范教育的教学和研究。"[①]清末,随着教育改革的深入,优级师范学堂开始独立设置,教育学科课程在优级师范学堂成为必修课程,并得到迅速发展。民初颁布了《壬子·癸丑学制》,从此高等师范学校进入了一个新的发展时期。此后,《师范教育令》、《高等师范学校规程》、《高等师范学校课程标准》、《实业教员养成所规程》、《高等师范学校招考学生办法》以及《女子高等师范学校规程》等一系列章程的相继颁布,使高等师范进入了一个繁荣时期,教育学科也随之发展起来,从公共必修课程发展到教育专修科、教育专攻科,进而提高到教育研究科(授予学士学位),教育学科在高等师范学校层次不断提高。1922年"高师改大"运动后,一度繁盛的高等师范出现了萎缩,教育学科在全国高等师范受到一定程度的抑制。但教育学科的发展遵循着自身的内在规律,仍在不断发展,教育学科出现了4年制本科(毕业学生被授予学士学位)和教育研究所(毕业学生被授予硕士学位)。因此,从清末到民国时期,高等师范教育学科从总的趋势来看还是取得了很大的发展。

一、高等师范教育学科的雏形:清末优级师范学堂教育学科

从京师大学堂师范馆的设立到独立的优级师范学堂成立,教育学科作为清末优级师范学堂的必修课程而随之骤兴,并获得较大发展。这一时期教育学科的师资、课程设置及教材等均以日本为取向,对近代中国大学教育学科的发展产生了深远而持久的影响。

---

① 陈侠:《师范教育和教育科学》,北京:人民教育出版社1985年版,第3页。

(一) 从京师大学堂师范馆到优级师范学堂

1898年京师大学堂成立之初,曾拟设一所师范斋。《总理衙门奏拟京师大学堂章程》中指出:"西国最重师范学堂,盖必教习得人,然后学生易于成就。中国向无此举,故各省学堂不能收效。今当于堂中别立一师范斋,以养教习之才。"① 但因戊戌变法的失败,师范斋并未真正开办。1902年,张百熙为管学大臣,他在《奏筹办京师大学堂情形疏》中再次提到,应该在大学堂预备科外,再设一速成科,速成科分为仕学馆和师范馆两部分,学生由各省经过严格选拔后再送往京城应试。1902年底,京师大学堂师范馆正式开办。开办之初,京师大学堂聘请了日本教习服部宇之吉任总正教习,并承担教育学、心理学和伦理学课程。他讲授的教育学包括教育史、各科教法、学校卫生、教育法令等科目。他编撰和讲授的心理学讲义共二篇9章,讲义第一篇为"知之作用及理法",包括感觉之作用及理法、知觉之作用及理法、想象之作用及理法、思想之作用及理法等4章。第二篇为"情之作用及理法",包括恐怖及愤怒、同情及爱情、自我之情、异性相爱之情、情之简单者进成情之复杂者之情形等5章。② 据有关文献记载,服部宇之吉讲授心理学时曾引起一场风波,最后导致心理学课程被取消。有一次,服部宇之吉讲授记忆时张之洞来听课,当时服部正在讲中年时由于繁忙,容易将少年时的事情遗忘,到了老年则容易将中年时的事情遗忘,而容易记起少年时期的事情。张之洞以为是对他的嘲笑,因服部是外国人,不好发作,但到讨论学堂章程时便将心理学课删除了。③ 作为总正教习的服部在担任教学工作的同时,还参与师范馆的管理工作,如协助制订师范馆章程及课程建设等,正如他自己所说:"我急匆匆地上任了,每天都去上班,忙于制定北京大学堂师范、仕学两馆的学科课程、各种规章制度,建设教师、实验室和宿舍,购买机械标本和图本,办理师范馆入学考试的手续等"。④ 在中国师范教育缺乏师资、缺乏经验的起步阶段,在中央最高师资培训机构任教6年之久的服部宇之吉对京师大学堂师范

---

① 王学珍、郭建荣主编:《北京大学史料》第一卷(1898—1911),北京:北京大学出版社2000年版,第81页。
② 庄吉发撰:《京师大学堂》,台北:台北精华印书馆1970年版,第74页。
③ 邹树文:《北京大学最早期的回忆》,《北大五十周年纪念会特刊》。
④ 日本国立教育研究所编:《国立教育研究所纪要》第115集,1988年,第60页。

馆教育学科,乃至中国近代教育作出了重要贡献,因此,清政府认为他"在堂六年授课勤劬,成材甚众,洵属异常出力之员。前于光绪三十四年三月,由臣部奏请赏给二等第二宝星,业经奉旨允准钦遵在案。此次该学堂师范科第二班学生毕业,该员教授之功最著,自应奏请奖励。惟前次已得二等第二宝星,实属无可再加,而该员在大学堂训迪勤恳,此次该学堂师范班开业,又未便没其劳贲力。查山西大学堂译书院英国文学博士窦乐,由臣部奏请奖给译科进士,奉旨允准在案。兹服部宇之吉原系日本文学博士,谨援照山西成案奖以文科进士,以示优异之外。"①对其奖赏有加。在服部宇之吉为京师大学堂师范馆教育学科建设努力的同时,京师大学堂副总教习张鹤龄也编撰了伦理学讲义,该讲义共20章,其中第14章为"教育关系"。此后,张鹤龄又编《修身伦理教育杂说讲义》,内容包括修身伦理、教育学及杂说三类。这样,京师大学堂师范馆经过服部宇之吉等人的苦心经营,教育学科开始起步发展,并很快成为特色课程。此后,京师大学堂成立了译书局,翻译出版了不少教育类书籍,其中有日本木鹰村太郎《东西洋伦理学史》、藤代桢辅《垤氏实践教育学》、清水直义《实验教育行政法》、大濑甚太郎及杉山富槌《儿童教育法》等。

　　京师大学堂师范馆教育学科的发展,为清末优级师范学堂教育学科的建立起到了示范和促进作用。1904年清廷颁布《奏定学堂章程》,内含《优级师范学堂章程》、《初级师范学堂章程》、《实习教员讲习所章程》等,标志着清末学制体系中师范教育已成为一个相对独立的系统。《奏定优级师范学堂章程》规定:"设优级师范学堂,令初级师范学堂毕业生及普通中学毕业生均入焉,以造就初级师范学堂及中学堂之教员管理员为宗旨","优级师范学堂,京师及各省城宜各设一所。省城优级师范学堂初办时,可与省城之初级师范学堂并置一处,俟以后首县及外州县全设有初级师范学堂,即将省城初级师范学堂增高其程度,并入于优级师范学堂。"②并规定京师大学堂师范馆在1904年按《优级师范学堂章程》办理,改称为"优级师范科"。学制的颁布加速了独立优级师范学堂的建立和发展。1905年甘肃大学堂师范馆改成甘肃优级师范学堂;1906年三江师范学堂总监李瑞清接受日本总教习松本孝次郎的建议,停办初级师范,单独发展

---

① 《学部官报》,第96期第20册,1909年。
② 李友芝等主编:《中国近现代教育史参考资料》第一册,内部材料,第29—30页。

优级师范学堂;同年,天津高等师范学堂和两广优级师范学堂成立;1907年设河南优级师范学堂,等等。随着独立优级师范学堂相继出现,各优级师范学堂纷纷参照京师大学堂优级师范科,设立教育学科。从此,教师专业化受到了空前的重视。

伴随着各地独立优级师范学堂纷纷成立,当时担任管学大臣的张之洞力主将京师大学堂师范科与京师大学堂相分离。到1908年,清政府准学部奏改京师大学堂优级师范科为京师优级师范学堂。关于京师优级师范学堂的地位,张之洞在京师大学堂的开学典礼的训辞中明确指出:"京师优级师范学堂,为全国教育之标准。故京师师范,若众星之拱北斗,而北斗光细,则众星带不辨其为北斗矣"。① 正因为京师优级师范学堂的特殊地位,所以京师优级师范学堂的独立进一步带动了清末高等师范教育的发展。此后,优级师范学堂如雨后春笋般地兴起。1908年湖南优级师范学堂在长沙创办,1910年山东全省师范学堂改名为山东优级师范学堂,1911年四川通省师范学堂改名为四川优级师范学堂,等等。优级师范学堂的完全独立为教育学科的发展提供了广阔的平台。

(二) 日本教习与清末优级师范学堂教育学科

师范学堂是培养师资的机构,学堂初创之际,"有一位老先生听了,很为诧异,便发愤说:'师何以还须受教,如此看来,还该有父范学堂了!'"② 一直以来,无论在社会上还是在官学、私学、书院里,往往以长者为师、学者为师或者以吏为师,教师远未达到专业化、科学化的程度,也就谈不上教育学科的开设。尤其对于那些旧科举出身的人来说,师范学校已是一个新鲜事物,而教育学科作为一门新兴学科,则闻所未闻,更不必说教授了。故张之洞曾发出感叹:"设学堂之难有两事:一延师,一筹款,而延师尤难。"③ 为解决教育学科的师资,清政府首先大量延聘日本教育学教习,其中有些人通过招聘,有些人经友人推荐。从1901年至1911年,日本教

---

① 朱有瓛主编:《中国近代学制史料》第二辑下册,上海:华东师范大学出版社1987年版,第386页。
② 鲁迅:《热风集》,北京:人民文学出版社1973年版,第6页。
③ 朱有瓛主编:《中国近代学制史料》第一辑下册,上海:华东师范大学出版社1986年版,第443页。

习在所有在华外国教习中占有绝对优势。"据统计,1909年,在中国执教的外籍教习共356人,其中311人为日本教习,占总数的87%强。又据当时延揽外国教习为各省之冠的湖北省统计,迄1910年(宣统二年),共聘外国教习九十五人以上,其中日本教习为71人,占全部的76%。"①日本教习全盛时期在华人数达到六百人左右,他们在清末各级各类学校中担任各种课程的教学工作,而优级师范学堂教育学课程几乎均由日本教习担任。

表2—1 清末主要优级师范学堂教育学科日本教习简况表

学 校	教育学科教习	简 况	备 注
京师优级师范学堂	服部宇之吉	日本东京帝国大学文学博士,1902年至1909年任正教习,教授教育学、心理学和伦理学等课程,回日本后任东京帝国大学汉学主任教授。②	
京师优级师范学堂	法贵庆次郎	法学士,原东京帝国大学副教授,1905年至1908年教授教育学,回日本后任东京市督学。	
直隶师范学堂	渡边龙圣	美国康奈尔大学毕业,后获文学博士学位,1902年到1909年任直隶总督府学务顾问兼直隶师范学堂总教习,回日本后先后担任东京高等师范教授、名古屋高等商业学校代校长。	任教科目不详
直隶师范学堂	中谷延治	东京高等师范学校毕业,曾任东京高等师范教员,任直隶师范学堂教育学教师。	任教时间不详
北洋师范学堂	中岛半次郎	文学士,后获文学博士学位,原早稻田大学教授,曾任北洋师范学堂总教习,教授心理、伦理,著《普通教育学要义》、《教育学原理》,回日本后任早稻田第一高等学院校长。	任教时间不详

---

① 周谷平:《近代西方教育理论在中国的传播》,广州:广东教育出版社1996年版,第32页。
② 关于服部宇之吉在京师大学堂任职时间和职务名称,中外学者有不同的说法。汪向荣:《日本教习》一书中把他的职务和任职时间记为"原师范馆总教习(1904—1912)";王桂主编:《中日教育关系史》记载他:"1902年4月受聘于京师大学堂,到9月便成为京师大学堂师范馆的总教习","1909年归国";卫道治在《中外教育交流史》一书中也认为服部宇之吉是在1902年到1909年在京师大学堂师范馆总教习;而阿部洋和大塚丰则认为服部是在1902年9月到1909年1月间在京师大学堂师范馆任正教习;浙江大学博士施峥曾著文进行专门考证,认为服部在京师大学堂的任职应是"正教习"。

第二章　近代高等师范教育学科　　　　　　　　　　69

(续表)

学　校	教育学科教习	简　况	备　注
山东优级师范学堂①	内堀维文	1903年至1909年在山东师范学堂任总教习,讲授伦理学、心理学、教育学、论理等课,回日本后先后在神奈川师范学校、静冈县师范学校、长野县师范学校担任校长。	
山东优级师范学堂	丰田孤寒	教育学教师	任教时间不详
浙江两级师范学堂	中桐确太郎	早稻田大学毕业,在浙江两级师范学堂讲授教育学,回日本后任早稻田大学教授。	任教时间不详
南京两江师范学堂	松本孝次郎	文学士,后获文学博士学位,原为东京高等师范学校教授,1906年至1909年任南京两江师范总教习兼授教育学。	
南京两江师范学堂	松浦杖作②	日本文部省检定伦理科及教育科教员,1907年到1911年任两江师范学堂教育科教师,曾任两江师范总教习。	
奉天师范学堂	松下敬次	东京帝国大学文学士,教授心理学、伦理学。	任教时间不详
湖南师范学堂	江口辰太郎	教授教育学。	任教时间不详
长春两级师范学堂	峰簱良充	教授教育学。	任教时间不详
河南优级师范学堂	饭河道雄	高等师范毕业。	任教时间及科目不详

资料来源:汪向荣:《日本教习》,北京:中国青年出版社2000年版;周谷平:《近代西方教育理论在中国的传播》,广州:广东教育出版社1996年版;王桂主编:《中日教育关系史》,济南:山东教育出版社1993年版;苏云峰:《三(两)江师范学堂:南京大学的前身(1903—1911)》,南京:南京大学出版社2002年版;朱有瓛主编:《中国近代学制史料》第二辑下册,上海:华东师范大学出版社1989年版;陈学恂主编:《中国近代教育大事记》,上海:上海教育出版社1981年版;等。

1. 教学经验丰富

许多日本教习来华前,已积累了丰富的教学经验,其中一些人已任教

---

① 山东优级师范学堂前身为山东全省师范学堂,1906年办优级预科,1910年易名为山东优级师范学堂。
② 苏云峰《三(两)江师范学堂:南京大学的前身(1903—1911)》一书中又写作"松浦秋作",得"理学士"学位。

授、副教授,并获得博士、硕士学位。例如,京师大学堂的服部宇之吉,来华之前是东京帝国大学文科大学副教授。他"1887年考入东京帝国大学文科大学哲学系,1890年毕业后,入文部省任职,1891年到第三高等中学任教,1894年任教东京高等师范学校,1897年任文部大臣秘书,1899年任帝国大学助教授,同年到清国留学。1900年回国后又去德国留学。"①因此,来华之前就有丰富的阅历和教学经验。渡边龙圣1887年毕业于东京英语专科学校,毕业后去美国康乃尔大学留学,1894年回国后担任东京音乐学校校长。内堀维文曾担任玉名郡高道寻常小学训导,1898年毕业于东京高等师范学校文科后留校任助教,1901年任东京高等师范学校舍监和教谕。松本孝次郎是文学士,"松本君向在日本充当东京早稻田大学及高等师范教授员,素为我国留学早稻田大学及高等师范诸生所推服"②。教育学教授拥有丰富的教学经验,这就为他们在华开展教学工作打下了扎实的基础,也是其教学名声卓著的原因之一。

2. 教学态度认真负责

日本教习一般毕业于正规大学,如东京高等师范学校、东京帝国大学和早稻田大学等,他们懂得作为一个教师应具有的素质和修养,因而担任教学工作也特别认真负责。如浙江两级师范学堂"初开办之二三年中,有不少日籍教员","教育教员中桐确太郎尤为人称道。此等日籍教师类皆有一定的专业造诣和修养,庄严肃穆,教学上颇能负责,难得告假"。③ 两江师范学堂总教习松本孝次郎"于光绪三十二年四月至堂,除按钟点任教育学科外,兼总理各东教员课程,四年来孜孜不倦。"④另外,山东省师范学堂的教育学教习和总教习内堀维文讲授伦理、心理、教育学、论理等课程,虽然要通过翻译或笔译,但由于内容丰富很受学生欢迎,所以他的聘约在1905年到期后又续聘至1909年。日本教习认真负责的教学态度,致使其教学成效显著。因此,许多人得到清政府的奖赏。据记载,教育学

---

① 王桂主编:《中日教育关系史》,济南:山东教育出版社1993年版,第641页。
② 朱有瓛主编:《中国近代学制史料》第二辑下册,上海:华东师范大学出版社1989年版,第352页。
③ 璩鑫圭等编:《中国近代教育史资料汇编·实业教育 师范教育》,上海:上海教育出版社1994年版,第709页。
④ 陈学恂等编:《中国近代教育史资料汇编·留学教育》,北京:人民教育出版社1990年版,第727页。

教习松本孝次郎、松脯杖作"资深得力,学生业已经数次,成材亦复不少,教授各班学科与中教员事同一律,自应援案分别奖给宝星,以昭优异而资激劝"。① 还有渡边龙圣被授予三等第二宝星和三等第一宝星,法贵庆次郎被赏给三等第一宝星,等等。

3. 具有较高学术水平

教育学教习主要来源于东京高等师范学校、东京帝国大学和早稻田大学,而当时这几所大学教育学研究隆盛,师资雄厚。东京帝国大学曾聘请德国人赫司克纳特(E. Hausknecht)来校传授赫尔巴特的教育学。担任东京高等师范学校教育学和京都帝国教育学讲座的是,曾经留学耶拿大学,师从莱因专门研究赫尔巴特教育学说的谷本富,他曾著有《教育学大全》、《教育学讲义》等。日本教育思想界领袖人物之一的大濑甚太郎任东京高等师范学校校长,教育学讲座,并著有《新教育学讲义》、《教育学》等多种教育理论著作。另外还有教育大家波多野贞之助、汤本武比古、泽柳政大郎等,都有著作流行于当时日本教育界。而来华日本教习大多毕业于这些学术氛围浓厚的大学,部分教习还在这些大学内担任过教育学教习。因此,来华教育学科教习整体理论素养较高,到中国后担任学校总教习、顾问的也比较多,他们成为传播赫尔巴特教育理论的有力载体。回日本后,他们中许多人在学术上也取得了一定的成就,如中桐确太郎回国后任早稻田大学教授,菅虎雄任东京第一高等学校教授,中岛半次郎任早稻田大学教授,等等,他们均在当时学术界有一定的地位。

清末优级师范学校的日本教育学教习现已成为历史,但他们却开创了中国教育学科的先河。正如曾担任服部宇之吉教学翻译的范源濂所说:"将来如有作中国教育史,叙述师范教育之起源,第一页就应当从服部博士所曾尽力之事业说起。"②中国传统的教师观开始改变,教师专业化意识日渐加强,教育学科作为新兴的学科悄然兴起,这一切都可以追溯到清末日本教习,他们为中国教育学的兴起贡献了自己的聪明才智,在中国近代教育学术史上留下了浓重的一笔。当然也有部分日本教习为利而来,缺乏学养,但教育学科教师总体来说确实还是比较优秀的。

---

① 朱有瓛主编:《中国近代学制史料》第二辑下册,上海:华东师范大学出版社1989年版,第360页。
② 转引自陈永明:《中日两国教师教育之比较》,上海:华东师范大学出版社1994年版,第224页。

（三）留日归国学生在清末优级师范学堂

清末优级师范学堂教育学科的师资除聘请日本教习外，主要由留日学生回国担任。20世纪初大批青年学子留学日本，早稻田大学教授青柳笃恒曾形象地描述当年中国留学生蜂涌去日本的状况："学堂虽得开放，代替昔时科举；惟门户狭隘，路径险阻，攀登甚难，学子往往不得其门而入，伫立风雨之中；惟舍此途而外，何能跃登龙门，一身荣誉何处可求，又如何能讲挽回国运之策？于是，学子互相绝食，一声'向右转'，齐步辞别国内学堂，买舟东去，不远千里，北自天津，南自上海，如潮涌来。每遇赴日便船，必制先机抢搭，船船满座。中国留学生东渡心情既急，至于东京各校学期或学年进度实况，则不暇计也，即被拒以中途入学之理由，亦不暇顾也。总之分秒必争，务求早日抵达东京，此乃热中（衷——笔者注）留学之实情也。"① 在这种留日热潮的推动下，大批留学生涌入日本，遂形成近代历史上空前的留学高潮。

近代中国留日学生的留学科目十分广泛，其中师范科是留日学生学习的热门之一。清政府为解决新式学校的师资问题，曾派大量留日师范生。张之洞、刘坤一率先提出派遣师范生留学日本，并分别在自己主管的两湖地区和两江地区派遣留日师范生学习日本的教学方法和教育理论，因为他们认为"教法尤以日本为最善"。② 1903年《学务纲要》曾强调："派人到外国学师范教授管理各法，分别学速成师范科若干人，学完全师范科若干人。"③ 在政府的积极鼓励推动下，留日学师范的人数快速发展。1904年四川省一次就派出160名，日本宏文书院为此专门成立了"四川速成师范科班"；1905年奉天与日本实践女校签订协定，每年派15名女生到该校学师范；同年浙江选派100名懂日文的学生赴日学师范。据清国留学生会馆第三、四、五次报告统计，1903年留日师范生261人，1904年184人，同年底则达265人。④ 这些学习师范的留日学生在日多则二三年，少则半年，甚或两三个月。学生中有的专攻教育学、心理学、教授法、学校管理等

---

① 转引自实藤惠秀：《中国人留学日本史》，北京：生活·读书·新知三联书店出版1983年版，第37页。
② 丁守和主编：《中国历代治国策选粹》，北京：高等教育出版社1994年版，第866页。
③ 舒新城：《中国近代教育史资料》上册，北京：人民教育出版社1961年版，第201页。
④ 王桂主编：《中日教育关系史》，济南：山东教育出版社1993年版，第495页。

第二章 近代高等师范教育学科

科目,而且往往不满足于在课堂听讲,"一星期间,恒有一二日,由教员率领学生,至男女各学校及幼稚园,察看考验。"①他们中不少人就读于宏文书院和早稻田大学,而宏文书院担任教育学教习的是日本赫尔巴特学派的重要人物波多野贞之助和桶口勘次郎。波多野贞之助曾肄业于耶拿大学,是莱因的学生,他的教育学讲义亦由直隶、湖北等留日师范生整理、编印、发行。早稻田大学留学生部在1907年进行了改革,专门开展师范教育,修业年限比其他学校为长,教学质量也相当高,被誉为"优级师范科"。当时教育学科教师是中岛半次郎,留日学生对他的讲义《新编教育学讲义》进行了整理,曾发行到上海、天津等全国二十多处地区。早稻田大学优级师范科为近代中国培养了大批师范人才,总数达三百余人。②

上述留日学生为近代中国最早一批留学国外接受教育学科教育的人,很多人回国后成为优级师范学堂教育学科的教学骨干力量。他们中一部分担任日本教习的东文分教习,负责译述和辅助教学,如范源濂曾是京师大学堂服部宇之吉的东文分教习,"他娴熟的日语和渊博的学识深得学生敬佩",③张之和担任南京两江师范学堂教育学教习松本孝次郎和松浦杖作的翻译助教等。担任翻译的教师必须兼任笔译、写讲义,因而他们在任翻译的同时已担负起教育学科的教学工作,这对他们日后在教育学方面的进一步提升起到了十分重要的作用。例如,张之和在担任翻译助教的同时已开始联系中国的国情,撰写教育学著作。关于这一点,他在《大教育学》颇为详细地写道:"余初游学日本普通学,于一切主要学科,皆得稍稍窥其门径,而惟教育一科非普通级所应有,不惟不好且并未尝一寓目焉。乙巳年(1905)冬归国,就职南京两江师范学校东文教习兼翻译。翊(翌——笔者注)年春,适有日本教习松本孝次郎应聘来华主讲本校教育,校长李梅庵先生命余为之译,先后同事六、七,余因得于教育一门,耳闻目染,口传心诵者数十遍。洎后本校增加学级扩充学额,每周应有之教育时间,溢出日本教习原订应授时间之数,校长委余分担十小时,余于编纂日文讲义外,故有大教育之著。但其原本,实草创自日本教习松本、松浦二氏之手。余为中国产,思欲讲座修饰,以适合于中国教育界之理想实

---

① 《敬上乡先生请令子弟出洋游学并筹集公款派遣学生书》,《浙江潮》,第7期。
② 王桂主编:《中日教育关系史》,济南:山东教育出版社1993年版,第523页。
③ 王淑芳、邵红英主编:《师范之光》,北京:北京师范大学出版社2002年版,第32页。

际,遂不惮搜集近今东西人之名著,参合而折衷之,思想之崭新,资料之弘富,盖皆余事也。本年在安徽省立师范学校复任教育讲席,课余之暇,以经验所得量加修整,俾成一册完好教科书,不独冀其可备高等师范生之研摩,亦且足供我同志诸君担任是科者之采撷,文字之谫陋所不惶恤耳。"①另有一批留日归国师范生则直接担任了优级师范学堂教育学科的教师,如湖北两湖师范学堂教育学教师即为留日师范生金华祝、余德元、吴赐宝、王先庚,浙江两级师范学堂教育学教师为钱家治、夏铸(丐尊)、许寿裳,山西师范学堂的教育学教师为李广勔,等等。他们把在日本留学期间所学的教育理论直接传授给师范生,成为中国教育学科发端时期的一支重要力量。

虽然留日学生作为近代中国大学教育学科第一批骨干教师曾作出很大贡献,但也存在着不足之处。从数量上看,确实有许多学生在日本学习师范,然而最终进入高等师范学习的人数不多。1904年《时报》第177号发文道:"吾独不解终日言教育、言师范而求一实能从事于完备师范者,率寥寥其人。所谓完备师范者何?高等师范是已。合计我国之留学东京者,不下二三千人,非学政法则学武备,非武备则学实业,鲜闻有入高等师范者。目下有学师范者,不过速成科而已。夫速成科只可以救目下之急,不能备将来之用,我国岂不知之?"②据有的学者统计,"1903年4月—10月,游日学生毕业者共175人,其中习师范者71人,全部为宏文速成师范或师范毕业生。1904年4月—10月,游日学生共毕业165人,习师范者37人,其中29人为宏文毕业生"。③ 当时连日本人都担忧道:"彼等清国学生多以速成为主,在外积萤雪之功仅一年半载,其所得无何。甫尝学问之味,则学业已成,手持毕业证书,洋洋而就归国之途,然犹不能独当亲自教育子弟之责,依然以外国教师之力是赖。如此,则学问之独立者何存,清国国民教育将何日求之?此为区区不肖之微衷,每一思及清国子弟以及东方之大同,常长太息,戚然而忧者也。"④早稻田大学教授青柳笃恒

---

① 朱有瓛主编:《中国近代学制史料》第二辑下册,上海:华东师范大学出版社1989年版,第367页。
② 《论中国成就师范之难》,《时报》第177号,1904年12月5日,转引自璩鑫圭等编:《中国近代教育史资料汇编·实业教育 师范教育》,上海:上海教育出版社1994年版,第607页。
③ 田正平、霍益萍:《游学日本热潮与清末教育》,《文史》第30辑。
④ 转引自实藤惠秀:《中国人留学日本史》,北京:生活·读书·新知三联书店出版1983年版,第61页。

力陈中国留学教育之必要,却极力反对速成教育,他深信"速是能速,成是不能成"。正是由于学速成师范者太多,以致清廷学部于1906年下令各省限制派留日师范生。

但不管怎样,留日学生回国担任了清末优级师范学堂教育学科教师,遂逐渐取代日本教习的位置,从而为中国近代教育学科的发展做出了突出贡献。

(四) 教育学科课程设置及教材

根据《奏定优级师范学堂章程》、《学部订定优级师范科简章》和《女子师范学堂章程》等,一般优级师范学堂课程都分为公共科、分类科和加习科三种,教育学科已成为公共必修课程,但具体各校的教育学科课程设置又有所不同。例如,两江师范学堂之课程与《奏定学堂章程》的规定还是略有出入,"补习科"和分类科之"选科"均系两江师范所自设。这里的"补习科"是由于当时合格考生不足,不得不变通的办法,一般修习一至二年,始可升入公共科。分类科之"选科"招收中学毕业程度学生,两年毕业,而预科之学生则需一年毕业。但各科的共同课程名目和每周授课时数都相同,教育及心理学第一年每周2小时,后两年每周4小时。① 当时教育学科虽为两江师范之必修课,但尚无设立教育学科专科之意向。再如,北洋女子师范学堂开办之际,"学堂一方面设置了在当时较为完整的教育课程,如教育史、应用心理学、伦理学大意、教育原理、教授法等;另一方面在所有的科目中,都设置了该科目的学科教授法,如国文有国文教授法、理科有理科教授法,等等。"② 这一时期,各优级师范学堂教育学科课程设置具有以下特点:第一,各优级师范学堂教育学科课程设置借鉴了日本高等师范教育课程,主要有教育原理、教授法、学校管理法、教育史、学校卫生学、教育实习等课程;教育学科课程普遍受到重视,各学校已充分认识到"教育为师范学堂之主要科目,师范生不谙教育,即使通晓各科学,将来决不能应用,故部章所规定之教育科授课时间,万不可减少"。③ 因此,在具体开设的课程中,教育学科课程所占比率一般都比较高。第二,由于"日

---

① 参看苏云峰:《三(两)江师范学堂》,南京:南京大学出版社2002年版,第47页。
② 崔运武:《中国师范教育史》,太原:山西教育出版社2006年版,第51页。
③ 璩鑫圭等编:《中国近代教育史资料汇编·实业教育 师范教育》,上海:上海教育出版社1994年,第612页。

本新学界现最重心理学,为教育之基础,故高等师范四学部中课程表,第一年皆无教育一门,然未有无心理学者,盖心理伦理诸科为教育之预科也"。① 因此,清末各优级师范学堂也都设有心理学和伦理学课程。第三,各优级师范学堂虽然大都开设了所谓教育之要端的"加习科",但实际上并未真正执行。

清末优级师范学堂教育学科课程的开设使教科书成为必需,但最初国内还没有自纂之本,因此,各优级师范学堂教育学科的教材大都从日本引进。如教育学讲义,直接由日本教习编撰、翻译的有:松本孝次郎编撰《新编教育学》,1902年两江优级师范讲义;波多野贞之助讲述,颜可铸辑《教育学原理》,1904年湖北速成师范讲义丛编本;江口辰太郎编撰《速成师范科教育学讲义》,1904—1905年,日本宏文学院讲义;波多野贞之助编撰《教育学讲义》,1906年日本宏文学院讲义;等等。② 此后国人也开始自编教育学教科书,如缪文功编《最新教育学教科书》;湖北师范教科书丛编本中有张继煦编《教育学》、金华祝编《教育学教科书》;江苏师范生编辑教育学、心理学等讲义计16册,系就当时日人教授笔记编纂而成;③等等。著名学者汪向荣曾介绍当时译自日本的大学教科书的主要特征:"大概除了国文以外,几乎都是翻译日本的;因此不论是用语,还是文章格调方面有不少是日本式的。现在有很多用语,原来不是中国固有,而是从外国传入的。其中最多的就是由日本语中移用的,其传来的时间,多是在二十世纪初;而传来的途径,除了留学生和他们在日本所出版的书刊中使用的以外,绝大多数还是因为当时我们学校中的教材是由日本翻译来。当时担任这种翻译工作的,很多是日本留学生,他们或限于水平,或因时间仓促,无暇推敲,所以往往就将日语中的词汇,原样照搬了过来,慢慢的就成了我们词汇中的一部分了"。④ 两江师范学堂刚开始时"仅两人负责翻译日本教习之各科讲义,由中文教员兼任。1907年4月,裁减为1人,后又因

---

① 璩鑫圭等编:《中国近代教育史资料汇编·实业教育 师范教育》,上海:上海教育出版社1994年,第717页。
② 陈学恂主编:《中国近代教育史教学参考资料》上册,北京:人民教育出版社1986年版,第682页。
③ 璩鑫圭等编:《中国近代教育史资料汇编·实业教育 师范教育》,上海:上海教育出版社1994年,第682页。
④ 汪向荣:《日本教习》,北京:中国青年出版社2000年版,第171页。

讲义太多,不胜负荷,又增为2人(都鸿藻与陈光熙)。他们均于讲义处工作,其下有缮写讲义生(或称写生)10人,其中8人专写钢笔板,每人每日至少写6页,计3 400字以上。扣除重复者外,实际上8人每日共计缮写75至80页以上(约4万余字)。其余写生2人,专门负责收发与校对工作,有空时亦需参与缮写。据称其时译稿甚多,正准备出版。"①当时任教育学教习的是松本孝次郎和松浦杖作,所用教材是松本孝次郎编撰《新编教育学》。与此同时,清廷学部已注意到教育学教科书要与中国国情相结合,对完全日本化的教科书则多予批评。例如,1909年四川速成师范学生编有教育学、教育史等讲义,"多译自日本书,曾由四川提学使送学部审查,以取材过于日本化,经学部批斥"。②同年,孙清如编教育史、管理法等书,"均译自日文,多为日本人说法,学部批准作为参考书。"③此外,同年出版的"平民教育法,日文语气太重,学部批驳"。④而对一些联系中国实际的教育学教科书,则予以褒扬,如对蒋维乔编撰的《学校管理法》,学部就认为是一部"颇多经验有得之作"。⑤

除了教材内容照搬日本,所用名词术语也大都采自日本学界。当时《教育世界》编者就指出:"吾国教育尚在幼稚时期,罕有窥斯界之真面目者,与其为武断之议论,不如直译外籍供人采择,尚不至贻误后来"。⑥湖北师范生编撰的《教育学》"前言"中指出:"日本学者著述此类书籍,必融会西文意义缀以汉字。故行文多平易术语,间有重叠颠倒之弊,兹取其直谤攸关,敢妄为增减。"⑦清末教育学界通用的教育专业名词、术语,如"教育学"、"教授法"、"学校管理"、"学校卫生学"、"教育史"、"学科"、"课程"、"教育制度"、"教育行政"等均来自日本。

清末优级师范学校教育学科的教科书和参考书大都以日本为模本,经学部审批后出版,但也有一些未经学部审批的,如"两江师范时期所用教科书,除一部分由江楚编译官书局及堂外学者供应以外,主要是自己编

---

① 苏云峰:《三(两)江师范学堂:南京大学的前身,1903—1911》,南京:南京大学出版社2002年版,第53—54页。
② 张静庐辑注:《中国近代出版史料》初编,北京:中华书局出版1957年版,第238页。
③ 同上。
④ 同上,第239页。
⑤ 同上,第241页。
⑥ 陈鸿祥:《王国维年谱》,济南:齐鲁书社1991年版,第65页。
⑦ 湖北师范生编:《教育学》第一种,武汉:湖北学务处1905年印,前言。

译的讲义,而且并没有依照规定呈送学务大臣审查批准。"所以有学者认为:"这是中国教育现代化初期难于完全控制的历程。"①

总之,从京师大学堂师范馆到独立优级师范学堂的兴办,一开始师范学堂就成为教育学科发展的有力载体,确立了教育学科在师范教育中的重要地位。教育学科在清末优级师范学堂的发展以日本为模式:师资以日本教习和留日学生为主、课程设置模仿日本高等师范、教材引自日本等,在模仿的基础上教育学科快速建立并发展。当然这种发展正如有学者所说的"不是西方教育学创立过程的简单重复,而是直接利用国外教育学者所创造的教育学学科成果,尽快地接受过来,使它在中国教育实践中发挥作用"。②当时已经有国人认识到:"立国之本,端在教育。任教育者,不可不深明教育学。故教育学有共同之原理,亦有本国之国粹。保持本国之国粹,文之以近世教育之新理,庶可以振将亡之旧国,而与列强媲美也。"③因此,清末优级师范学堂时期,教育学科的发展是以引进为主旋律,并尝试将外来教育学科与中国教育实际相结合。清末优级师范学堂作为高等师范教育的雏形,其教育学科的建立与发展为民初高等师范教育学科的繁荣奠定了基础。

二、民初高等师范教育学科的发展
　　——以北京高等师范学校为中心

民国初期的高等师范学校由清末的优级师范学堂发展而来。1912年教育部公布《师范教育令》规定,"高等师范学校定为国立,由教育总长通计全国,规定地点及校数分别设立"。④把全国划分为六大师范区,并在每一区设一高等师范学校。1912年京师优级师范学堂率先改为北京高等师范学校,随后相继成立了四川高等师范学校、广东高等师范学校、武昌高等师范学校、南京高等师范学校、沈阳高等师范学校,另加北京女子

---

① 苏云峰:《三(两)江师范学堂:南京大学的前身,1903—1911》,南京:南京大学出版社 2002年版,第54页。
② 侯怀银:《20世纪上半叶中国教育学发展问题的反思》,博士论文,华东师范大学,2001年,第18页。
③ 《绍介与批评·教育学讲义》,《教育杂志》第2年第5期,1910年。未署作者名。
④ 舒新城编:《中国近代教育史资料》中册,北京:人民教育出版社1981版,第701页。

高等师范学校。在这 7 所高等师范学校中,北京高等师范学校一直到 1923 年升格为北京师范大学,前后共存在 12 年,在此期间北京高等师范学校在全国高等师范中可以说是起着领头羊的作用。而教育学科在北京高等师范学校则是中心学科,据北京高等师范学校《教育丛刊》记载,"研究科则设教育、文、理三部,修业期各二年,授与学士学位,三部内更分九科,即教育科、国文科、历史科、外国文学科、数学科、物理学科、化学科、生物学科、地质矿物学科,又以教育为本科及研究科之中心"。①

(一) 以归国留学生为主体的教师群体

民初,日本教习基本回国,留日归国学生开始独立承担教育学科的教学工作。同时,随着留美学生的归国,高等师范教育学科的师资以留日学生为主逐渐转变为以留美学生为主。

北京高等师范学校校长陈宝泉毕业于日本宏文书院速成师范科,在任职期间利用各种机会招贤纳士,聘请了一批留学归国的学生执教教育学科。1915 年第一届全国教育会联合会在天津召开时,陈宝泉认识了福建代表邓萃英,随即邀请他到北京高等师范学校任教。邓萃英毕业于东京高等师范学校,"在高师期间,邓萃英讲授伦理学,介绍中外的逻辑理论与方法外,并介绍许多中国古代名家的哲学观点。他自编讲义,资料丰富,讲课有条有理,深受学生欢迎。他的敬业精神也得到同人和学校的肯定。"②1918 年 5 月,教育部以大学教授资格选送留学美国,入哥伦比亚大学师范学院深造,师从约翰·杜威和孟禄等教授,学习教育哲学。他在美国期间,不仅从书本上学习,还广泛考察了美国的高等教育、师范教育、中小学教育和民风民俗,并不断与学校联系,介绍美国先进的教育制度,以及美国人民在普及教育的基础上形成的良好国民素质。他在致学校同人的书信中指出:"其(美国——笔者注)学说尚研究而轻抄袭,其生活好新奇而恶旧习;其教育方针以共和与实效为鹄的;其方法以尊重人格、发扬个性为标准;其是非得失,莫敢妄下定评。且其社会实际情形亦颇有为世人所诟病者,然其所长要皆我国人之所短;其所短未必为我国人所长,则

---

① 《教育丛刊》,第 2 卷第 5 集,1921 年。
② 王淑芳、邵红英主编:《师范之光》,北京:北京师范大学出版社 2002 年版,第 22 页。

惑矣。"①1919年陈宝泉随同袁希涛等考察欧美教育时,热情会见了李建勋等留学生代表,邀请他们回国任教。李建勋于民国初年毕业于日本广岛高等师范学校,1917年由严修推荐赴美国留学,入哥伦比亚师范学院,主攻教育行政、教育统计和学务调查,并于1918年和1919年先后获教育学士及硕士学位,1920年回国任北京高等师范学校教育科教授兼教育研究科主任,讲授"教育行政"、"学务调查"等课。他对教学非常认真,凡是听过他上课的学生,都知道他从不迟到早退。如"有个别同学上课迟到,他马上停止讲课,看一眼这位迟到的同学,同学们自然也向这位同学'注目',一直等这位学生就坐后,再继续讲课,这种无言的教育,发生很大的效力。极个别学生因故迟到了,宁可站在窗外听一节课,也不好意思推门进教室。"②1921年10月,他任北京高等师范学校校长,同年又当选为中华教育改进社董事。林砺儒于1911年公费留学日本,就读于日本东京高等师范学校,1918年回国,次年到北京高等师范学校任教授,曾担任庶务主任、教育系主任等职,先后讲授伦理学、人生哲学、教育概论、近代教育思想、西洋教育史等课程,主要著作有《伦理学要领》、《文化教育学》、《教育哲学》、《教育危言》、《中国教育新论》,还发表了论文百余篇。张耀翔教授在美国哥伦比亚大学获心理学硕士学位,因校长陈宝泉之聘,来不及参加博士学位论文答辩即到北京高等师范学校任教,担任普通心理学、实验心理、儿童心理、教育心理4门课,自编讲义纲要,大力宣传介绍心理学这门新兴学科,希望人们知道这个学科不但可以应用在教育上,而且可应用在实业、商业、医学、美术、法律、军事以及日常生活等方面,是很有实用价值的一个学科。③他在北京高等师范学校创办了中国最早的"心理实验室",主编《心理》杂志,这也是我国最早的心理学刊物。

从民初北京高等师范学校教育学科师资状况来看,这一时期北京高等师范学校教育学科已形成一个以归国留学生为主体的教师群体,它最初以留日学生为主体,在"五四以前,中国教育界以学德国教育学说为主,北高师的科目以德语及教育为主"④由于中国教育界主要是通过日本为中

---

① 王淑芳、邵红英主编:《师范之光》,北京:北京师范大学出版社2002年版,第83页。
② 麻星甫主编:《师范群英 光耀中华》第二卷,西安:陕西人民教育出版社1992年版,第60页。
③ 王淑芳、邵红英主编:《师范之光》,北京:北京师范大学出版社2002年版,第159页。
④ 北京师范大学校史编写组:《北京师范大学校史》,北京:北京师范大学出版社1982年版,第23页。

介引入德国教育学说,所以留日派在北京高等师范学校势力很大。

表2—2 民初北京高等师范学校历届校长及部分教师留日简况表

姓 名	留日学校	任职情况	备 注
陈宝泉	宏文书院速成师范科	第一任校长 (1912.5—1920.12)	
邓萃英	东京高等师范学校	第二任校长 (1920.12—1921.10)	1918年入美国哥伦比亚大学师范学院
李建勋	广岛高等师范学校	第三任校长 (1921.10—1923.7)	1917年入美国哥伦比亚大学师范学院
林砺儒	东京高等师范学校	曾任庶务主任、教育系主任等职	
韩诵裳	不详	附中主任	

资料来源:北京师范大学校史编写组编:《北京师范大学校史》,北京:北京师范大学出版社1982年版;王淑芳、王晓明主编:《北师大轶事》,北京:北京师范大学出版社2002年版;璩鑫圭等编:《中国近代教育史资料汇编·实业教育 师范教育》,上海:上海教育出版社1994年版。

从上表也可以看到,北京高等师范学校历届校长、附中主任及部分教育学科教师都具有留日经历。但同时,教育学科教师向留美学生发展已成为一种趋势。第一任校长陈宝泉1919年冬由教育部派赴欧美考察教育,从美国回来后,就抱彻底改革师范学制之决心,决意进行仿照美制的改革。① 但由于遭到留日派教员的反对,加之他性格温厚,正如他自己在《五十自述》中所说的:"予禀性温厚,于孝悌为近。又遇事专主成全,惮于破坏,于建设较为相宜,此其所长也;然世变日烈、非破坏不易建设,必刚毅始能近仁,予之不能卓有树立,亦实为温厚所累。然人有能有不能,用己之长不得不避己之短,故予于重大事业及重要位置,宁屈己让贤、尽赞助之责任,不敢违性而偾事焉。"② 因此,他很难处理留日派教师和留美派教师之间出现的矛盾,最后被迫辞职。第二任校长邓萃英由本身有留日和留美的经历,使得他"与留日派有旧交,与留美派有新谊,加上他的原则与灵活相结合的工作作风,很快得到双方的认可,学生曾亲切地送他一个

---

① 《北京高等师范学校生留陈之坚决》,《民国日报》(上海),1920年11月26日第3版。
② 璩鑫圭、童富勇:《中国近代教育史资料汇编·教育思想》,上海:上海教育出版社1997年版,第751页。

雅号"新空气"。① 在他任期内,延揽了一批学有专长的留学欧美回国的专家学者任教或讲学。杜威曾在北京高等师范学校教育研究科讲授"教育哲学"课程一年,所用课本即其著作《民主主义与教育》,当时由常道直记录下来的讲稿,译名为《平民主义与教育》。第三任校长李建勋从日本广岛高等师范学校毕业后,又入美国哥伦比亚师范学院学习,因此,他也得到了留日派和留美派的一致支持。林砺儒原为留日学生,在1922年《壬戌学制》颁布后,他却率先在中小学试行"六三三"学制,组织教师自订规章制度、教学计划,自编新教材,介绍和推行新学制,成为我国试行美国"六三三"学制最早的倡导者和实行者之一。

民初北京高等师范学校教育学科已经形成了一批由教育学科专家、学者组成的教师群体。与此同时,另外几所高等师范教育学科教师群体也逐渐形成,如成都高等师范学校教育学科教师有贺孝齐(原武昌高等师范学校校长,专长伦理学和教授法)、邓胥功(教育学)、蔡锡保(专长教育史、西洋伦理学、心理学)、刘冕(专长东亚史、心理学)、曾学传(专长中国伦理学史、宋明理学)、张玕雯(专长生理卫生)、张凤翔(专长教育法令)等;②武昌高等师范学校教育学科教师有日本东京高等师范毕业的吴景鸿(担任伦理、论理)、日本东京高等师范学校毕业的艾华(担任心理教育)、日本东京高等师范学校毕业的孙璨(担任教育及教授法、管理法)等。③

(二) 教育学科建设趋向学术化

清末优级师范学堂教育学科的学术研究较为薄弱,但到民国初年高等师范教育学科已经过一段时间的发展,1914年公布的《教育部整理教育方案草案》中明确规定:"自教育学发达,乃知即为人师者亦有其必须之学与术"。④ 高等师范教育学科意识到进行学术研究的重要性,并开始加大教育学科学术研究的力度。

北京高等师范学校在成立之初,为给教师提供一个良好的学术环境、

---

① 王淑芳、邵红英主编:《师范之光》,北京:北京师范大学出版社2002年版,第83页。
② 参见璩鑫圭等编:《中国近代教育史资料汇编·实业教育 师范教育》,上海:上海教育出版社1994年版,第1020页。
③ 潘懋元、刘海峰编:《中国近代教育史资料汇编·高等教育》,上海:上海教育出版社2007年版,第762—764页。
④ 舒新城编:《中国近代教育史资料》上册,北京:人民教育出版社1961年版,第237页。

促进学术研究,成立了教员研究室,供研究学术之用,最后虽然由于校舍不敷,尚未能完全成立,但足见对学术研究的重视。为保证教师的研究时间,规定教师上课每周"至多不过二十小时"。① 同时,对学生也尽量创造一种研究的学术氛围。"各班每周授课三十余小时,嗣后以教授时数过多,则学生无研究之余力,不易以启发其自动,因减少课时,以三十小时为限,并设种种机关,以为实地研究之辅助。"② 为进一步提高教育学术,给广大师生提供研究教育的学术平台,北京高等师范学校创办了各种学术杂志。1919年10月,《平民教育》创刊,它是在杜威教育思想的影响下组织起来的,其宗旨为"研究宣传实施平民教育"。该刊主张通过教育的革新和改良来改造社会,认为教育的改良是一切改良的根本,并倡导国民人人都应有独立人格与平等思想。同年12月,《教育丛刊》创刊,其办刊宗旨主要包括以下三个方面:"(一)批评本国当时教育的劣点,及调查各地教育的现状;(二)介绍国外最新的教育学说;(三)建议本国教育今后的各种革新的计划。一般地说,它是高等师范教职员和学生以及毕业校友'共同研究教育,自由发表思想'的杂志,但也有些哲学、美学、文学的译著"。③ 成为当时北京高等师范学校教育学科师生研究教育、自由发表思想的重要园地。北京高等师范学校教育学科师生在刊物上发表各种学术研究成果,注重教育理论的研究与实践。通过这些刊物,他们交流学习心得,开展自由讨论,对中外教育史、教育制度、教材教法、教育哲学、心理学等各方面都有专门的探讨,活跃了学术空气,进而促进了教育学术的发展。

　　与此同时,北京高等师范学校教育学科积极组织开展国内国际教育学术交流。校长陈宝泉本人积极参加各种教育学术团体,如北京通俗教育研究会、北京教育会、天津县教育会、全国师范教育研究会等。1915年他发起全国第一届教育会联合会,以后历届年会均参与主持。他在《全国教育会联合会第二次开会记》一文中写道:"略谓自去年联合会成立,集全国教育家开会于天津,孜孜研求,始有联络之机会。本会以互相砥砺互相

---

① 璩鑫圭等编:《中国近代教育史资料汇编·实业教育 师范教育》,上海:上海教育出版社1994年版,第997页。
② 同上,第991页。
③ 北京师范大学校史编写组编:《北京师范大学校史》(1902—1982),北京:北京师范大学出版社1982年版,第61页。

提携为宗旨,为全国教育界精神结合之一大团体,无党派之为虑,亦无利用之可言,惟知研究教育,策励进行。"①1919年11月,陈宝泉与北京女子高等师范学校校长毛邦伟拟订《教授研究会简章》,确定该会以"教授理法,图施行于实际为宗旨,研究关于教材、教法、设备、儿童成绩、训育、体育及其他教授上应研究之事项。"②在进行国内学术交流的同时,北京高等师范学校教育学科积极开展了国际教育学术交流。陈宝泉本人即多次出境考察各国教育,他认为"要同外国一样富强,必须先学他的学问"。③ 他还引用俗语说"泰山不让土壤,故能成其高;河海不择细流,故能成其深。国家若不取法各国,何以致富强呢?"④因此,他主张学习外国先进的教育思想和教育制度,用来改造中国的教育,实现新教育的中国化。在他撰写的百篇(部)教育论著中,就有十篇(部)以上专门介绍外国教育。他曾邀请美国著名教育家孟禄访问中国,还专门与陶行知、胡适一起合编了《孟禄的中国教育讨论》一书,在全国掀起了一场学习引进外国先进教育思想和教育制度的大讨论。在杜威来华前,《教育丛刊》刊出了大量介绍了杜威的论文:有王文培撰写的《杜威博士对于实业教育意见》,陈兼善翻译的《杜威学校与社会之进步》和夏宇众翻译的《杜威教育学说之实地试验》。同时,陈宝泉鼓励和支持教育学科的其他教师走出国门,他在《北京高等师范学校报告书》中说:"本校鉴于世界各国之教育学说及科学研究日新月异,自应随时调查讨论,以谋进步。去年校长及附属中学主任韩振华曾赴日本及斐利宾(即菲律宾——笔者注)考查教育。本年又选派数理部主任兼教育科教员邓萃英赴美研究教育,由学校补助之"。⑤ 通过广泛的国内国际交流,拓宽了北京高等师范学校教育学科师生的视野,有力地推动了教育学科的学术化发展。

为进一步促进教育学术研究,陈宝泉在《改革师范教育之意见》一文中指出:"高等师范本科毕业生,只适于各科教授;若不设置教育研究科,

---

① 陈学恂主编:《中国近代教育史教学参考资料》中册,北京:人民教育出版社1987年版,第465页。
② 中央教育科学研究所:《中国现代教育大事记》,北京:教育科学出版社1988年版,第10页。
③ 蔡振生、刘立德编:《陈宝泉教育论著选》,北京:人民教育出版社1996年版,第16页。
④ 同上,第20页。
⑤ 璩鑫圭等编:《中国近代教育史资料汇编·实业教育 师范教育》,上海:上海教育出版社1994年版,第997页。

无以促进教育学术之进步"。① 为此,1920年北京高等师范学校经北京政府教育部核准开办教育研究科,招收高等师范和专门学校毕业生及大学三年级的学生,英文程度要求能直接听讲,免收学费。开设的课程达24门之多,具体为"哲学、美学、心理学、教育学、教育史、教授法原理、生物学、社会学、教育统计、教育行政、心理测量、社会问题、道德哲学、各国教育制度、教育调查法等"。② 教师以本校为主,同时聘请外校教师,还有在中国讲学的外国专家。其中有蔡元培、胡适、陈大齐、陶履恭、陈映璜、王文培、杨荫庆、刘廷芳、余天休、萧友梅、傅铜、张耀翔、张敬虞、李建勋、费特、丁恩、杜威、杜威夫人等共19人。教育研究科开班时学生34人,以北京高等师范学校毕业生居多。到1922年4月毕业时,仅剩16人,淘汰率达53%。可见,教育研究科十分注重学生的质量。但北京高等师范学校教育研究科与通常所说的研究生教育还是有区别的,这16名研究生在毕业典礼上被授予的是"学士学位"。因为根据当时学制规定,大学本科4年毕业可授予学士学位,而高等师范学校仅3年学程,不可授予学士学位,因而研究科毕业授予的方为学士学位。虽然对北京高等师范学校教育研究科是否为近代中国高等学校招收研究生的开始尚存疑议,但学校教育研究科率先授予了"教育学士"学位,并以教授高深教育学术、养成教育界专门人才为宗旨。应该说,北京高等师范学校教育研究科为提升近代中国高等师范教育的专业地位,加快其专业化进程,提高其学术水平做出了重要贡献。

民初高等师范普遍意识到学术研究对教育学科发展的重要性,就连刚成立不久的北京女子高等师范学校教育学科也专门成立了幼稚教育研究会,其宗旨在于研究儿童心理及教授方法。可见,教育学科建设学术化已成为这一时期高等师范学校的共识。

(三) 教学内容和方法科学化

清末优级师范学堂教育学科的教学内容和方法主要从日本引进,民国初年高等师范教育学科的教学内容和方法仍沿袭清末,比较陈旧和保

---

① 蔡振生、刘立德编:《陈宝泉教育论著选》,北京:人民教育出版社1996年版,第91页。
② 北京师范大学校史编写组编:《北京师范大学校史》(1902—1982),北京:北京师范大学出版社1984年版,第62—64页。

守。随着留美学生的回国,他们耳濡目染欧美教育改革运动,又看到国内教育现状,提出了"教育学科要科学化,实行科学教育"的主张,对推动近代中国大学教育学科教学内容和方法的科学化产生了深远的影响。民初,各高等师范教育学科普遍兴起了教育学科的科学化热潮,而北京高等师范学校则较为典型。

学校成立之初,聘请的教师以留日学生为主,因而产生于德国并流行于日本的赫尔巴特教育学成为当时教育学教学的主要内容。这一时期教育学、心理学、外语作为全校的公共课,"其公共科目仍行合授,以节经费"。①陈宝泉曾说:"前清末造,初兴学校的时候,真不知教授法为何事。曾忆初到日本,听教师讲五段教学法时,以为科学的方法,发展儿童的本能,实为新教育之最大特色。"②1915年成立教育专修科,1916年又改称教育专攻科,"此科之设,在输入德国教育学说,以振起国人教育思想,故科目以德语及教育为主,聘德人梅约翰为教员。现在学生已能直接听讲,将来可充教育或德语教员,四年毕业。"③可见,当时北京高等师范学校教育学科无论公共课,还是教育专修科,抑或教育专攻科,均以赫尔巴特的教育学说和五段教学法为传授给学生的主要教学内容和方法。

随着留美学生的归国,特别是经过五四新文化运动的洗礼,加之杜威等人访华的影响,20世纪20年代前后,南京高等师范学校教育学科"科学化"运动轰轰烈烈地开展起来,北京高等师范学校教育学科也相继进行了改革。陈宝泉和陶行知南北呼应,共同主张将教授法改为教学法。陈宝泉指出:"方法由宗旨而定,今日教学法之宗旨,应力斥教员中心主义,而实行儿童中心主义,故不曰教授法,而曰教学法。"④有的学者评价道:"把'教授法'改为'教学法',这是教学观念、教学思想领域重大变革,是教学理论上的重要探索,它促进了中国近代的教学改革乃至整个新教育运动。"⑤当时北京高等师范学校教育学科已开始运用测量、测验等科学方

---

① 璩鑫圭等编:《中国近代教育史资料汇编·实业教育 师范教育》,上海:上海教育出版社1994年版,第990页。
② 宁波教科网:http://www.nbedu.gov.cn/article/show_article.sap? Article ID=10605
③ 璩鑫圭等编:《中国近代教育史资料汇编·实业教育 师范教育》,上海:上海教育出版社1994年版,第991页。
④ 北京师范大学编:《校友通讯》,2000年第2期。
⑤ 同上。

法,张耀翔教授即为运用和推行教育测验的先驱者之一,他也是近代中国较早搞民意测验的人,并写了《民意测验》、《智慧测量》等论著。同时,为了使教育学科所学的教学方法能与中小学直接挂钩,学校设立附属小学和附属中学。当时设立附属小学的目的有两个:一是为学生开展教育实地练习,二是为本校教师研究小学教育实施之方法。由于教育学科学生所学教授法,与小学所教之方法不同,所以办了一个小学教育研究会,由教育学科教员与附小主任及教员共同组织,共同研究。另外,在附属中学也进行教学方法的试验。李约在《曾在附中用过之两种教学法》一文中介绍道:"第一种方法,可以称作讨论式教学法或启发性教学法。此种教学法在每次授课之前取欲授之教材自行预备一遍,参考有关系各书以预储学识,再就教材内容略加整理分别其轻重,编为若干问题;授课时提出问题令学生相互讨论,其不能得有结果者,再由教者从旁启发之,学生方面宜注重笔记。第二种方法,可以称作自动式教学法。此种教学法注重学生自动,在未授课前就教科书拟出若干研究题目,并指定某某书作参考,令学生就研究所得各自编成简明之讲义;授课时使学生报告研究之结果。教者在教室内除监视学生外无发言之必要,纵学生有疑难之外亦当先告以参考书,使自行考察。以上两种教学法能养成学生自动及科学的研究能力,在我国中学校是否适用希海内同志一尝试之。"①

在教学方法科学化的同时,教学内容也向科学化迈进。张耀翔担任普通心理学、实验心理、儿童心理、教育心理四门课,自编讲义及教学大纲,大力宣传介绍心理学这门新兴学科,努力把心理学引入教育学的教学内容之中。李建勋在讲授教育行政学时提出教育行政管理工作也要科学化,他把教育行政比作一个人的身体,指出:"教育行政机关为头脑,它所管辖的学校与社会教育机关为肢体。头脑清醒,则肢体俱得其用,则事举;头脑颠顿,则肢体失其常态,则事废"。② 1920 年,教育研究科将心理学、生物学、心理测量等定为教育学科的必修课程。

(四) 注重培养教育学科专业人才

清末优级师范学堂中的教育学科仅作为一门公共学科,其主要目的

---

① 朱有瓛主编:《中国近代学制史料》,上海:华东师范大学出版社 1990 年版,第 440—441 页。
② 王淑芳、邵红英主编:《师范之光》,北京:北京师范大学出版社 2002 年版,第 70 页。

并非培养教育学科的专业人才。民国初期,各高等师范开始注重教育学科专业人才的培养,纷纷设置教育专修科,如南京高等师范学校成立了教育专修科。而北京高等师范学校按当时学制规定,在预科公共必修科目中设国文、英语、数学、伦理学、图画、音乐和体操;本科设有心理学、教育学、教育史和教授法。起先在各部开设教育学科的公共课程,为节约经费,"公共科目仍行合授"。① 1915年教育部呈准扩充北京高等师范教育学科,增设教育专修科,1916年教育专修科改称教育专攻科,1920年又增设教育研究科,标志着教育学科已发展成为一门专业。培养出许多教育专业人才,尤其是1922年4月教育研究科毕业学生16人,其中日后成为著名教育专家和学者的有常道直、王卓然、薛鸿志、殷祖英、陈兆蘅、康绍言、邵松如、胡国钰、方永蒸等。当时北京高等师范学校教育学科培养的教育专业人才受到社会普遍欢迎,究其原因,主要与其教育学科的人才培养模式有关。

1. 注重人格训练

北京高等师范学校教育学科教师大多有留学日本的经历,其人才培养模式深受日本的影响。当时日本以"道德教育"为立国之本,并导入了欧洲、特别是德国的"人格教育"思想,因此,北京高等师范学校教育学科的人才培养也十分注重人格训练。陈宝泉在《北京高等师范学校报告》中曾说:"关于精神这修养,则有德育演说、名人讲演、自治谈话、静坐法、雅乐组等以陶铸之,使学生动静交养,既变化其气质,复陶冶其性情,总期身心调和,以造成完全之人格而已。"②他认为"道德是人生的根本,若没有道德,无论身体如何强壮,智能如何富足,终算不了一个完全人"。③ 教育科教授邓萃英担任北京高等师范学校教务主任时,曾在北京学术讲演会上指出,教育的根本问题是"如何可使此人成为人",也就是使现实之人成为理想之人。李建勋任校长时曾引用东汉郭林宗的话:"经师易,人师难求",他认为一个好的教育者"不但要有高深的学识和精熟的技能,而且要有伟大的人格和高尚的修养,除教给学生以知识外,还是陶冶学生性格的

---

① 璩鑫圭等编:《中国近代教育史资料汇编·实业教育 师范教育》,上海:上海教育出版社1994年版,第990页。
② 同上,第993页。
③ 蔡振生、刘立德编:《陈宝泉教育论著选》,北京:人民教育出版社1996年版,第10页。

导师。"① 其他教育学科教师也都重视人格训练。在这种人格训练熏陶下的学生,自然也注重对自己所教学生的人格教育。例如,第一届教育研究科毕业生方永蒸任西北师范学院教授兼附属中学主任(校长)时,有一次师院附中丢了一笔钱,当天晚上方永蒸就召集全体学生开会,他沉痛地说:"我们师院附中校风一向纯朴,且声誉最好。可是,今天竟然有学生做出偷窃的事,这是我自己品德不足以服人,不配做校长⋯⋯"。② 方永蒸说着竟泪流满面,泣不成声,学生们深受感动,也都哭了。自此以后,西北师院附中的学生们更自觉地遵守校纪校规。可以说,重视人格训练成了北京高等师范学校教育学科人才培养模式的一大特色,对学生影响很大。

2. 注重学生基础知识

北京高等师范学校教育学科注重学生基础知识。校长陈宝泉按照部定章程完善学科门类,设置了国文、英语、史地、数学物理、博物等六个部,各部都把教育课程作为公共必修科目。同时,根据各地中等学校对各科师资的需求,开设了教育专攻科、国文专修科、体育专修科等,这些学科与中学所设置的课程相配套。对公共必修科目和专业科目,北京高等师范学校拟有详细的教学计划,称之为"教授实施状况",对各门学科的教学内容、开设的学级、讲授的时数、方法、甚至使用教材的名称,都作了详细的规定。学生除了掌握讲义中的内容外,还要阅读一定的参考书,考试才能及格。当时"好多学生愿意在高师读书,但怕高师的考试。"③ 正是由于北京高等师范学校教育学科十分注重学生的基础知识,所以其培养的学生基础知识相当扎实。例如,教育研究科学生胡国钰对"教育统计"有过深入的学习和研究,曾撰写过多篇有关教育统计的论文,刊载在《师大月刊》及其他刊物上;同时,他还"旁听了数学系的'微积分'课程,所以他在数学方面也是很有造诣的。"④ 1923年,教育研究科毕业生康绍言、薛鸿志2人编译了《设计教学法辑要》,把哥伦比亚大学教师院所出的关于设计教学法的原理、方法、示范及实验结果等辑为一册,此书虽属述而不作,但却弥补了当时中国教育学界之不足,北京高等师范学校教育研究科主任李建

---

① 王淑芳、邵红英主编:《师范之光》,北京:北京师范大学出版社2002年版,第73页。
② 王淑芳、王晓明主编:《北师大轶事》,北京:北京师范大学出版社2002年版,第221页。
③ 北京师范大学校史编写组编:《北京师范大学校史》(1902—1982),北京:北京师范大学出版社1982年版,第30页。
④ 王淑芳、王晓明主编:《北师大轶事》,北京:北京师范大学出版社2002年版,第229页。

勋还专门为该书作序。

此外,北京高等师范学校教育学科人才培养也重视学生自治。陈宝泉倡导学生自治,推行自学辅导实验,强调要发挥学生的主观能动性。为了推行学生自治,北京高等师范学校请蔡元培讲《在北京高等师范学生自治会演说辞》、杜威讲《自治演说》、蒋梦麟讲《学生自治》,等等。

从民国初年到20世纪20年代初,伴随着五四新文化运动的兴起,西方教育思想与理论的涌入以及教育改革高潮的到来,高等师范学校成为近代中国教育学科的中心。其中,尤其是北京高等师范学校引领时代的潮流,形成了以归国留学生为主体的教师群体,在教育学科建设的学术化、教学内容和方法的科学化以及人才培养等方面建树良多,不仅促进了这一时期高等师范学校教育质量的提高,"尽可能地照顾了全国各地中等学校各种师资的需要,而且为后来的北京师范大学的系科的发展奠定了基础。"[①]从而加速了中国教育学科现代化的进程。

三、陶行知与南京高等师范学校教育学科

南京高等师范学校是在原两江优级师范学堂的旧址上建立的。1914年,江苏巡按使韩国钧接受地方及学界名流的建议,咨请教育部改两江优级师范学堂为南京高等师范学校。从1914年筹划到1923年并入东南大学,南京高等师范学校虽然存在时间不长,但与当时的北京大学并称,"隐隐然成为中国高等教育上两大支柱。"[②]南京高等师范学校之所以成为东南之楚翘,这与其教育学科所取得的巨大成就是分不开的。南京高等师范学校由开设教育学课程到成立教育专业系科,在近代中国高等师范教育学科的历史长河中占有重要的地位。正如有论者所指出的"自南高(即南京高等师范学校——笔者注)、东大(即东南大学——笔者注)、中大(即中央大学——笔者注)而至南师大,教育学科人才辈出,菁英遍华夏,饮水思源,是南高奠定的基础。"[③]南京高等师范学校和北京高等师

[①] 北京师范大学校史编写组编:《北京师范大学校史》(1902—1982),北京:北京师范大学出版社1982年版,第23页。

[②] 转引自冒荣:《至平至善 鸿声东南——东南大学校长郭秉文》,济南:山东教育出版社2004年版,第1页。

[③] 朱斐主编:《东南大学史》第一卷,南京:东南大学出版社1991年版,第64页。

范学校一样,堪称近代中国高等师范中的"执牛耳"者,这与以陶行知为代表的一批教育学家在南京高等师范学校教育学科的辉煌业绩有紧密的联系。

(一) 陶行知留美期间的学习和研究

陶行知从金陵大学毕业后,1914 年自费到美国伊利诺大学攻读硕士。尽管他的专业方向是市政学,但其修学兴趣和研习内容十分广泛,既有一般的政治学、公法和市政问题,又有欧洲大陆政体、尤其是美国的内政外交等问题,但对他影响最大的,或者说使他受益最深的课程,恐怕还是在教育学科方面。据现有资料,他在伊利诺大学一年修习的课程如下:第一学期为"政治学和公法讨论"、"市政"、"美国的性质"(或作'国家论')、"教育行政学"(或作'教育管理');第二学期为"政治学和公法讨论"、"欧洲大陆的政治"、"美国的外交"、"美国对外贸易及殖民地贸易";1915 年夏学期修习课程为"单位、等级与规范"(即'教育评价基础')、"教育研究法"、"教育心理学讨论"以及"中学课程"。① 伊利诺大学的学位课程为陶行知奠定了相当坚实的知识和理论基础。从上述课程内容来看,他一直修习着与教育学科有关的课程,而当时教授教育学科的是罗托斯·考夫曼(Lotus. Delta Coffmam)教授,他是哥伦比亚大学哲学博士,也是杜威教育思想流派的主要代表人物之一,毫无疑问,他对陶行知开始学习和研究教育学产生过不可忽视的影响。

陶行知在伊利诺大学获政治学硕士学位后,进入哥伦比亚大学师范学院研习教育学。他自己说:"遍览所有的大学,再次确认哥伦比亚大学师范学院对我最合适。"② 当时的哥伦比亚大学是世界上研究教育的最高学府之一。"教授声誉之隆,学科设置之丰,学生人数之多,都是其他师范院校无从比肩的。在这里,一批学有专长驰名国际的学者和各种各样的教育专业课程令人目不暇接"。③ 1915—1917 年间,陶行知在哥伦比亚大学师范学院研究教育期间,正值杜威在该校任哲学教授的中期(1904—

---

① 转引自余子侠:《山乡社会走出的人民教育家——陶行知》,武汉:湖北教育出版社 1999 年版,第 67 页。
② 华中师范学院教育科学研究所主编:《陶行知全集》第 8 卷,长沙:湖南教育出版社 1984 年版,第 728 页。
③ 章开沅、唐文权:《平凡的神圣——陶行知》,武汉:湖北教育出版社 1992 年版,第 91 页。

1930)。1916年,杜威根据他的"实验学校"的经验,发表了他的代表作《民主主义与教育》,副标题为《教育哲学导论》;担任"教育史"课程讲授的是著名教育家孟禄,他担任师范学院研究院院长兼该院研究生指导委员会委员长;担任"美国的公众教育行政"课程教学的是陶行知的直接导师斯垂伊尔(Strayer)教授;"学校和社会"和"教育哲学"课程由杜威和其高足克伯屈(Kilpatrick)主讲;"进步的社会教育"和"教育社会学初级教程"课程由斯纳顿(Prof. Snedden)主讲;"外国教育制度的行政和社会基础"由康德尔(Dr. Kandel)主讲;等等。可见,陶行知在哥伦比亚大学饱受了名师们的指点。

表 2—3　陶行知在哥伦比亚大学师范学院学习课程表

年　度	课　　　程	
	第一学期	第二学期
1915—1916	美国的公众教育行政、学校与社会、教育史、教育哲学、财政学。	美国公众教育行政、教育史、教育哲学、财政学、进步的社会教育、中学原理。
1916—1917	教育史、教育社会学初级教程、外国教育制度的行政和社会基础。	教育社会学初级教程、教育史、教育社会学教程、外国教育制度的行政和社会基础。

资料来源:阿部洋著、冬景、晓玲译:《哥伦比亚大学留学时代的陶行知》,载于周洪宇主编:《陶行知与中外文化教育》,北京:人民教育出版社1999年版,第264—265页;余子侠:《山乡社会走出的人民教育家——陶行知》,武汉:湖北教育出版社1999年版,第72页。

在哥伦比亚大学学习的2年,"陶行知不光专攻自己研究的基础课程教育行政学,而且还申请研习了比较教育、教育史、教育哲学、教育社会学、伦理学以及财政学等课程"。① 他几乎把所有的时间和精力都投入到学习当中,所以他曾在1938年第三次海外之行归国之后回忆道:"我第一次到美国的时候,是在欧洲大战期间,一天到晚埋头在书本里,对于华侨的情形是不关心的。三年当中,连一位华侨朋友都没有,如今想起来,觉得是多么可惜"。② 从中也说明留期间陶行知是十分努力刻苦的。他的学识和人品也得到了哥伦比亚大学导师们的欣赏和肯定。刚到哥伦比亚大学不久,陶行知囊中羞涩,孟禄惠意介绍,使他得以申请到了"利文斯顿奖

---

① 余子侠:《山乡社会走出的人民教育家——陶行知》,武汉:湖北教育出版社1999年版,第72页。
② 华中师范学院教育科学所主编:《陶行知全集》第1卷,长沙:湖南教育出版社1984年版,第61页。

学金"。1917年,当陶行知应南京高等师范学校郭秉文之约急于回国工作又不愿失去做博士论文的机会时,孟禄又同大学当局斡旋,希望能考虑到陶行知的特殊情况,允许他在提交论文之前举行口头答辩,等回国后收集材料、完成论文后再提交审议,这是一个打破常规程序的做法。孟禄在给学位审查委员会委员长、政治哲学专业学部长伍德布瑞资(Frederick J. E. Woodbridge)的推荐信(1917年7月26日)中这样写道:"在推荐授予博士学位之前,我建议为陶文濬(即陶行知——笔者注)先生指定考试日期,这是一个特殊情况。陶先生已满足在籍期间的必须事项,论文题目也得到认可,现在正在致力于论文的完成。但是,这篇论文只有当他回国以后,进行有关资料的收集和选择方能完成。然而,他觉得不可能从中国再回来了。他今后要从事与政府有关的教育事业。因此,我建议特别委员会马上举行考试,论文一经完成,即可委托特别委员会评审。建议考试日期最好定为8月2日。"①孟禄给陶行知写推荐信是建立在孟禄对陶行知的信任基础之上,这也说明陶行知的学识已经得到了孟禄的认可。另外,陶行知还与哈罗德·罗格(Harold. Rugg)教授、唐纳德G·特威克斯伯里(Donald. G. Tewksburg)教授等过从甚密。

通过客观环境的熏染和自身主观上的努力下,陶行知在教育学领域获得了丰富的专业知识,为他回国后在南京高等师范学校教育学科大展宏图打下了扎实的基础。

(二)陶行知在南京高等师范学校教育学科推行的教育改革

1917年9月,陶行知应校长郭秉文之聘请来到南京高等师范学校教育学科任教。当时学校教授中曾流传着一句话,即"想为官者上北京,想发财者去上海,唯我心甘情愿在南高。"②这与其宽松的学术氛围有很大的关系。第一任校长江谦乃硕学鸿儒,他以"诚"治校,博览中外教育家的论著,虚心听取各方面的意见,为南京高等师范学校造就了宽松的学术氛围。郭秉文掌校期间,更是提倡学术自由、兼容并包,不论何种学说在学校均可得一席之地。他认为"学术之研究,应特别提倡,为国家根本计,学

---

① 周洪宇等主编:《陶行知与中外文化教育》,北京:人民教育出版社1999年版,第271页。
② 王德滋主编:《南京大学百年史》,南京:南京大学出版社2002年版,第61页。

术不精,则凡百不能进步。"①刘伯明也把学术自由放在第一位,他曾说:"国家要强盛,非实行民主政治不可;学校要昌明,非实行学术自由不可。"②这种民主、自由、宽松的学术氛围为陶行知在南京高等师范学校教育学科推行教育改革提供了良好的环境。

陶行知到南京高等师范学校教育学科后,风华正茂,一人在教育学科开设了"教育学"、"实用教育统计学"、"教育行政与问题"、"都市教育行政"、"师范学校之组织及行政"、"学务表册"等6门课。经过半年多的教学,他积累了一定的教学经验,1918年3月代理教务主任,10月任教务主任,后又兼任教育科主任和教育系主任。在校期间,他对教育学科的教学方法、内容和课程等进行了一系列的改革。

1. 改"教授法"为"教学法"

1917年秋,陶行知在教育学科任教伊始,便发现国内的学校教育依然以教师为教学的中心,而把学生作为被动接受知识的对象。在整个教学活动的过程中,先生只管教,学生只管学,因此,所谓的"学校"实际只是教、学分离的"教校"。为此,他多次提出要进行教学方法的改革,强调学校教育应以学生为中心。他认为:"教育者,乃为教养学生而设,全以学生为中心,故开办学校、聘请教师,无一非为学生也"。③ 1918年5月,他在南京高等师范学校的一次校务会议上正式提出这一主张,但遭到部分教师的激烈反对,认为这是"标新立异"、"哗众取宠",结果没有通过。但陶行知毫不气馁,多次进行宣传。同年6月,他在学校教育研究会上作了题为《教育研究法》的演讲,明确提出"人师之责,不在教学生,而在教学生学"。④ 1919年初,陶行知撰写《教学合一》一文,提出了"教学合一"的理论。他说:"一、先生的责任在教学生学;二、先生教的法子必须根据学的法子;三、先生须一面教一面学。"⑤在校长郭秉文的支持下,担任教务主任的陶行知毅然决定将"教授法"一律改名"教学法"。把"教授法"改为"教

---

① 郭秉文:《战后英美教育近况》,《新教育》第2卷第4期,1919年。
② 朱斐主编:《东南大学史》第一卷,南京:东南大学出版社1991年版,第74—75页。
③ 华中师范学院教育科学所主编:《陶行知全集》第8卷,长沙:湖南教育出版社1984年版,第39页。
④ 华中师范学院教育科学所主编:《陶行知全集》第1卷,长沙:湖南教育出版社1984年版,第68页。
⑤ 同上,第89页。

学法",看似一字之差,却反映了教学理念和思想从以教师为中心向以学生为中心的转变。不久,"教学法"的理念和思想以南京高等师范学校为中心,辐射到全国各地,当时大、中、小学都纷纷效仿,风行一时。"教学法"或"教学"使用频率逐渐升高,这一变化从这一时期《中华教育界》的目录上也可清晰地反映出来。约在1919年以前,目录上从来没有"教学"或"教学法"这样的提法,而1919年以后,"教学法"一词开始出现,使用频率越来越高,而"教授法"或"教授"的使用却越来越少。陶行知改"教授法"为"教学法"的改革在全国产生了强烈的反响。

在陶行知的带动下,南京高等师范学校教育学科教师纷纷推出新的教学方法,改革风气十分盛行,成为当时全国高等师范学校教学方法改革的中心。

2. 强调教育学科内容科学性

陶行知提倡教育学科内容必须科学化,要求教育学科的理论应尽量建立在自然科学规律的基础上,坚决反对"沿用旧法,仅型外国",极力提倡"教师要做创造的科学家"。他刚到学校,即开设了"实用教育统计学"这门课程,其中就包括统计学与科学之教育的内容。教育专修科成立后,作为教育专修科主任,他把"科学常识"列为教育学科学生的必修课。据1919年秋入学的教育学科学生章柳泉回忆:"我入学的第一学期,就有一门介绍科学常识的课,陶老师在这门课中给我们讲遗传学,从达尔文到德弗里斯,特别是孟得尔的杂交试验。第二年我们就学《科学的发展史》(张子高老师教的),生物学又是教育科的必修课程(秉志老师教的)。心理学是教育学的重要科学基础,我们学得很不少,有'普通心理学'、'教育心理学'、'儿童心理学'、'实验心理学'等。'实验心理学'是重点,共学两年,做过很多实验,还开设心理学史课程(都是陆志韦老师教的)。此外还有教育统计学(陶老师教的),'测验之编制与应用'(是以麦柯尔等人为主任教的)。"[①]教育学科大量科学课程的开设,使南京高等师范学校成为当时中国科学教育的重镇。

3. 重视教育学术研究

陶行知指出:"教育之举措,悉当根据于学理。学理幽深,研究始明。

[①] 江苏省陶行知教育思想研究会编:《纪念陶行知》,长沙:湖南教育出版社1984年版,第332—333页。

教育学术,吾人所宜研究,庶南辕无北辙之虞,奏刀有理解之效也。"①他认为好的先生必定是一方面指导学生,一方面研究学问,因为"时常研究学问,就能时常找到新理。"②"夫国之盛衰,视乎教育;而教育之新旧,视乎研究。"③而进行教育研究又必须采用试验主义之研究方法。他解释道:"近二百年来,教育界之进步,何莫非由试验而来？是以泼斯泰来齐(Pestalozzi)(裴斯泰洛齐——笔者注)试验幼子,而官觉之用以明;赫耳巴忒(Herbart)(赫尔巴特——笔者注)设研究科,而统觉之理以阐;福禄伯(Froebel)(福禄倍尔——笔者注)创幼稚园,而游戏之效以著;杜威(J. Dewey)之集成教育哲学,也以试验;桑戴克(Thorndike)(桑代克——笔者注)之集成教育心理也,亦也试验。"④陶行知吸取了西方实验教育学的思想,认为西方教育从裴斯泰洛齐、赫尔巴特、福禄倍尔到杜威、桑代克,教育学的进步以及心理学的研究成就,"无不根源于试验"。因此,他强调用试验的方法进行教育研究。陶行知认为不仅教师要搞研究,而且学生也要搞科研。1918年春,他支持南京高等师范学校学生成立教育研究会,并任该会指导员,还在成立大会上作了题为《教育研究法》的讲演。教育学科还规定所有毕业班的学生均要参加一项为期一年的研究课题,最后撰写成论文或报告,既作为成绩考核的依据,又作为学生留给母校的纪念。

(三) 陶行知对南京高等师范学校教育学科建设的贡献

陶行知在南京高等师范学校教育学科从事教学工作的同时,还参与行政管理工作。他在校期间,努力扩大和提高教育学科的规模和层次,使教育学科与社会相联系,并积极开展对外交流,从而使南京高等师范学校教育学科声誉日隆。

1. 扩大和提高了教育学科的规模和层次

自从陶行知来到南高后,教育学科课程的设置不断扩大,从本科6部的公共必修课程到教育专修科的课程设置,再到公共必修课程的增设,南

---

① 华中师范学院教育科学所主编:《陶行知全集》第1卷,长沙:湖南教育出版社1984年版,第66页。
② 同上,第89页。
③ 同上,第74页。
④ 同上,第92页。

京高等师范学校教育学科的课程设置日益丰富。

1915年,学校成立之初,《南京高等师范学校简章》规定本科科目共分6部,分别是国文部、英文部、历史地理部、数学物理部、物理化学部、博物部,各科主要科目如下：

国文部：伦理学、心理学及教育学、国文及国文学、英文、历史、美学、古语学、体操。

英文部：伦理学、心理学及教育学、英文及英文学、国文及国文学、历史、哲学、美学、言语学、体操。

历史地理部：伦理学、心理学及教育学、历史、地理、法制经济、国文、英文、考古学、人类学、体操。

数学物理部：伦理学、心理学及教育学、数学、物理学、化学、天文学、气象学、英文、图画、手工、体操。

物理化学部：伦理学、心理学及教育学、物理学、化学、数学、天文学、气象学、英文、图画、手工、体操。

博物部：伦理学、心理学及教育学、植物学、动物学、生理学及卫生学、矿物学及地质学、农学、化学、英文、图画、体操。

由此可见,伦理学、心理学及教育学为本科各部的公共必修科目课。"选科除习伦理学及心理学、教育学外可任选本科专修科中一科目或数科目习之。"[①]而当陶行知入校时学校设有国文史地部、理化部、体育科、工艺科、农业科、英文科,陶行知为教育学专任教员,讲授教育学、教育行政、教育统计等课。教育学科课程在一、二、三年级都开设。

后来,陶行知又以美国教育为例,提出凡是著名的大学,没有不设教育科的。加之当时确实缺乏教育专门人才,"鉴于教育一科之缺乏专才,因于今年续收农、商、体育三专修科外,添设教育专修科,志在养成教育学教员及学校行政教育行政人才。近世因生物学、心理学、社会学、哲学之进步,教育已成为一种专门科学,非造就此种专门人才不足以促教育之进步,增设教育专修科之微意也"。[②] 在此情况下,1918年6月,南京高等师范学校添设了教育专修科,教育学科遂由课程设置走向专业系科。教育

---

① 《南大百年实录》编辑组编：《南大百年实录》上卷,南京：南京大学出版社2002年版,第76页。

② 同上,第56页。

专修科第一届招生40名,修业年限为3年。后来为提高学生程度起见,1919年改为4年制。南京高等师范学校在招生简章中明确规定教育专修科的考生除身体坚强、品行端正外,必须在教育界任事有一年以上之经验,并应由服务机关开具证明书。

1919年9月,在一次教务会议上学校决定增加教育学科课程,不仅国文史地部本科三年级每周要上两课时的教育学教授法和两课时教育史,而且理化部本科三年级每周也要上两课时的教育学教授法和两课时的教育史。1920年4月,南京高等师范学校其他专修科也以实践伦理、心理学、教育学、教授法等为公共必修科目。除了教育公共必修课程增加外,教育专修科的课程也日益丰富,就拿教育专修科二年级每周的课程来说,有心理学、心理实验、比较教育、教育统计、教育社会学、中国与东洋教育史等课程。[①] 教育学科课程的增设与陶行知的极力主张有关。当时陶行时不仅担任了教育学科主任,而且也担任了学校教务主任,课程设置的决定又是在教务会议上作出的。因此,完全有理由说教育学科课程的丰富与陶行知的努力是分不开的。陶行知本人担任的课程也在不断增多,先后有教育学、教育哲学、教育统计学、教育行政、师范学校与小学组织及行政、中等教育、学务表册、比较教育等。

2. 努力使教育学科与社会相联系

陶行知在《师范教育之新趋势》一文中指出:"社会上有新的需要,就当添加新的功课去适合他,指导他。现在社会问题纷乱,社会学应当增加了。又因为科学的发达,各种学问,注重分析。所以虚泛的、理论的心理学不够用,儿童心理学和心理测验一定要增加了。仅讲些教育史、教育哲学也不够了,教授法、管理法……一类的实际学问,也须重新研究了。总之,社会的新需要没一定,增加的新功课也当随之而异。"[②] 陶行知不仅这样说,也率先这样做了。1918年5月,陶行知为江苏省政府教育厅代办县视学讲习班,自编教学法讲义,讲演新教学法。为了组织好这次培训工作,陶行知早在担任教育学科主任职务后,就拟订好了讲习班的课程分类,即教育概要、视察标准、视察方法以及分组参加等四大类。在讲习班

---

① 参见王一心:《劳谦君子陶行知》,南京:南京师范大学出版社2004年版,第49页。
② 华中师大教科所主编:《陶行知全集》第1卷,长沙:湖南教育出版社1984年版,第168页。

上,他亲自作了题为《视察普通教学法之方法》和《学校设备与卫生》的讲演。这样,陶行知通过自身的实践活动,使教育学科课程从学校课堂走向了社会。

陶行知不仅自己这样做,而且主张学生走出课堂。为了使学生们在课堂上所学的知识能够及时有效地应用于社会现实,他要求学生在1918年初利用寒假回乡的机会作教育调查,陶行知的《江苏市乡教育状况之一斑》就是根据学生们的调查写成的。1919年夏,"他组织学校学生20余人,调查研究关于成人的补习教育问题。他以三人为一小组,跑遍南京旅馆、茶馆。访问车夫、小贩等人,调查了解,探索推行平民教育的途径。而且他在自己学校设平民夜校一所,让工友和家属每天晚上上学一小时,并在学校附近成立平民识字班或平民读书处多处。还编印平民识字课本。"①

同时,陶行知带动教育学科的教师以及整个教育学科加强与社会的联系和沟通,提出"要用四通八达的教育创造一个四通八达的社会"。②1920年,南京高等师范学校开办了暑期学校,朱进之、廖世承、陈鹤琴、俞子夷等教育学科教师参加授课,一般的教职工及教育科学生也都自愿参加各项服务工作,收到了很好的成效。"甫经创办而四方来学者即踊跃异常",③学员遍及18个省市及朝鲜,学员中有小学教员、中学和大学的教职员、地方办学行政人员,以及中学毕业生和大学肄业或毕业生,此外还有非教育系列的成员。暑期学校共创办4期,学员达四千余人,其规模之大、持续时间之长,实属当时罕见。继南京高等师范学校暑期学校之后,教育界人士纷纷效行,成为五四之后教育界"一件极可庆幸的事"。④ 陶行知创办暑期学校的同时,又以学校教育系的名义在五岛之中的长洲岛(今名环洲)创立了一所名为"昆明学校"的平民子弟小学,学校的教职员均由南京高等师范学校教育系的师生兼任。创办目的一者作为高等师范教育系学生实施乡村教育的试点,二者借此普及昆明湖周围孩子的教育。

3. 积极开展对外交流活动

1919年初,杜威到日本游历、讲演;2月,胡适得知这一消息后告知了

---

① 何国华:《陶行知教育学》,广州:广东高等教育出版社1997年版,第54页。
② 华中师大教科所主编:《陶行知全集》第5卷,长沙:湖南教育出版社1984年版,第55页。
③ 道之:《我所望于暑期学校者》,《教育杂志》第14卷第6期,1922年。
④ 夏承枫:《民国十一年之暑期教育》,《新教育》第6卷第4期,1923年。

时任南京高等师范学校教育科主任的陶行知。陶行知获知此事"觉得又惊又喜",动议"南北统一起来打个公司合办",①聘请杜威来华。随后,他将杜威来华一事告知郭秉文,而当时郭秉文和北京大学教授陶履恭受全国高等专门以上各学校及各省教育会公推,赴欧考察战后教育并顺道访问日本,于是便由他俩当面向杜威发出了邀请。当杜威同意后,陶行知随即致函胡适商量杜威来华事宜。陶行知在致胡适信中写道:"敝校昨日已推定兄弟担任此事,请老兄和蔡孑民先生商量推举一人,以便接洽。附上敝校所拟办法数条,请与蔡孑民、蒋梦麟、沈信卿三先生(蒋、沈二君现在北京)磋商,并请赐教。杜威先生来期已迫,请从速进行为要。"②对杜威来华一事,陶行知是十分热情主动的。1919年3月31日,陶行知在《时报》的《教育周刊》第6号发表《介绍杜威先生的教育学说》一文,简要介绍杜威的生平、著作和实用主义教育思想,并推荐了杜威的16种著作,其中尤其推重与教育最有关系的4种书,即《民本主义与教育》、《将来的学校》、《思维术》、《实验的论理学》,称之为"教育界人人都应当购备"③之物。

1919年4月30日,杜威偕夫人、女儿抵上海,陶行知代表南京高等师范学校与胡适、蒋梦麟在码头迎接。1920年4月7日至5月16日,南京高等师范学校专设讲席请杜威讲演,由学监主任刘伯明担任翻译。杜威系统讲授了"教育哲学"、"试验伦理学"与"哲学史",与以往讲演相比,这三大讲演内容更为专门,使南京高等师范学校教育学科师生收获颇大。一些学生积极参与杜威讲演的记录,影响较大的有"沈振声笔记而成的《杜威三大讲演》(泰东图书局1920年10月出版)、郭智方、张念祖、金海观、倪文宙四人笔记而成的《杜威教育哲学》(商务印书馆1920年10月出版)"。④ 在南京高等师范学校教育学科,聚集了一批以陶行知为首的哥伦比亚大学的弟子,他们对杜威访华讲学一事,态度积极,从而使

---

① 中国社会科学院近代史研究所中华民国史组编:《胡适来往书信选》上册,北京:中华书局1979年版,第29页。
② 王一心:《劳谦君子陶行知》,南京:南京师范大学出版社2004年版,第52页。
③ 华中师大教科所主编:《陶行知全集》第1卷,长沙:湖南教育出版社1984年版,第103—104页。
④ 王剑:《杜威、孟禄的中国之行与东南大学》,《东南大学学报》(哲学社会科学版),2002年第3期。

南京高等师范学校成为全国联络杜威讲演的总机关,其教育学科也随之名声大振。

继杜威来华之后,1921年9月至次年1月,美国教育家孟禄访华。如前所述,孟禄与陶行知的关系非同寻常,他在美读书期间受到孟禄的特别关照和器重。从1921年9月5日孟禄来华,陶行知与黄炎培、郭秉文在码头欢迎,一直到1922年1月7日孟禄离沪回国,他又与黄炎培、郭秉文到埠送别,陶行知几乎是全程陪同。在此期间,孟禄参观考察了南京高等师范学校的科学教育、南京高等师范学校附中、附小,并作了"晚近教育的新趋势和新觉悟"和"中国之学生运动"两场讲演。陶行知在《在孟禄与中国教育界同人饯别会上的讲话》中指出,与孟禄博士调查各处学校,增加了许多经验,对于种种实际困难,得以随时质疑问难,得益不浅,并宣称孟禄来华,"以科学的目光调查教育,以谋教育之改进,实为我国教育开一新纪元。"最后,他代表南京高等师范学校教育学科表态,"愿随诸君之后领一辐重队",来做"新纪元的帅领"。①

紧接着根据孟禄的推荐,美国教育测验专家麦柯尔和科学教育专家推士来华,他们的到来使南京高等师范学校教育学科的教育测验和科学教学法的水平迅速提高。1921年,廖世承、陈鹤琴等合编的《智力测验法》一书收入35种测验,其中23种是以国外(主要是美国)的已有成果为原本翻译或修订而成,另外的12种则是他们在自己实验的基础上编制而成的。为此,美国测验专家麦柯尔承认当时中国编制的各种测验达到了较高的水准,认为"至少都与美国的水平相等,有许多竟比美国为优"。②

由此可见,陶行知通过聘请著名国际教育专家来到南京高等师范学校教育学科进行交流,提高了教师的专业水平,使学校教育学科的许多领域与国际接轨,有些甚至处于国际领先水平。

(四)陶行知与南京高等师范学校教育学科教师群体

陶行知在南高教育学科时,从25岁至32岁正值人生的黄金时段。陶行知从一开始即以一位热情的教育改革者的面目出现,不断地锐意进

---

① 陶行知:《在孟禄与中国教育界同人饯别会上的讲话》,《新教育》第4卷第4期,1922年。
② 汤才伯:《廖世承教育论著选》,北京:人民教育出版社1992年版,"本卷前言"第3页。

取,使整个学科充满着青春活力。陶宏在《我和我的父亲》一文中讲道:"在他的前面,你的痛苦算得了什么,你的疲倦算得了什么,你的辛劳又算得了什么?你不能不振作,不能不进步,不能不加紧学习,也不能不坚持,还有,也不能不乐观。他就是这么一个人。"①南京高等师范学校教育学科以陶行知为中心,在他周围迅速聚集了一批教育学者群体,这个群体以留美学生为主体,意气风发,雄心勃勃,把自己"在国外学到的先进理论、学说、观点、方法,甚至一些实验手段带到国内各高等教育机构;许多新的课程由他们首先开设,许多新的专业,经过他们的努力得以创办;他们编写教材,潜心著述,组织各种研究团体,出版大量学术刊物,不仅对高等学校的学科建设做出积极贡献,而且有不少人成为国内众多学术领域的开拓者"。② 极大地推动了南京高等师范学校教育学科的发展,从而使南京高等师范学校教育学科成为高师教育学科的后起之秀,在许多方面开全国风气之先。

校长郭秉文1912年获哥伦比亚大学教育学硕士学位,1914年又以"The Chinese System of Public Education"为题获得哲学博士学位,成为在美国最早获得博士学位的中国学者之一。次年,哥伦比亚大学师范学院出版了他的博士论文,美国著名教育家孟禄为之作序。该书约五万字,勾画出中国自远古至中华民国2年(1913年)间教育制度的发展沿革。有学者称"这是一部中国教育制度简史,也是中国第一部具有通史性质的教育制度史"。③ 郭秉文毕业回国后担任南京高等师范学校校长,对学校教育学科的建设倍加关注。"供职后,复数度东行访问,各校杰出人才,瞭如指掌。而于国内宿儒,又周咨博访。故所物色教授,俊彦云集,极一时之盛。"④郭秉文延师有方,他往往先拟出中国优秀留学生的名单,请欧美著名大学校方代为介绍,再与之进行交谈。为了延聘到有真才实学之人,他甚至亲往观察实验或旁听教学,并采用预付薪金等方式,千方百计把他们聘请来。胡适当时就曾对郭秉文说过这样的话:"如果不是蔡孑民(蔡元培——笔者注)先生和我早已有约在先,我一定会到南高师执教,因为早

---

① 江苏省陶行知教育思想研究会:《纪念陶行知》,长沙:湖南教育出版社1984年版,第223页。
② 田正平:《留学生与中国教育近代化》,广州:广东教育出版社1996年版,第425页。
③ 杜成宪:《中国教育史学九十年》,上海:华东师范大学出版社1998年版,第12页。
④ 陈学恂主编:《中国近代教育史教学参考资料》中册,北京:人民教育出版社1987年版,第373页。

已有几位和我一同留美的同学好友,如任鸿隽、陈衡哲、梅光迪等,都已被你拉到南高师了。"①因此,一时间"孔雀东南飞",使南京高等师范学校教育学科成为教育学者向往之地。俞子夷于1918年夏受聘南京高等师范学校,并担任附小主任。在此期间,他组织师生最早试行设计教学法,在全国产生了很大的影响。南京高等师范学校附小不仅成为当时全国试行设计教学法的重镇,而且是中国20世纪20年代小学教学改革的一面旗帜。《教育杂志》曾刊载文章说:"参观南高附小的,每年不知有多少,真可说是'络绎不绝'了;做南高附小参观笔记的,也不知有多少,在中国小学教育界的出版物上,也可说都有他们的教学概况了";②在试行设计教学法的同时,俞子夷也引进自学辅导法、分团教授法和道尔顿制,并创造性地提出了"分团式道尔顿制"。陈鹤琴毕业于哥伦比亚大学,获教育硕士学位,1919年回国后担任南京高等师范学校教育科儿童教育学、心理学教授。在南京高等师范学校教育学科,他和陶行知等一起大力提倡改革旧教育,共倡新教育。他一边教学一边研究,特别以长子一鸣为研究对象,主要通过观察法、实验法等手段对儿童教育进行研究,发表了《儿童心理及教育儿童之方法》、《儿童之好问心与教育》等文章,从而开创了我国幼儿教育学研究的先河。另外,这一时期在南京高等师范学校任教的还有廖世承、郑晓沧、孟宪承、汪懋祖、姜琦等一批学习教育的归国留学生。

陶行知指出,第一流的教育家必须敢于探求未发明的新理,须"胆量放大,将试验精神,向那未发明的新理贯射过去;不怕辛苦,不怕疲倦,不怕障碍,不怕失败,一心要把那教育的奥妙新理,一个个的发现出来。"同时,还必须敢于闯入未开发的边疆,要"放大胆量,单身匹马,大刀阔斧,做个边疆教育的先锋,把那边疆的门户,一扇一扇的都给它打开"。③南京高等师范学校教育学科教师群体正是本着这种创造精神和开辟精神,在教育学科的各个领域崭露头角、各领风骚,共同为教育学科的崛起做出了突出贡献。

---

① 周川、黄旭主编:《百年之功——中国近代大学校长的教育家精神》,福州:福建教育出版社1994年版,第130页。
② 沈百英:《参观南高附小杜威院、维城院记略》,《教育杂志》第15卷第11号,1923年。
③ 华中师大教科所主编:《陶行知全集》第1卷,长沙:湖南教育出版社1984年版,第113—114页。

四、"高师改大"后的高等师范教育学科
——以北平师范大学为个案

"高师改大"运动后,绝大多数高等师范纷纷改为普通大学,致使全国独立设置的高等师范教育机构骤然减少。当时,还保持高等师范地位的仅有北平师范大学和河北女子师范学院,高等师范教育几成绝响。抗战爆发后,沦陷区各校纷纷内迁,造成中学师资严重短缺。为此,国民党政府把发展独立高等师范学院作为主要措施之一,先后颁布了一系列文件,独立高等师范方始复兴。1938 年至 1947 年,独立设置的师范学院 11 所(其中国立 9 所、省立 2 所),直至中华人民共和国成立,独立高等师范稳步发展,而北平师范大学是一所自始至终存在的高等师范。1923 年北京高等师范学校升格为北平师范大学。1927 年奉系军阀政府把北京 9 所国立高等学校合并为国立京师大学校,北平师范大学改称京师大学校师范部。南京国民政府成立后,试行大学区制,1928 年把北平 9 所国立高等学校合并为北平大学,京师大学校师范部改为北平大学第一师范学院。由于大学区制遭反对而废止,1929 年北平师范大学第一师范学院恢复为北平师范大学。1931 年 2 月,北平师范大学与北平女子师范大学合并,定名国立北平师范大学。"芦构桥事变"爆发后,国立北平师范大学迁往西安,与国立北平大学、国立北洋工学院组成西安临时大学。1938 年,西安临时大学改名为国立西北联合大学,国立北平师范大学为西北联大教育学院。次年 9 月,该教育学院从西北联大独立,改称西北师范学院,1940 年迁往兰州。1946 年春,学校师生陆续回北平,11 月开学,称北平师范学院。1948 年 11 月,国立北平师范学院改名国立北平师范大学。北平师范大学虽然名称一再改变,但作为独立高等师范的地位始终未变。

(一) 教育系课程设置及其教学概况

北平师范大学教育系于 1924 年成立,招收大学预科或高级中学毕业生,修业年限 4 年,遂与普通大学程度一致。学生学习采取学分制,以每个学生每周上课 1 学时及自修 1 至 2 小时、历时半年方为 1 学分。抗战之前,北平师范大学一直是自行制定课程,具体课程设置如下表所示:

表 2—4　北平师范大学教育系 1924—1932 年度课程表

年　度	课　程 必　修	课　程 选　修	备　注
13—14 年度 (1924—1925 年度)	社会学、心理学、教育概论、各国教育行政、实验心理、中等教育、儿童及青年心理、近代教育思潮、小学教育、乡村生活及乡村教育、艺术教育、生理心理、近代中国教育、近代教育原理、陈述心理、体育。		必修及选修学科未分，总计 16 门。
14—15 年度 (1925—1926 年度)	教育概论、教育史、教育心理、中国教育行政、中等教育、儿童及青年心理、教育哲学、体育、游戏。	道德学、社会学、学校管理、各国教育行政、变态心理、实验心理、逻辑学、小学教育、乡村生活及乡村教育、课程论、图书馆管理法、应用心理学、认识论、心理学史、近世学制变迁史、数学逻辑、学校演戏(应为游戏—笔者注)指导。	必修 9 门、选修 17 门，总计 26 门。
15—16 年度 (1926—1927 年度)	社会学、教育概论、教育及心理测验、普通教学法、中国教育行政、儿童及青年心理、近代教育原理。	社会学、心理学、教育的英文、教育及心理测验、哲学概论、学校管理、变态心理、动物心理、中等教育、逻辑学、西学哲学史、近代教育思潮、小学教育、乡村生活及乡村教育、生理心理、陈述心理、近世学制变迁史、逻辑学史、科学方法与教育。	必修 7 门、选修 19 门，共计 26 门。
16—17 年度 (1927—1928 年度)	教育史、教育统计、教育及心理测验、普通教学法、哲学概论、学校管理、儿童及青年心理、教育哲学、近代教育原理。	教育概论、哲学概论、学科心理、社会心理、变态心理、实验心理、西洋哲学史、近代教育思潮、小学教育、乡村生活及乡村教育、社会问题、近世学制变迁史、西洋道德学史。	必修 9 门、选修 13 门，共计 22 门。
17—18 年度 (1928—1929 年度)	道德学、教育概论、教育史、教育心理、普通教学法、中国教育行政、学校管理、学科心理、实验心理、儿童及青年心理、教育社会学、心理分野。	社会心理、师范教育、教育社会学、文化与教育、艺术教育、中国哲学。	必修 12 门、选修 6 门，共计 18 门。

(续表)

年　度	课　程		备　注
	必　修	选　修	
18—19年度 (1929—1930年度)	道德学、心理学、教育概论、教育的英文、教育史、教育心理、教育及心理测验、普通教学法、哲学概论、中国教育行政、学务调查、各国教育行政、学科心理、中等教育、儿童及青年心理、教育哲学、参观与实习、教育社会学、现代文化、科学概论。	教育统计、学校管理、社会心理、实验心理、师范教育、小学教育、图书馆管理法、文化与教育、工作学校要义、艺术教育、中国教育思想史、中国哲学、特殊儿童、教育公文程式。	必修20门、选修14门，共计34门。
19—20年度 (1930—1931年度)	心理学、教育概论、教育的英文、教育史、教育心理、教育统计、教育及心理测验、普通教学法、中国教育行政、学校管理、学务调查、各国教育行政、中等教育、师范教育、教育哲学、参观与实习、论文研究、现代文化、科学概论。	道德学、哲学概论、学校管理、社会心理、儿童及青年心理、逻辑学、教育社会学、乡村生活及乡村教育、图书馆管理法、文化与教育、工作学校要义、艺术教育、训育论、生理心理、西洋道德学史、中国哲学、现代哲学、特殊儿童、实验教育、高等统计、德国教育思潮。	必修19门、选修21门，共计40门。
20—21年度 (1931—1932年度)	生物学、道德学、社会学、心理学、教育概论、教育的英文、教育史、教育心理、教育统计、教育及心理测验、普通教学法、哲学概论、中国教育行政、学校管理、学校卫生与健康教育、学务调查、各国教育行政、学科心理、社会心理、变态心理、动物心理、实验心理、中等教育、师范教育、儿童及青年心理、教育哲学、参观与实习、论文研究、社会问题。	逻辑学、西洋哲学史、公民教育、幼稚教育、教育社会学、现代文化、近代教育思潮、小学教育、小学教育实际问题、乡村生活及乡村教育、民众教育、课程论、图书馆管理法、高等伦理学、文化与教育、工作学校要义、系统心理、科学概论、艺术教育、教学视察。	必修29门、选修20门，共计49门，但公民教育和课程论2门选修课，当年度未开设。

第二章　近代高等师范教育学科

(续表)

年　度	课　程		备　注
	必　修	选　修	
21—22年度 (1932—1933年度)	生物学、道德学、社会学、心理学、教育概论、教育的英文、教育史、教育心理、教育统计、教育及心理测验、普通教学法、哲学概论、中国教育行政、学校管理、学校卫生与健康教育、学务调查、各国教育行政、学科心理、社会心理、变态心理、动物心理、实验心理、中等教育、师范教育、儿童及青年心理、教育哲学、参观与实习、论文研究。	逻辑学、西洋哲学史、公民教育、幼稚教育、教育社会学、现代文化、近代教育思潮、小学教育、小学教育实际问题、乡村生活及乡村教育、民众教育、课程论、社会问题、图书馆管理法、高等伦理学、文化与教育、工作学校要义、系统心理、科学概论、艺术教育、教学视察、中国教育思想史、训育论。	必修28门、选修22门，共计50门，但公民教育、社会问题、高等伦理学、文化与教育、工作学校要义、艺术教育和训育论7门选修课，当年度未开设。

资料来源：许椿生等编：《李建勋教育论著选》，北京：人民教育出版社1993年版，第133—139页。

北平师范大学教育学科课程设置及教学概况主要表现出如下特征：

1. 课程设置不断增加。教育系主任李建勋指出："本系科目自13年到17年度增减无定，18年度突然增加，较17年度几多至二倍，19年度后虽稍增加，然与18年度无大出入，此虽与主任及校款攸关，亦以上之趋势使然也。"①因此，北平师范大学教育系课程设置不断增加是必然趋势，从1924年度的16门课程发展到1932年度的50门课程，即使抗战爆发后，北平师范大学迁到西北地区，条件艰辛，教育学科几经磨难，但其课程设置还是稳步上升。在课程设置增加的同时，对于具体课程的安排也是经过精心考虑和设计的，一般把具体的、单纯的及基本的科目放在一、二年级，抽象的、综合的以及专精的科目则放在三、四年级，如心理学先于教育心理，教育哲学后于教育概论，这对学生的成长和发展极为有利。

2. 必修科目日趋分化。在1924—1925年度必修与选修科目是不分的，从1925—1926年度起，开始分必修与选修科目，而且必修科目一年比一年多，这也说明教育学科课程日益专业化。"昔时一人可治之学，今则非数十人而不能精，昔时一人可理之事，今则非数百人而效莫举。非昔人

---

① 许椿生等编：《李建勋教育论著选》，北京：人民教育出版社1993年版，第140页。

之聪明优于今人，实文化进步，学术与事业日趋复杂，而治理之者益求效率使然也。"①北平师范大学教育系一、二年级开设一些教育基本科目，到第三学年起，开始分教育行政和教育心理组，具体课程设置如下：

Ⅰ．教育基本科目(48学分)：

第一学年：生物学(4)、道德学(4)、社会学(4)、心理学(4)、教育概论(4)、教育英文(4)

第二学年：教育史(4)、教育心理(4)、教育统计(4)、教育及心理测验(4)、普通教学法(4)、哲学概论(4)

Ⅱ．教育分化科目及学分(22学分)：

第三学年(教育行政组专修科目及学分)：中国教育行政(4)、学校管理(4)、学校卫生及健康教育(4)

第四学年(教育行政组专修科目及学分)：学务调查(4)、各国教育行政(6)

第三学年(教育心理专修科目及学分)：学科心理(2)、社会心理(4)、变态心理(4)

第四学年(教育心理专修科目及学分)：动物心理(4)、实验心理(6)

Ⅲ．两组共修科目及学分(20学分)：

第三学年：中等教育(4)、师范教育(4)、儿童及青年心理(4)

第四学年：教育哲学(4)、论文研究(4)②

教育必修科目的分化，一方面说明教育课程设置日趋专业化，另一方面也意味着加强教育专业人才的培养。

3．重视培养学生独立研究教育学术的能力。从上表的课程设置可以发现，从1930—1931年起，开始增加了"论文研究"一科，该科目规定由3个教授指导，每周2小时，持续1年，并"以论文之提交及良否，为卒业与否之条件"。③ 如果"学生的论文写得好的，推荐到《师大月刊》(学报)上发表，或交图书馆编目保存，留待以后各班学生写论文时参阅。这对培养学生独立研究能力起很大的促进作用。不交论文或论文不及格者不发给毕业证书。"④这可从实际例子中得到佐证，如1935年许椿生的毕业论文《大

---

① 许椿生等编：《李建勋教育论著选》，北京：人民教育出版社1993年版，第131—132页。
② 同上，第142—143页。
③ 同上，第149页。
④ 麻星甫主编：《师范群英光耀中华》第二卷，西安：陕西人民教育出版社1992年版，第61页。

学教育系之课程》是根据10所大学教育系所设的课程进行分析、比较,写得相当不错,当时系主任李建勋就将此文推荐到学报《师大月刊》第20期上发表,并把他的论文和其他几篇优秀的毕业论文陈列在教育系资料室专柜,以供同学们参阅。而对那些不交论文或论文不及格者则不发给毕业证书,决不稍加宽贷。"四川省著名权要邓某某的女儿毕业于教育系,因其未按规定提交论文,没有发给她毕业证书。时隔多年,她父亲曾一再托情希望给他女儿领得证书,先生(即指李建勋——笔者注)以碍于规定,并未因其为一著名权要而有所通融,终未发给毕业证书。"①"论文研究"一科的开设和严格执行,对当时教育系学生的独立研究能力具有很大的促进作用。

当然,在课程设置和教学中也存在着一些问题,如教育系成立之初的9年,系主任更换4人,而各系主任"对于该系设立之目的主张未必一致,见解又各不同,此所以同一大学之同一系内,而有各种不同之课程也。"②甚至出现因人设课,课程设置繁多,教材内容贫乏等现象。

(二) 教育研究所的建立与发展

1922年3月30至31日,上海《时事新报》连载了朱光潜撰写的《怎样改造学术界?》,该文最后总结道:"希望将来各大学都设有研究院。"③有的学者分析道,朱光潜"之所以提倡大学设立研究所,是因目睹19世纪末以来,政府长期鼓励下的留学热潮,已经造成下列两种情形:一是留学日本者多从速成学校毕业,彼等所学极为有限。二是留学欧美者,以获得学位为要务,彼等取得学位后,归国数年即沦为'学术落伍者',只贩卖过时的西洋知识,说不上有什么个人研究心得。朱氏认为,欲改革上述弊端,除了改进留学政策外,一个更彻底的办法,便是在中国境内普遍设立研究所,好让学者在国内能得一研究之场所。"④次年,洪式间在《晨报五周年纪念增刊》上发表《东方学术之将来》一文,强烈呼吁知识界设立"专门学术机构"。他指出:"世之言学术盛者,大抵首推欧美。予亦曾持此说,而未悉其所以致盛之故。迨予游欧洲,见其国各种专门学术机构,无不设备,

---

① 王淑芳 王晓明主编:《北师大逸事》,沈阳:辽海出版社1998年版,第34页。
② 许椿生等编:《李建勋教育论著选》,北京:人民教育出版社1993年版,132页。
③ 朱光潜:《朱光潜全集》第8卷,合肥:安徽教育出版社1993年版,第38页。
④ 陈以爱:《中国现代学术研究机构的兴起》,南昌:江西教育出版社2002年版,第70页。

于是深悟其学者之成就，盖非偶然。此等机构专为研究高深学术而设，大者可容数十人，少亦十数人不等……皆西方学者精神之结晶体，亦即专门学者之养成所也。"① 更值得注意的是，1927年王国维投湖自尽，当时顾颉刚曾撰文，将王国维之死归因于中国没有早日设立专门研究机构。他说："他（即王国维——笔者注）是一个穷书生，若没有罗氏（指罗振玉，下同——笔者注）的帮助……学问怎能有今日这般好。既经靠了罗氏的帮助而得学问的成功，他又如何能与罗氏分道扬镳，反面若不相识。所以他今日的自杀，中国的政府与社会应当共同担负责任。倘使中国早有了研究学问的机关，凡是有志研究的人到里边去，可以恣意满足他的知识欲，而又无衣食之忧，那么，静安先生何以去靠罗氏，更何必因靠罗氏之故而成为遗老。"② 可见，当时在大学设立专门研究机构，已成为中国学界的普遍的自觉意识，教育学界也不例外。例如，1932年，黎锦熙在《研究所略史》一文中感慨地说"故师大而无研究所，终将不能成其为'大'；研究所而办理不善，则亦'大而无当'"，他把研究所视为"师大之生命线"。③ 他认为教育学说的深研、教育方针及制度的酌定、教育状况的调查统计以及教育书籍的出版发行等，唯一的途径就是通过研究所，可见他对研究所的重视。

1. 教育研究所的由来

北平师范大学教育研究所是在北平大学女子师范学院研究所的基础上成立的。1928年国民党政府试行大学区制，将北平9所国立高等学校合并为北平大学，把原北平师范大学改为北平大学第一师范学院，原女子师范大学改为北平大学第二师范学院。1929年12月，徐炳昶就任北平大学第二师范学院院长时就筹办了研究所，次年通过了研究所章程和《研究所分组研究细则》，研究所共分8组，教育学是其中一组，下分目的及原理、学制、学校、课程、教学法、学生生活、关于儿童的研究、译述等。但由于推行大学区制的失败，1931年7月，北平大学第一师范学院和北平大学第二师范学院合并为国立北平师范大学，并在北平大学第二师范学院研究所的基础上成立了国立北平师范大学研究院，下设了教育科学门和历

---

① 洪式间：《东方学术之将来》，《晨报五周年纪念增刊》，1923年。
② 罗继祖主编：《王国维之死》，广州：广东教育出版社1999年版，137页。
③ 黎锦熙：《研究所略史》，《师大月刊》创刊号，1932年11月1日。

史科学门。"九·一八"事变后,国难当头,经费拮据,研究院逐渐沉寂,主要负责人均辞职。李蒸掌校后对师范大学进行了整顿,并按教育部的意见于1933年将研究院仍改称研究所,并亲自担任研究所所长。他与同人几度商讨,决定"缩小范围,集中精力,专门研究教育问题"。① 于是,当时国立北平师范大学所辖的研究所即为"教育研究所"。抗战时期,"政府统制外汇,限制留学生出国留学,一般具有研究兴趣之大学毕业生,苦无研究处所,特斟酌各校原有人才设备,分别令各校筹设研究院、所,以应急需。"②因此,西北联大教育学院奉令于1938年7月筹设师范研究所,1940年迁往兰州后,改称为教育研究所。抗战胜利后,北平师范学院仍保留着这个教育研究所。

2. 教育研究所的任务

国立北平师范大学研究院教育科学门成立之初,提出教育科学门旨"在养成学生独立研究教育实际问题之能力,使卒业后,无论在教育行政机关或各级学校服务,均能作研究及实验工作,以谋教育效率之增进"。③教育研究所的功用主要是两个:一为培养学生之研究知识与技能,一为研究教育实际问题,以求适当之解决。对于前者,一般只要学生努力,都能有所获,而对于后者,"学生非不能有所贡献,但所贡献者仅局部的、细微的;而整个的及有系统的研究,如中小学各科一贯的教材,及全国教育经费等,不能责诸一、二学生之身,盖以其为时间及人力所限也。"因此,当时的主任导师李建勋提出"要聘研究讲座,以专责成,并作有系统的研究"。④但因经费所限,一直未能设置专聘研究讲座。1933年,研究院改为教育研究所后,在重新修订的北平师范大学《组织大纲》中明确规定,研究所的任务是"(1)研究教育实际问题,(2)培养教育学术专家,(3)收集整理并编纂各科教材"。⑤ 当时所长李蒸明确提出"第一项是诸位研究生和导师助教等的共同工作。第二项的对象就是诸位研究生。第三项则单设纂辑

---

① 李溪桥主编:《李蒸纪念文集》,北京:中国社会科学出版社1996年版,第162页。
② 许椿生等编:《李建勋教育论著选》,北京:人民教育出版社1993年版,第379页。
③ 同上,第151页。
④ 同上,第156页。
⑤ 北京师范大学校史编写组编:《北京师范大学校史》,北京:北京师范大学出版社1982年版,第95页。

处,请文理两院毕业同学担任工作。"①此后,教育研究所中从事教育研究的师生日益增多,内容也渐丰富起来。

首先,关于研究教育实际问题,所长李蒸和主任导师李建勋都作了详细的阐述。李蒸认为教育问题繁多,概括地说分为三个方面:第一是教育目标,第二是儿童研究和成人研究,第三是教育方法。这些问题看似简单,但研究起来十分困难。李建勋则认为教育问题可分为两方面:第一是小问题或部分问题之研究,这种研究主要指研究生所做论文而言;他指出,研究生论文和本科生不同,本科生做论文,只在训练学生研究问题之能力,而研究生做论文,除训练其研究能力外,论文本身对教育学术上也应有所创新,而且能解决教育上一部分切要问题。第二是整个问题之研究,如全国教育经费之研究等问题,涉及"材料广泛,范围复杂,以至研究工作过于重大,该种工作绝非个人之能力、时间和经济所能及,不得不委之于众人通力合作,以求圆满之解决。本所除聘有数导师外,尚有助教、助理等数人共同协助研究教育上各种整个问题"。②

其次,关于培养教育学术专家,由于北平师范大学教育研究所是在欧美学术与教育体制影响下设立的研究机构,因而它不以培养通才为主要目标,而是负有培养教育学术研究专门人才的任务,主要包括教育行政管理的专门人才和教育实验的专门人才,训练这些学生不仅要掌握研究所需要的知识,而且要掌握研究所需要的技能。

再次,关于收集整理并编纂各科教材,研究所专设纂辑处,聘请文理两院毕业同学担任,当时主要是搜集整理中等学校理科教材。

北平师范大学及复员后的北平师范学院教育研究所始终紧紧围绕上述三项中心任务来开展教育科研工作。

3. 研究生的培养

1931年,国立北平师范大学研究院教育科学门招收研究生20人,学生来自11个省及1个特别市。为了培养学生研究之知识及技能,研究所教育科学门规定了学习时间为1至3年,学生须修满16—18学分,各种课程讲授时间均为半年。具体开设必修科目有教育研究法、教育测验、教育实验、高等教育统计,并在学务调查、高等教育心理、课程论、教育哲学4

---

① 李溪桥主编:《李蒸纪念文集》,北京:中国社会科学出版社1996年版,第162页。
② 许椿生等编:《李建勋教育论著选》,北京:人民教育出版社1993年版,第176页。

门课程中选习2门。学生还须撰写论文,虽然论文不计学分,但必须有创造性才能及格。对学生提出要求的同时,对担任的导师也作了相应的规定。导师指导学生论文的时间每周或每2周一次,每次时间约为二小时左右。在教育科学门担任导师者先后有7人,都有很高的学位和很深的资历,他们均系美国留学,获博士学位者5人,硕士学位者2人,每人至少有两种著作以上;而且,除历任国立或私立大学教授外,有曾充大学校长者,大学各院长者,大学各系主任者。具体担任指导的导师及科目是:李建勋承担教育行政,周学章承担教育测验及实验,邱椿承担教育哲学,杨亮功承担教材及教法。

经过一年的试办,普遍认为研究院设置的课程太少,于是1932年制定的《国立北平师范大学研究所学则》中规定学生必须修满30个学分,具体为必修科课程15个学分,包括教育研究法、教育测验法、教育实验法、高等教育统计法;选修科课程15个学分,包括学务调查、课程研究、乡村教育及其研究法、高等教育心理学、教育哲学及其研究法等。1933年,教育研究所对当年的课程及其导师作了如下安排:教育行政研究及学务调查由李建勋担任,教育测验及教育实验法由程伊述担任,高等教育心理由陈雪屏担任,高等教育统计由王徵葵担任,农村教育及其研究法由黄仲诚担任,教育哲学及其研究法由常导之担任。这些导师本身有较高的教育学术修养,而且对学生也极其严格。"苟非具有某种条件,是难以接受的,即以前年本所毕业生而论,三人中已交论文者有二人,待详细审核,均以缺乏上述条件而退回令其修改。"①因此,第一批研究生20人中,以"畏难或他故而去者约三分之一"。② 1933年,教育研究所仅毕业3人。但正因为严格的训练,使此后的教育研究所人才辈出。

4. 研究工作的开展及其成果

北平师范大学研究院教育研究门及后来的教育研究所自1931年成立至1949年,这十几年的时间里,虽然经费拮据,图书设备严重缺乏,但在李蒸、李建勋等人的带领下,仍开展了大量的教育学术研究工作,取得了一系列的研究成果。

在抗战前,李建勋编辑北平师范大学研究所教育专刊,《天津市小学

---

① 许椿生等编:《李建勋教育论著选》,北京:人民教育出版社1993年版,第175—176页。
② 同上,第155页。

教育之研究》是教育专刊之一,他曾在其序言中写道:"此种调查,在美国举行二十余年,政策之决定,结果之估价,及努力之促进等,多资利赖焉。吾国对此尚属创举,虽有一二处举行者,然其报告尚未公诸于世"。[1] 同时,他曾在附小实验"复式制与单式制教学效果之比较";在附属幼稚园研究"普通教学法与设计教学法之比较"等,都获得了成果并提出了研究报告。抗战爆发后,学校西迁,这一时期重新设立了教育研究所,该所从事的分科教材教法研究及六年一贯制中学的实验等皆获得相当成果,并先后出版了《战时与战后教育》(李建勋、许椿生合著,1942年出版)、《师范学校教育行政教材教法研究》(李建勋、韩遂愚合著,1946年出版)等多种研究专刊。李建勋指出《师范学校教育行政教材教法研究》一书主要"依据专业训练科目之使命,参酌教材专业化之方法,使学生对于此科之功能与目标,有明确之认识,对于此科之教材教法、课程标准、教科用书及教学设备等,有评判、选择与运用之知能,以期增加其将来实际从事教学时之教学效率。其内容分为绪论、教学目标、教材选择、教材组织、教法研究、教学设备应用、课程标准研究、教科书批评等章,其研究方法采用常规调查法中之问卷、访问及文献分析,以求实事之真相与理论之根据。惟此种专业化科目之著作,在中国尚属创举。"[2]其他尚有多种研究成果,由于经费所限,未能刊印。同时,教育研究所还针对当地各科教师提出的各种问题,研究了"初级中学英语课本之分析"、"高级在学英语课本之分析"及"西北中等学校师资之改进"等课题。

(三) 教育学科人才培养之特色

北平师范大学教育学科在北京高等师范学校教育学科的基础上,规模和层次不断扩大和提高,学生毕业人数不断增加,从1926年到1930年,共计毕业119人。之后,教育学系人数更是快速增长,以致有人担心教育学科人数的激增,将会导致其他各系主修人数更加寥落,其结果会进一步导致培养出来的学生只有教育方法特长而缺乏专门学科知识。但事实上,学生数量的增长并没有妨碍学生质量的提高,许多学生十分努力,专业思想也更加稳固。

---

[1] 许椿生等编:《李建勋教育论著选》,北京:人民教育出版社1993年版,第185页。
[2] 同上,第284页。

抗战前,随着"高师改大"运动的兴起,许多人质疑教育学科,认为教育只是常识、教育原理并无秘诀,于是,做教师无须经过教育专业训练成为当时一个时尚的口号。在这种不利的氛围下,北平师范大学教育学科学生并没有因论争而放弃学习,相反许多学生更加努力。张岱年于1933年毕业于教育系,据他回忆当时北平师范大学学生学习"采取学分制,学分够了即可毕业;学分不够,则须补修学分,然后才能毕业。学生自己选课,不须系主任批准"。"我于听课之外,大部分时间用于自学读书。我阅读了中国古典哲学著作,同时阅读英国哲学家罗素、怀特海等的英文原著。当时阅读英文哲学原著,不但增加了一些哲学知识,而且也受到一定的思想训练。罗素的著作,运用逻辑分析,论证严密,层层剖析,一丝不苟,读之受到一种思想锻炼。"①"一二·九"运动期间,毕业于北平师范大学教育系的刘问岫在《缅怀李蒸校长》一文写道,"我们一方面搞抗日救国运动,一方面还要努力读书,以便救亡图存。由于有这一点认识,我们对于学习是很认真的,希望担任各科的老师讲课时能讲得透彻深入一些。"②

抗战爆发后,北平师范大学迁到西北兰州后,条件十分艰苦,一直以来西北交通不便,经济不发达,人们生活比较困苦,不但外地的人才不愿前往,连本地人亦多外流,加之西北各省不断遭受天灾,因此,文化教育落后,教育研究更无从谈起。据考入西北师范学院教育系的刘志读回忆,当时"吃饭没有饭桌,房子不够用,一年级新生在院子里用餐,饭盆、菜碗都放在地上。兰州冬天的气温早晨在零下二十几度。有一天早晨,馒头冻成冰,怎么也咬不动,真够苦的。"③尽管条件恶劣,但学生们学习的劲头始终不减。"每当日落西山之后,同学们便三五成群,抱着书本去教室上晚自习。教室中悬挂着两盏汽灯,光芒四射。大家鸦雀无声,沉浸于课业之中,直至夜晚九时,才三三五五离开教室,回到宿舍。"④因此,很多学生日后成为教育学界的著名学者,如张岱年、张光祖、蔡春、刘问岫等人。

教育学科学生在质量逐渐提高的同时,专业思想也日益稳固。抗战前,《师大月刊》曾记载:"除他界及未详者外,以中等学校教员为最多(百分之三十以上),中等学校行政人员次之(约百分之二十四),大学教员及

---

① 刘锡庆:《我与北师大》,北京:北京师范大学出版社2002年版,第12页。
② 李溪桥主编:《李蒸纪念文集》,北京:中国社会科学出版社1996年版,第267页。
③ 同上,第314页。
④ 同上,第424页。

行政人员又次之,教育行政机关人员为最少。"①师范大学教育学科毕业大部分都从事教师工作,而且对中等学校教师进行调查,统计结果显示,"称职者,服务年限最久者,皆为高级师范毕业之学生"。② 抗战爆发后,虽然各方面条件十分艰苦,但同学们的专业思想却丝毫不受影响,有些学生毕业后就留在西北从事教育工作,对西北的教育作出了重要贡献。西北师范学院教育研究所曾对服务于西北中等学校教师作过调查,统计结果亦显示:"教其所主修者,占全数 75.2%,教非所主修者,仅占全数 24.8%"。③学生的就业状况与北平师范大学的宗旨完全相符合,绝大部分学生在中学担任教学工作。很多教育学科学生热爱教育事业,并有从事教育工作的志愿。如北平师范大学教育学科学生刘志丹,"1942 年入学,1944 年投笔从戎。他大三时从军,服役一年半,官至上校,可谓官运亨通,飞黄腾达了,1946 年 6 月从军青年复员时,师长、副师长好言相劝,真诚挽留,但为不辱母校之培养,院长之教诲,毅然决然弃官回校继续学业,毕业后从教四十余年,始终认为教师职业无尚光荣,教育工作,其乐无穷。"④师范大学教育学科学生对西北各省的教育建设和我国中等教育的发展起到了无可替代的作用。

总之,"高师改大"后,许多高等师范纷纷升格为综合性大学,导致高等师范的发展受到了一定的挫折。但北平师范大学作为高等师范学校升格为师范大学的典型,其教育学科与民初高等师范学校教育学科相比,在课程设置、学术研究、学生的培养等方面还是有了长足的进步,这表明教育学科日益成为高等师范的支撑和象征。

五、廖世承与蓝田师范学院教育学科

北平师范大学是高等师范学校升格为师范大学的典型,而蓝田师范学院则"树师范学院独立办理之先声",⑤其教育学科在蓝田师范学院中规模最大、学生人数最多。蓝田师范学院教育学科的建立和发展与院长廖世承紧密地结合在一起。

---

① 李建勋:《北平师范大学教育系之历年状况及将来计划》,《师大月刊》第 1 期,1932 年。
② 转引自李溪桥主编:《李蒸纪念文集》,北京:中国社会科学出版社 1996 年版,第 134 页。
③ 许椿生等编:《李建勋教育论著选》,北京:人民教育出版社 1993 年版,第 277 页。
④ 李溪桥主编:《李蒸纪念文集》,北京:中国社会科学出版社 1996 年版,第 318—319 页。
⑤ 廖世承:《抗战十年来中国的师范教育》,《中华教育界》(复刊)第 1 卷第 1 期,1947 年。

(一) 蓝田师范学院的创办

蓝田师范学院是在内忧外患的背景下成立的。从内因上看,"高师改大"后,由于高等师范教育的萎缩,中等学校师资缺乏专业训练,教育质量开始滑坡。廖世承在《抗战十年来中国的师范教育》一文指出:"1930年度,全国中等学校教员,曾经高等师范及师范大学毕业者,不及百分之十六,百分之八十以上,均未受专业训练。"①1935年郑西谷对全国中学教师状况进行抽样调查,结果发现"大学毕业者占40.28%,专门学校毕业者占14.11%,高师或师专毕业者占12.99%,师大或教院毕业者占11.35%,留学而有学位者占5.02%。上列高师与教院毕业者合计不过24.34%。"②因缺乏教师专业训练而暴露出许多问题,如"教员之无道德修养,对学生不能有人格的领导;教育界风气的不良,青年缺乏良好的训练;中学教材教法之成问题,学生程度之低下;教师不会做职业的指导,毕业生出路之成问题;办学者对于体育卫生之不会领导,青年体质之不能增进。"③因此,恢复高等师范,培养大批合格的中等学校师资,已成为当时教育界大部分人士的共同心声。1936年,《教育杂志》第25卷第7号特设"师资训练"专号,参与研讨的人士一致认为,解决中等学校师资的根本出路在于恢复独立的高等师范。与此同时,《教育通讯》上也有多位学者撰文发表了这一想法。例如,陈礼江提出未来独立师范学院的设想,认为它应该是"既有过去高等师范的长处,弥补了教育学院的种种缺陷,纠正了教育学院的种种流弊,但同时它也纠正了高等师范的短处。所以它决不能仅仅被视为高等师范的复活,以致淹没了它本身的所特有的进步的精神"。④此外,郑宗海、邰爽秋、庄泽宣、范寿康、艾伟、马客谈、高鸿缙、姜琦、谢循初等人也相继发表文章,⑤支持独立师范学院的成立。当时有人

---

① 廖世承:《抗战十年来中国的师范教育》,《中华教育界》(复刊)第1卷第1期,1947年。
② 林本:《改进师范学院之几点意见》,《教育通讯》第4卷第38、39期合刊,1941年。
③ 陈东原:《师范学院之历史的使命》,《教育通讯》第1卷第30期,1938年。
④ 陈礼江:《我对于师范学院应有的认识》,《教育通讯》第1卷第30期,1938年。
⑤ 郑宗海:《广师说》,邰爽秋:《抗战建国期中对于教师节之新认识》,庄泽宣:《改进师资的两个基本问题》,范寿康:《抗战时期的师资调整问题》,艾伟:《对于师资训练之感想》,马客谈:《复兴德意志的师资训练制度与教师服务精神》,高鸿缙:《忆武昌高等师范》,姜琦:《中国师范教育制度之过去、现在与将来》,谢循初:《师范学院的分系问题》,均载于《教育通讯》第1卷第11—30期,1938年。

认为:"这实在是痛苦中出来的一种呼声","简直是教育上一个新的生机"。① 从外因上看,1937年抗日战争全面爆发,日寇大肆破坏中国的教育,并在沦陷区推行奴化教育,他们非常重视高等师范教育,在东北地区成立了伪"满洲国"的吉林师道大学、新京女子师道大学、中央师道学院,及汪伪南京政府的北京师范大学、北京女子师范大学等。针对这一现象,当时有学者发文尖锐地指出:"日寇深知欲贯彻侵略我国计划,须从教育入手,欲发行教育,须从训练师资入手,敌人重视师范教育之用心,殊足使国人警醒!"②在这种时局下,政界人士也开始注意到教育的重要性。政治部长陈诚认为"教育是千年万年的国家大计,所谓一百年树人,一个国家要建设要强盛,就要培植无数人才,以为领导,以为中坚。"③而高等师范更是重中之重,教育部长陈立夫在1938年10月第一次全国高级师范教育会议上,对成立独立师范学院阐述了因由:"教育事业,经纬万端,举其要领,则除教育方针之确定以外,当务之急,莫过于教材之厘定,与师资之培养。中等教育一段,师资未备,以致师范学校、职业学校、高初级中等之师资,缺乏适当之训练,遂影响于国民教育、大学教育及社会各种事业。此实过去学制上之缺陷。本部思弥补此缺陷,遂有师范学院制度之设置。"④

正是在这种内忧外患形势下,学界和政界人士都普遍认识到设置独立高等师范学院的重要性。蓝田师范学院正是在这样的背景下于1938年11月正式创立,校名定为"国立师范学院",因校址在湖南蓝田,所以又称之为"国立蓝田师范学院"。

(二) 蓝田师范学院院长廖世承

蓝田师范学院可以说是白手起家,而社会各界又对其寄予了教育复兴的无限期望。当时南京国民政府看中了教育心理学家、中等教育专家廖世承,于是他临危受命担任蓝田师范学院院长。

廖世承(1892—1970),字茂如,江苏省嘉定县人,1909年考入南洋公学,1912年考入北京清华学校高等科,1915年毕业后即赴美国布朗大学留学。当时他就打算学习教育学和心理学,却遭到亲友的一致反对,因为

---

① 李清悚:《我对于师范学院的企望》,《教育通讯》第1卷第30期,1938年。
② 李蒸:《敌人摧残之国立北平师范大学》,《教育通讯》第1卷第11期,1938年。
③ 陈诚:《抗战建国与青年责任》,国民党中央军事委员会政治部印,1938年。
④ 陈立夫:《对于高级师范教育之希望》,《教育通讯》第1卷第34期,1938年。

人们普遍认为当教师没有出息,学经济学、银行学才是金饭碗。但这并没有动摇廖世承的决心和选择,他准备学成归国后从事教育事业。经过4年含莘茹苦的学习,廖世承获得了大学学士、硕士学位,读完博士课程回国,两年后他又把博士论文寄往勃朗大学,获得了哲学博士学位。丰富的学识为他的教学工作奠定了扎实的基础。回国后,他在南京高等师范学校、东南大学教育学科任教,教授"教育心理学"、"中等教育"等课程,他"教书很有成绩,学生均感兴趣横生。"① 他还坚持一面教学一面研究,几乎每年写书一册,1924年编撰出版的《教育心理学》、《中学教育》等专著成为我国同类学科中最早的两本高等师范教科书。廖世承一方面在课堂上介绍国外智力测验、教育测验的理论和方法,一方面积极组织学生在南京高等师范学校附小、附中以及江浙两省学校开展实地测验活动。1920年廖世承参与创建南京高等师范学校心理实验室,并首次主持新生招考时加试心理测验。1925年廖世承又和陈鹤琴合编了《测验概要》一书,成为当时颇具影响的入门书。"尤具价值的是,在当时编制的各种测验中,一般只限用于个人,而廖世承等人编制的测验,不仅可以用于个人,还可用于团体,同时对四五十名学生进行;不仅用于文化学科,还可用于道德意识、时事政治。这是测验科学的新创造,对推广教育测验和心理测验起了很大作用,因而被国内外学者誉为'廖氏的团体测验'。"② 廖世承开设测验课、主持心理测验考试、组织学生举行测验活动、编写教育测验专著等,成为近代中国教育测验事业的开拓者之一。"在南高师形成了一个以廖世承为核心的宣传、研究、推广智力测验、教育测验的留美学生群。他们宣传测验理论、研究编制适合中国儿童的测验量表和方法,在实际活动中培养专门人才,实际上成为推进20年代测验运动的中心"。③ 与此同时,廖世承还担任附中主任,他在中学组织教师进行实验,写出了《东大附中道尔顿制实验报告》一书;他还积极参与当时以改革学制和课程为主要内容的教育改革运动。

1927年,廖世承到上海创办光华大学,担任光华大学副校长兼教育系主任、附中主任。1931年为集中精力办好附中,他辞去副校长一职,在

---

① 廖世承:《我的少年时代》,《良友》,1935年第109期。
② 汤才伯:《廖世承教育思想论稿》,北京:人民教育出版社1997年版,第19页。
③ 田正平:《留学生与中国教育近代化》,广州:广东教育出版社1996年版,第278页。

光华十余年一直致力于中等教育,对我国中等教育的历史、现状作了比较全面系统的研究,先后发表了《中学教育》、《三十五年来中国之中学教育》、《十年来中国之中学教育》等长篇专论,还对中学教育改革提出了许多观点和实施主张,成为我国著名的中等教育专家,光华附中也成为当时全国公认的9所著名中学之一。

1938年蓝田师范学院成立,廖世承受命担任院长,这时他已经积累了深厚的教育学理论知识和丰富的教育实践经验,这些学养和经验为他创办蓝田师范学院教育学科创造了有利的条件。

(三)蓝田师范学院教育学科的课程设置及社会教育活动

教育学科是蓝田师范学院最早成立的学科之一,也是蓝田师范学院的特色学科。建院初期,廖世承曾亲自担任教育学系主任,聘请了孟宪承、罗季林、高觉敷、黄子通等名师,采取了一系列措施,谋求教育学科的发展。

首先,精心设计教育学科课程。廖世承认为,"研究教育者须有广博的文化科学与自然科学知识为基础,大抵凡专攻教育而对于国文、外国语、哲学、历史、生物等学科为较深厚的修养者,常能对教育理论及实际问题达到较透彻的洞见。反之,钻研兴趣与涉猎范围不出狭义的教育圈子者,往往陷于胸襟偏狭,甚至不免'见小遗大'之议。"[①] 为此,他在研究了1939年教育学部颁课程后,制订了蓝田师范学院教育学系的必修、选修和分组选修课程。他认为各系课程均由浅而深,独教育学系之课程,偏重横的陶冶,而缺纵的进展,以致博而不精。为此,他在教育学系的必修课程中特设"教育名著选读",在第4学年和第5学年开设,各占6个学分,而且规定每学期至少须阅读名著8册。他还说:"在教授指导之下,作批评报告,庶几学问较为切实,将来研究教育问题时,亦有所指归。"[②]战时教育学系学生主要是江浙一带的学生逃避战事而来,而本地的学生又刚刚从乡村的中学毕业不久,因此,学生的英文水平普遍比较差,针对学生的实际情况,廖世承认为必须在一年级设置"英文兼作文"(8学分),在二年级另设"英文阅读指导"(4学分),这样,学生到三年级起就可以自由浏

---

① 廖世承:《修正〈师范学院教育系必修选修科目草案表〉意见》,《国师季刊》,1939年第2期。
② 廖世承:《课程研究》,《国师季刊》,1939年第2期。

第二章　近代高等师范教育学科

览西文参考书了。此外，他把部颁课程中的"学校行政"(3学分)删除，因为"中学教育"和"小学教育"各有6学分，可以充分讨论学校行政问题，不必另立一科目，以免重复；把"生物学"列为一年级必修，因为生物学是心理学的基础，与教育学科关系紧密；"论理学"在教育学科中也是一个重要课程，故列为必修。到了第五学年，廖世承认为这时学生自学能力提高了，因此教学钟点可以减少，遂把"教育社会学"和"教育哲学"课程从原定的4学分改为3学分，把"心理卫生"和"学校训育"从原定的3学分改为2学分。

在制订了教育学系必修、选修课程后，廖世承又根据师范学院的主旨，"造成中等学校优良之教育学与心理学教师及教育行政人员"，①指出现有中等学校中除师范学校外，并无教育学与心理学课程，如果学生离校后，不在师范学校服务，而在中学任教职，则会出现"捉襟见肘之苦"；即使不在中学任教，而在官厅任职，如担任省督学，也非有一门在行之科目不可，否则视察中学时，也会感到非常困难。为此，廖世承设计了10组选修科目，学生在第三年级开始必须认定一组，依次选习，以使学生"充实学养而增进服务之机会"。② 具体分组课程设计如下表：

表2—5　蓝田师范学院教育学系分组选修课程表③

分组及学分	课程及学分
甲组(24学分)	中国文学史兼历代诗文词典选(一)(4+4)、中国文学史兼历代诗文词曲选(二)(4+4)、四书(3+3)、文史通义(2)。
乙组(24学分)	英语语音学(2+2)、英文作文(注重修辞及翻译)(2+2)、英文文学分期研究(一)(3+3)、英文文学分期研究(二)(3+3)、现代英文文学(2+2)。
丙组(23学分)	初等分析(4+4)、代数方程(3)、高等几何(3)、数论(3)、高等解析几何(3+3)。
丁组(24学分)	普通物理(4+4)、普通力学及物理(4)、电磁学及无线电学(4+4)、光学及实验(2+2)。
戊组(24学分)	普通化学(4+4)、定性分析及实验(2+2)、定量分析及实验(2+2)、有机化学及实验(4+4)。

---

① 廖世承：《课程研究》，《国师季刊》，1939年第2期。
② 同上。
③ 表格中课程后面所附学分a+a表示该课程开两个学期，a表示该课程开一个学期。

(续表)

分组及学分	课程及学分
己组(25学分)	普通动物学(4+4)、普通植物学(4+4)、普通生物学(3+3)、进化论(3)、遗传学(2)。
庚组(23学分)	中国通史(3+3)、史学概论(3)、人文地理(3)、中国现代史(4)、西洋现代史(4)、日本史或俄国史(3)。
辛组(24学分)	地学通论(3+3)、本国地理(3+3)、世界地理(3+3)、自然地理(3)、经济地理(3)。
壬组(24学分)	伦理学(2+2)、社会问题(3+3)、法律学(3+3)、中国政府(2+2)、中国经济组织(2+2)。
癸组(24学分)	实验心理(3+3)、儿童心理(3)、青年心理(3)、高级教育心理(3)、心理学史(3)、高级统计学(3)、品格测验(3)。

资料来源：廖世承：《课程研究》，《国师季刊》，1939年第2期。

在以上10组选修科目中，每一组都是该门学科的基础课程，学生只要依据自己的兴趣选定任何一组，就可以学到该门学科的精华，不会因自己漫无目的的选择而浪费时间和精力。学生选定其中一组后，第三学年起每学期可选6—8学分，第四学年每学期可选5—7学分，第五学年每学期可选2—4学分。在分组科目中，可以发现心理学一组，这是因为原部颁草案中心理学课程大都是基础科目，为造就优良之心理学教师，廖世承进一步设计了该组。朱曼殊当年就毕业于蓝田师范学院教育学系，她当时对心理学感兴趣，就选择了心理学组，后来成为华东师范大学心理学系教授。分组课程的设计，使教育学系学生便于掌握某一学科的系统知识，从而大大增加了其就业机会。

其次，重视社会教育工作。廖世承认为从事社会教育工作是加强民族能力的最好方法。他说："加强民族的能力，莫过于从事社会教育，因为社会教育，是以社会上全体民众为对象"。[①] 他指出以往我们把学校的门关得太紧了，致使知识阶级和民众的生活隔离太远，许多民众得不到训练，战事发生，民众未能全体动员。为此，他认为蓝田师范学院应把兼办社会教育作为重要使命之一，他本人亲任社会教育推行委员会主席，并动员全体师生参加社教工作。他曾坦言："幸而有成，是师院的成功，是我国

---

① 廖世承：《师范学院的新精神》，《国立师范学院旬刊》，1940年第7期。

整个教育的幸福;不幸而无成,是师院的失败,也是我国整个教育的打击。我愿以十二分诚意告我同仁,服务教育,不当以个人的事业为前提,当以全民的福利为目的。"①社会教育开办之初,因为没有固定的经费来源,廖世承率先捐款。

在廖世承的带领下,教育学科师生积极投身于社会教育,成为蓝田师范学院社教工作的中坚力量。为推广社教工作,教育学科学生以民众教育馆为依托,以蓝田周围二十里以内的梅樟、马王、玉田3乡为社教中心,开办民众学校。据薛志陶《国师第一民众学校概况》一文介绍,民校学生主要学习国语、写作、常识、社会、自然、公民、算术(笔算和珠算)、唱游,所用教材"除国语采用复兴课本外,其他各科教材,均由各教师,参改各种课本,择要印发学生。"②学生除读书听讲外,还须从事各种生产事业。上午上课的学生,下午在民校或自己家里做事;下午上课的学生,上午做各种工作。具体生产事业分养猪、养鸡、种花、种菜、种瓜,以及豆乳和豆腐的制造。"凡有固定工作之学生,每月给以一元至三元之工资,以贴补家用。贫农子弟,既可免费求学,又可赚钱回家,来校更踊跃了"。③第一民众学校的创办成功,不久相继成立了第二民校、第三民校、第四民校、第五民校和第六民校,第一民校的模式也得到推广。民校学生数1940年底为750人,1941年底为985人,1942年底为950人,1943年为916人。④据1940年发表的工作报告记载,民校使"民众无论男女老幼、贫富贵贱,都有机会来听讲、读书、看报、参观、运动、游戏、及学习各种生产技术;且在各种集团活动中,可使他们养成一种合作的心理,互爱的精神。"⑤除开办民众学校外,教育学科学生还参与举办各种培训机构和服务机构。培训机构有塾师训练班、小学教员研究会、寒暑假之社教讲习会等;服务机构有民众图书馆、民众阅报处、巡回施教队等。教育学科学生为地方训练了大批民众,民众的教育水平和思想水平都得到了普遍提高。教育学科教师也成为民众教育的生力军。1944年长沙和衡阳失陷后,蓝田师范学院奉令西

---

① 廖世承:《师范学院的新精神》,《国立师范学院旬刊》,1940年第7期。
② 薛志陶:《国师第一民众学校概况》,《国师季刊》,1939年第3期。
③ 同上。
④ 参见孔春辉:《廖世承在国立师范学院的社会教育实践》,《湖南师范大学教育学科学报》,2007年第5期。
⑤ 薛炽涛:《本院兼办社会教育工作报告》,《国立师范学院旬刊》,1940年第7期。

迁溆浦。1945年溆浦县长李济民请国师协助举办国民教育师资进修讲习会,教育学科教师承担了大部分课程,主要有孟宪承、王越、朱有瓛、朱有光等,讲授国民教育性质、作用及其重要性,国民教育师资的地位、进修及个人前途等内容。讲习会共举办2期,每期半个月。第一期学员共135人,主要是各乡、镇中心学校校长及教师,第二期学员共149人,主要是乡、镇公所的文化股长及国民学校的教师。讲习会期间,"社会人士争先恐后前来听课,甚至附近的民溪、沅陵等县都有人前来旁听,使中山堂挤得暴满。"①教育学科师生在协助地方教育文化建设方面作出了自己的贡献。

从1938年到1947年,廖世承执掌国立蓝田师范学院长达9年,精心筹谋教育学科的发展,使教育学科成为蓝田师范学院的特色学科。蓝田师范学院教育学科不仅为抗战建国培养了大批优质的师资,带动了战时地方学校教育的整体发展;而且教育学科自觉地投入社会教育工作,支持了战时后方地区的社会、文化及抗战事业。

六、近代高等师范教育学科的基本特征

近代中国高等师范从清末优级师范学堂发展到民初的高等师范学校,进而发展到"高师改大"运动后的师范大学及高等师范学院,教育学科始终是其核心学科,也是其特色学科。虽然高等师范教育学科在其发展的不同阶段表现出一些不同的特色,但纵观近代中国高等师范教育学科发展的总体历程,仍可发现若干共同的基本特征。

(一)训练师资的特殊环境熏陶着教育学科师生

高等师范可以说是一种广义的职业学校,主要造就中等学校校长、教员和从事相当教育工作的人才,这种特殊使命要求营造一种特殊的环境,正如"训练军人,必以军事学校为其特殊的环境也"。② 有学者曾明确指出:教师这种职业"不独需要保有广博的和专门的知识,而且还需要熟谙

---

① 孔春辉:《廖世承在国立师范学院的社会教育实践》,《湖南大学教育科学学报》,2007年第5期。
② 《北平师范大学校务汇报》第24期,1932年11月12日。

教材教法的採择,明了教育心理或学习心理在教学上的应用,更进而注重学生人格之发展(包含智力情绪欲望志愿……等),以及对学生整个生活的指导,乃至人类天性(Human Nature)的改变等,而且更重要的还要具有专业化(Professionalization)的兴趣和精神。因此对于这种有神圣使命的高级教育机关不论站在怎样的立场都必须尤其单独设立,予以充分的发展机会"。①

近代中国高等师范作为一个相对独立的学校系统,确实十分注重这种特殊环境的营造。在高等师范校园内,除了教育系科设置外,还把教育学科作为公共必修课程,这与普通大学相比就多了一层教育的氛围,各系还开设了专业教学法课。平时,高师从"师范性"出发建设校园文化。如北京高等师范学校以"诚勤勇爱"为校训,培养学生诚实、勤勉、勇敢、亲爱的精神和作风。为此,北京高等师范学校校长陈宝泉"在新生入学时,总是正襟危坐于校门口,逐一点名接见,态度极其庄严肃穆,面目极其和蔼可亲。那一副师长的风度给每个入学的新生都留下极其深刻的影响。北京高等师范学校每天上午有课间操,陈宝泉每天都坚持参加,从未间断过"。② 学校也特别注重学生的言行仪表,当时校门口挂着一面大镜,镜上写有"整容貌"3个字,希望学生们进出校门时照镜以整衣冠。在这种校园环境熏陶下,学生心中逐渐树立起教师的崇高形象。"高师改大"后,北平师范大学继续发扬北京高等师范学校精神,保持"诚笃朴实"的校风,全校上下都拥有共同的目标,把为国家培养中等学校师资作为重任,学校教职员在思想方面、课业方面、生活方面都能以身作则,视学生犹如子弟,本爱护之热情,立严师之教范。校长李蒸身先士卒,校友何欣曾在《城固的那段日子》一文中描述道:"想到校场坝,在那儿生活过的朋友们该不会忘记那个'大'操场吧。每天早晨,不论冬夏,最先到升旗台前的总是我们的李院长。给我印象最深的是在冬天,李院长永远不变地穿着那件黑布大衣,仿佛是有补丁的,还有那双确实有补丁的黑皮鞋。眉宇间总露着些喜悦之色,望着同学们在教官驱赶之下集合,虽然学生多半不爱听师长训话,但我们对李院长的讲话却不感到厌烦,他总是那么亲切,语调柔和,很

---

① 李裕特:《师范学院应改为师范大学》,《中华教育界》复刊第 1 卷第 10 号,1947 年。
② 周川、黄旭主编:《百年之功——中国近代大学校长的教育家精神》,福州:福建教育出版社 1994 年版,第 36 页。

少有训人的味道。"①李蒸自己也说:"教育事业是精神事业,从事教育事业者须先养成专业精神,然后方能安心服务,不至见异思迁。从事教育工作之代价亦属于精神方面为多。教育的对象为活泼的儿童与天真的青年,富有浓厚的情感,教育者必须能发挥爱的精神,以培育而滋长之;此种教育专业精神必须在生活环境中自然养成。所以师资专业训练必有其特殊之环境,国家办理师范教育,即为布置适当的专业训练环境,无论师范大学、师范学院、及师范学校,其生活环境与方式均应与普通学校有所不同;不但在课程方面有专业化之讲习,在生活行动与做人方面亦须能发挥示范之作用。"②抗战胜利后,西北师范学院迁回北平,改名为北平师范学院,学校专门设置了教育广播电台,播放有关教育方面的节目。同时,为提高全校的教学水平,由全校各系推出教授14人和各附校校长4人,组成电化教育委员会,负责购买器材、影片、化学用品等,教育系还开设了两届电化教育选修课,培养这方面的专门人才,有力地促进了教学水平的提高。

邓萃英在举述高等师范独立设置的理由时,有一条就专门讲到高等师范的学校环境,认为高等师范校园"弥满教育的空气,它里边的人富有教育的兴趣,抱终身服务教育的决心;入其中者可于不知不觉间耳濡目染,潜移默化……况且四年中间既就教育学科系统的学习,复各就其科的方法,分别研究,其效果非他种学校所可企及,是当然的道理"。③ 高等师范这种独特的校园环境和教育氛围的涵濡浸渍,使教育学科师生对于教育实践的兴趣油然而生,对于教育事业的信念日益坚定。

(二)加强人格训练以增进教育学科学生的职业道德

一般来说,所谓人格是指"人们在社会生活中通过自身的言、行、情、态等所表现出的为人的品位或格调"。④ 高等师范教育学科的学生毕业后绝大部分从事教师这一职业,而教师的对象是人,"人是活的,自己有主张,不能由教育者随便捏扁搓圆,教他怎样他便怎样……一般职业上所用

---

① 转引自李溪桥主编:《李蒸纪念文集》,北京:中国社会科学出版社1996年版,第32页。
② 李蒸:《今后教育建设之路》,《西北师范学术季刊》第2期,1945年。
③ 转引自吕达、刘立德主编:《舒新城教育论著选》下,北京:人民教育出版社2004年版,第601页。
④ 王荣德:《现代教师人格塑造》,天津:天津教育出版社2004年版,第8页。

的机械的办法,到此全不适用,只有人格感化的力量最为有效。所以师范生人格锻炼,比求知识、学方法还要重要"。① 因此,重视学生的人格训练是高等师范教育学科的又一重要特征。纵观近代高等师范教育学科,不仅从理论上注重对学生进行人格训练,而且在具体的教育实践中也比普通大学更为重视人格训练,以期养成用人师的品格及其职业道德。

早在南洋公学师范院,就十分重视对学生进行人格训练,并将具体过程分为五层:"第一层之格曰:学有门径、才堪造就、质成敦实、超绝卑陋、志慕远大、性近和平。第二层之格曰:勤学诲、劳抚字、耐烦猝、就范围、通商量、先公后私。第三层之曰:善诱掖、密稽查、有条理、能操纵、能应变。第四层之格曰:无畛域计较、无争、无忌、无骄矜、无咨啬、无客气、无火气。第五层之格曰:性厚才精、学广识通、行正度大、心虚气静"。②清末优级师范学堂成立后,强调教师要有"清贫"、"克己"的品格。1904年《学务纲要》提出:"造士必以品行为先。各学堂考核学生,均宜于各科学外,另立品行一门。""其考核办法,分语言、容止、行礼、作事、交际、出游六项,随处稽察,第其等差;在讲堂由教员定之,在斋舍由监学及检察官定之。""凡选派教员学职,无须推择品行端正之员,以资表率。"③其课程设置包含"人伦道德"、"经学大义",目的是"变化学生气质,激发学生精神,砥砺学生志操","养成其良善高明之性情",使之"敦品养德,循礼奉法,言动威仪足为楷模"。④当然,清末对教师的品性要求以及"人伦道德"、"经学大义"等课程的设置,虽然包含了加强学生人格训练的一面,但其宗旨却在于培养大清王朝"忠顺的臣民"。

民国初期,各高等师范也十分注重学生的人格训练。例如,北京高等师范学校为加强学生精神修养,设有德育演说、名人讲演、自治谈话、静坐法、雅乐组等以陶铸学生的品格,使学生"动静交养,既变化其气质,复陶冶其性情,总期身心调和,以造成完全之人格"。⑤ 学校订有《考查学生行

---

① 常乃德:《师范教育改革问题》,《教育杂志》第14卷号外,1922年。
② 舒新城:《中国近代教育史资料》上册,北京:人民教育出版社1961年,第155页。
③ 陈学恂主编:《中国近代教育史教学参考资料》上册,北京:人民教育出版社1986年版,第535页。
④ 舒新城编:《中国近代教育史资料》中册,北京:人民教育出版社1981年版,第667—668页。
⑤ 璩鑫圭等编:《中国近代教育史资料汇编·实业教育 师范教育》,上海:上海教育出版社1994年版,第993页。

为办法》对学生进行考核。校长陈宝泉经常对学生说："你们将来出去要做老师，要晓得做老师是不容易的，一举一动都要为人师表。"①成都高等师范学校"训育一面，采自治辅导主义，关于学校规则及学生德行，使自发的猛省，除于规则之外，由学生设立崇德会，以自治之旨趣为相互之砥砺。于自习室、寝室内，并定各室值星值日，轮流任务，稽核整理，养成自治之习惯。如学生中有过失之时，无论经职员发见与未发见，而学生间亦必交相劝勉。其在学校一面，关于个人事项行个人训话，关于部分及全体事项行部分或全体训话，以举辅导之实。至训戒不悛，然后施以记过、禁假及退学之处分。而施行此等处分，无不出之以慎重。至于退学，必经职员会议，以示无滥。又学生身心之修养，于本学年设立校友会，以锻炼身体、陶淑智德为目的。"②可见，各高等师范学校都把训育放在十分重要的地位。

1922年"高师改大"后，高等师范进一步强化对学生的人格训练。当时一些普通大学教育学科的教师开始沉浸于自己的学问，但师范性大学则强调其教育学科教师要造就的是堪为"人师"的"教育家"，他不仅要有过硬的教育学术，而且必须要有教师的职业道德。教育系教授林砺儒认为，"最良的教育方法就是最良的教育家的人格"。③ 高等师范教育学科教师时刻注意为人师表，他们普遍认为一个好教师首先必须有一个好人格。据河南大学教育系李旭灿副教授介绍，"他1942年考入母校教育系，次年暑假因家乡沦陷，经济来源断绝，生活上遇到极度困难想暂时休学，先工作上一年，然初到兰州，人地俱生，无可奈何，便冒然去找李院长（指李蒸——笔者注），说明来意后，院长毫未犹豫，拿出名片，在背后写几句求工作的话，让他到兰州西北图书馆筹委会见刘国钧先生，就这样顺利地得到个谋生之路。旭灿同学今天犹感激地说：'云亭先生（指李蒸——笔者注）这种对学生极端负责的精神，使我终生不敢忘德，其身教对我教育尤深。'"④教育系主任李建勋教授也是一个典范，当时学校西迁后，许多教职员的太太和孩子没有随同前往，但由于耐不住寂寞，有的又娶了新太太，

---

① 周川、黄旭主编：《百年之功——中国近代大学校长的教育家精神》，福州：福建教育出版社1994年版，第34页。
② 璩鑫圭等编：《中国近代教育史资料汇编·实业教育 师范教育》，上海：上海教育出版社1994年版，第6页。
③ 北京师范大学编：《林砺儒文集》，广州：广东教育出版社1994年版；第602页。
④ 李溪桥主编：《李蒸纪念文集》，北京：中国社会科学出版社1996年版，第310页。

对此,李建勋深为反感,他一再告诫他的学生和助手,绝对不许这样做。"李先生自己也身先示范。师母祝氏缠过足,是小脚。在城固时,为了躲避日本飞机的轰炸,李先生用椅子自制一个滑竿,由他和侄子或是一个学生抬着跑警报。有好事者编了城固大学八景,其中一景就是'老教授抬着夫人跑警报'"。① 这样的事例还有很多,总之,当时北平师范大学教育学科教师注重对学生进行人格熏染,这在广大教师中已形成共识。除北平师范大学外,国立蓝田师范学院校长廖世承认为,"人格教育,是学校内最难处置的问题,也是最重要的问题。一个学校风纪的好坏,影响全校整个的行政;一个学生品性的优劣,影响整个一生的事业。所以,他在办学过程中,非常看重学生在人格上的健康发展。"②在1943年"师生话别会"上,他给毕业生的临别赠言是"朴素"、"谦让和人和"、"聪明正直"和"不计成败利钝"。他认为,只有"朴素"才能适应教育界的清贫状态;"谦让与人和"是事业成功和个人得以健康发展的必要条件;而"聪明正直"就是要求学生能掌握真本领,做好自己的本职工作,同时又能明辨是非,主持公道,与人为善;"不计成败利钝"则是适应社会环境、人事繁杂的最好武器。以他之见,这四句赠言如能悉心体会,则将一生用之不尽,取之不竭。

针对当时教育界对学生人格训练"多系理论之叙述,尚乏实施之方案",③北平师范大学教育系专门组织了研究委员会,经过多次开会商讨,制定了《导师制训导纲要及实施办法》。训导纲要包括训导方针、训导内容、训导方式和成绩考核4个方面。训导方针是养成服务所需之健全人格、培养胜于职务之坚强体魄、养成笃信教育之专业精神、培养适于职务之知识技能、养成寻求真实之科学精神;训导的具体内容包括思想性行、学业、体格三项;训导方式分为个别训导和团体训练;成绩评定包括思想性行成绩之评定、学业成绩之评定、体育成绩之评定。为了贯彻导师制,北平师范大学教育系还制定了具体的实施办法,如各年级导师以固定为原则,导师对本组学生,除个别谈话指导外,每月至少应举行一次全体谈话会、讨论会或远足会,以作团体生活之训导等。同时,设计了《学生个人

---

① 王淑芳、王晓明主编:《北师大轶事》,北京:北京师范大学出版社2002年版,第41页。
② 汤才伯:《廖世承教育思想论稿》,北京:人民教育出版社1997年版,第25页。
③ 许椿生等编:《李建勋教育论著选》,北京:人民教育出版社1993年版,第224—240页。

状况调查表》、《学生家庭状况调查表》、《学生个性考察表》、《学生思想性行评判表》、《训导纪要》、《导师对学生状况考查报告表》等各种表格,以便导师制的推行。训导制的推行,有助于高等师范教育学科的人格训练开始趋于制度化。

高等师范教育学科充分认识到实施人格训练的重要性,从教师到学生、从理论到实践、从课堂到课外,全面推进人格训练,并把人格训练作为教育学科的一项重要任务来抓,从而增进了教育学科学生为人师表的职业道德。

(三) 教育学术研究提高了教育学科学生的专业化水平

随着教育学科的发展,专业化对一名教师来说显得愈益重要,因为"仅有知识,不能提高教育之效率,经验的教育已为科学的教育所代替,即教育已成为专业,其与医师、律师、工程师等之成为专业相同。故从事教师者,非受充分之训练,难望其胜任愉快;换言之,非受训练者即不应为教师,与未曾学习工程者之不能作工程师,正复相同"。① 教师职业的专业化要求对教育学科进行学术研究。

从清末民初到"高师改大"后,不同历史时期的高等师范教育学科均充分意识到教育学术研究的重要性。清末优级师范学堂的加习科,虽然没有硬性规定学生必须学习教育课程,但其性质相当于教育专修科;民国初期除了教育专修科,北京高等师范学校还成立了教育研究科,认为不设置教育研究科,无以促教育学术之进步;到1922年"高师改大"后,北平师范大学的宗旨是"造就师范与中等学校及教育行政人员,并研究专门学术"。② 清末民初高等师范教育学科虽然意识到教育学术的重要性,但并没有明文规定把学术研究作为教育学科的主要任务,而"高师改大"后的北平师范大学则明确提出:"学校具有培养中学师资及教育行政人员和研究专门学术双重任务。"③此后,高等师范教育学科把学术研究作为学科发展的重要任务。北平师范大学规定学生在4年学习期满后要交一篇论文,教育系教师分任论文的导师。为学生写作论文提供方便,系资料

---

① 许椿生等编:《李建勋教育论著选》,北京:人民教育出版社1993年版,第327页。
② 北京师范大学校史编写组编:《北京师范大学校史》,北京:北京师范大学出版社1982年版,第72页。
③ 同上。

室设有参考书刊专柜,并提供有关调查研究的费用。对那些特别优秀的论文,教育系推荐到《师大月刊》(学报)上发表,或交图书馆编目保存,留待以后各班学生写论文时参阅,极大的刺激和鼓励了学生从事学术研究工作。

然而,高等师范教育学术研究与普通大学教育学科的学术研究有着很大的区别。据常导直于1933年发表的《师范大学之双重任务》一文中,师范大学的学术研究至少应包括:"(甲)理论的教育学科;(乙)教育研究上所需要之辅佐学科;(丙)小学及中学教学上所需要之科目"。而且"师范大学于研究上述各科目时,应着眼于一般中小学教学上之需要,是一条自明的原则。于此要辨明这条原则之适用,专限于各门学术研究之'广度'方面,而不包括'深度'方面。"①由此,常导直说明了师范大学教育学术研究主要与中小学基础教育紧密相连,它强调的是学术的广度,而不是向专深方向发展。另有学者曾撰文明确指出高等师范与普通大学学术研究的不同主要在于:"普通大学是著重在一学科中狭窄的某个问题或某一类问题的研究;而高等师范教育机关,则以中等学校或师范学校教师所需要的为研究的张本,并且以部订的中学课程标准作为他们研究的参考,著重在某一学科整个内容或全部问题的研究……简言之,普通大学著重在纵的深入,而高等师范教育机关则著重在横的通博"。②北平师范大学校长李蒸主张:"于学术上,不在石破天惊之发明,不在凿空探险之奇迹。而在平实正确,求一人人共由之路,以奠全国中等教育之基。"③显然,普通大学教育学科学术研究注重教育学术的理论前沿,重在精深方向发展;而高等师范教育学科的学术研究主要面向中等教育,学术研究的主要目的是为中等教育的发展服务,从而促进教师专业化水平的提高。

(四) 教学实习增强了教育学科学生的教学实践技能

罗廷光曾在《师范教育新论》一书中明确指出:"夫师范教育之重教学技能之训练,决非以传授数种成法为已足,必悉将此教学基础置之于科学的理性之上,使学者或由原理的探讨而悟得方法及技术上的应用,或由实

---

① 李友芝等主编:《中国近现代教育史参考资料》第二册,内部材料,第725—727页。
② 李裕特:《师范学院应改为师范大学》,《中华教育界》复刊第1卷第10期,1947年。
③ 李溪桥主编:《李蒸纪念文集》,北京:中国社会科学出版社1996年版,第128页。

际所得的经验而追及于其所依据的原理。务期理论实际,相互贯通,有左右逢源之效,而无格格不入之虞。故师范学校于教学原理学程外,而必辅以有系统的观察,参与及试教者,盖为此也。"①高等师范教育学科也不例外,故将教学实习作为增强教学实践技能以培养师资的关键环节。

《癸卯学制》中已规定清末优级师范学堂附设中、小学堂及教育博物馆,各类实业教员讲习所均附设实业补习普通学堂,作为实习基地,以资练习实地授业之法。民初1912年9月颁布的《师范教育令》对高等师范教育的培养目标作出了明确的规定。次年2月教育部公布的《高等师范学校规程》中指出:"本科第三年级学生,应令在附属中学校小学校实地习练;专修科选科生最后学生(此处"学生"应为"学期"——笔者注)亦如之。"②但各高等师范学校根据实际情况进行了变通,如"北高师照章应于第三学期练习实地教授,惟第三学期为时甚促,学生实习时数有限,于研究教授矫正错误,每恐迫不及待已届期满,学生于教法几无改良之余地。本校提前于第一学期即开始教生实习,并开批评会,由教员详为指导,以为第三学期实习之准备。"③1921年北京高等师范学校制订了《本校教生实习大纲》,对学生教育实习的内容、次数、时间、地点等作了详细的规定。"高师改大"后,师范大学的教学实习得到进一步完善和落实。北平师范大学教育系成立后,先后建立附属中学、小学、幼稚园及乡村教育实验区,作为实习的场所和基地;从1931年起,又将参观与实习从最后一个学期提前到第4年第一学期,以便留有相当时间发现问题、解决问题。李建勋在《北平师范大学教育系之历年状况及将来计划》一文中提出改良计划:"为使教育系学生与他系学生得相等之益处计,此后附校拟设师范部,以增加教育系学生实习教育科目之机会。"④并建议将实习再提前一学期,时间也须延长。抗战期间,西北师院与兰州市合办国民教育实验区、社会教育实验区、家庭教育实验区等,成员多半是教育系师生,并规定"教学实习

---

① 罗廷光:《师范教育新论》,南京:南京书店1933年版,第134—135页。
② 宋恩荣、章咸选编:《中华民国教育法规选编》,南京:江苏教育出版社2005年版,第425页。
③ 璩鑫圭等编:《中国近代教育史资料汇编·实业教育 师范教育》,上海:上海教育出版社1994年版,第993页。
④ 李建勋:《北平师范大学教育系之历年状况及将来计划》,《师大月刊》第1期,1932年。

满16学分方得毕业"。①当时设有附中、附师和自强小学,供学生开展教学实习。"学习教育行政课的同学,还得实习学校行政工作。除了在学校有教育实习外,还得利用暑假到农村进行社会教育实习。"②抗战胜利后,北平师范大学于1948年制定了《国立北平师范大学学生实习办法》,规定"学校指派专门的实习指导教师与实习学校的教师共同指导学生实习。学生每次应教一个单元的教学内容。实习期间学生要编制教案,学生参观、见习、试教完毕,必须由实习指导教师及全组学生共同举行检讨会,讨论实习期间所发生的问题。回校后,要做报告、总结。学生的实习成绩由本校和实习学校的指导教师共同商议评定。"③北平师范大学严格的教育、教学实习制度,为增强师范大学教育学科学生的教学技能提供了有力的保障。

随着高等师范的发展,政府对师范院校教育学科学生的教学实习从制度上予以特别规定。1943年,教育部公布《师范学院学生实习及服务办法》,规定实习包括参观见习、教学实习及行政实习等项,教学实习应占全部时间2/3,参观见习及行政实习合占1/3,而且教学之时数不得少于六十小时;每次实习完毕后均须提出书面报告并举行实习讨论会,如实习成绩不及格则不得参加学科毕业考试。尤其针对高等师范教育学科毕业生,上述文件规定必须在任教满半年后,提出教学实习报告,经原肄业学校审核转呈教育部复核无异者,准予毕业发给毕业证书及教师资格证明书。次年,教育部又公布了《师范学院学生教学实习办法》,其中第七、第八条分别规定:"教育学系及公民训育系学生充任实习教师时,除担任教学工作外,须特别注重实习学校行政及学生训导工作"。"实习教学须将所任教学科目编为教学预订表,并须按照教学程序逐周编为教案,逐日填写教学进度表。前项预订表教案及进度表均须于学期终结时汇集成帙,经原校指导实习教授、所在学校校长、教导主任及各该科目首席教师加具考语签名盖章后,汇送各该校院批阅核定其教学成绩。"④教育学科在高等师范的实习制度遂渐趋完善。

---

① 《国立西北师范学院学则》,1940年,北京师范大学档案馆,全宗1,案卷60。
② 李溪桥主编:《李蒸纪念文集》,北京:中国社会科学出版社1996年版,第308页。
③ 胡艳:《北京师范大学与中国现代师范教育制度的建立》,《高等师范教育研究》,2002年第6期。
④ 李友芝等主编:《中国近现代教育史参考资料》第二册,内部材料,第505页。

总之,近代高等师范教育学科与其他大学教育学科相比,其"师范性"尤为突显。高等师范训练师资的特殊环境和重视学生的人格训练,有助于培养教育学科学生对教师这一职业的崇高信念。教育学科的教学内容、教学方法、学术研究等均充分考虑面向中等教育,并把教学实践技能的提高作为培养师资的关键。教育学科已成为高等师范的支撑性学科,高等师范教育学科在近代中国大学教育学科中也以其师范性见长,在近代中国大学教育学科的发展和繁荣中占有了不可或缺的重要位置。

第三章　近代国立综合性大学教育学科

　　清末民初，综合性大学只是零星设置了一些教育学科课程。1922年"高师改大"运动兴起，高等师范学校纷纷升格综合性大学，综合性大学开始设置教育学系或教育学院后，清末独立的高等师范教育体制随之被打破。抗日战争爆发后，师资培养又受到空前的重视，加之当时国民党政府为加强思想控制，也开始强化师范教育。1938年颁布的《师范学院规程》规定师范学院可以单独设置，也可在大学中设置。因此，部分大学中的教育学院或教育系陆续扩充为师范学院。至1947年，国立综合性大学设有师范学院教育系的有4所，它们分别是国立中央大学、国立中山大学、国立浙江大学和国立四川大学；其他综合性大学设置教育系或哲学教育系、家事教育系、乡村教育系的有13所，分别是国立中正大学、广西大学、厦门大学、暨南大学、西北大学、南开大学、北京大学、长春大学、河南大学、复旦大学、重庆大学、山西大学、省立新疆学院。[①] 综合性大学教育学科在建立与发展过程中，承担起教育科学的引进、传播与创新的责任，并对教育科学的研究表现出了前所未有的巨大热情，从而形成了自身独特的办学模式，为近代中国大学教育学科的科学化、专门化作出了很大的贡献。

一、从东南大学到中央大学

　　中央大学由东南大学发展而来，其间校名一再改变，教育学科也随着时局的变动而一再变迁。在不同的历史时期，中央大学教育学科尽管遇到各种困难，但由于其历史悠久、基础雄厚，在师资队伍建设、课程设置、教育期刊的编辑发行、学术研究规范化等各方面都显示出自身的实力，其

---

① 参见刘捷、谢维和：《栅栏内外：中国高等师范教育百年省思》，北京：北京师范大学出版社2002年版，第116—117页。

学术性凸显,遂被学界誉为当时全国"研究教育学术与发展教育事业的枢纽"。①

(一) 从东南大学教育科到中央大学师范学院教育系

东南大学胚胎于南京高等师范学校。在"高师改大"运动中,南京高等师范学校率先改为综合性大学东南大学,寓师范于其中,成为高等师范学校改为综合性大学的先躯。东南大学教育科是在南京高等师范学校教育专修科、体育专修科的基础上发展而来的,教育科设有教育系、心理系、体育系、乡村教育系(后停办)4个系。东南大学教育科与南京高等师范学校教育专修科相比,规模扩大,程度提高。因此,东南大学教育学科更成为当时教育学者的向往之地,聚集在东大教育学科的教师有郭秉文、陶行知、俞子夷、郑晓沧、姜琦、朱君毅、孟宪承、陆志韦、陈剑修、程其保、陈鹤琴、凌冰、艾伟、程湘帆、汪懋祖、赵叔愚、徐则陵等。科主任为陶行知。1923年陶行知离开东南大学后由徐则陵继任。东南大学教育科以培养教育专业人才、研究教育学术、推广教育事业为目的,许多教师中西融会贯通,开出了大量的必修、选修课程,在教育理论、教育行政、试验教育、教学法、教育史、家政艺术等方面,课程设置七十门左右,供主系、辅系、本科、他科学生选修。丰富的课程设置,给学生选课提供了很大的自由度。东南大学教育科的课程设置还充分利用综合性大学的优势,开设了大量的社会科学和自然科学的课程,在更广阔的学科背景和框架中培养学生,从而有利于学科的发展和学生的成才。当时毕业生深受社会的欢迎,许多高校竞相争聘,如山东第一师范校长"王祝晨很重视教员的质量,他邀请教员的原则,凡英文教员总是要请上海或南方某大学毕业的,教教育的是东南大学毕业的,而哲学、国文一类的教员则一定是北大毕业生"。② 可见,东南大学教育学科在全国教育学界享有良好口碑及声誉。

正当东南大学教育科迅速发展之际,1925年初突发易长风潮。当年1月7日上海《申报》公布了教育部1925年1号令,免去郭秉文东南大学校长职。此消息一出,一时东南大学无主,教师分裂,师生红脸,教育科多

---

① 王德滋主编:《南京大学百年史》,南京:南京大学出版社2002年版,第181页。
② 欧阳哲生选编:《追忆胡适》,北京:社会科学文献出版社2000年版,第27页。

位教授先后离去,课程设置大大减少。易长风潮"历时一整年,余波连三载",①东南大学教育科良好的发展势头受到了影响。1927年,北伐军攻克南京,并定都于此,南京国民政府教育行政委员会试图推行"大学区制",明令将国立东南大学、河海工科大学等9所高校合并为国立第四中山大学。在第四中山大学时期,原东南大学教育科改为教育学院,设置了教育学系、师资科、附设教育专科。但"大学区制"的试行很快陷入了困境,第四中山大学成立不到半年,1928年2月即奉大学院第165号训令改称江苏大学,江苏大学教育学院仍分教育学系、师资科,附设教育各专科。但江苏大学仅存两个月,同年4月改为国立中央大学。从此,中央大学才逐渐地由混乱走向稳定,进而走向了发展。

中央大学教育学院下设教育学系、师资科、艺术专修科、体育专修科。从1929年9月起,教育学系分为教育学、教育心理、教育行政、教育社会4个系,暂时停办师资科,这样教育学院共分4系2科,总共开设59门课程。1932年又将教育行政系和教育社会学系并入教育学系。② 1933年9月,教育学院增设心理学系。教育学院院长先后有韦愨、程其保、艾伟担任。抗战前,中央大学教育学院得到了长足的发展,尤其在罗家伦执掌中央大学期间,从延聘师资入手,极力挽留原有教师的同时,聘任了不少专门学者。当时中央大学的教师分专任和兼任两种,而罗家伦则主张教师队伍以专任为主,能专则请其专,使之能在中央大学安心授课。为提高教学质量,严格把好教师质量关,罗家伦曾经有过这样一段自白:"聘人是我最留心最慎重的一件事。抚躬自问,不曾把教学地位做过一个人情,纵然因此得罪人也是不管的"。③ 另据记载,蒋介石曾问王世杰:"罗志希(即罗家伦——笔者注)很好,为什么许多人批评他,攻击他,这是什么原因?"王答:"据我所知,罗志希做大学校长时,政府中党中许多人向他推荐教职员,倘资格不合,他不管是什么人都不接受,因此得罪了不少人。"④这段话与罗家伦的自白不谋而合。而且"当时公教人员断薪是司空见惯的事。可罗家伦为了解除教职员的后顾之忧,在经费吃紧、时有短缺的情况下,

---

① 朱斐主编:《东南大学校史》第一卷,南京:东南大学出版社1991年版,第157页。
② 参见《第一次中国教育年鉴》丙编上,上海:开明书店1934年版,第34—35页。
③ 谢咏、智效民:《逝去的大学》,北京:同心出版社2005年版,第88页。
④ 朱斐主编:《东南大学史》第一卷,南京:东南大学出版社1991年版,第247页。

总是极力维持定期发薪,绝不拖欠。即使挪用其他款项,他也毫不含糊。"①在罗家伦校长的苦心经营下,教授、副教授数量明显增加,中央大学成立时教育学院有教授、副教授12人,至1937年教育学院有教授、副教授28人。中央大学这颗"梧桐树",经过罗家伦的亲手修剪,引来了许多"凤凰",一直到抗战前,在教育学院任教的教师有郑晓沧、张士一、孟宪承、高君珊、沈履、程其保、廖世承、艾伟、王书林、陈鹤琴、邰爽秋、钱宗琮、李小缘、常导之(导直)、许本震、赵西傅、钟道赞、赵廷赞等著名教育学者、专家。在课程设置方面,罗家伦认为"当时大学的通病是好高骛远,课程开设多而专,结果适得其反。他提出,以后要集中精力贯注在几门基本课程上,务求研究能够透彻,参考书能看得多"。② 因此,罗家伦到中央大学两年中,重新订定教育方针,"将课程亦重新组织,使必修选修课目,均有明确规定,不欲因人因事而变更。课程之核心既能形成,则教学之意义自可明了。此项工作幸赖各院长、系主任及教授之努力与协助,经长期讨论,届一年方大体完成"。③ 另据《中央大学概况》一文记载,课程编制方面"将课程种类多所删并,而在内容方面则竭力使其充实"。④ 教育学院教育学系课程1933年为22门,到1936年降为17门,⑤这说明教育学系课程在数量上趋于减少,但教育基础课程已经形成,如教育学论、中国教育史、西洋教育史、教育心理史、普通教学法、教育哲学、教育社会学、心理测量等,成为必修课程。至抗战前,教育学科课程开设不仅少而精,而且上课教师大都是名家,如程其保讲授教育原理、教育专题研究、中学课程,廖世承讲授中学普通教学法,艾伟讲授教育心理、教育统计,王书林讲授职业教育与指导、心理测量,陈鹤琴、邰爽秋讲授教育社会学、教育通史、现代教育思潮等。

  1937年抗日战争爆发后,中央大学在校长罗家伦的带领下西迁四川。次年教育部训令:"查中等学校师资,全国高等专门训练之所健全师

---

① 谢咏、智效民:《逝去的大学》,北京:同心出版社2005年版,第88页。
② 周川、黄旭主编:《百年之功——中国近代大学校长的教育家精神》,福州:福建教育出版社1994年版,第316页。
③ 《南大百年实录》编辑组编:《南大百年实录·中央大学史料选》上卷,南京:南京大学出版社2002年版,第315页。
④ 同上,第337页。
⑤ 同上,第313—338页。

资极感缺乏。本部兹遵照全国临时代表大会决议,并根据实验需要参酌目前情形,拟定调整国立专科以上学校办法。自下年度起,该校教育学院应即改为师范学院"。① 教育学院更名为师范学院,教育系成为师范学院下设的一个系,直至1949年。在此期间,经历了8年抗日战争和3年内战,战事频繁,但中央大学教育学科注重基础课程建设的方针没有变,对教育部规定的教育系课程严格执行的同时,对课程名称不同而内容相似者分别予以归并,并且规定学生每学期选习学分最多不超过二十学分。教育系的课程始终重视基础课程的设置,不让学生在名目繁多的课程中迷失自我,以便将更多的精力投入研究之中,而且各任校长均把延聘名师作为学校发展的首要任务。抗战时期,中央大学师范学院教育系的艾伟和常导直教授被教育部评为部聘教授,许多教师克服了战时教学、生活上的重重困难,活跃在教学第一线,有力的推动了教学工作的开展与教学质量的提高。抗战胜利后,师范学院院长先后由罗廷光、徐养秋担任,他们既是院长,又是著名的教育系教授。罗廷光教学认真负责,在学生中享有很高的声誉,正如有的学者写道:"他为我们这个班同时开设了《教育行政》和《中国教育史》两门课程,每周上课6个学时,加上还要处理院务,工作是相当繁忙的。但是他的教学态度却从来都是十分认真,没有丝毫的马虎,并每每能使我们在听了他的课之后,对他有一种举重若轻、游刃有余的感觉"。② 1947年徐养秋主持师范学院院务,他"尤为重视学术研讨,热心敦请中外学者来院讲学授课,先后聘请英籍葛瑞华女士讲《英国成人教育》、晏阳初讲《我从事平民教育之经过》、程伯庐讲《教育专业道德规约》等。③ 为了加强师生联系,徐养秋制定和实施了"教育接待日"制度,师生关系十分融洽。因此,虽然战事连绵,但在大师级教育学术专家的治理下,中央大学师范学院教育学科仍然保持着浓郁的学术氛围。

(二)《新教育》与东南大学教育学科

东南大学教育学科的学术研究与《新教育》杂志有着不解之缘。早在

---

① 《南大百年实录》编辑组编:《南大百年实录·中央大学史料选》上卷,南京:南京大学出版社2002年版,第398页。
② 罗德真、罗一真编:《秉烛沧桑——教育学家罗炳之》,南京:南京大学出版社2002年版,第30—31页。
③ 王德滋主编:《南京大学百年史》,南京:南京大学出版社2002年版,第264页。

1918年12月,北京大学、南京高等师范学校、暨南学校、江苏省教育会、中华职业教育社等单位联合发起成立了"中华新教育社",次年1月该社改名为"中华新教育共进社",并于2月创办了《新教育》杂志。1921年南京高等师范学校改名东南大学,①因此《新教育》从第4卷第2期起主办单位除原来各单位外,又加入了东南大学;而且,自东南大学成立,《新教育》杂志就与东南大学教育学科之间建立了十分密切的关系。

首先,《新教育》存在的时间从1919年2月创刊到1925年月10月终刊,时间为6年8个月,而《新教育》编辑社从1922年1月至1925年9月,一直设置在东南大学教育科,这一时期正是东南大学迅速发展的时期。当时国际教育会东方部主任孟禄认为东南大学将来可成为东方教育之中心,是"中国最有希望之大学","将来该校之发达,可与英牛津、剑桥两大学相颉颃"。② 东南大学的发展直接推动了教育学科的繁荣,其间,《新教育》主办单位虽然发生了多次改变,但编辑部地址一直未变,这就为东南大学教育学科的学术发展创造了良好的条件。

其次,从《新教育》的主编来看,按时间先后为蒋梦麟、陶行知、徐则陵等。其中陶行知、徐则陵先后担任东南大学教育科系主任。陶行知当时是东南大学教育系主任及行政委员会委员,从1922年1月(第四卷第二期)至1923年4月(第六卷第四期)任《新教育》的主编。从1923年5月(第六卷第五期)至1925年1月(第九卷第五期),陶行知因赴北京任中华教育改进社主任干事,辞去东南大学职务,东南大学教育系主任遂由徐则陵担任,《新教育》主编也由徐则陵续任,他当时单独主编16期,联合主编6期,合计主编22期。另外,东南大学教育科教授也曾联合主编《新教育》杂志,如俞子夷担任初等教育主任编辑3期,廖茂如担任中等教育主任编辑2期,孟宪承、麦柯尔联合主编1期。由此可见,东南大学教育科教授在杂志编辑方面起到了主导作用。

再次,从《新教育》杂志的作者群来看,即可发现东南大学教育科教师在其中占据了重要位置。据统计,《新教育》从创刊到停刊,总共发表文章1 456篇,共计378位作者(含所翻译之外国教育文章的原作者),其中累

---

① 1921年南京高等师范学校改名东南大学之时,南京高等师范学校仍继续存在,一直到1923年7月才完全并入东南大学。
② 朱斐主编:《东南大学史》第一卷,南京:东南大学出版社1991年版,第132—134页。

计发表五篇以上的作者有31位(不包括发表了大量翻译文章的杂志编辑徐甘棠),而这31位作者中,除去孟禄、推士、麦柯尔、杜威4位是美国人外,剩下27位作者,其中东南大学教育科教师有陶行知、俞子夷、黄炎培(兼职)、郑晓沧、陈鹤琴、郭秉文、程湘帆、廖世承、汪懋祖、邹秉文、沈恩孚、徐则陵、刘伯明等,占了近一半。① 由此可见,东南大学教育学科教师在《新教育》杂志上经常发表论文,成为《新教育》的主力军。

《新教育》作为这一时期传播西方近代教育思想和学说的重要窗口,注重对西方教育学术的引进与传播,对东南大学教育学术风气的形成、教学水平的提高、教育学术观念的更新等发挥了重要的作用,它拓宽了东南大学教育学科全体师生的视野,并为东南大学教育学者提供了相互交流的平台。东南大学教育学科之所以成为"新教育旗帜的中心"②是与《新教育》杂志分不开的,这主要表现在以下几方面:

第一,促进了学术风气的形成。早在蒋梦麟主编杂志时,办刊宗旨为"盖欲在新时代中,发健全进化之言论,播正当确凿之学说。当此世界鼎沸、思想革命之际,欲使国民知世界之大势,共同进行,一洗向日泄泄沓沓之习惯,以教育为方法,养成健全之个人,使国人能思、能言、能行、能担重大之责任。创造进化的社会,使国人能发达自由之精神,享受平等之机会。俾平民主义在东亚放奇光异彩,永远照耀世界而无疆"。③ 陶行知担任主编后,开始倾向于贯彻中华教育改进社的宗旨,即以"调查教育实况,研究教育学术,力求教育进行为宗旨"。④《新教育》宗旨遂由"养成健全之个人"发展为进行教育调查、教育学术研究,许多教师积极撰写论文,踊跃投稿,《新教育》也大量刊登了东南大学教育学科教师的学术论文,这在很大程度上促进了东南大学教育学科学术氛围的形成。在这种学术氛围的影响下,当时校内各种学术讨论会、报告会频频举行,各科都成立了一种或数种研究会,不少出版物各具特色,其质量也提高甚快,后来多由商务印书馆和中华书局出版发行,有的出版物曾风行一时,订购踊跃,发行量达万份。尤为可喜的是,这些出版物多由学生组稿、撰写和编辑。专著和论文数量更为惊人,教育学科教师共发表论文约四百余篇(含译作),其中

---

① 参见周晔:《教育期刊与中国近代教育》,博士学位论文,浙江大学,2005年。
② 吴炳守:《研究系知识分子的文化权力及其基础》,《史林》2002年第1期。
③ 蒋梦麟:《本刊倡设之用意》,《新教育》第1卷第1期,1919年。
④ 《中华教育改进社简章》,《新教育》第5卷第3期,1922年。

发表学术论文十篇以上的教师有9人,兼职教师黄炎培写论文约四十篇。教育科教师还指导学生组织教育研究会、心理学会等学术团体,每学期举办学术报告会约十次。①

第二,造就了一批教育学术人才。据有关资料显示,东南大学教育科教师中曾在国外任教授、研究员或获博士、双硕士者有8人;曾在国外获硕士学位或相当职务者有7人;曾在国外获学士学位或曾出国留学者有5人;无留学经历及档案不全者有11人;外籍教授2人。教员总数为33人,其中留学人员及外籍教师所占比例为66.7%。② 东南大学教育学科师资大多有留洋经历,视野开阔,而且比较年轻,富有朝气,《新教育》遂为他们提供了一个展现才智的平台。许多年轻的教育学者汇聚在一起,并就中国的教育改革问题提出建议和观点,共同讨论,共同研究。同时,通过《新教育》,一大批教育学界新秀得以崭露头角,并最终成长为教育学家。陶行知、廖世承、孟宪承、陈鹤琴、郑晓沧、俞子夷、邹秉文、陆志韦、张士一、秉志、徐养秋、过探先等人既是《新教育》的主要撰稿人,又分别是"普通教育问题"、"高等教育"、"教育哲学"、"教育行政"、"职业教育"、"师范教育"、"教育心理"、"教材教学法"、"女子教育"等主要栏目的编辑成员。他们后来成为知名教育学家,可以说《新教育》杂志功不可没。

第三,提高了东南大学教育学科的教学水平。《新教育》杂志发表了许多有关教学方法改革的文章,直接推动了东南大学教育学科教学方法的改革。许多东南大学教育学科教师把自己在教学中的心得体会写成文章在《新教育》杂志上发表。例如,郑晓沧把他讲授"教育通论"课的教学方法写成了《大学某种教法上的两项实验》一文,他把以往的演讲法改为讨论法。为使讨论顺利进行,郑晓沧结合自己的教学经验,实行作业指定单和教学切磋表,明确教学目标,并以此引起学生的学习兴趣,使师生共同探讨,相互交流,从而提高了教学效果。同时,许多教师更是"近水楼台先得月",把《新教育》杂志上发表的最新研究成果及时运用在课堂教学上。例如,廖世承在东南大学担任"教育心理学"课程,他不仅亲自参加调查,编制各种测验,而且通过《新教育》吸取其他教授的最新成果,把各种测验法、计分法、诊断法等最新成果补充到其课堂教学之中。《新教育》编

---

① 朱斐:《东南大学史》第一卷,南京:东南大学出版社1991年版,第143页。
② 王德滋主编:《南京大学百年史》,南京:南京大学出版社2002年版,第97页。

辑部设置在东南大学教育科,有利于教师获取最新学术信息,及时把握学术动态,从而不断促进教学水平的提高。

第四,扩大了东南大学教育学科在全国的影响。《新教育》地域发行量相当广泛,"除了在上海商务印书馆总发行外,还在各地(北京、天津、保定、奉天、吉林、黑龙江、济南、太原、开封、西安、南京、杭州、兰峪、安庆、芜湖、南昌、汉口、长沙、常德、衡州、成都、重庆、厦门、福州、广州、潮州、香港、梧州、云南、贵阳、张家口、新加坡)等,共在32个当地的商务印书馆设立了分售处"。①《新教育》每期发行均在万份以上,一时风行全国。而在《新教育》杂志上很多东南大学教育学科教师频频发文展现才能,无形中提高了东南大学教育学科在全国的地位。同时,《新教育》也直接刊登了有关东南大学教育学科的文章,如第九卷第四期发表了《东南大学教育科附设昆明学校概况》,对昆明学校的沿革、行政组织、校地校舍、儿童、交通、儿童的课外作业等情况进行了详细的介绍;再如夏承枫《民国十一年之暑期教育》一文对东南大学创办暑期教育作了高度评价;等等。这些文章在客观上宣传了东南大学教育学科,扩大了东南大学教育学科在全国的影响。

《新教育》不仅对东南大学教育学科产生了重要影响,而且影响了此后中央大学教育学科的发展理念。《新教育》编辑部迁往北京后,中央大学为提高教育学术水平,由教务处下属出版部专司其事,并积极创办其他各种教育学术刊物,以促进学术发展。当时教育学院创办了《教育季刊》、《教育心理学研究报告》等,对那些有志专门从事研究者积极创造条件,提供各种服务,"苟属力所能及,莫不勉为设备,并欲得其研究结果,为之刊布,以谋国际学术界,对于本校之重视"。② 即使在抗战期间,中央大学师范学院克服了种种困难,使教育学术期刊始终未间断,成为提升教育学科教学和科研水平的重要手段。

(三) 教育学术研究制度化、规范化

东南大学发生易长风潮后,虽然教育学科的发展受到很大的影响,学

---

① 周晔:《教育期刊与中国近代教育》,博士学位论文,浙江大学,2005年,第138页。
② 《南大百年实录》编辑组编:《南大百年实录·中央大学史料选》上卷,南京:南京大学出版社2002年版,第319页。

校名称也一再改变,由东南大学、第四中山大学、江苏大学,最终到中央大学,校长也先后由蒋维乔、张乃燕、朱家骅、罗家伦、顾孟余、蒋中正、顾毓琇、吴有训等人担任,但教育学科学术研究并未因此而停顿。究其原因,这与当时学校教育学术研究的规范化、制度化有关。

1. 创办大学研究院

早在东南大学筹建时期,曾规定"各科硕士、博士之授予办法俟各科成立时再订",但未实行。为了"指导作育学生,使能独立研求宇宙间真理,以增进人类之知识,与求其实际上之应用。今日学科门类之纷繁,大学课程又须使学生得广博之基本学问与人文学科,匆匆四年之短期间,所能成就者亦以仅矣!故说者有谓大学教育不过为高等普通教育,欲求作育专门人才,则尚有待于研究焉。"[①]1926年教育科教师秉志、陆志韦、陈鹤琴、廖世承等人与其他学科的教师一起提议《创办大学研究院案》,教育和文、理、农、商5科合立一研究院。并通过了《大学研究院组织》和《研究院简章》(民国15年11月18日教授会修正通过)两个章程。

《大学研究院组织》

(一)本大学为研究高深学术计,特设研究院。

(二)研究院设高等学位委员会,其委员为教授会公推七教授,每科至少须有一人,至多不得过两人,七人中互选一人为主席,其职权如下:

(甲)总持研究院行政事务,每年汇报各系研究生之应得学位者于校长,以便授与学位。

(乙)委定各系所推举之研究指导员。

(丙)委定各研究生之考试委员。

(丁)审定研究生入学及毕业之资格。

(三)本校大学毕业生,或其他大学毕业生,经本校系教授会推荐及高等学位委员会认可者,方得为本院研究生。

(四)研究生必须能以英、德、法文字之一种,作通顺流畅之文字,以又一种阅读其专门书籍。

(五)研究生必须在院继续从事二学期以上之研究。

(六)研究生每学期除研究学科外,必须修习9学分本系或辅系课程。

---

① 《南大百年实录》编辑组编:《南大百年实录·中央大学史料选》上卷,南京:南京大学出版社2002年版,第208页。

(七) 研究生须将其研究所得,作一优良之论文,表明其有独立研究之能力,而与学术上有确实之贡献。

(八) 研究生除所选 18 学分课程与所作论文外,必须经一度口试,有必要时,可再加笔试。

(九) 各研究生之考试委员会,除该生之研究指导员外,再由高等学位委员会委定同数之教授组织之。

(十) 研究院学费与本科同,实验、考查等费由各系规定之。

(十一) 研究生成绩及格者,得分别称为文科、理科、教育科、农科或商科硕士。

(十二) 研究生须遵守本校一切普通规则。

(十三) 关于博士学位之规程另定之。①

《大学研究院组织》中对入学的目的、条件、入学以后的学习要求以及毕业授予学位等有关方面作了具体的规定,《研究院简章》则是对大学研究院组织的具体化。东南大学研究院最终因各种原因而未能招生开办,但《大学研究院组织》和《研究院简章》的制定和颁布,为教育科研究生教育制度化奠定了良好的基础。

抗战爆发后,中央大学西迁四川,当时学生呈请设立研究院。"窃以本校近数年突飞进步一日千里,每岁学成毕业者三四百人,济济人才尽力效忠党国,莘莘学子竟成社会中坚,漪数盛哉徒以怀才不遇投闲置昔者屡屡皆是。且因中国学术落后,卒业同学欲继续研究高深学术者无从问津,抚髀生叹将何以慰之饥识荒智将,何以充之生等身受其痛目击其艰。为本校前途计,为中国学术计者,不能已于言者而恳请钧座尽力从速兴办者三事。"②其中第一事就是成立研究院,学生提出成立研究院乃"生等所渴望"。③ 一方面是由于学生的呈请,另一方面校长罗家伦也认为:"没有研究工作的大学,在教学上不但不能进步,而且一定后退"。④ 因此,尽管战时物力、人力、财力困难,但还是成立了中央大学研究院,并在原有的基础

---

① 《南大百年实录》编辑组编:《南大百年实录·中央大学史料选》上卷,南京:南京大学出版社 2002 年版,第 210 页。
② 同上,第 395 页。
③ 同上,第 396 页。
④ 罗家伦:《中央大学之回顾与前瞻》,《中央大学七十年》,台湾:中央大学出版社 1985 年版,第 115 页。

上重新制定了《大学研究院暂行组织规程》14条和《研究生简章》，规定研究院下设教育等研究所。1938年教育学院改为师范学院后，教育研究所改为师范科研究所，下设教育心理部，由艾伟担任教育心理部主任。1944年又增设教育学部，主任为徐养秋。抗战胜利后，研究院制取消，原设学部升格为研究所，此时，教育学科设有教育研究所和教育心理所。

自1943年起，教育部要求各校硕士论文均须送教育部学术审查会审查通过。至1948年，中央大学教育学科5年中获得硕士学位的研究生共有8人，具体名单见下表：

表3-1　1943-1948年间中央大学教育学科硕士研究生简况表

姓　名	所或学部名	论文题目
钟征声	师范科教育学部	我国中学导师制之研究
严永熳	师范科教育学部	中学兼办社会教育的研究
朱道俊	师范科教育心理学部	领导品质实验研究
卢浚	师范科教育心理学部	国语默读练习进步实验研究
吴倜	师范科教育心理学部	我国高小及初中算术教材应否重复之比较研究
闵灿西	教育研究所	国语朗读与默读测验之比较研究
张述祖	教育研究所	按错记分作文测验法之试编
张德琇	教育心理研究所	语数形智慧测验之试编

资料来源：沈云龙主编：《第二次中国教育年鉴》（四）第六编，台北：文海出版社有限公司1986年，第80-82页。

虽然研究生人数不多，但导师们带领学生积极从事教育学术研究，并与中国实际相结合，取得了丰硕的成绩。当时师范科研究生对中小学生教育心理的研究、儿童智慧测试的研究，促进了中小学教育的发展，对中小学教材的编写也有明确的实践指导意义。许多教师为伸张民族自豪感，昌明学术研究空气，把学术研究与抗战建国相结合，新著不断涌现。艾伟的《高等统计学》、萧孝嵘的《教育心理学》、许恪士的《中国教育思想史》等，获得了学术界的好评。研究所还承担编辑、出版和发行《心理半月刊》《心理与教育实验》的工作，两种刊物在教育界影响很大，并受到教育部肯定。

与此同时，本校学生志愿留校继续研究者也不乏其人，因此，国立中央大学颁布了《本校毕业生继续在校肄业暂行办法》，对有志深造的学生作出了各方面的规定，并以条文的形式使学生有章可循。

《本校毕业生继续在校肄业暂行办法》

（一）本校毕业生总平均在七十五分以上，志愿留校继续研究者，暂照本办法办理，其名额总数，以十人为限。

（二）本校毕业生志愿留校继续研究者，须陈明理由，及肄习课目。取得所在学院院长及系主任许可证明书后，由校长核定之。

（三）毕业生所选课程，每学期不得少于三门课程，每学程应缴学费讲义费试验损失费及其他杂费，与正式生同。

（四）毕业生所选修学程，本校不给学分，并不发给证书。

（五）毕业生除得参与学术集会外，不得加入任何学生团体，违者立令退学。

（六）毕业生不得在校住宿。

（七）毕业生留校肄业者，其留校期间以一年为限，并不得中途离校。

（八）毕业生缺课时间，至所选课时三分之一，或违背本办法规定者，即行取消其继续留校肄业资格。①

中央大学教育学科研究生教育从筹办到成立，制定了一整套规章制度，招生人数虽不多，但规章制度齐全，不因战争而中断，标志着教育学科研究生教育走上规范化、制度化的轨道。

2. 成立教育实验所

早在东南大学时，一批留美归国的教育学者就把美国的教育实验导入了东南大学教育学科。随着麦柯尔的来华，东南大学教育学科与中华教育改进社合设"测验之编造与应用"课程，由麦柯尔任导师主任，一方面编制各种测验量表，一方面培养和训练测验人才。由于当时美国的教育实验强调测量的作用，东南大学教育科遂积极开展各种测验，其活动遍及苏、锡、常、宁、沪、杭、南通等地，内容有英文测验、算术四则测验、本国史测验、非文字智力测验、机械的智力测验、中学智慧测验、大学智慧测验、小学默读默字测验等共计18种，以供教育和改进教学之参考，并由中华教育改进社委托本校和其他大学教师撰编成册，由商务印书馆出版。②

东南大学易长后，由于大批教师的离开，教育实验受到影响。为进行

---

① 《南大百年实录》编辑组编：《南大百年实录·中央大学史料选》上卷，南京：南京大学出版社2002年版，第346—347页。

② 《国立东南大学教育科概况》，东南大学档案馆，编号2—20025037。

学术研究,解决教育问题,当时教育学院院长艾伟认为要发现教育问题的事实与真理,必须进行心理的实验和统计的归纳,为此,他建议学校创办教育实验所,进行大规模的实验,得到了校务会议的通过。教育心理两系系务联席会议推定艾伟、萧孝嵘、杜佐周、许恪士4位教授为教育实验所筹备委员,内部组织分研究、陈列两部,两部又分若干组。研究部有心理、统计等组;陈列部分教育资料征集、教具、儿童玩具、中心小学教本、心理仪器、统计图表等组,并招收研究生,协助研究工作之进行。分组后,教育实验所制定了具体的实验计划,其内容包括"拟分期出版心理教育实验专篇一种,第一期为'决定知觉单位之条件'(萧孝嵘著),第二期为'汉字测量'(艾伟著),此项出版品月初即可出版,其他专篇尚有多种续出。此后校内教育机关如有问题,欲获得科学上之解决,该所颇愿受其委托进行实验云"。①

随着教育实验的开展,艾伟、邰爽秋、罗廷光等直接参与教育改革的实验,并取得了骄人的成绩,如"(1)汉字之心理研究,(2)横直读之比较的研究,(3)别字心理之分析,(4)初中国文成绩之实验研究,(5)中学国文理解程度之比较的研究,(6)数学成绩与他科成绩之相关研究,(7)译学问题商榷,(8)编制算术、代数、几何三种测验。此外尚举行大规模中学国文测验多次,所测人数在二万以上"。② 为配合实验的开展,1937年中央大学为教育学院配备了实验室。心理系有普通心理实验室3间,可供实验人数30人;应用心理实验室3间,可供实验人数30人。这样,中央大学教育实验逐渐走向深入,即使在抗战艰苦的环境下,教育实验也未完全停止,有力地促进了教育学科的科学化,并在全国教育学界起到了表率的作用。

综上所述,中央大学作为"高师改大"的典型,教育学科基础雄厚,从东南大学成立直至1949年为止,其教育学科在课程的设置、教育期刊的创办、学术研究的开展等方面,都形成了鲜明的办学特色,培养了一大批高质量的教育研究人才。许多学生毕业后,深受社会的欢迎,诚如《中央大学一年来工作报告》所云:"本校毕业同学,除留学欧美外,多数服务党国,努力工作,很得社会的赞许。"③而且这些学生对母校的情感十分深厚,

---

① 《南大百年实录》编辑组编:《南大百年实录·中央大学史料选》上卷,南京:南京大学出版社2002年版,第356页。
② 《第一次中国教育年鉴》丙编上,上海:开明书店1934年版,第36页。
③ 《南大百年实录》编辑组编:《南大百年实录·中央大学史料选》上卷,南京:南京大学出版社2002年版,第287页。

著名教育学家罗廷光说:"从1918年我进南京高等师范读书起,中间经过了东南大学、中央大学,一直到现在的南京师范大学,我一直在这里,读书在这里,教书也在这里,我的大部分时间是在南京度过的。因此我对南京、对学校、对老师和同学都是很有感情的"。① 总之,民国时期中央大学教育学科的学术研究,尤其是教育实验研究在全国起到了示范的作用,对推动中国大学教育学科的现代化作出了不可磨灭的贡献。

二、北京大学教育学科

北京大学较之中央大学,相对而言教育学科基础薄弱。1917年,蔡元培曾在北京大学评议会上提议增设教育系,但未获通过。随着教育学教师数量的增多,"且各系学生毕业后,多从事教育,若缺乏教育知识,实感不便"。② 加之当时许多学生对研究教育有志趣,"民国十一年,哲学系课程分为三组:即哲学、教育与心理是也。翌年,又改分为哲学、心理学、教育学三门。客岁,教育(学)系成立,哲学系自此不复设教育学门功课焉"。③ 1924年北大教育学系成立,1934年心理学系并入教育学系,这样教育学系力量才逐渐得以发展。民国前期,在校长蔡元培、蒋梦麟的治理下,北京大学已成为研究高深学问之地,大师云集,钻研学术已成为一种风尚,教育学系自然注重学术研究。但同时,由于教育学系成立比较晚,隶属于文学院,与其他学科相比,教育学科是"并非被重视的学科,教育(学)系也只是聊备一格的学系"。④ 当时北京大学实力派人物对教育学系并非十分看重,如傅斯年"曾写文讽刺教育不成为一种学术,尤其对于当时流行的种种新法加以讥嘲。他曾把'Dalton Plan'戏译为'逃尔遁制'"。⑤ 但北京大学作为近代中国大学的学术中心,教育学科自成立起,就吸聚了一批教育学术专家,他们采取"学理与教育现实问题"并举的方

---

① 罗德真、罗一真编:《秉烛沧桑——教育学家罗炳之》,南京:南京大学出版社2002年版,第21—22页。
② 王学珍、郭建荣主编:《北京大学史料》第二卷·二(1912—1937),北京:北京大学出版社2000年版,第1754页。
③ 同上,第1742页。
④ 王世儒、闻笛编:《我与北大》,北京:北京大学出版社1998年版,第200页。
⑤ 同上,第201页。

针,在教材教法的应用及研究等方面取得较为突出的成就。如果说当时中央大学教育学科在实力雄厚的基础上发展成为全国教育学术研究的中心之一,那么北京大学教育学科则竭力在北大校园赢得学术地位,把教育学科做强、做大,并以研究教育理论见长于当时的教育学界。

(一) 师资与课程不断充实

蔡元培执掌北京大学时,提倡"思想自由,兼容并包"的办学方针,把北京大学从官僚养成所改造成一所研究高深学问的学术机构,为教育学科的发展创造了良好的学术环境。到蒋梦麟掌校时,学术研究的传统得以发扬光大。对此,蒋梦麟在《西潮·新潮》中作了一番概括性的描述:"从民国十九年到二十六年的七年内,我一直把握着北大之舵,竭智尽能,希望把这学问之舟平稳过渡中日冲突中的惊涛骇浪。在许多朋友协助之下,尤其是胡适之、丁在君(文江)和傅孟真(斯年),北大幸能平稳前进,仅仅偶而调整帆篷而已。科学教学和学术研究的水准提高了。对中国历史和文学的研究也在认真进行。教授们有充裕的时间从事研究,同时诱导学生集中精力追求学问。一度曾是革命活动和学生运动漩涡的北大,已经逐渐转变为学术中心了"。① 北京大学的学术地位吸引了大批教育学术专家。早在教育学系成立之前,就已有一批教育学者汇聚北京大学。蒋梦麟本人既是校长,又是教育学系教授,曾在美国加州大学以教育为主科,历史和哲学为辅科,还旁及政治、文学等,1917 年在哥伦比亚大学获哲学及教育学博士学位,毕业论文为《中国教育原理之研究》。有人评价道:"在中国教育史上,该文最早运用西方学理考察、分析中国历代教育原则,强调个人权利的重要性和个性发展的积极性。"② 回国后,他在北京大学哲学系开设了"教育学"、"教育学史"课程。胡适曾任北京大学教育学系主任,1921 年他在校内开设"杜威著作选读"课,原定 30 人,而听课者竟达六十多人。朱经农先后在华盛顿大学获学士、硕士学位后又去哥伦比亚大学深造,1922 年任国立北京大学教育学教授。1924 年教育学系成立后师资力量迅速扩充。以 1924 年为例,教育学系教授会布告中提及教师为杨荫庆、李建勋、李蒸、韩定生、朱君毅、瞿世英、陈宝泉、周扶耕、陈映

---

① 蒋梦麟:《西潮·新潮》,长沙:岳麓书社 2000 年版,第 99—100 页。
② 孙善根:《走出象牙塔——蒋梦麟》,杭州:杭州出版社 2004 年版,第 38 页。

璜、梅卓生、赖绍周,而韩述祖、陈大齐、樊际昌、傅侗4人为哲学系兼教育学系教师。① 随着师资的充实,课程设置也逐渐完善,教育学系颁布了课程指导书,规定课程分主科、辅科两种,主科为专攻教育学科之学生而设,辅科为专攻他种学科而欲兼修教育学科之学生而设。规定主科须习满四十四学分以上,辅科须习满二十学分以上,共计64学分。国语学分另行规定。若各系毕业后欲转入教育学系者,得免辅科,其年限依转系规则之规定。课程指导书附有各门课程的详细课程大纲。② 主科课程分必修科目与选修科目两种:

甲、必修科目

教育哲学、中国哲学、西洋哲学史、科学概论、论理学、伦理学、社会学、教育学、教育史、心理学、教育与儿童心理学、普通教学法、教育行政、学校管理、教育测验及统计、实习

乙、选修科目

教育社会学、各科教学法、图书馆学、教育思潮、比较教育、组织课程、各种教育问题、外国文教育或哲学选读专家或专集之研究等选修科目随时由教授会议决设置。③

如果本系学生选择一辅科专业,那么必修科目由相关各系教授会规定。而以教育学科为辅科的学生则应习必修课目为教育学、教育史、论理学、伦理学、社会学、心理学、教育心理学、普通教学法、学校管理;如果不足二十学分,则另选其他课以补足。

1934年心理学系并入教育学系后,教育学科的力量更为强大。时任系主任的吴俊升在《北大任教与著述生涯》一文中写道:"因为心理学系的并入,学科与师资格外充实。专任教授逐渐增加,樊际昌、陈雪屏和邱椿三位教授先后加入。兼任的有刘廷芳、刘吴卓生、傅葆琛、杜元载、倪亮和、王西征诸位教授,教育学的各方面,都有人任教。教授阵容,一时称盛。"④课程设置也更为丰富,1935年各年级主系必修及选修课程多达37门,具体为教育概论、普通心理学、教育统计学、教育名著选读(1)、教育心

---

① 参见王学珍、郭建荣主编:《北京大学史料》第二卷·二(1912—1937),北京:北京大学出版社2000年版,第1755页。
② 同上,第1140页。
③ 同上,第1140页。
④ 王世儒、闻笛编:《我与北大》,北京:北京大学出版社1998年版,第201页。

理学、学习心理学、实验心理学、普通教学法、教育哲学、教育行政、中国教育史、西洋教育史、教育名著选读(2)、论文撰著、教育参观及实习、教育社会学、幼稚教育、小学教育、中学教育、师范教育、社会教育、教学指导、教育测验、课程论、小学各科教材及教法、德育原理、现代教育思潮、教育社会学、各国教育制度、中国教育问题、儿童心理学、社会心理学、变态心理学、心理卫生、情绪心理、应有心理学、现代心理学。① 课程设置由1924年24门，到1934—1935年度已达到37门之多，而且涵盖面广，从纵向看包括幼稚教育、小学教育、中学教育，从横向看已包括师范教育、社会教育、教育行政等内容；既注重基础知识理论，如教育概论、教育哲学、教育社会学、教育心理学、德育原理等，又关注专题研讨，如各国教育制度、教学指导、教育测验、课程论、小学各科教材及教法等。许多教师还充分利用心理学知识，把心理学科和教育学科结合起来，开设了教育心理学、儿童心理学、社会心理学、变态心理学、应用心理学、心理卫生、情绪心理等课程，从而使教育学更加走向科学化。在开展教学时，许多教师注重中西融会贯通，并表现出跨学科的特点。如吴俊升在教育学系时，"讲课发表文字，多从教育的哲学和社会的根本方面讲教育，比较不注重一时流行的种种教育新法"，因此，"选习教育的学生，逐渐增多，其中不少优秀青年，还有他系学生也来听课"。② 由于教育学系教师善于把学理与教育现实问题相结合，努力提高教育学科的学术性、科学性，改变了北京大学一些实力派人物对教育学系的看法，这也有助于教育学科的发展。

为促进教师学术水平的提高，1915年陶履恭参加万国教育会；1918年又派1人到国外学习实验心理学及实验教育学；1925年蔡元培与凌冰、郭秉文出席世界教育会议；1935年蒋梦麟出席东亚教育会议，并与刘湛恩先生讲演高等教育制度及中国高等教育之趋势等问题；1937年教育学系主任吴俊升赴欧美各国考察教育；等等。北京大学教育学系教师不断走出国门，开阔了视野，提高了素质。同时，教育学系还借才异域，聘请外国著名专家学者到北京大学任教或讲学。例如，杜威曾在北京大学担任过两年的客座教授，孟禄及香港大学文学院院长兼教育系主任富斯德

---

① 参见王学珍、郭建荣主编：《北京大学史料》第二卷·二(1912—1937)，北京：北京大学出版社2000年版，第1160—1163页。
② 王世儒、闻笛编：《我与北大》，北京：北京大学出版社1998年版，第201页。

(Foslir)等也曾到北京大学教育学系讲学,极大的促进了北京大学教育学科的学术交流和发展。

(二) 教材教法别具一格

关于北京大学各学科使用的教材,早在1917年《评议会致本校全体教员公函》即规定:"凡有适宜之教科书者,一概用教科书,一律不发讲义;各科目如无适宜之教科书,而有别种相当书籍可资参考者,可由教员将该项功课编一节略,以供学生考查之助,不另发详细讲义;专门科学及其他高等学术,无适宜之教科书或参考书时,可由教员随时酌定印发讲义"等共6条①。蒋梦麟任北京大学校长后,注重对学生的外语教学和西方文化的灌输。他曾说:"能多读外国的书籍,那么宝藏兴焉。"②在这一思想指导下,这一时期的北京大学课程绝大多数采用美国的教科书,教学内容也多模仿美国。由于西文书籍价值太昂,学生购置有一定的难度,因此很多教师都自编讲义,认为印发讲义可取之处很多。例如,吴俊升在教育学系讲授教育哲学、德育原理和教育社会学,曾对自编讲义作了如下说明:"这三门课都没有适当的课本可用,我都是自己从阅读与思索,组织教材,编写讲义,在课间依讲义讲演,然后将讲义印发学生。一科讲完之后,全部讲义写就印成,已是一本著作的初稿。这初稿经过几次讲演后的修改增订,已经大体成书。再经过最后的整理与润色,便可出版。我的《教育哲学大纲》和《德育原理》两书便是经过如此程序而出版的。关于此点,我很欣赏北大印发讲义的办法。这办法对于教学认真的教师,实是一种鼓励与督促。因为讲演内容成讲义分发,与口讲不同,教师在准备和组织讲演材料时不能不格外求其精详明晰。而随讲随印,讲完之后,一部讲义,便是一本书稿,这实是对于著作的一种鼓励。教师在第一次讲义完成以后,如想出书固然要加修订与润饰。即使一时不想出书,而下次再讲同一学科时,亦不便将老讲义照旧印发,势必另加材料,作新的安排。如此则教者学者两得其益。至于因为讲义的印发,学生在课间不必笔记,可专心听讲和思考,在课外亦可免除整理笔记的麻烦,而以省下时间多阅读参考资料,也格外得益。将讲义出版为专书,流通于社会亦可使社会收益。因此我认

---

① 《评议会致本校全体教员公函》,《北京大学日刊》第22号,1917年12月11日。
② 曲士培编:《蒋梦麟教育论著选》,北京:人民教育出版社1995年版,第213页。

为印发讲义乃是大学讲课可取的办法。"①教育学科教师把讲义变成专著出版,对教师来说,有利于提高其学术水平和教学水平;对学生来说,不仅课堂的学术含量提高,而且课余可以有大量的空闲时间选读自己想读的书,自由发展的空间更大了。

在教学方法上,北京大学教育学系改变了过去纯讲演式的教学法,按新教学法原理,采取教师讲授、学生读指定参考书、做报告、做实验、做调查等相结合的方式,注重学生主动学习习惯和独立钻研能力的培养。《京报》1931年9月18日曾发文《北大教育(学)系变更教学法,注重自动研究》报道:"北大教育(学)系某教授,谈该系最近情形,据云北大自蒋校长回校后,举凡课程内容,行政系统,变更甚大,尤以教育(学)系变动最多。以教学法一项而论,过去只重讲演,不顾其他,按之新教学法原理,纯讲演式之教学法,效力殊鲜,故该系今后于讲演以外,以于学生自动研究,特别注重。考查成绩,除采月考、期考方法外,并限令学生,于一定期限内,必须作读书报告一次,以考查其平时自动研究之心得云。"②不少课程开列了中西文参考书,要求所指定参考书在上课时要问,并须随时回答。吴俊升任教的几门课程,就指定学生"读英文参考书,作阅读报告,并在课间讲解和讨论。这样便增加了他们自动学习的兴趣,和阅读英文书的能力。对于其中若干人后来的进修深造,很有帮助"。③

为了把课堂上讲授的学理与教育实际问题充分结合,北京大学教育学系还采取了实习、调查、评论等教学方法,经常组织学生进行参观考察。如组织学生赴津、济、汴等各地参观,到无锡参观民众教育,参观定县实验教育署、慈幼院、市立师范、市教育机关等等,不仅在国内进行参观考察,而且还到日本等国进行考察。这样,正如系主任吴俊升所说的,"不仅藉以充实本身实际经验,更可藉接近实践,为将来服务社会之准备"。④

同时,为了融洽师生情感,便利学生的学业和生活,教育学系实行教授分任各组导师,其指导办法由各组导师酌定,具体分6组:第一组导师邱大年,第二组导师吴俊升,第三组导师潘企华,第四组导师樊逵羽,第五组导师陈雪屏,第六组导师尚仲衣。"每教授负责一组,每指导期以一学

---

① 王世儒、闻笛编:《我与北大》,北京:北京大学出版社1998年版,第203页。
② 《京报》,1931年9月18日。
③ 王世儒、闻笛编:《我与北大》,北京:北京大学出版社1998年版,第202页。
④ 《北平晨报》,1935年5月4日。

年为限,一学年后再将各组重行区分,指导教授亦轮流担任,如此不仅师生间感情可谋接近,学业之熏陶,更易收效。同学间亦可增多联络之机会。"①在课余,教育学系还经常组织师生举行讨论会、座谈会等,采取各种方法引起学生对教育的兴趣。为提高教学效率,教育学系提交了《减少假期缩短学年案研究报告书》,"系主任吴俊升两次招集本系各教员,征集对此问题之主张,昨(十八日)吴主任已将搜集所得各方意见,加以整理,就假期之功用,中西学校假期之比较,假期功用在教育效率上之效果等各点,编就长万余言之意见书"。经过反复深入的调查研究,该报告书认为:"减少假期与缩短学年案,就学生与教师之健康及教育之效率上考虑,复觉其多窒碍,从经济方面考虑,又未见其如何确合经济之原则。于此吾人似可得一结论,即依吾人之意;减少假期与缩短学年一案,至少在未能确证其办法优于现制以前,实不能加以采纳施行也"。②

北京大学教育学系教师在课堂和课后采用多样的教学、教育方法,提高了教学效率,促进了学生对教育的兴趣,使其学术研究能力也得到了很大锻炼。

(三)学生学术研究机构:从"教育研究会"到"教育学会"

北京大学学术氛围浓郁,但不是倡导古人那种"三年不窥园"的死读书的办法。蔡元培认为,研究学理的人,一定要有一种活泼的精神,因此,他鼓励师生成立各种社团、研究会,大力提倡思想自由和学术自由,鼓励学术研究。在校长的倡导下,各种学术研究机构如雨后春笋般涌现。"教育研究会"就是这一时期成立起来的。当时北京大学教育学系还未成立,但许多人对教育学科感兴趣,有志于研究教育。为此,1922年北京大学学生杨廉、卢逮曾等组织了"教育研究会",会员面向全校已毕业或未毕业的同学,研究会内设研究股、调查股、庶事股,并制定了《北大教育研究会简章》。

该研究会以学理的讨论、事实的调查为研究方法,并以"根据学理研究教育上一切问题"为根本宗旨。在教育研究会成立大会上,陶孟和对于

---

① 《北平晨报》,1935年11月4日。
② 王学珍、郭建荣主编:《北京大学史料》第二卷·二(1912—1937),北京:北京大学出版社2000年版,第1627页。

如何研究和调查提出了建议和要求,朱经农则指出"于教育学理及教授法,多未研究,仍难望圆满,惟有大学里,可以免去这两种困难,所以这个会的责任,是很大的,此外我希望这个会,要有积极的研究精神。哥伦比亚大学内有一谈话会,每礼拜六举行一次。历许久的时间,没有一人缺席,没有一次会无人不提出一个问题大家辩论的,虽辩论很烈,几于动气,而会的精神,却更向上发扬起来。我希望此会有这种精神,而且大家要趋重研究,以研究为中心"。① 北京大学"教育研究会"加速了教育学系的成立,也为以后"教育学会"的成立打下了基础。

北京大学"教育学会"是在"教育研究会"的基础上成立的,由教育系全体同学参加。其宗旨是在"教育研究会"的基础上提出的,即由原来的"根据学理研究教育上一切问题"改为"研究教育学理及实际问题"。教育学会一成立,就形成了严密的组织,配有文书2人、交际4人(负责对内、对外交际及接洽事宜)、事务1人。开会分大会、职员会及临时会三种。北京大学教育学会成立后,主要开展了以下几项活动:

1. 以研究为中心工作

1925年教育学会制订了《教育学会研究股办事细则》,把研究股分列为9组:教育哲学组、教育行政组、教育制度组、教育心理组、学校训育组、教学法组、社会教育组、幼稚教育组、中国教育史组,并规定各组互相报告读书成绩与研究心得,还敦请导师作指导。1926年制订的《教育学会分组研究规约》中指出:"为研究便利计,最好拟定问题,就问题去研究,亦有分工与合作两种办法,分工的办法,各人研究一问题,而互相触发者。合作的办法,多人研究一问题,而自不同的方面者。"②

2. 邀请名家讲演

教育学会经常邀请名家进行学术讲演。据现有资料,1927年至1935年间,教育学会主要举办了下列讲演会:

1927年12月17日,邀请辜汤生讲演《何谓教育》(What is Education)。

1928年12月2日,邀请曾绣香讲演《爱莫能助的方针》。"曾态度和蔼,言语流利,虽讲室内,未曾升火寒气侵人,而听者精神抖擞,毫无倦容。"听众约三百人。

---

① 《晨报》,1922年3月23日。
② 《北京大学日刊》第1843号,1926年1月7日。

1929年5月13日,邀请朱经农讲演。

1934年12月18日,邀请张怀讲演《人类和平与教育》,所讲内容甚为精彩,听众异常踊跃。

1935年11月11日,邀请清华大学教育系教授邱大年讲演《德国青年的训练》。

1935年12月9日,邀请中央大学教授吴南轩讲演《精神卫生》。

1935年12月23日,邀请邱大明讲演《中国教育与中国国民之改造》,听众200余人。①

频繁的学术讲演,在提高学生研究教育兴趣的同时,也拓宽了他们的视野,增长了其见识。

3. 筹备并出版年刊

据有关资料记载,教育学会主要由北京大学教育学系全体学生共同组织,旨在表现教育学系的精神、发抒心得贡献教育界、纪念每届毕业同学、提高同学研究兴趣。② 为此,教育学会曾筹备年刊,并成立了年刊筹备委员会,内设编辑、经理二部,编辑委员定为3人,掌理编撰及征稿事宜;经理委员定为4人,掌管经济、印刷、发行等事项,并明确了具体负责人。

1929年夏,年刊出版第一期,具体内容有胡适之通信、朱经农讲演、艾伟讲演、赴日参观团通信及毕业同学论文等。继1929年之后,年刊每年出版一期,每期发行1 000册。其体裁多样,约为10类:评论、专著、译述、讲读、研究、报告、教育文艺、通信、同学消息、学会纪事。内容均以教育为限,包括教育哲学、教育行政、教育史、教育心理、学校教育、社会教育、教育问题,而教育问题则涵盖高等教育、中等教育、小学教育、职业教育、农村教育、女子教育、党化教育等。

4. 关心学生的学习生活

教育学会及时反映学生在学业方面的要求。例如,教育学会曾针对教育系学生毕业后大多从事中学教育的现状,要求教育学系增设中等教育课程,并要求聘请杨子余担任主讲。为便利学生学习和研究,教育学会又要求学校编印教育学系课程指导书,购买教育图书,并要求教育学系教

---

① 王学珍、郭建荣主编:《北京大学史料》第二卷·二(1912—1937),北京:北京大学出版社2000年版,第1760—1766页。

② 《北京大学日刊》第2182号,1929年6月4日。

授作读书指南。教育学会还积极组织学生进行讨论、参观、调查等活动。如 1936 年教育学会叶保华等 5 人筹备赴定县实验教育署参观,以作课外参考,同时参观了保定各校。此外,教育学会在新同学入学时举行欢迎大会,老同学毕业时举行欢送仪式,迎新送老,代代相传,使教育学系学生沉浸在温馨的同学情谊之中。

在蒋梦麟、吴俊升、邱椿等系主任的精心扶持下,教育学系师生排除各种障碍,充分利用北京大学的各种资源,使北京大学教育学科得以茁壮成长,并形成了自己独特的办学风格。在此影响下,教育学系学生知识面宽,社会适应性强,并具有较强的自动研究能力。有些学生毕业后从事行政工作,如陆平(原名卢荻)曾任北京大学校长,阎顾行曾任河北省教育厅长,宋尔廉在水利部任职等。有些学生则进一步出国深造而获博士学位,其中有回国的,也有留在国外任教的,前者如滕大春,后者如张孟休、郅玉汝等。北京大学教育学科为日后西南联大师范学院教育学系的建立和发展奠定了扎实的基础。

三、西南联合大学教育学系

1937 年抗战爆发后,北京大学、清华大学、南开大学三校组建长沙临时大学,当时"按照专业相同或相近的学系合并的原则,北大教育学系、哲学系与清华哲学系、心理学系以及南开哲学教育系合并为哲学心理教育学系,属文学院。"①12 月南京沦陷、武汉告急,三校常委蒋梦麟、梅贻琦、张伯苓研究决定临时大学西迁昆明。1938 年 4 月 2 日奉教育部命令更名为国立西南联合大学。当时教育部命令增设师范学院,西南联大第 83 次常委会决议成立师范学院,并将文学院哲学心理教育学系所属教育学科划归该院成立教育学系,哲学心理教育学系改称哲学心理学系,选黄钰生为师范学院院长,教育学系主任由邱椿担任,半年后由陈雪屏继任。为充实教育学系的力量,后又将云南大学教育学系并入,西南联大师范学院教育学系遂成为全校较强的学系之一。教育学系的目标是以"培养教育行政管理人员为主要任务,兼及教育研究人才和合格的中

---

① 西南联合大学北京校友会编:《国立西南联合大学校史》,北京:北京大学出版社 1996 年版,第 411 页。

等学校教师。"①因此,教育学系教师聘任、人才培养、课程设置、学术研究等工作都紧紧围绕这一目标展开。

(一) 学术研究弦歌不辍

"在抗战期间,一个爱国知识分子,不能亲赴前线或参加战斗,只有积极从事科学研究,坚持严谨创造的精神,自学不倦,以期有所贡献于祖国。"②费正清在其对华回忆录中说,他于1942年来到昆明后,看到西南联大教授们恶劣的生存环境和贫困的生活状况,曾经为之震惊,并感到毛骨悚然。"与此同时,他也亲眼看到蒋梦麟、梅贻琦这两位'以苦行僧形象著称的'大学校长,正在依靠典当衣服和书籍度日。在这种情况下,当年的教授们为什么能够安心于学术事业,并保持了很高的学术水平,也就不难理解了。"③校长带头,教师自然安于贫困,埋头学术。教育学系教师也是如此。陈友松学识渊博,教学内容丰富,常常介绍学生阅读古今中外参考书籍,长期致力于教育理论的研究和翻译工作,著有《有声教育电影》,是我国电影教育的开拓者;此外,其著作还有《苏联教育》、《教育财政学原理》等。罗廷光于1939年在西南联大任教时,昆明常遭敌机猛烈轰炸,学校被迫停课,举家疏散到郊外岗头村。他向村民租了一间小角楼,当时这间小角楼"面积小,光线差,楼下是牛舍猪栏,臭气上升,饮水既不卫生,电灯更谈不上"。④在生活条件、治学条件极差的情况下,罗廷光仍坚持学术研究,并为中华书局撰写了《教育通论》和《师范教育》等书。《教育通论》一书"讨论了教学论涉及的各方面的问题,如优良教学的条件(布置环境、保持健康、教室管理、学生训练),注意、兴趣与教学质量的提高,思想训练的教学和练习教学,适应个性差异的教学法,近代几种通行的教学法(讲述法、启发法、问题法、设计法、物观法、实验法等),学生课外活动的指导,教师品格(普通的品格与特殊的品格)与教学技术等,都有相当详尽的阐

---

① 西南联合大学北京校友会编:《国立西南联合大学校史》,北京:北京大学出版社1996年版,第411页。
② 北京大学、清华大学、南开大学、云南师范大学编:《国立西南联合大学史料》总览卷一,昆明:云南教育出版社1998年版,第83页。
③ 李振东:《北大的校长们》,北京:中国经济出版社2003年版,第146页。
④ 罗德真、罗一真编:《秉烛沧桑——教育学家罗炳之》,南京:南京大学出版社2002年版,第7页。

述,对于推进教学工作科学化和提高教学质量,都有切实的建议。"① 同时将以前在欧美学习和参观所得,汇集整理加以研究,写成《最近欧美教育综览》一书。另外,邱椿的《西洋教育思想史》、《中国教育行政制度之研究》,陈雪屏的《谣言心理学》,胡毅的《教育统计》、《中学教学法原理》、《了解青年》,译著有《习惯论》、《教育论》等,也都是在抗战极其艰苦的环境中完成的。许多教师生活艰辛,"自1941年以后,特别是到了1944年、1945年,昆明的物价在西南后方主要城市中是仅次于居首位的贵阳。由于昆明没有两湖和川西一带富庶,又加上大量外来人口的压力,米价始终是高昂的。昆明市所谓公米是有价无米。到1942—1943年,据报载,昆明物价自抗战以来涨了300倍。而西南联大教职员薪金只增加了5倍。西南联大教职员多次向重庆当局呈请按市价发给米贴,按当地物价上涨指数调整薪金,均遭拒绝。陈寅恪在形容当时昆明及后方通货膨胀、货币贬值的程度时,曾有两首诗,相当形象:'淮南米价惊心问,中统钱钞入手空';'日食万钱难下箸,月支双俸尚忧贫'"。② 但教师们"对于学术研究,仍一本旧贯,不稍懈怠"。③ 除了教师个人撰写专著、译著外,教育学系还主办学术刊物。据记载,"《益世报》上的双周刊'教育',《云南日报》的'西南教育',《正义报》的'青年与教育',《中央日报》的'教育与生活',均由教育学系教师编辑、撰稿"。④ 教师们积极参与各项学术活动。教育学系曾收集中小学及师范学校教科书,进行比较研究,并与公民训育系共同审查国立编译馆编纂的《教育名词》。同时教师的各项学术活动还直接为当地社会提供各项服务。"建院初期,成立教育研究室,收集云南省的许多教育材料,每半月举行一次,讨论专题,报告研究心得。1941年,教育研究室与云南省教育厅中、小学升学及职业指导委员会联合组成升学及职业指导测验室,以昆明的3所中学、3所小学及昆明职业指导所为对象,进行多项普通心理测验,提供中小学生作升学指导及职业指导和介绍职业

---

① 范云门:《罗炳之在教育科学领域的建树》,罗德真、罗一真编《秉烛沧桑—教育学家罗炳之》,南京:南京大学出版社2002年版,第105页。
② 西南联合大学北京校友会编:《国立西南联合大学校史》,北京:北京大学出版社1996年版,第73页。
③ 北京大学、清华大学、南开大学、云南师范大学编:《国立西南联合大学史料》总览卷一,昆明:云南教育出版社1998年版,第9页。
④ 西南联合大学北京校友会编:《国立西南联合大学校史》,北京:北京大学出版社1996年版,第418页。

时参考。"①抗战结束前两月,教育学系举办战后教育座谈会,全体教授、讲师、助教发言踊跃,每次开会在三、四个小时以上,发言记录整理后送教育部,供政府决策时参考。

为了做到教育理论与实际相结合,以锻炼学生的实际工作能力,并提高其科研教学水平,教育研究室即"遵循师范学院规程与第一届高级师范教育会议决议案之精神,与所在省市之教育行政机关及各级学校,竭力联络。从感情之融洽,与事实之认识入手,以寻求实际合作之方式与服务之机会,以收学理与事实交相裨益之效。""其具体表现,则有与本省教育厅合办之云南省中等学校在职教员进修班,以及与昆明市合办之社会教育实验区"。② 在附中又设立"实验部",进行教育新途径的研究与实验,使附中不仅成为师院学生教育与教学实习基地,而且作为现代教育理论与技术的实验场所。

尽管抗战期间经费拮据,但西南联大师范学院及其教育学系仍尽其所能加强图书资料建设。自 1938 年师范学院成立两年来,"部发国家建设专款项之五万元,几全部用在图书仪器之设备"。③"师范学院图书室(为本院学生而设,其经管也由学生负责)备有中西文图书约一千五百册,又为教材研究起见,陆续收集之中等学校教科书,已有一千余册。"④此外,教育学系设有单独的图书室,"教育公训两系图书室,中文一千册,西文五百册(此室尚有自中央研究院心理研究所借用之西文书五千册,自云大借用之中文书五百册,西文书三百册,自清华心理系借用之西文书三百册,自南开借用之教育及心理西文书一千五百册)"。⑤ 上述藏书为教育学系师生的科研提供了必要的条件。

(二)课程设置的特点及不足

抗战爆发后,高等师范学校只剩北平师范大学一所,南京国民政府为了加强师范教育及对青年学生的思想控制,重视发展师范学校。1938

---

① 西南联合大学北京校友会编:《国立西南联合大学校史》,北京:北京大学出版社 1996 年版,第 418 页。
② 北京大学、清华大学、南开大学、云南师范大学编:《国立西南联合大学史料》总览卷一,昆明:云南教育出版社 1998 年版,第 150 页。
③ 同上,第 144 页。
④ 同上,第 144 页。
⑤ 同上,第 144 页。

年,除了在湖南蓝田设置独立师范学院一所外,另在国立中央大学、国立西南联合大学、国立中山大学及国立浙江大学等综合性大学分别设立了师范学院。1939年9月,教育部颁发了第23061号训令,对师范学院教育学系必修及选修科目作了明确规定。对于这个部颁课程标准,西南联合大学师范学院的态度是"本院同人,关于师范学院各系课程有下列之意见:(1)各师范学院,各有其地方之需要,与人事上之短长。部订课程,除最低限度者,责成各院,切实施行之外,似宜稍留余地,以容其个别之发展。各院所订课程,亦似宜容许多学生有个别发展之余地。(2)各系课程,似宜化零为整,不必多立名目,以乱学生进修之途径。盖师范学院有其准确之目标,与文理学院之性质,根本不同也"。① 因此,西南联大师范学院教育学系的课程设置与部颁课程有所不同,具体情况可见下表:

表3—2 教育部部颁课程与西西南联大教育学系课程对比表

类别 项目	部颁课程	西南联大课程	备注
必修课程	普通心理学、教育统计、发展心理学、教育哲学、教育行政、初等教育、社会教育、师范教育、西洋教育史、训育原理及实施、分科教材及教法研究、毕业论文、教学实习、社会学、伦理学、伦理学、心理及教育测验、中国教育史,共计18门。	普通心理学、教育统计学、发展心理学、教育哲学、教育行政、初等教育、社会教育、教育社会学、比较教育、西洋教育史、训育原理及实施、分科教材教法、毕业论文、教学实习(实际上在中学实习一年)、教育概论、教育心理学、普通教学法、中等教育、教育及学校行政、各学科教材教法、国文、童子军教育、音乐教育,共计23门。	西南联大的童子军教育、音乐教育为二、三、四年级学生必修,曾在1939—1942年开设过。
选修课程	变态心理学、社会心理学、心理卫生、学校行政、学校卫生与体育、教育视导及调查、中外教育家研究、职业教育、升学及就业指导、近代教育思潮、中国文学专书选读、师范教育、家事教育、民权行使及实习、儿童及青年读物、比较心理学、实验心理学、课程编制、乡村建设与教育、生理学、遗传学、总理学说、中国社会史、中国经济史、女子教育、图书馆学、公文程式、演说与辩论,共计28门。	变态心理学、社会心理学、心理卫生、学校行政问题、体育与卫生、教育视导及调查、教育专家研究(或称中等教育专家研究、中外教育专家研究)、职业教育、升学及就为指导、现代教育思潮、教育名著选读、教育视导、中学视导、家庭管理学、中学行政问题、儿童心理学、青年问题、青年心理学、童子军训练、人格心理学、应用心理学、变态心理及精神卫生、教育财政学、教育法令、图书馆学、营养学,共计26门。	西南联大的选修课程主要供三、四年级学生修读。

资料来源:西南联合大学北京校友会编:《国立西南联合大学校史》,北京:北京大学出版社

---

① 北京大学、清华大学、南开大学、云南师范大学编:《国立西南联合大学史料》总览卷一,昆明:云南教育出版社1998年版,第147页。

第三章　近代国立综合性大学教育学科

1996年版,第412—414页。

由此可归纳出西南联大教育学科课程设置具有下列主要的特点:

1. 结合时代的特点和地方的需要灵活设置课程。西南联大师范学院教育学系的课程设置和部颁课程相比,它们之间的差异是明显的:部颁课程标准必修课是18门,而西南联大师范学院教育学系是23门,其中12门是相同的;部颁课程标准选修课是28门,而西南联大师范学院教育学系是26门,其中只有7门是相同的。西南联大教育学系的课程设置在部颁课程的基础上,结合时代的特点和地方的需要,采用了更加适合自己的课程体系。教育学科针对抗战的形势,开设了童子军教育、童子军训练、营养学等符合战时需要的课程,另外结合云南当地对中等教育师资的需求,西南联大开设了许多中等教育方面的课程,如中等教育、中学行政问题、中学视导、教育专家研究(或称中等教育专家研究、中外教育专家研究)等。西南联大灵活设置课程,充分体现了当年西南联大的自由和民主的学术空气。这一态度在1940年6月10日《西南联合大学教务会议就教育部课程设置诸问题呈常委会文函》一文中得到了充分体现,文中指出:"部中对于大学应设课程以及考核学生成绩方法均有详细规定,其各课程教材亦须呈部核示,部中重视高等教育,故指示不厌其详。但准此以往,则大学将直等于教育部高等教育司中之一科,同人不敏,窃有未喻。夫大学为最高学府,包罗万象,要当同归而殊途,一致而百虑,岂可以刻板文章,勒令从同。世界各著名大学之课程表,未有千篇一律者,即同一课程各大学所授予之内容亦未有一成不变者。惟其如是,所以能推陈出新,而学术乃可日臻进步也。如牛津、剑桥大学,在同一大学之中,其各学院之内容亦不相同,彼岂不能令其整齐划一,知其不可亦不必也。今教部(即教育部,下同。——笔者注)对于各大学束缚驰骤,有见于齐,而无见于畸,此同人所未喻者一也。教部为最高教育行政机关,大学为最高教育学术机关,教部可视大学教学研究之成绩,以为赏罚殿最。但如何研究教学,则宜予大学以回旋之自由,律以孙中山先生权能分立之说,则教育部为有权者,大学为有能者,权能分职,事乃以治。今教育部之设施,将使权能不分,责任不明,此同人所未喻者二也。教育部为政府机关,当局时有进退,大学百年树人,政策设施宜常不宜变。若大学内部甚至一课程之兴废亦须听命于教部,则必将受部中当局进退之影响,朝令夕改,其何以策研究之进行,肃学生之视听,而坚其心志,此同人所未喻者三也。师严而后道尊,其课程之内容亦须经教部之核准,使教授在学生心目中曾教育部一科员之不若,在教授固已不能自展其才,在学生尤启轻视教授之念,与部中提倡导师制之意适为相反,此同人所未喻者四也。教部今日之员司多为昨日之教授,在学校则一筹不准其自展,在部中则忽然智周于万物,人非至圣,何能如此,此同人所未喻者五也"。① 西南联大教授以"万物并育而不相害,大道并行而不相悖"的经典言论为理念,在肯定部颁课程标准苦心的同时,竭力反对教育部统一大学课程设置的规定,从各个方面进行论证,并已形成了一整套自己的课程标准体系。

2. 课程设置侧重于培养教育行政管理人员。一般教育学系课程都设置有主系和辅系,以便学生毕业后从事教学工作。而西南联大师范学院教育学系未设辅系,这是因为教育学系以培养教育行政管理人员为主要目标,兼及教育研究人才和合格的中等学校教师。因此,院方要求学生根据自己的特长或兴趣,进修一两门与中学课程相关的专业课,以便毕业后担任行政领导职务时兼课之用。从具体的课程设置也可看出注重行政人才的培养,课程中直接有关教育行政方面的有教育行政、中学行政问题、教育与学校行政、学校行政问题、家庭管理学等课程,另外还开设了训育原理与实施、青年问题、升学与就业指导、教育视导、教育视导与调查、中学视导、教育法令等有关行政管理有关的课程。同时,为了使所学课程直接与实践相联系,西南联大教育学系十分重视实习,规定学生在中学实习一年。为此,1939年西南联大常委会呈请教育部拨专款,筹设了师范学院附中、附小及幼稚园。教育学系教师黄钰生、查良钊、陈雪屏担任了师范学院附设学校筹备委员会委员,并经西南联大常委会决定,由黄钰生兼任附中、附小主任。附中、附小及幼稚园的设立,为西南联大教育学系学生进行教育行政、训导及教学方法的实习提供了很大的便利。

此外,西南联大师范学院教育学科课程的设置也存在着一些缺点,比如有些理论与实际相脱节,许多教材内容注重知识的灌输,而一到具体的实践则出现一筹莫展的被动局面。但在抗战时期的困难条件下,西南联大师范学院教育学系能够构建出这样的课程体系,已属不易。

---

① 北京大学、清华大学、南开大学、云南师范大学编:《国立西南联合大学史料》总览卷一,昆明:云南教育出版社1998年版,第17—18页。

(三) 颇具特色的师生群体

西南联大师范学院教育学系的师资主要来自三个学校,如北京大学的陈雪屏、樊际昌、邱椿等,南开大学的黄钰生、冯文潜,清华大学的沈履,西南联大另外聘请的有查良钊、曾作忠、陈友松、田培林、王维诚、喻兆明、翁同文、刘盈、郓玉汝等人,三校教师已成为"通家"。教育学系师资的一个显著的特色就是很多教师具有行政经历。如黄钰生,早年获芝加哥大学教育学硕士学位,回国后任南开大学教授兼秘书长。抗战开始时,他全力保卫南开校产,后随校迁长沙筹办临大。1938年1月,黄钰生受聘为长沙临时大学建设长。长沙临大迁往昆明时他任湘黔滇旅行团辅导委员会主席。1938年秋任师范学院院长。三校复员回南开大学任校务委员会委员兼秘书。查良钊先后获哥伦比亚大学硕士、芝加哥大学哲学博士学位,回国后曾任北京师范大学教授兼教务长、河南大学校长兼河南教育厅厅长等职。1938年应聘为师范学院主任导师,次年任西南联大训导长,一直到1946年西南联大结束后,他留任昆明师范学院院长。1946年11月1日,三校在北京四院举行庆祝西南联大九周年校纪念大会,梅贻琦在报告中讲道:"大家所爱护的查良钊训导长,为了养成云南的师资,主持昆明师院,不仅只是政府的任命,也是经过同仁的研讨请查先生留下来的"。① 陈雪屏早年获哥伦比亚大学硕士学位,回国后在北京大学任教,1940年任西南联大教育学系主任,三校复员后他回北京大学任训导长,1947年后离校从政。沈履早年曾获美国芝加哥大学社会科学学士学位,威斯康星大学教育学心理学硕士学位。回国后曾任浙江大学、清华大学秘书长,1938年离校去重庆任教育部高等教育司司长。另外,樊际昌、罗廷光等教师大都有从事行政工作的经历。西南联大教育学系教师的学术素养和行政经历,为培养教育行政管理人才、教育研究人才和合格的中等学校教师创造了条件。

西南联大的学生原为北京大学、清华大学、南开大学的肄业生,素质较高。1938年后,报考西南联大的多属高分段学生,入校新生的质量在全国各大学中名列前茅。同时,报考西南联大教育学系的考生也很多。

---

① 赵新林、张国龙:《西南联大:战火的洗礼》,上海:上海教育出版社2000年版,第170页。

"建系之初,全系学生133人(其中一年级新生23人),占师院学生总数的54%。从全校来说,教育学系也是学生较多的一个学系,当时仅次于经济学系和土木工程学系"。① 抗战时期虽然条件相当艰苦,但教育学科学生结合云南教育实际,撰写了许多论文,其中有王家声《昆明市小学教育之实际》、邓也迟《云南书院制度兴废概况》、曹文焘《一个县立中学之改进》、王焕斗《推动云南边地小学教育刍议》等,对促进云南地区的教育水平的提高曾发挥过一定的作用。1938年至1946年间,教育学系共毕业学生168人,其中北大教育系23人(含1938年毕业者7人),南开哲教系(教育组)5人,西南联大学籍学生140人。② 这些学生毕业后,绝大部分从事中学行政工作,在中学担任教务主任、训导主任等职,也有在教育学、心理学方面取得杰出成就的专家、学者和教授,他们主要是留校任助教后出国深造或直接出国深造的。例如,严倚云于1938年大学毕业后留任助教、讲师,后赴美深造,先后获密执安大学硕士、康奈尔大学博士学位,后任华盛顿大学教授;刘兆吉于1939年毕业后在西南师范大学任教授,是我国著名的教育心理学专家、美育心理学的开创者,等等。另外也有一些人在中学从事教学工作。西南联大教育学系教学质量高,学生素质好,这一点即反映在1946年全国录取公费生出国的考试中,当时"录取公费生148名,其中教育类8名,西南联大毕业生占5人"。③ 他们分别是卢濬、孟宪德、李廷揆、萧厚德、倪连生。

1937至1946年间,组成西南联大的三校虽有"不同之历史,各异之学风,八年之久,合作无间。同无妨异,异不害同,五色交辉,相得益彰;八音合奏,终和且平"。④ 三校教育学科教师汇聚在西南联大教育学系,其卓越的学识和优良的风范使学生们时时刻刻受到教育与薰陶。西南联大教育学系在抗战这个特殊时期,不仅为云南的教育事业作出了巨大的贡献,而且对中国大学教育学科也产生了重大的影响。

---

① 西南联合大学北京校友会编:《国立西南联合大学校史》,北京:北京大学出版社1996年版,第411—412页。
② 同上,第417页。
③ 同上,第418页。
④ 同上,第89页。

四、近代国立综合性大学教育学科的基本特征

民国时期,综合性大学教育学科在建立与发展过程中,已形成了鲜明的特色,而学术性凸显则构成其主要特征。在师资队伍建设、课程设置、刊物杂志的发行、培养人才目标的确定等方面,学术性和专业性始终是综合性大学追求的目标。本节拟以上述3所大学为中心,对近代中国综合性大学教育学科的基本特征作一具体剖析。

(一) 浓郁的学术氛围为教育研究创造了良好的校园环境

综合性大学长期积淀形成的学术精神与治学风格,为培养具有创新品格、充满教育智慧的学术人才提供了良好的校园环境,综合性大学教育学科一成立就在这种学术环境下成长和发展。北京大学校长蔡元培在就任演说中开宗明义地指出:"大学者,研究高深学问者也。"[①]为此,他采取"思想自由,兼容并包"的方针,进行了一系列的改革,把北京大学建成了"囊括大典、网罗众家"的高等学府,出现了学术自由、百家争鸣的局面,形成了以研究学术为荣的学术氛围。蒋梦麟掌校后进一步发扬蔡元培的学术主张,认为"学校之唯一生命在学术事业"。[②]他在晚年曾说:"著者大半光阴,在北京大学度过,在职之年,但知谨守蔡校长余绪,把学术自由的风气,维持不堕。"[③]北京大学的这种学术传统,使教育学科自成立之日起就受到学术浸染。中央大学位于南京,而南京一直以来是东南文风鼎盛之地,拥有传统教育文化的丰厚资源。早在东南大学时期,学校就形成了良好的学术风气,校长郭秉文提倡学术自由、兼容并包,不论何种学说在学校均可得一席之地。到罗家伦掌校时则提出要准备一个好的学术环境,让教师安心学术,让学生集中精力去研究。中央大学在这种学术氛围下,虽经战争纷扰,但其教育学科却成为当时中国研究教育学术与发展教育事业的枢纽。西南联大由北京大学、清华大学、南开大学三所大学组成,而这三校都有注重学术研究的传统。当时的西南联大实际由梅贻琦掌

---

① 中国蔡元培研究会编:《蔡元培全集》第3卷,杭州:浙江教育出版社1998年版,第8页。
② 蒋梦麟:《过渡时代之思想与教育》,上海:商务印书馆1933年版,第422页。
③ 曲士培:《蒋梦麟教育论著选》,北京:人民教育出版社1995年版,第396页。

校,冯友兰曾说:"梅先生实际是常委会的主席,在风雨飘摇、惊涛骇浪的环境中,西南联大保存了原来三校的教学班子,维护了'学术第一、讲学自由、兼容并包'的学风,一直维护到抗战胜利,三校北返"。① 在梅贻琦的倡导下,西南联大学术研究呈现弦歌不辍、日趋繁荣的局面,许多教师埋头学术,把学术研究与抗战救国联系起来,因此,虽然条件艰苦,但"仍一本旧贯,不稍懈息"。教师们的学术风范熏陶着学生,教育学科学生好学劲头丝毫不受影响,"每值课后,群趋图书馆,宏大之阅览室,几难尽容。"②此外,其他综合性大学也非常注重营造学术氛围。浙江大学校长竺可桢强调浓厚的学术研究风气的养成,他认为大学之所以能发扬光大,在于发展学术研究。他说:"我们受高等教育的人,必须有明辨是非、静观得失、缜密思虑、不肯盲从的习惯,然后在学时方不致害己累人,出而立身处世方能不负所学。大学所施的教育,本来不是供给传授现成的知识,而重在开辟基本的途径,提供获得知识的方法,并且培养学生研究、批判和反省的精神,以期学者有主动求知和不断研究的能力。"③为此,他非常注意培植"求是"学风,使"求是"成为浙江大学的灵魂,形成了不盲从、不附和,一切以理智为依归的求是求真的学风和校风。在这种学术环境下,教育学科取得了一系列的科研成果,郑晓沧的教育论著与译作、黄翼的物理心理学、陈立的智力测验与人格测验的研究等,都是当时新兴课题,其成果在国内外备受重视。云南大学校长熊庆来认为"教育学术为百年大计","大学的重要,不在其存在,而在于其学术之生命与精神。""其生命表现于所有的教学工作、研究工作,以及师生之种种高尚活动;其精神,内则表现于教学之成绩,钻研结果,与夫德行之砥砺,外则表现于师生对社会之影响,校友对社会国家服务之努力。"④在此学术精神倡导下,云南大学虽然条件简陋,但同学"读书情绪至佳,而且因省外大学学生,来此寄读者,联翩而至,全校学生人数激增至千五百人,更加厚学校弦诵空气,惟校舍缺乏,茅屋陋室,亦皆充分利用,然同人以此西南学府之生命力得以加强,精神得以提高,反觉不改其乐。"⑤

---

① 黄延复、马相武:《梅贻琦与清华大学》,太原:山西教育出版社1995年版,第199页。
② 同上,第9页。
③ 竺可桢:《大学教育之主要方针》,《浙大日刊》,1936年4月25日。
④ 熊庆来:《本校之学术生命与精神》,《云大廿七周年纪念特刊》,1949年4月20日。
⑤ 同上。

综合性大学的校园环境为教育学科的学术研究创造了良好的条件，教育学科把学术研究作为学科发展的生命线，有力地促进了近代中国教育学术的发展和传播。

（二）文理渗透的课程设置有利于教育学术人才的培养

清末以来，国人均视师范与大学为二途，师范只是专门性学校，似乎与大学大相径庭。1912年教育部公布的《大学令》规定，大学分为文科、理科、法科、商科、医科、农科、工科；大学以文理二科为主，被称为大学者必须符合文理两科并设者，或文科兼法商二科者，或理科兼医农工三科或二科之一科者。1917年《修正大学令》则规定设二科以上者得称为大学，设一科者则称为某科大学。蔡元培执掌北京大学后，对其学科进行了改革，他主张文理兼习，认为习文科者不兼习理科会流于空疏，习理科者不兼习文科就会陷于机械的方法论，因此，取消了北京大学的科别，一律改科为系，并实行选科制。1921年，北京大学规定本科学满80个学分方可毕业，在这80个学分中，三分之二是必修课，三分之一是选修课。选科制的实行，使学生在必修一定数量的课程之外，可以根据自己的兴趣和爱好自由修习其他课程。蔡元培在演讲中多次强调："大学以文科、理科为中心，无论研究那一科，必须以此二科为根基"。① 因此，加强基础知识和基本理论的教育，重视基础学科的建设成为北京大学一贯的方针。在这一方针指导下，1924年教育学系成立伊始，其课程设置就充分利用综合性大学文理渗透的特点，在广阔的学科背景下培养学生。

中央大学及其前身东南大学是由南京高等师范学校发展而来的一所新兴的综合性大学，当时校长郭秉文认为"欲振兴教育，需先办好高师；欲办好高师，宜将高师办在大学之中。"②因此，东南大学"寓师范于大学"，设置了文科、理科、教育科、工科、农科、商科共6科31系。教育学科的课程设置充分体现了文理渗透的特色。教育科本科必修学科分3组，包括普通必修组科目、社会科学组科目和自然科学组科目。学生在主系选修32个学分之课程后，可以选修两个副系，每个副系至少选修20个学分之课程。在征得选课指导员同意后，学生还可按自己的志愿兴趣，选修其他学

---

① 中国蔡元培研究会编：《蔡元培全集》第4卷，杭州：浙江教育出版社1998年版，第767页。
② 朱斐：《东南大学史》第一卷，南京：东南大学出版社1991年版，第113页。

科之课程。这样一来,教育学科学生选课的面很广,各学科的资源也可以得到充分利用。在必修课和选修课中,东南大学教育学科又开出了相当数量的自然科学课程,重视生物学、心理学、教育心理学等基础课程的教学,并聘请著名教授秉志、陆志韦等担任这些课的教学工作。东南大学改为中央大学后,中央大学的教育学科师资虽有所减弱,但文理渗透、注重基础的方针没有改变。为了加强学生的基础,当时中央大学规定每位学生在4年内必须修满128个学分,具体分配如下:(1)全校公共必修课共12学分,课程为国文、第一外国文、第二外国文。(2)分组必修课共30学分,课程分5组,甲组有国学、外国文、东方文学、西方文学,乙组有社会、历史、政治、经济、法律、商业,丙组有哲学、数学、心理学、教育学,丁组有地学、生物、人类学、生理卫生、农艺,戊组有物理、化学、工程;教育学院的学生必须从以上5组中各选一门。(3)各院必修课共25学分。(4)主系必修课不等,一般为40学分。(5)辅系必修课为15学分。(6)任意选修课若干。但总学分不得少于128学分。可见,当时中央大学教育学院重视基础课程,强调文理渗透,实施通才教育;同时,学院还实施主系和副系制,规定了主系和副系的学分,努力拓宽学生的知识面。

西南联大在梅贻琦领导下致力于贯彻通才教育的理念和方针。梅贻琦认为大学教育与一般的专业教育是不一样的,"窃以为大学期内,通专虽应兼顾,而重心所寄,应在通而不在专。"①1943年他再次强调:"大学教育毕竟与其他程度的学校教育不同,他的最大的目的原在培植通才;文、理、法、工、农等等学院所要培植的是这几方面的通才,甚至于两个方面以上的综合的通才。他的最大的效用,确乎是不在养成一批一批限于一种专门学术的专家或高等匠人。"②在这种通才教育思想指导下,学校共同必修课所占比例较大,约五十个学分,讲授基础课的教师一般为各系主任或主要教授,而且大一的成绩考核十分严格,为学生进一步学习打下了扎实的基础。到大二时,学生开始学习本院系必修基础课和专业课程,教育学科课程相当丰富,共开设了46门必修和选修课,仅心理学方面的课程就达11门之多。为了夯实学生的基础,防止个别学生贪多求全,教育学系规定每个学生每学期不得超过二十学分。在这种教育体制下,西南

---

① 刘述礼、黄延复编:《梅贻琦教育论著选》,北京:人民教育出版社1993年版,第99页。
② 同上,第184页。

联大教育学系培养的学生所掌握的学识既广博又扎实。

浙江大学对学生的要求是既要掌握专精的专业知识又要文理并重。校长竺可桢曾告诫说："若侧重应用科学,而置纯科学、人文科学于不顾,这是谋食而不谋道的办法。"①当时教育学科注重教育专业课程的训练,开设了普通心理学、儿童心理、教育心理、教育概论、教育统计、心理测验、中外教育史、比较教育、训育原理等;同时,十分注重人文学科及自然科学方面的课程,许多课程都由文、理学院有名望的教师担任。据1939年考入浙江大学教育学系的学生林子勋回忆道："一年级以共同科目为多:教我们国文的是张清常教师,他是清华国学研究所毕业的,那时他还是讲师名义。他第一次要我们作文,是根据诗经国风命题的,题目我记不清了,我却大胆的写了一篇骈文,课后张老师特别找我去,说了一些鼓励的话,并指示了一些用功的门径以及国学应注意的根基,我迄今印象尤深。教英文的是余坤珊老师,他好像是广东人留英的。英文造诣极深,而教学则甚严。每一堂课都要简单的考试,那就是造句。凡有一个字错,或一标点错误,都是零分的。因此大家都畏惧他,但却受益匪浅。教历史的是谭其骧老师,他是一位史学名家,常著长袍,年轻而风度潇洒。他的'中国通史'一课,讲得很好,生动而有趣味。可是他的考试很难,常考很细的地方,如年代、人名之类,实不易得高分",②此外,还开设哲学概论、伦理学、逻辑学、论语孟子、杜诗、词选、艺术欣赏等课程。可见,当时教育学系除开设教育学系专业课程外,所开设的文史课程也相当丰富。同时,学生还可以选修生物学、数学等自然科学方面的课程。这样,学生既有专精的教育学知识,又兼学文、理各学科,基础宽厚,触类旁通,许多学生成为中学及师范学校的骨干教师和管理人才,更有一部分学生成为教育学界的著名学者。

此外,厦门大学转为国立后,也开始注重文理渗透,据当年在国立厦门大学教育学系学习的潘懋元回忆,当时除了学习比较系统的教育理论知识外,还要修一个副系,规定:"教育系最低学分总数为134个学分,其中副系最低32个学分。我们教育系同学选的副系各不相同,有的以中文作副系,有的以历史作副系,有的以数、理、化作副系"。③除了主系、副系

---

① 转引自何柱承主编:《浙江大学在遵义》,杭州:浙江大学出版社1990年版,第27页。
② 《国立浙江大学》上,国立浙江大学校友会印行,第341页。
③ 潘懋元口述,肖海涛、殷小平整理:《潘懋元教育口述史》,北京:北京师范大学出版社2007年版,第77页。

外,还可选修其他科系的课程,潘懋元自己就选修了因明学、逻辑学、中国史、西洋史、政治学等。同时,还规定:"文科学生至少还要修一门自然科学方面的课程"。据其回忆,"我选修了顾瑞岩教授开的生物学,还做生物实验,如解青蛙、观察草履虫等,要写实验报告(我现在还保留有生物学课程的笔记)。"①引文入理,引理入文的课程设置,丰富了学生的知识结构,开拓了学生的视野。

综合性大学教育学科的课程设置充分利用其学科门类齐全,学科之间渗透性强、融合性好等特点,为构建跨学科、交叉学科、一体化学科的综合化课程体系提供了便利,有利于在更为广阔的学科背景下培养学生。在这种课程体系下,学生基础知识扎实,知识面广,就业适应性强。

(三) 雄厚的师资力量为教育学术研究奠定了基础

原哈佛大学校长科南特曾说:"大学的荣誉不在于它的校舍和人数,而在它一代代教师的质量。一个学校要站得住,教师一定要出色。"②师资的质量直接影响到大学的质量。中央大学、北京大学、西南联大3所大学充分意识到师资的重要性。东南大学校长郭秉文为延聘到好教师甚至直接到国外听课。中央大学校长罗家伦为了保证师资的质量,决不把教学地位做人情,纵然得罪国民党人也在所不惜。北京大学校长蒋梦麟为了保证教师队伍的质量,曾叮嘱文、法、理3学院院长:辞退旧人我去做,而选聘新人则你们去做,把得罪人的事情全揽到了自己身上,使下面的人可以放开手脚选聘到具有真才实学的教师。西南联大时期,实际掌校人梅贻琦的"大师论"更是无人不晓,他提醒人们:"勿徒注视大树又高几许,大楼又添几层,应致其仰慕于吾校大师又添几人"。③ 浙江大学校长竺可桢认为"一个学校实施教育的要素,最重要的不外乎教授人选,图书仪器设备和校舍建筑三者。"而在这三者之中,竺可桢又认为"教授是大学的灵魂。一个大学学风之优劣,全视教授人选为转移。假使大学里有许多教授,以研究学问为毕生事业,以教育后进为无上职责,自然会形成良好的

---

① 潘懋元口述,肖海涛、殷小平整理:《潘懋元教育口述史》,北京:北京师范大学出版社 2007 年版,第 78 页。
② 转引自胡弼成等:《整体素质观:一流大学教师队伍建设的观念》,《江苏高教》2003 年第 1 期。
③ 黄延复主编:《梅贻琦先生纪念集》,长春:吉林文史出版社 1995 年版,第 53 页。

学风,不断培育出博学敦行的学者"。①

为延聘并留住人才,各校均采取了一系列的措施。中央大学早在东南大学时,校长郭秉文延聘了一大批学者专家,当时教育学科教师是清一色的留美归国学生,其中毕业于哥伦比亚大学的就有 11 人。郭秉文想方设法筹措资金,通过校董会筹集、国外基金会资助、私人捐助和银行借款等方式,创下了 10 年不拖欠教师工资的记录。校长罗家伦为了解除教职员的后顾之忧,在经费吃紧、时有短缺的情况下,总是极力维持定期发薪,绝不拖欠,即使挪用其他款项,他也毫不含糊。北京大学校长蒋梦麟是"中华文化教育基金董事会"副董事长,又得蔡元培、胡适等人帮助,获得了该会在经费上的支持,故而推行了薪金较高的教授专任制。蒋梦麟甚至视优秀教师为北大的生命线,即使经费困难时,也独力担当,鼓励众人决不能让北大的生命线中断。浙大校长竺可桢礼聘国内外专家学者的同时,鼓励本校讲师、助教在国内外进修深造,对服务满 7 年而成绩卓著的教授给予离校休假,使之可自由从事考察或进修,以利更新知识。

校方的重视使综合性大学教育学科汇聚了一大批著名的教育学者,师资力量雄厚。他们大都启蒙于中国传统文化,后又直接受到西方文化的熏陶,可谓学贯中西,其知识结构为教育学术研究奠定了广博而丰厚的基础。他们深知学术对一门学科的重要性,罗廷光曾指出:"凭着研究,可以切实使教育成功学术化;凭着研究,可以真正提高教师的地位,并增进他们的兴趣,不为微薄的报酬所苦。教师如果常抱着研究的态度,试验的精神,很沉着的去处理教育上的问题,无论单纯的或复杂的,都不难从中找出一些意义来,发明一些真理来"。② 许多教师正是本着这种研究态度和治学境界,在学术上取得了卓越的成果,拓展了教育学科的研究领域。北京大学教育系主任吴俊升是中国最早研究教育哲学的学者之一,也是国际上著名的杜威教育哲学研究专家之一,他的《教育哲学大纲》在于"把哲学与教育的关系整理出一个系统,使读者对于教育的一切重要理论和实施都能明白其哲学的基础而获得一种批评的眼光"。③ 因此,内容丰富,把西方教育哲学所取得的成就系统、深入地介绍给了中国教育界。蒋梦

---

① 何柱承主编:《浙江大学在遵义》,杭州:浙江大学出版社 1990 年版,第 23 页。
② 罗德真、罗一真编:《秉烛沧桑——教育学家罗炳之》,南京:南京大学出版社 2002 年版,第 117 页。
③ 吴俊升:《教育哲学大纲》,上海:商务印书馆 1938 年版,"自序"。

麟对该书评价道："识源别流,条理分明,实为有志研究教育哲学者不可不读之书"。① 1947年,傅统先在他的《教育哲学》一书中把该书列为研究教育哲学必读的6种重要参考书之一(其他5种均为外国著名教育家的著作),可见该书之价值。中央大学教授艾伟先是东南大学心理学教授,1927年后历任中央大学教育系主任、教育学院院长、教育心理研究所所长等职,他的《教育心理学》一书被誉为"不仅采用了大量的西方较先进的教育心理学实验。如,在'智慧测量'一节,作者主要引入了国外的智慧商数概念,剖析了比纳—西蒙量表的意义和作用;研究学习历程,作者采用了自己成功的实验成果——汉字学习曲线。这些都对当时国内的教育教学工作有积极的意义。除此以外,这本教育心理学教材在总结国外研究成果和结合本国实际研究的基础上,还提出了自己独特的见解。"②该书在当时受到广泛好评,1938年即出第二版,到1946年已出第七版。中央大学另一教授萧孝嵘的《教育心理学》则系统介绍了西方行为心理学派、格式塔心理学派以及精神分析心理学派的主要教育心理学观点,但"眼光不致为某些含有许多假定的定律(例如桑代克的学习定律)所蒙蔽,而能注意各种现象之基本条件"。③ 艾伟、萧孝嵘两教授及时汲取国外教育心理学研究成果,在此基础上,他们的工作一方面使教育心理学在中国的发展几乎与国际同步,另一方面使中国的教育心理学逐步发展成为有自身研究特色的教育分支学科。即使在抗战时期异常艰苦的条件下,西南联大的教育学科也得到了长足的发展,如汪懋祖编著的《教育学》一书,"结构新颖,论述教育问题比较深刻,不仅阐述了各级各类教育(初等、中等、高等、社会教育等)应该注意的问题,而且分析了人类教育的生物学、心理学、社会学基础,比较客观地指出了中国传统教育有一些值得继承和发扬的精神。这在当时的教育学教科书中是不多见的,反映了作者在三民主义之外,也注意到了教育的独立性和历史继承性"。④

近代综合性大学教育学科教师站在中国教育学术研究的前沿,创造

---

① 吴俊升:《教育哲学大纲》,上海:商务印书馆1938年版,蒋(梦麟)"序"。
② 金林祥主编:《20世纪中国教育学科的发展与反思》,上海:上海教育出版社2002年版,第83页。
③ 萧孝嵘:《教育心理学》,南京:正中书局1947年版,"编著大意"。
④ 金林祥主编:《20世纪中国教育学科的发展与反思》,上海:上海教育出版社2002年版,第118页。

性地拓展了教育学术研究的领域,为近代中国大学教育学科的发展作出了很大的贡献,这与前一章高等师范教育学科教师学术研究偏重于中等教育不同,高等师范教育学科的教师必须为教育而学问,而综合性大学教育学科教师的学术研究侧重于教育理论的创新、教育学术前沿问题的探求等,教师完全可以为学问而学问。

(四) 研究机构的设立为教育学术研究提供了交流的平台

建立学术研究机构在民初已成为学界共识。蔡元培在总结甲午战争以来中国学术文化发展之大势时强调:"综观所述新文化的萌芽,在这三十五年中,业已次第发生;而尤以科学研究机关的确立为要点。"[①]20 世纪 30 年代,他在《吾国文化运动之过去与将来》一文中又指出:五四运动期间"知识阶层,已觉悟单靠得学位,图饭碗,并不算是学者,渴望有一种研究的机关。"[②]综合性大学教育学科之所以以学术性见长,一个重要的原因即在于它们都能及时跟上时代的步伐,建立各种学术社团、学术组织等研究机构,从而为教育学术活动开展提供了重要的平台。

北京大学在蔡元培主校初期,"学生除上课外,放荡冶游。有钱的可天天逛妓院、打牌、听戏,学校舍监从不加干涉。还有的学生奔走于权贵,醉心于运动官吏议员"。[③] 面对这种情况,蔡元培为转移学生的兴趣点,提倡组织社团、创办刊物,使师生有"提起学理的研究心"和"交换知识的机会"。到蒋梦麟掌校时,北大学术空气已经形成,加上蒋本人就是学教育学出身,主编过《新教育》杂志,因此,他深深懂得学术研究机构对教育学科发展的重要。教育学系成立后,当时北大实力派人物对教育的学术性还颇有微词,但教育学系首先发动学生成立了"教育学会",以促进教育事业及教育学术研究为宗旨,经常组织学生进行学术讲演、学术参观等活动,为全系师生探讨教育学术并相互交流观点提供了一个平台。国立厦门大学教育学系的学生也成立了"教育学会",并把"教育学会"分成 4 个小组:"仲尼组(孔子,字仲尼),行知组,杜威组,卢梭组。小组不分年级混合编在一起,即小组里面有各个年级的学生,大家经常一起讨论教育问

---

① 中国蔡元培研究会编:《蔡元培全集》第 7 卷,杭州:浙江教育出版社,第 135—136 页。
② 同上,第 593 页。
③ 霍益萍:《近代中国的高等教育》,上海:华东师范大学出版社 1999 年版,第 123 页。

题,交流学习心得"。① 当年潘懋元在教育学系读书时就分在卢梭组,据他口述,这个组对他影响非常大。"我分在卢梭组,级(组——笔者注)长是比我高一年级的沈瑶珍,她后来被评为福建省的模范语文教师。我们这一组在沈瑶珍的领导下,特别活跃,活动最多,经常组织阅读和讨论卢梭的《爱弥儿》以及卢梭的一些自然主义教育主张,人家就开玩笑,叫我们组为'啰唆组'。这个'啰唆组'和卢梭的自然主义教育主张对我影响比较大,以后的教学生涯中我始终相信,要尊重学生的个性和学生的主动发展。"②教师研究机构更是搞得有声有色。

中山大学于1928年成立了教育研究所,庄泽宣担任所长,他针对当时"国内的教育太外国化而不合于国情"③,把研究所的研究思路确定为:"第一,从经济、社会、政治各方面研究中国新教育之背景;第二,从分析千字课厘定字汇等来重新估定民众教育材料;第三,对于国文教学问题作一有系统的研究。"④教育研究所图书馆为该所进行学术研究提供了丰富的资料,到1928年夏,已有藏书13 000册,其中中文八千余册,英文四千余册,德法日文一千余册;杂志80种,其中中文三十余种,外文四十余种;各卷合订本1 000科册,零本者三千余册。"自十八年(1929)年起,各种研究教育之必要书籍,多已罗致"。⑤ 图书馆"每日开馆八小时,凡本所研究生、教职员,本校教育学系高年级生……俱可到馆看书。"⑥该所创办的《教育研究》期刊,每年出版8期,其稿件"以有研究性质,或可供研究之材料者为限。"⑦从1928年创刊至1937年已出七十多期,并有《广东各县教育现状》、《最近各国教育》等专号。教育研究所利用《教育研究》期刊这个平台,积极宣扬研究所的研究宗旨,所长庄泽宣以编辑部的名义,在创刊号"告阅者"中坦言:"我们想不发空论,不说废话,足踏实地的做工夫。因为研究的对象的问题较小,研究的态度和方法的关系较大。我们有时做的工夫,或者近于迂腐近于愚笨,但是我们深信这至少是做学问的一种态度

---

① 潘懋元口述,肖海涛、殷小平整理:《潘懋元教育口述史》,北京:北京师范大学出版社2007年版,第81页。
② 同上。
③ 《国立中山大学教育学研究所一览》引言,国家图书馆特藏部收藏。
④ 庄泽宣:《教育概论》,福州:福建教育出版社2006年版,"特约编辑前言",第3页。
⑤ 《国立中山大学教育学研究所一览》,国家图书馆特藏部收藏,第47页。
⑥ 同上,第48页。
⑦ 编辑部:《告阅者》,《教育研究》创刊号,1928年2月。

一种方法,尤其在今日中国的虚浮的社会里有提倡的必要"。① 中山大学教育研究所探讨的问题涉及小学、中学、大学用书、课程问题之研究,学校行政,民众教育,心理学等四个方面。该所及其创办的《教育研究》,汇聚了一批教育学术专家,学术成果不断涌现。研究所曾出版教育丛书34种及专刊6种。② 所长庄泽宣主持的课题有"如何使新教育中国化"、"基本字汇"(与彭仁山合作)、"教育学小词典的编订"、"新教育与中国社会及经济状况";专著有《西洋教育制度的演进及其背景》、《各国教育比较论》、《职业教育》、《世界教育新潮》等,其中《各国教育比较论》是我国最早出版的一本比较教育学著作。研究所其他人员和学生也有一些课题和成果。此外,中央大学创办了大学研究院和教育实验所,蔡元培曾介绍道指出:"国立中央大学教育实验所成立,有知觉单元形成之条件、汉字测量与全国中学英文教学研究等工作。最近教育部已指定几所分设各种研究所,此类研究机关,必可以渐推广矣。"③此后,各大学教育学科的研究机构渐次成立。综合性大学教育研究机构的创立提高了教育学科在近代中国学界的学术地位。

　　总之,近代中国综合性大学教育学科虽起步较迟,但综合性大学基础雄厚、学术传统源远流长,加之综合性大学教育学科本身努力开展教育学术研究活动,采取多种途径进行教育学术研究,从而使其教育学科取得了引人注目的学术成就,在同期各类大学中成为教育学术研究的前沿阵地。

---

① 编辑部:《告阅者》,《教育研究》创刊号,1928年2月。
② 梁山、李坚、张克谟:《中山大学校史》(1924—1949),上海:上海教育出版社1983年版,第69页。
③ 中国蔡元培研究会编:《蔡元培全集》第8卷,杭州:浙江教育出版社,第389页。

第四章　近代教会大学教育学科

教育学科是近代中国教会大学最早建立的学科之一，许多教会大学几乎是在成立初期就开设了教育课程或教育系科。举例来说，华西协和大学于1910年正式成立，1912年即开设教育学课程，1918年教育系独立设系；沪江大学于1915年在上海建校时实行分科制，设教育、宗教、社会科学、自然科学四科；燕京大学于1916年由北方四所教会学校合并而成，两年后便成立了教育系；华南女子大学①于1917年创办四年制本科，初设教育系，以后才逐渐扩展了其他系科。当时"除了一所教会大学以外，其余的都开设教育课程"。② 从一份教会大学学生到美国后所修的课程表中也可以看到，有将近"十分之一"的学生主修教育"③。因此，各教会大学从一开始就对教育学科的建设十分重视，并积累了丰富的经验，从而对中国近代教育学科的发展作出了不可忽视的贡献。

一、教会大学设置教育学科的缘起

近代中国教会大学可谓传教的间接工具。著名传教士卜舫济曾在1892年给布道部的年度报告中写道："我们训练的这些人之中有一部分将成为牧师，而更多的人将走出教会，并以我们教育他们的方式，在他们所从事的各行各业中扩大他们的影响。我们的学校不仅是我们教会的后备学校，而且是未来中国基督化的后备学校。"④因此，西方基督教差会在中国设置教会大学的目的十分明确。至于教会大学为什么把教育学科作为最早设置的系科之一，则有多方面的原因。

---

① 1930年立案前称"华南女子大学"，1930年在中国政府注册后又称"华南女子文理学院"。以往的研究多称为"华南女子大学"，本论文亦采用"华南女子大学"，除非引用原文或政府文件。金陵女子大学情况亦如此。
② ［美］杰西·格·卢茨：《中国教会大学史》，杭州：浙江教育出版社1987年版，第172页。
③ 同上，第471页。
④ 转引自徐以骅：《教育与宗教：作为传教媒介的圣约翰大学》，珠海：珠海出版社1999年版，第19页。

（一）教育学科有助于传播基督教

西方中世纪曾有"教士即教师"的传统，大多数知识及教育资源都掌握在教士手中，教会和高等教育的关系则尤为密切。即使在宗教改革运动后，有的差会仍将教育及办学视为其重要活动内容。如1534年成立的耶稣会明文规定：从事教育是本会的特殊使命，要求会员不但是教士，还要做教师。为保证耶稣会士具有作为教师的良好素质，耶稣会已开始对会员进行有关教育学、教授法方面的培训。1565年，耶稣会第二次全体会议要求各地建立对会员进行师范教育和训练的"教育学院"及类似机构。由此可见，一直以来基督教教会对教育是十分重视的，将之作为训练教士的重要途径。

鸦片战争后，国门洞开，大批西方传教士来华，为了有效的传播基督教，发展基督徒，开始把教育作为推进基督事业的最有效的手段。在兴办学校的过程中，有的传教士意识到"只有第一流的教会学校才能提供他们所需要的教师。我们目前没有其他培养教员的机构，何况培养教员作为传教士工作合理而重要的一部分，已自然地落到他们肩上。"[①]这是1877年第一次全国基督教传教士大会上狄考文的慷慨直言，但当时得到的响应十分有限。在1890年第二次全国基督教传教士大会上，已有人公开呼吁建立专门培养教师的师范学校，如美以美会传教士李承恩（N. J. Plumb）发言说："聘任有才干的本地教员是学校工作的头等大事，专门培养基督教教师的学校更为重要"。所以他建议："在中心地区开设一所设备良好的此类学校，大家互相得益"。[②]因此，传教士接受教育学科的培训有助于基督教传播已逐渐成为共识。在这次大会上，还专门成立了"中国教育会"，这是由第一次全国基督教传教士大会成立的学校教科书委员会扩大而成的，主要任务是"促进在华教育的兴趣，增强从事教育工作的人员间兄弟般的合作。"[③]这是第一个由在华传教士所组成的专门性团体，标志着在华传教士教育工作的专业化已达到新的水平。1893年，中国教育

---

① 陈学恂主编：《中国近代教育史教学参考资料》下册，北京：人民教育出版社1987年版，第9页。

② 同上，第42页。

③ N. J. Plumb: "Constitution of the Educational Association of China". FIRST TRIENNIAL REPORT OF EAC, Shanghai, 1893, pp. 6—7.

会第一次"三年会议"之后,由潘慎文(Alvin Pierson Parder)、赫士(Watson McMillen Hayes)、薛来西(C. M. Lacy Sites)等人组成的中国教育会执行委员会起草了一份呼吁书,要求迅速改变只派遣福音传教士的政策,希望多派一些教育方面的专业人士来华。呼吁书说:"迄今为止,外国母会的一般政策是只派遣授予圣职的人到这片传教土地上来,传教士的工作被认为主要是——如果不是唯一的话——从事布道工作。无论过去人们怎样评论这项政策,至少在中国现在条件已经有了很大的变化,新的条件需要新的政策。我们要求你们在将来挑选和派遣工作人员时,对那些虽然在别的方面不突出,但却受过教师工作专门训练的人给予特别关注。"①1907年,新教传教士为纪念入华传教100周年召开了"百年纪念大会",会上通过了成立"教育总会"的议案。该组织主要负责调查、研究中国各地的教育情况,并向欧美各国提供有关中国教育的报告,特别是发展中、高等教育所急需的帮助。同时,大会再次呼吁欧美各国差会派遣在师范院校学习过的传教士来华,以便取得更好的效果。可见,当时在华传教士已普遍认识到派遣学过教育学科的传教士来华的重要性。

此外,为了有效地传播福音,有些教会大学还设立了"传教士培训学校"(The Missionary Training School),除对来华传教士进行中文方面的培训外,还对他们进行教育学科知识的培训,以便他们更好地开展工作。例如,对派遣到华西工作的传教士,华西大学1921春季学期的课程表中就列有健康教育学、教育学等课程。②那些接受过专门培训的传教士在工作中往往能如鱼得水。例如,燕京大学的刘廷芳在校长司徒雷登的建议和帮助下赴美国学习,先后获得神学和教育学博士学位,以后成为基督教新思潮运动的倡导者。再如,在非基督教运动兴起后,东吴大学为加强宗教课程,由刚从范德比尔特大学宗教学院毕业的魏廉士(Williams, M. O., Jr.)担任教授,为了能充分胜任宗教课程,他还从哥伦比亚大学师范学院获得了教育博士学位,这样,他不论在教学方面还是组织宗教活动方面都得到了他的同事们的真诚的合作,无人能与之比拟。为了获得更好的教育效果,教会大学鼓励教师们进行新方法的实验,如燕京大学神学院

---

① The Educational Association of China. "*Appeal to Foreign Boards for Trained Educators for China.*" "The Chinese Recorder", Vol. XXXIII(1902), p. 620.
② 参见黄思礼:《华西协合大学》,珠海:珠海出版社1999年版,第144页。

进行的"宗教教育设计教学法"的实验,在当时引起广泛的注意。教育学科知识使传教士掌握了专业性的教育理论和技能,使其能更好地服务于传教事业的目标,遂推动了基督教在近代中国的传播和发展。

(二) 教育学科能满足教会学校对师资的需求

在 19 世纪末 20 世纪初,教会学校逐步走向专门化、正规化,从幼稚园到小学、中学及大学的学校系统逐步形成。通常在每个布道所有一所小学,中心地区有一所中学。据《中国基督教教育事业》一书的统计,1921 年度,教会初级小学有 5 637 所,学生为 151 582 名,高级小学有 962 所,学生为 32 899 名。另据《中华归主》统计,1918—1919 年教会中学附设的高级小学有 235 所,初级小学有 167 所,合计学生数共 7 875 名以上。① 至于中学,"据路义思君在民国八年的调查,国内共有基督教中学二百六十五所,学生七千六百二十人,但据民国十一年全国基督教大会时的报告,则国内共有基督教中学二百九十一所,学生一万五千一百十三人。其中女子中学为八十二所,江苏全省共有中学五十一所,占全国基督教中学总数六分之一弱。据民国十三年,顾子仁君的调查,则有中学三百五十九所"。② 除了上述基督教新教教会学校而外,天主教教会也办有中小学。大量中小学教会学校的出现需要大批教师,传教士们清楚地知道学校是最好的教堂,没有比教会中学里更需要虔诚有力的布道了,因为"在异教国里所能找到的最好、最认真的听众就是教会中学里的好学生。这种听众的头脑经过训练,很注意听讲和理解。他们抱着学生对好教师的尊敬与信任来听讲的。他们的品格在形成,他们在考虑人生的计划。这样的听众本身就是鼓舞人心的。有这样的机会的人应把这项工作做得更好,不仅要看到目前学校的宗教情况,也要看到影响学生生活的最终效果,有赖于他在学生中努力和虔诚的传教。"③因此,受过教会教育、又接受过正规训练的基督徒教师显得十分需要,它将直接关系到中国基督教事业的成败。

---

① 朱有瓛、高时良主编:《中国近代学制史料》第四辑,上海:华东师范大学出版社 1993 年版,第 182 页。
② 同上,第 162 页。
③ 陈学恂主编:《中国近代教育史教学参考资料》下册,北京:人民教育出版社 1987 年版,第 24 页。

但教会大学原本没有师范教育,因而除了各差会自己培养以外,基督徒教师没有其他可能的来源。为此,各教会大学成立伊始就纷纷设置教育系科。例如,1912年9月北浸礼会与金陵大学合作,设立师范专修科,目的在培养中学教师和平民教育推广人员,1914年又将师范专修科改为教育系;华西协会由于容纳了越来越多的学校,培训中小学教师的要求也就相应地增加了,为适应这一需要华西大学建立了教育系,从1919年起教育系成为华西大学四个系科之中的一个;华中大学教育学院的办院宗旨在1930年发行的第一期公报上表述为:"为有志于中学教书的男女学生提供深入而全面的训练,使其能胜任于任何类型的中学,特别是能满足教会学校或是同中国基督教联合会有良好关系的学校的需要。"[1]确实,许多教会大学教育学科就是应这一需求而设置的。事实证明,教会大学毕业的学生绝大部分去教会中学做教师。20世纪20年代的调查表明,有1/3的教会大学毕业生成为教师,并且多在教会学校工作。另外,从几个差会的报告可知,教会中小学师资主要是依靠教会大学供给的。当然,教会大学教育学科在为中学提供高质量师资的同时,教会中学也为教会大学提供了稳定的生源,两者起到了相辅相成的作用。

为教会中学培养师资的同时,教会大学教育学科还经常为教会中学提供各种指导,以提高教会中学的管理和教学水平。华中大学教育学院通过组织各种会议对教育问题进行探讨,以便对华中地区的教会中学进行指导。华中大学教育学院组织的固定会议主要有每两年一次的华中地区教会中学教育会议,每两年一次的华中地区教会中学校长会议,每月一次的武汉教会中学校会议等。此外还有一些非固定的会议,如武汉教会中学教职员退修会议等。这些会议具体讨论了教会中学的教务问题、行政民主化问题、分科教学法问题以及如何指导中学生面临的问题等。教育学科在教会大学和教会中学之间经常起着链接作用,密切了两者之间的关系。

(三) 教育学科有利于教会大学毕业生就业

早在1886年,美以美会传教士库思菲(C. F. Kupfer)在《教务杂志》

---

[1] "School of Education Central China College, bulletin no.1",华中大学档案全宗,案卷号62。

第四章 近代教会大学教育学科

上发表文章,认为"要教会学校把每一个人都培养成教会工作人员是不正确的,因此为满足学生今后就业的多方面需要,学校应开设包括英语、科学及其他学科在内的多种课程"。① 19世纪末20世纪初,教会学校在清末一直游离于中国官方的教育系统之外。为提高教会学校的社会地位,使毕业生顺利走上仕途,一些传教士曾争取官方承认,要求向政府注册,但1906年清政府学部在给各省督抚的咨文中却说:"至外国人在内地设立学堂,奏定章程并无允许之文;除已设各学堂暂听设立,无庸立案外,嗣后如有外国人呈请在内地开设学堂者,亦均无庸立案,所有学生,概不给予奖励"。② 有些传教士向美国驻北京公使柔克义请示关于教会学校申请政府承认的手续,并表示愿意遵守学部的规定,允许政府视察,但条件是政府应该给教会学校的毕业生与政府学校的毕业生以同等的待遇和权利。福建传教士亦向清政府提交了请求书,但当时清政府的答复是由外国人控制或建立的学校不准在教育部注册,其毕业生也不予承认,因为中国不希望鼓励外国人干涉本国的教育,以防止阻碍治外法权的废除。中华民国成立之初,仍基本沿用清政府时期对教会大学的政策。因此,清末至20世纪20年代初,教会大学一直游离于政府教育系统之外,这种自成系统的状况迫使教会大学必须考虑学生的就业问题,以维持教会大学的生存和发展。而当时除了满足教会学校的师资需求外,中国政府学校系统也需要大批教育学科教师。1905年科举制废除后,大量新式学校出现,需要大批受过新式教育的教师。"尽管中国的教育家们公开地宣称社会尊重受过教育的人,但是他们在传授教育理论和实践方面几乎是没有什么经验,旧中国的许多教育体系不能够转变到现代的教育体系上。"③因此,教育学科遂成为热门专业之一。在此背景下,教会大学开始设置教育系科,对学生进行教师专业化训练,从而为教会大学教育学科毕业生提供了广阔的就业空间。

20世纪20年代以后,随着非基督教运动的波叠浪涌,许多人对教会大学提出了批评和指责,认为教会大会破坏了中国的教育主权,要求对它们进行取缔。由西方的教育家、神学家、中国的基督徒和传教士组成的调

---

① 转引自史静寰:《狄考文与司徒雷登》,珠海:珠海出版社1999年版,第86页。
② 朱有瓛、高时良主编:《中国近代学制史料》第四辑,上海:华东师范大学出版社1993年版,第26页。
③ 黄思礼:《华西协合大学》,珠海:珠海出版社1999年版,第64页。

查团在美国芝加哥大学神学教授巴敦的领导下在1921年对中国的教会事业进行了调查。面对中国逐渐高涨的民族主义情绪，巴敦调查团提出教会大学要想在中国办下去，就必须进行改革，"为了使大学课程适应中国的国情，教会大学就必须更重视职业和专业课程。社会学、教育学、商业和商业管理都属于这些范围"。① 巴敦调查团再次强调了教育学科在职业和专业方面的重要性，认为中国社会需要这样的学科。即使在收回教育权运动以后，教会大学相继在政府部门进行了注册立案（圣约翰大学直到1947年才注册立案），从此，教会大学不再作为一种外国教育体制存在，而是作为中国私立大学的组成部分由国家统一管理，教会大学毕业生也享受了完全的国民权利，而其中许多人仍然希望从事教书的职业。虽然"教育工作不如做官的名望大，但对知识分子来说，教书职业总还算过得去，可算是在找到较理想的职业之前的歇脚站。"② 在此背景下，教会大学教育学科课程不断增设，师资队伍逐渐扩大，不仅新的教育系科不断涌现，而且原有的教育系科规模也不断扩大，其中福建协和学院、华中大学和辅仁大学还成立了教育学院。

二、近代教会大学教育学科的建立与发展

近代中国教会大学教育学科的建立与发展有一个历史过程，在此过程中教会大学教育学科的师资队伍、课程设置、教学方法、人才培养等方面渐趋完善，从而呈现出与众不同的特色。

（一）从牧师兼职到专业教师

近代中国教会大学教育学科师资的培养可以概括为一句话，即从牧师兼职逐渐发展到专业教师。

最初传教士来华是做牧师，而不是教师，主要是为了传播上帝的"福音"，由于这种基督教的异质文化受到国人的抵制，其布道就像"对着风浪讲话，在沙滩上留名"。③ "尽管我每隔一天就对大批听众布道，但结果就

---

① ［美］杰西·格·卢茨：《中国教会大学史》，杭州：浙江教育出版社1987年版，第219—220页。
② 同上，第283页。
③ WATER M LOWRIE: *"Memoirs of Rev"*. New York, 1850. 404.

第四章　近代教会大学教育学科

像把种子撒入水中"。① 因此,他们开始对其传教方式进行反省,转而开展办学活动,以学校作为传教的主要场所之一。经过1900年的义和团运动,外国传教士普遍认识到,"要根除老百姓中反洋排外情绪就必须争取中国的文人学者、知识阶层,而要做到这一点,就必须发展高等教育,培养有文化、在社会上有影响的中国教会领导人"。② 因此,教会大学迅速发展起来,就读于教会大学的学生人数也日渐增多。有统计数据显示:"1900年以前,所有基督教大学每年入学总人数不到200人,直到1926年,入学总人数才经常超过3 500人。1930年后,有几所东部的大学迅速发展;到1936年,基督教大学生人数几乎还是十年前的两倍",而到1947年,全国"教会大学有学生12 000名"。③ 教会大学的迅速扩张,为牧师转变为教师提供了广阔的空间。教育学科的师资最初均为牧师兼职,他们虽然受过高等教育,但绝大多数都不是学教育专业的。例如,燕京大学教育系创办人高厚德(Howard Spilman Galt)来华前曾在美国哈特弗特(Hartford)神学院专攻神学,燕京大学教育学科成立后担任教育系主任;美国传教士卜其吉(Pott, James H)毕业于弗吉尼亚州一所教会寄宿学校,后进入一所商学院学习,20岁来中国后到圣约翰大学教育系任教。教会大学教育学科的教师最初多由传教士兼职,他们是中国近代教会大学教育专业最早的一批教师。

进入20世纪一二十年代,教会大学教育学科的师资逐渐走向专业化、职业化。第一批教育学科教师为了提高自身的专业素质,重新入学深造。例如高厚德于1927年入哈佛大学攻读教育学,后获教育学博士学位;卜其吉于1926年和1933年两次赴美进修,分别获得哥伦比亚大学教育学院理科学士和密歇根大学文学硕士学位。同时,教会大学认识到,来华传教士虽然大都具有神学学位,但不一定能胜任大学教师之职,因而开始有意识地招聘受过教育专业训练、学有专长的教师来华任教。这一时期,金陵女子大学招聘的美国教师华群(Miss Minnie Vautrin),就是一例。金陵女子大学第二任校长吴贻芳在《华群女士述略》中介绍:华群女士"1886出生于伊利诺州","初卒业于伊利诺州师范学校,任教员数年,后有

---

① 史静寰:《狄考文与司徒雷登》,珠海:珠海出版社1999年版,第18页。
② 同上,第102页。
③ [美]杰西·格·卢茨:《中国教会大学史》,杭州:浙江教育出版社1987年版,第468—469页。

积蓄,始入大学,得文学士学位。民国元年来华,任安徽合肥三育女子中学校长。年满返国休假,入哥伦比亚大学研究院,得硕士学位。民国八年秋,女士应本校之聘,任教育学系主任兼教导主任,精心筹划,建树既多,执训启迪,同学尤爱戴。前校长德本康夫人倚之如左右手。"①德本康夫人(Mrs. Lawrence Trurston)、蔡路得(Miss Ruth M. Chester)在所著《金陵女子大学》一书中也写道:"华群小姐曾经在伊利诺斯大学受过师范教育训练,并在那里获得文学学士学位。在安徽合肥一所基督女子中学做了一学期的工作之后,她又在哥伦比亚大学师范学院工作了一年,获硕士学位。"② 此外,任教于华南女子大学的卢爱德(Lewis. Ida Belle),早在1919年获美国哥伦比亚大学教育学博士,其博士论文以《中国女子教育论》为题。陶行知曾评价道:"这几年在中国女子教育上研究的人,我只遇到一位。这一位就是美国露懿士女士(即卢爱德——笔者注)。他的《中国女子教育论》……是很有价值的"。③ 卢爱德担任华南女子大学校长后又聘哥伦比亚大学教育学硕士陈淑圭为副教授,还任命她为华南女子大学附属中学代理校长,并声称"这项任命是本年大学发展的最重要进展"。④ 可以说,这些是教会大学教育学科第二批教师的代表。

第三批教师主要来源于教会大学自身培养的优秀毕业生。20世纪20年代"非基督教运动"和"收回教育权运动"兴起之后,大部分教会大学已承认中国政府有权监督国内一切公立和私立学校;加之限于资金等条件,他们很难聘请国外的专业教师,因而便将不少优秀毕业生留校任教,或把他们送往国外进修获得学位后再回国任教。当时,几乎所有的教会大学都采取这种办法。例如,随着教育系科的扩大,燕京大学不断增加教育专业教师的数量,廖泰初、卢乐山、石文博、陈昕予、王碧霖、曹飞羽、何慧君、沈瑞奉、赵国纬、陶岚清等毕业生先后留校任教。

综上所述,教会大学教育学科师资队伍的发展大致经历了三个阶段:第一阶段,师资的主要来源是传教士,由牧师作为兼职教师;第二阶段,在

---

① 转引自朱峰:《基督教与近代中国女子高等教育》,福州:福建教育出版社2002年版,第118页。
② [美]德本康夫人、蔡路得:《金陵女子大学》,珠海:珠海出版社1999年版,第34页。
③ 陶行知全集编委会:《陶行知全集》第1卷,成都:四川教育出版社1991年版,第467页。
④ "Report of Hwa Nan College, 1919−1930", *Foochow Woman's Conference*. Shanghai: Methodist Publishing House, 1931. 19.

时代发展趋势的推动下,教会大学的师资队伍逐步走向专业化、职业化:一方面第一批由牧师转变而来的教师为提升自身的水平开始进行专业改造,另一方面教会大学逐步招聘专业教师充实加强师资队伍;第三阶段,一批本校优秀毕业生留校任教,逐步充实到教育学科的师资队伍中来,这批教师后来成为中国教育学科发展的一支重要力量。

(二) 课程趋于实用化、本土化

20世纪初,教会大学教育系科纷纷建立,但成立之初,"其课程与生活,仿照泰西传习的制度规定",①"表面上看起来有点异常,其实原因很简单,大多数外籍教师毕业于自己教派的学院,他们往往指望母校来指导自己的课程"。② 因此,教育学科的课程最初主要是从外国移植而来,且大多数外籍教师未经过教育专业的系统训练,他们所授的课程也往往以其母校的教学课程为参照,"很少考虑中国社会的实际情况和需要,完全脱离了中国社会生活,与当时中国官方也没有正式接触"。③ 而当时国内"既无中国学制的标准可依,其就近目的,亦太急切,未能多容实验;资源有限,供输不充。"④因此,课程的开设只能以理论教学为主。例如,燕京大学的课程设置最初侧重教育理论,开设了"教育概论"、"教育史"、"教育哲学"、"教育学"等课程。近代中国教会大学早期开设的教育课程大多如此,虽然存在照搬国外、偏重于理论和课堂等特点,但这些课程实属教育系科的基干课程,反映了教育科学的基本原理和基础知识,因此,它们的开设为教育专业在教会大学的发展奠定了基础。

这一时期,欧美各国教育革新运动正如火如荼地开展,杜威的实用主义教育思想居其主导地位。受其影响,近代中国教会大学的课程设置渐趋实用化,教育学科也不例外。例如,南京金陵大学教育学系"侧重于培养中小学师资,因此,该组(应为系——笔者注)工作重点为教学,而且其

---

① 李楚材:《帝国主义侵华教育史资料·教会教育》,北京:教育科学出版社1987年版,第137页。
② [美]杰西·格·卢茨:《中国教会大学史》,杭州:浙江教育出版社1987年版,第61页。
③ 谭双泉:《教会大学在近现代中国》,长沙:湖南教育出版社1995年版,第50页。
④ 李楚材:《帝国主义侵华教育史资料·教会教育》,北京:教育科学出版社1987年版,第137页。

教学与其他系科相比,更注重开设实用课程"。① 对教育学系的学生来说,必修课程有"测验"、"儿童研究"、"小学教育"、"统计学"、"课室管理法"、"中等教育"、"教育行政"等。此外,还开设选修课,如传授学生体格健康常识的"学校卫生"、探讨中小学课程的地位和功能的"课程研究"、研究中小学学科学习心理的"中小学学科心理"等。再如,华南女子大学教授讲授的教育科目有"心理学原理、儿童心理学、性学、学校管理法、小学教授原则及练习、中学课程教授法、近代小学教育史、英文教授法、音乐教授法、学校体育教授法、游戏术"。② 其他教会大学教育系科的课程设置也体现出实用化、专业化的特色,表明教育课程的开设由少到多,由粗而细,逐渐从零散走向系统,从单一走向全面,到20世纪30年代整个课程体系已相当完备。据《第一次中国教育年鉴》记载,沪江大学、燕京大学、福州协和学院、齐鲁大学每学年开设的教育课程多达二十门左右,东吴大学、华中大学、金陵大学、岭南大学、之江文理学院也均达十门以上。这样,教会大学的教育专业越分越细,课程也日趋越实用化、专业化,为教育学科的发展带来了勃勃生机和活力。

与此同时,五四新文化运动使中国社会发生了深刻的变化,民族主义意识明显增强,当觉醒了的国人"希望通过新型学校所提供的新教育培养出肩负拯救中国大任的一代新人时,自成系统、依仗治外法权、宣传西方宗教和生活方式的教会学校理所当然地成为最直接的攻击目标"。③ 于是,20年代爆发了"非基督教运动"和"收回教育权运动"。面对时代变革的冲击,一方面教会大学不得不作出反应,采取"更有效率、更基督化、更中国化"的办学方针,并参照中国政府制定的教育体制加以适当的调整。它们在向国外注册立案后,又开始向中国政府登记注册,"自1928年10月至1931年,金陵大学、沪江大学、燕京大学、金陵女子大学、东吴大学、福建协和大学、岭南大学等教会大学陆续向南京政府教育部办理了注册手续"。④ 在课程设置方面,它们认识到原来从国外移植的课程,已不适应中国社会的需要,暴露出许多缺点和不足。因此,许多教会大学强调教育

---

① 张宪文:《金陵大学史》,南京:南京大学出版社2002年版,第123—124页。
② 何晓夏、史静寰:《教会学校与中国教育近代化》,广州:广东教育出版社1996年版,第244页。
③ 高时良:《中国教会学校史》,长沙:湖南教育出版社1994年版,第224页。
④ 卫道治:《中外教育交流史》,长沙:湖南教育出版社1998年版,第196页。

课程的设置必须与中国的国情相适应、相结合,如沪江大学的校长刘湛恩(芝加哥教育学硕士、哥伦比亚教育学博士),一再强调必须改进课程,使之充分适应中国社会的需要。另一方面,这一时期平民教育运动、乡村教育运动的兴起也使教会大学开始关注中国农村,"大家一致同意的一个领域是必须进行建设农村的研究的实验;这一领域在三十年代引起了教会大学的注意。"①例如,燕京大学教育系设立了"乡村教育专业",课程设置力求面向中国社会及农村。轰轰烈烈的教育改革运动,使"传教士们比以前更重视中国文化,他们努力纷纷使学校的课程适应现代中国的需要"。②到"三十年代中期,教会大学开始谈论用实际行动来表现基督精神,如补充中国的教育制度,向自己的学生灌输社会服务的思想,以及为建设中国农村作出贡献等。"③各教会大学几乎都设置了农村实验区,不仅把教育理论转化为实践,而且走出校园,走向社会,并延伸到了农村,课程的开设开始与中国社会的需求相贴近。

近代中国教会大学课程设置从理论走向实践,从校园走向社会,增强了学生的实际操作能力和应用能力,从而使教会大学教育学科具有较强的竞争力和吸引力,虽然部分人士认为进入教会大学学习"丧失了民族性",但还是有许多学生进入教会大学的教育学科学习,这在一定程度上说明了教会大学教育学科的专业建设及课程设置有其合理性、独创性的一面。

(三) 教学方法强调多样化、科学化

近代中国教会大学要与其他公私立大学竞争,面临很大挑战,教育学科尤其如此。"政府试图垄断教师的培养,严格限制私立学校设立或发展教育系"。④ 这在一定程度上限制了教会大学教育学科的发展。据《中国基督教高等教育统计》,当时教育学科占全国大学(包括教会大学)各学科的比例是 9.7%,其中教会大学教育学科只占 0.2%。⑤ 很明显,教会大学教育系科在数量上无法与公立大学及其他私立大学相比拟,这使教会大

---

① [美]杰西·格·卢茨:《中国教会大学史》,杭州:浙江教育出版社1987年版,第268页。
② 同上,第260页。
③ 同上,第266页。
④ 同上,第284页。
⑤ 唐氏:《中国基督教高等教育统计》,《教育季刊》第30卷,1938年。

学教育学科只能把注意力集中在质量方面。除重视师资的培养、课程设置外,教会大学教育学科始终致力于教学方法的改进,主要表现为采取多样化、科学化的教学方法,尽力使教学水平处于全国领先地位。

1. 提倡平等、对话式的教学

众所周知,中国传统的教学方法以"先生讲,学生听"为主要特征,学生忙于记诵,处于十分被动的地位,不利于其思维的发展和能力的培养。因此,教会大学教育系科设立伊始,便着手改革教学方法,提倡平等、对话式教学。如燕京大学教育系主任高厚德,"在教学方法上反对死灌硬背,着重启发,在提示、分析、讨论中进行教学,并与学生共同研究学习。使学生学到的东西是实在的,学得透,理解深,在工作中能运用自如、融会贯通。他在当时就对'先生讲、学生听'的教学方法进行批驳。"[①]这种教学方式打破了传统的师道尊严,燕京大学形成了"师生共同探讨研究问题的作风。教师既是学生的导师,又是他们的朋友。课上课下经常听到他们之间的亲切而又激烈的讨论,甚至争辩"。[②] 教育系教师充分认识到这种对话,有助于增进师生间、学生间的思想和情感的交流,不仅能促进学生的身心发展,而且能使其有效的完成学习任务。为了提高教学质量,他们在学生身上倾注了大量的精力,也收到了满意的效果。教育系教授周学章平时加强与全系学生的联系,"经常在家召开全系的或部分学生联谊会。会上有友情欢聚,也有问题讨论。在这些接触中学生能学到不少课堂上没有学到的知识,扩大了视野"。[③] 曾绣香是教育系讲师,"她为人和蔼可亲,对学生关心爱护,本人虽然一生未结婚,但常被称为'曾妈妈'。"[④]20世纪30年代中期福建协和大学给毕业生发去调查表(其中许多是教育专业的毕业生),要他们指出在学期间什么是对他们最有意义的,毕业生一致回答是师生间所建立起来的私人关系和友谊。这种平等、对话式的教学有效增进了师生间的亲密关系,使学生在学习知识的同时身心愉悦,更多了一份对母校的爱恋之情。

2. 注重实用技能和职业训练

---

① 张玮瑛、王百强、钱辛波:《燕京大学史稿》,北京:人民中国出版社1999年版,第148页。
② 燕京大学文史资料编委会:《燕京大学文史资料》第三辑,北京:北京大学出版社1990年版,第40页。
③ 张玮瑛、王百强、钱辛波:《燕京大学史稿》,北京:人民中国出版社1999年版,第149页。
④ 同上,第150页。

受杜威实用主义教育思想的影响,许多教会大学教育学科十分注重实用技能和职业培训。沪江大学教育系主任、后兼教育学院和文学院院长的林卓然认为:"如今在中国,大学教育多多少少被人视为一种装饰品。高等教育在中国是一件代价昂贵的事,每个学生一年要花500到1 000元或更多。像中国这样一个与其他国家相比经济水平远远落后的国家是负担不起的。中国的大学不能造就中看不中用的人,而是要造就受明确的某专业或职业训练的男女青年。"①本着这种意识,沪江大学教育学科"旨在造就中小学教师及行政人材",为此注重教学实践这一环节,"以求各种学理实际化"。② 鉴于当时社会对英语人才十分需要,教育系便开展双语教学,特别注重用英语开设教育课程,其他教会大学的教育学科也大多如此。燕京大学校长司徒雷登曾说:"我们的学生确实是生活在讲两种语言的环境中。他们一入学能听懂无论用那种语言讲授的大学课程,教师们也可以随便讲那种语言,或两种语言都讲。外来的讲学者从来不用翻译,虽然听众中总有一些听不懂的。我向学生讲话时,是用汉语讲,还是用英语讲,也往往会在台上临时改变主意。这就是说学生们能够灵活地从一种语言转到另一种语言。"③经过严格训练的教会大学教育学科的毕业生不仅掌握了教育专业的知识和技能,而且其英语水平和能力也在社会上受到了普遍的欢迎。此外,教会大学在近代中国还率先应用电化教学、视听教学等现代教育技术的方法和手段对学生进行专业培训,使之能及时掌握新的教学方法,应用到课堂教学中去。

　　3. 积极开展教学实习和教育测量

　　20世纪初至20年,欧美各国广泛兴起教育改革运动,如杜威创立的芝加哥实验学校即被称为"新教育运动的策源地"。④ 教会大学遂成为近代中国创办实验学校的先驱之一。华南女子大学校长卢爱德全面引进了实用主义教育理念,为教育系建立实验学校。华中大学曾经借用学校附

---

① Tsoerun Ling, *The Report of the College of Arts*, Nov. 1936,沪江大学档案,Q242.5(上海市档案馆藏)。
② 林卓然:《沪江大学文学院一瞥》,《天籁》,第25卷,1936年第2期,立校卅周年纪念专号。
③ 陈学恂:《中国近代教育史教学参考资料》下册,北京:人民教育出版社1987年版,第197—198页。
④ 孟宪承:《何谓实验学校》,《教育杂志》第21卷第5号,1929年。

近的一所教会中学作为教育学院学生开展实习的场所,但教育学院对这种安排并不满意。于是,"复初会女布道会决定每年拨款1 250美元,以建立和维持一所属于教育学院的初中"。① 这所实验学校于1935年建成,附属于教育学院,成为该院学生教学实习基地。② 到了20世纪30年代,几乎所有教会大学的教育系科都附设有实验学校以供学生进行教学实习,使教育专业的学生学到了课堂上无法学到的知识和技能。这一时期,教育测量作为一种科学的教育研究方法为欧美国家普遍采用,它也被教会大学率先导入近代中国教育界。燕京大学教授周学章便十分重视这种方法,不仅在教育系开设了教育测量课程,而且对北平、天津两地的中小学开展了大规模的教育测量活动;通过参加这种活动,教育系的学生了解和掌握了教育测量的意义和方法。当时其他教会大学争相效仿,如金陵大学也开设了"教育测验"、"教育统计学"等课程。

总之,教学方法强调多样化、科学化,积极开展教学实习和教育测量,是近代教会大学对中国教育学科建设作出的又一贡献。

(四) 培养人才注重博专结合

近代中国教会大学为使其毕业生具有较强的竞争力,在培养人才方面注重博专结合。它们强调学生应具有广博而厚实的专业基础,因而对学生的选课有严格而详细的规定。例如,燕京大学教育系课程分为公共必修课、专业必修课和选修课。公共必修课为汉语、英语,专业必修课为"教育概论"、"教学法"、"教育心理"、"教育行政"等,另外还有许多必修以外的课程,学生可以自由选修。而且,燕京大学不鼓励教育系的学生单纯主修教育学科的课程,而是要求他们选修其他学科的课程,学生毕业后除发给主修教育的学士文凭外还发给辅修证书。再如,金陵女子大学教育学科决不赞成学生仅仅把教育作为其主修课程,反对因学科过于专业化而使学生的知识面过于狭窄。为给学生打下扎实的基础,拓宽学生的知识面,各大学又规定学生在人文科学、社会科学、自然科学方面都要接受相应的课程训练。"燕京大学将课程分为三大类:人文科学、自然科学、社会科学。规定:学社会科学的学生至少要读人文科学和自然科学的入门

---

① [美]柯约翰:《华中大学》,武汉:华中师范大学出版社2003年版,第81页。
② 同上,第85页。

课程各一门,并且可以在这个基础上自愿选择读别门科学的高级课程。学自然科学的学生也同样必须读社会科学和人文科学的有关课程,以扩大知识面。"① 圣约翰大学规定:"学生不论读哪一院系,头两年都必修中文、英文、体育,共48学分。文、理、工学院的学生第一年都必修6学分的数学,第二年都必修6学分的历史。此外,学生每一学期还必修1学分的宗教和伦理课。学生除读本院系的必修课程外,还可以选修其他院系的课程。要获得文凭,必须取得学校规定的最低学分,只许多不能少。"② 因此,教会大学教育系培养了一大批人才,他们视野开阔、知识面广、适应性强,走上社会后活跃在各行各业。有些人学识渊博,撰写了大量教育论著,成为这一领域的著名专家、学者。例如,孟宪承"1916年毕业于圣约翰大学,1918年赴美国华盛顿大学专攻教育学,在该校获硕士学位后还曾在英国伦敦大学教育研究所深造。在重返母校任教前,孟宪承已经在教育学、教育史、心理学等学术领域取得了相当的成就"。③ 再如,陈景磐学贯中西,先后"著有《先师孔子》(英文,1940)、《孔子的教育思想》(1957)、《杜威教育思想批判》(1957)、《太平天国的教育》(1958)、《中国近代教育史》(1979)、《中国近代教育家传》(1987)等"。④ 有些人活跃在教育行政领域,担任各种行政工作,把他们所学的知识运用到教育管理实践之中。华南女子大学的陈淑圭就是这样一位代表人物。"据1942年10月15日出版的《华南学院校刊》记载,陈淑圭在这一学期除了担任教育系主任一职外,还参加了校务委员会、教务委员会、训导委员会、宗教委员会、图书馆委员会、社教委员会等6个委员会的工作。平时还要负责学生生活辅导"。⑤ 而更多的毕业生从事中小学和幼儿的教育工作,并成为各类学校的教学骨干。如王碧霖于燕京大学教育系毕业后从事中学英语教学,她

---

① 何晓夏、史静寰:《教会学校与中国教育近代化》,广州:广东教育出版社1996年版,第314页。
② 郑朝强:《我所知道的上海圣约翰大学》,《文史资料选辑》合订本,第31卷91辑,第90页。
③ 中国现代教育家传编委会编:《中国现代教育家传》第8卷,长沙:湖南教育出版社1985年版,第208—219页。
④ 张玮瑛、王百强、钱辛波:《燕京大学史稿》,北京:人民中国出版社1999年版,第827—828页。
⑤ 朱峰:《基督教与近代中国女子高等教育》,福州:福建教育出版社2002年版,第282—283页。

善于把教育学、心理学的一般原则和方法运用到英语教学实践中,建国后成为北京市"特级教师",并荣获"全国三八红旗手"、北京市"劳动模范"等称号。所以,她在《怀念母校——燕京大学》一文中写道:"我是在不断失败,不断总结,不断探索,不断学习,不断前进的道路上走过来的。而给了我工作方法和学习方法的,应当归功于我的母校——燕京大学"。[①]

教会大学教育学科为近代中国培养了大量的人才。据中华基督教教育会指派的一个委员会的调查报告统计,从1901年到1920年,"共有二十个教育学科分设在各大学预科和本科之内……总共约有一百六十个学生在这些教育学科注册,平均每校有学生八人。"[②]从20世纪20年代初到1952年教会大学撤并,又经过了三十余年,其间教会大学有了长足发展,培养了更多的教育专业人才,为中国近代教育的发展做出了贡献。

三、燕京大学教育学科的建立与发展
——以3位系主任为中心

燕京大学教育系创办于1918年,1952年院系调整后并入北京师范大学教育系。在三十余年的时间里,教育学科走过了从小到大、由弱转强的发展历程。在此过程中,产生了3位系主任,他们分别是高厚德、周学章、廖泰初。燕京大学教育学科的兴衰与这3位系主任的命运紧密地联系在一起。

(一)虔诚的教育学科"传教士"高厚德:教育学科的开创

高厚德是燕京大学教育学科的开创者。他生于美国一个虔诚的宗教大家庭,有兄弟7人,还有两个同父异母的姐妹。他是加非学院(Jafee College)的科学学士,也是芝加哥大学哲学学士。早在大学时代,他就热衷于学生志愿运动(Student Volunteer Movement),以后又入哈特弗特神学院寻求宗教知识,在那里,"凭着他纯朴的感受和当时的需要,他投入了

---

① 燕京大学文史资料编委会编:《燕京大学文史资料》,北京:北京大学出版社1997年版,第376页。
② 中国社会科学院世界宗教研究所:《中华归主》下册,北京:中国社会科学出版社1987年版,第911页。

第四章　近代教会大学教育学科

向全世界传道的事业。他被派到中国的通县。"①1899年,他在华北协和学院任数学教师,随后升任该校校长。华北的四所教会大学合并组建燕京大学后,高厚德担任教育系主任。为此,他又回到美国入哈佛大学攻读教育,1927年获教育学博士学位。在燕京大学教育系初创时期(1918—1935),凭着他踏实的工作作风、认真的教学态度和严谨的治学精神,为教育系的发展打下了扎实的基础。

教育系成立之初,高厚德负责教育系的一切行政工作。"聘请教师、安排课程、建立制度、培养后备力量以及物质建设,无一不精心考虑和安排,为教育系打下了巩固的基础。"②在他的努力下,教育系初步发展为三个专业:普通教育、幼儿教育、乡村教育。普通教育专业是系里最大的专业,"自1926年以来,毕业生(后来还包括研究生)的数目逐年增加,仅1932年这一年,毕业生就有十余人,可能是人数最多的毕业班"。③幼儿教育专业是二年制的专修班,他聘请燕京大学教育系附设二年制的幼稚师范专修科的教师曾绣香,在当时开风气之先。另外,"当时的定县平民教育促进会和山东邹平农村建设研究院,正在搞得热火朝天,美国罗氏基金会注意到这一形势,组织起一个华北农村建设协进会,这个会联系了几个有影响的单位,大力开展乡村教育活动"。④高厚德看准这一点,遂于1935年在教育系成立了乡村教育专业。这三个专业之所以能够建立,是与高厚德踏实的工作作风赢得人们的信任分不开的,从而为教育系的发展开创了新局面。建系之初教育系教师仅1人,1921年为3人,至1925年已发展为6人。高厚德招贤纳士,为教育系组建了一支高质量的师资队伍。他聘请了哥伦比亚大学教育学博士周学章、赴美进修回国的幼儿教师曾绣香、哲学博士王素意、康奈尔大学教育学博士傅葆琛等。师资队伍的壮大,为教育学科发展构筑了一个较高起点。除了聘请教职员工外,高厚德还特别注意对青年教师的培养,他认为"一个国家希望在青年,而培养青年的责任在教师,他特别重视对教师的培养",⑤经常送教师到国外

---

① 燕京研究所编:《燕京大学人物誌》第一辑,北京:北京大学出版社2001年版,第224页。
② 张玮瑛、王百强、钱辛波:《燕京大学史稿》,北京:人民中国出版社1999年版,第148页。
③ 燕京大学文史资料编委会编:《燕京大学文史资料》第三辑,北京:北京大学出版社1990年版,第37页。
④ 同上。
⑤ 燕京研究所编:《燕京大学人物誌》第一辑,北京:北京大学出版社2001年版,第224页。

进行培训、进修学习等。这些措施为燕京大学教育学科的发展培养了大量后备力量。

为了发展教育系,高厚德进行了长远规划,制定了一整套规章制度。他"虽然没有属于校一级领导的公开的、正式的头衔,但事实上,除司徒雷登以外,他在全校安稳地坐了第二把交椅。"①当时司徒雷登校长经常出差,外出期间所有行政事务都由高厚德代理,于是他就用两张桌子办公,一张是教务长桌,一张是教育系主任桌。有一次"他正在教务长桌办公时,遇到一个来访者,谈的是教育系的问题,他就移到另一个桌子上才开始和他交谈。"②由此可见,高厚德在担任学校行政工作的同时,始终没有放弃教育系的工作,相反,对学校工作的了解使他对教育系发展更能运筹帷幄,如幼儿教育专业和乡村教育专业的创立、对教育系规章制度和发展规划的制定等,始终与学校的发展相一致,与当时社会的发展相契合。

高厚德在担任燕京大学教育学科行政工作的同时,还承担了"教育概论"、"教育史"、"教育哲学"、"教育社会学"等课程的教学工作。他授课深入浅出,在教学方法上"反对死灌硬背,着重启发,在提示、分析、讨论中进行教学,并与学生共同研究学习。使学生学到的东西是实在的,学得透,理解深,在工作中能运用自如、融会贯通。他在当时就对'先生讲、学生听'的教学方法进行批驳"。③ 为了能更好地适应中国的国情,他刻苦地学习汉语,在课堂上,"他能把张之洞的《劝学篇》全文背诵,他对古文的阅读与理解能力,大大超过了他的中国学生。高厚德为人严肃,不苟言笑,一切照章办事,要求学生也十分严格。但学生对他却十分敬重。这种敬重的重要原因就是他的学识水平和学习态度"。④ 在主持教育系期间,他十分重视教学实习,为了学生实习、实验、研究和示范之用,在此期间创办了燕京大学附中和附小。他规定教学实习是学生必修课程,虽"1934年秋季以后改为选修,但对试教的课时和科目都有明确而具体的规定,使试教者在对教材的掌握上、对儿童的认识上都有所收获,同时还能通过备

---

① 燕京大学文史资料编委会编:《燕京大学文史资料》第一辑,北京:北京大学出版社1988年版,第76—77页。
② 同上,第77页。
③ 张玮瑛、王百强、钱辛波:《燕京大学史稿》,北京:人民中国出版社1999年版,第149页。
④ 何晓夏、史静寰:《教会学校与中国教育近代化》,广州:广东教育出版社1996年版,第323页。

课、做教案、讲课、考试、判卷、评分和教室管理等全过程,得到怎样做教师的经验。教育系的教员、与该科目有关的教员或专家担任指导,使试教者与受教学生均能受益"。① 燕京大学教育系教师运用最新的教育理论和教学思想指导燕京大学附中和附小的教学工作,使理论与实践紧密地结合起来,同时也为教育系学生开展教学实习提供了平台。

高厚德的治学和为人是统一的。1925 年他返美在哈佛大学攻读教育学博士学位,博士论文的选题是中国古代教育研究。1931 年"九·一八"事变后,他大大减少了行政工作,凭着深厚的中文底蕴开始悉心研究中国古代教育制度,从而对中国传统文化和哲学思想产生了浓厚的兴趣。这样"传教士的地位就让给了汉学家。除重大宗教活动外,就是星期天也很少见他去做礼拜。他对古装书的阅读能力和趣味,大大超过了他的中国学生们,有关中国教育方面的书籍,几乎没有不经他过目的"。② 他的专著"The History of Chinese Educational Institutions"受到了学术界的好评,并在一定程度上弥补了以往学界对中国古代教育制度研究的不足。廖泰初曾用"庄重严肃,恳挚认真"这八个字来形容高厚德的性格,这正是他治学和为人的真实写照。1941 年 12 月 8 日,在日寇占领燕京大学的当日而被迫召开的全校师生大会上,高厚德代表学校当局只讲了一句话"现在我宣布学校停办!"就这简单的一句话,听者无不动容,也赢得了燕京大学师生的尊重。高厚德的治学和为人在一定程度上影响了教育系师生,当时燕京大学教育系的学风十分淳朴浓郁,其毕业生"除部分继续深造者外,大多数能奔赴教育工作岗位,以其所学,服务同群,效忠祖国"。③

(二) 河北教育界的人杰周学章:教育学科的发展

高厚德由于校务繁忙,加上年事已高,遂于 1935 年把教育系的行政领导工作转交给了周学章教授。周学章曾就读于天津市河北省立师范及保定高等师范学校,后由河北省政府官费资助留学美国,先后就读于奥伯林大学及哥伦比亚大学,研究教育学,获硕士和博士学位。1926 年受聘到燕京大学主讲"教育学",后又开设了"教育心理"和"教育统计与测验"

---

① 张玮瑛、王百强、钱辛波:《燕京大学史稿》,北京:人民中国出版社 1999 年版,第 590 页。
② 燕京大学文史资料编委会编:《燕京大学文史资料》第三辑,北京:北京大学出版社 1990 年版,第 77—78 页。
③ 同上,第 39 页。

等课程。1935年至1941年间他担任教育系主任,在此期间教育系在各个方面均有长足的发展。

这一时期,乡村建设运动进入高潮。周学章紧跟时势,在原来的基础上,大力开拓乡村教育专业。该专业在1935年成立,1936年开始招生,除本科生外,还招收研究生。在学校开设的主要课程涉及面较广,有"乡村教育"、"教育经费"、"教育社会学"、"定县的实验"、"农村经济学"、"农村合作社"、"农村运动比较"、"地方政府"、"农村问题讨论"等。开课的形式多样,"有单项设课,也有几个接近的专题联合开课,也有讨论班的形式。课程除有教育系主要承担外,有些课程则由法学院各系协助开设"。① 除在学校学习理论外,教育系十分重视对学生进行实践指导,从"二年级时有四个学分的实习课,主要是从实践中了解与体会乡村教育。到四年级第一学期,则是整个学期的实习,到实验区蹲点,做实际工作"。② 教育系原来实习的地点安排在定县,由于战乱,周学章就于1937年在学校附近两个村和另一个冉村创立了两个实验区,分别叫做诚孚实验区和冉村实验区。尤其在诚孚实验区,以定县乡村调查经验为基础,继续探讨农村教育的理论和实践,并不断充实内容,企图开拓农村教育的新方向,这不仅对当时的社会有现实意义,而且是研究教育学科的新课题。在诚孚实验区内,设立诚孚学校一所,有三年制师范班一班和小学,著名作家冰心就在燕京大学教育系创办的附属诚孚师范学校就读,据她回忆,当年"办学的老师都是由燕大教育系聘请的大学毕业生,或由燕大在校生兼任。这些老师们都是热心教育工作的,他们在选择教材、编排课程以及授课方法上,都与当时一般学校不同。"学校"既不受日寇的奴化教育,也不沿用旧中国传统的课程科目与课本。所有课程都是根据当时普及小学教育的需要而设的,其中专业课如教育概论、教育行政、教育心理等课,是采用了中级师范的课本,而基础课程则根据学生水平不齐的特点,着重讲解初中及初中以上的基础知识。"③另外,校内还附设了挑花和花生酱工场、小型医务室等。诚孚实验区"以学校为中心,办教育,搞活动,提高农村文化水

---

① 燕京大学文史资料编委会编:《燕京大学文史资料》第三辑,北京:北京大学出版社1990年版,第38页。
② 同上。
③ 燕京大学文史资料编委会编:《燕京大学文史资料》第一辑,北京:北京大学出版社1988年版,第160页。

平,创办适合当地情况的副业,促进农业经济的发展,和为教育系有志于农村教育的学生提供一个实习场所,增进他们的感性认识,培养农村建设人材"。① 周学章十分重视实验区建设,实验区之间经常相互交流,定期磋商,认真贯彻实验项目,把实验区办得初具规模。周学章不仅重视乡村教育,而且积极投入乡村教育的实验中,他曾派人对河北省中部各县做社会调查,他自己曾有十几种著作,其中三种就是有关乡村教育的。

在大力发展乡村教育专业的同时,周学章以深邃的眼光、超群的胆略,把二年制的幼儿教育专修班改为四年制本科,纳入教育系。20世纪30年代中期,即周学章主系工作期间,幼儿教育得到了长足发展,开设的课程有"儿童心理"、"儿童绘画"、"儿童音乐"、"教学法"等。曾绣香是当时幼儿教育专业的唯一教师,她"经常亲自带领学生到幼儿园、小学、幼师去见习、实习,做家庭访问,了解城郊儿童的生活"。为保证教学质量,她还"约请系内外、校内外有关专家及从事幼儿教育实际工作的教师协助授课"。② 于是,幼儿教育专业得到了快速发展。虽然在这一专业学习的人数不多,而且均为女生,但她们成了近代中国幼儿教育事业的开拓者、佼佼者。

周学章也不忘发展普通教育专业。这一专业在高厚德主系期间就已得到了发展,一直是系里最大的专业,周学章继续发展高厚德创下的事业,着重培养中学和师范教师,兼顾教育行政人员,使普通教育专业得到了持续发展。在教学过程中,周学章十分注重新教学方法的运用。随着西方教育测验运动之兴起,教育测验作为一种新的科学方法也在我国广为运用,当时周学章在燕京大学就十分重视引进和讲授这种方法,开设了"教育心理"、"教育统计与测验"等课程,他还曾在平津两市对中小学学生做了大规模的测验,希望从中找出教学中存在的问题和各年级学生的成绩标准。通过教育测验,学生也了解和掌握了测验的方法和意义。在当时周学章、李建勋和曾任北京高等师范第一任校长的陈宝泉,被称为河北省教育界三杰。在周学章的十几种著作中,有关中小学智力测验和教育测验的就有六种。

---

① 燕京大学文史资料编委会编:《燕京大学文史资料》第三辑,北京:北京大学出版社1990年版,第38页。
② 张玮瑛、王百强、钱辛波:《燕京大学史稿》,北京:人民中国出版社1999年版,第827页。

平时,周学章注重教学实验。在燕京大学附中、附小,周学章亲自对教学实验工作进行设计和指导,曾"先后做过两种小数乘法的实验、学校日程进行与心的疲劳、繁简体字在教学效率与学习效率上的实验、珠算笔算加法实习效率等实验"。①

(三) 教育学科的弄潮儿廖泰初:教育学科的恢复与调整

廖泰初生于 1910 年,1928 年由通县潞河中学保送燕京大学教育系,1932 年毕业后入研究生院,1935 年获燕京大学及美国纽约州立大学硕士学位,同年留校任教。太平洋战争爆发后,燕京大学迁到了成都,廖泰初经过长途跋涉来到成都,但由于种种原因,成都燕京大学未能开设教育系,廖泰初就在法学院开设了"农村社会学"课程,并选定在成都北外崇义桥办了一个"农村研究所服务站"。1946 年,燕京大学在北平复校,恢复了教育系,直至 1952 年由廖泰初担任系主任。在此期间,教育系正处于恢复调整的过程中,廖泰初及时适应形势,开设了新的专业课程。

廖泰初一贯重视农村教育,对农村教育可谓是情有独钟。1928 年,廖泰初就读燕京大学教育系时,当时在洛克菲勒基金会(Rockefeller Foundation)的资助下,教育系和社会学系、经济系正在共同参加开办乡村社会实验区。开办实验区的目的在于:"(1)帮助贫苦农民的家庭改进生活状况;(2)引发人们对社会工作的兴趣;(3)显示知识与科学在社会服务方面的力量;(4)为学生从事社会调查和实习提供一个基地。"②廖泰初在学生时代就积极投身于乡村建设运动的洪流,他的硕士论文即以《定县平民教育促进会工作评论》为选题。1935 年留校后,系里派他到天津和河北定县附近六个县进行调查研究,"与农民同吃同住,深入了解教育、社会、经济等具体情况后,回校把材料收集整理成文"。③他还曾到山东汶上县进行社会调查,当时在山东汶上县实验区廖泰初任教育指导员,了解实际情况,力求制订和推行普及教育的具体措施。根据调查研究,他出版了三个单行本:《动变中的农村教育》、《一个城郊的村落社区》、《河北省的教育经费》(中英本同时出版)。1937 年,他又负责诚孚和冉村两个实验区的

---

① 张玮瑛、王百强、钱辛波:《燕京大学史稿》,北京:人民中国出版社 1999 年版,第 590 页。
② 郝平:《无奈的结局——司徒雷登与中国》,北京:北京大学出版社 2002 年版,第 165 页。
③ 张玮瑛、王百强、钱辛波:《燕京大学史稿》,北京:人民中国出版社 1999 年版,第 150 页。

工作,在他的指导下,这两个实验区的工作开展的有声有色,推动了教育与农村的改革。1942年,燕京大学在成都复校,廖泰初来到成都燕京大学。当时成都燕京大学未设教育系,廖泰初就在法学院开设了"农村社会学"。1943年,他在成都郊区崇义桥建立了新实验区,命名为农村研究服务站。"这一实验区一方面为社会系、经济系高年级学生作为实习研究的场所以补充课堂学习的不足;另方面也参照原在北平燕京大学附近的诚孚和冉村两实验区的经验,并根据当地情况开办各种活动。在与农民接触中,进一步了解农村实际、探索教育改革的途径,也为乡村教育这一学科充实了内容。"①在廖泰初的影响下,他的夫人刘庆衍结婚不到三天,也积极参与筹办实验区的农业展览工作。1943年至1945年,实验区工作开展得轰轰烈烈,农村教育工作也得到了进一步发展。1946年,燕京大学迁回北平,廖泰初担任教育系主任,由于实验区所需经费比较庞大,独立恢复实验区已不可能,因此,乡村教育专业未再开设,但他的思想仍一以贯之,与社会学系合作在燕京大学后门的成府开设了儿童福利站,教育系还专门开办了儿童半日识字班,作为开展乡村教育的基地。同时,他对成都郊区实验区的调查资料进行整理,写出了4篇论文作为那一阶段的工作总结。

为了重振教育系,他意识到教育再也不能局限于教师、课堂、黑板了,遂于1947年赴美进修,在哥伦比亚教育学院攻读教育技术学,致力于视听教育。1948年回国,"他把新兴的视听教育课引进到燕大教育系,亲自拟定教学大纲,结合中国实际,改进教学,设计教学仪器、图表、潜心研究和制作视听教具,制成的点画式幻灯机曾在附近学校试用,对教学改革起了一定的促进作用"。② 在大学开设视听教育,这在当时中国是一项创举,燕京大学及时与国际接轨,走在了各大学的前头。值得一提的是,在1947—1948年廖泰初出国期间,系主任工作由夏仁德(R. Sailor)代理,胡梦玉协助工作。在夏负责期间,他把重点放在教材、教法的研究上,在"南长街小学举办的'教材、教法、教具展览与咨询',受到了欢迎与好评,推动了对教学的研究与改造"。③

---

① 张玮瑛、王百强、钱辛波:《燕京大学史稿》,北京:人民中国出版社1999年版,150—151页。
② 燕京研究所编:《燕京大学人物志》第一辑,北京:北京大学出版社2001年版,第337页。
③ 张玮瑛、王百强、钱辛波:《燕京大学史稿》,北京:人民中国出版社1999年版,第151页。

1952年,随着高等院校合并,燕京大学教育系并入北京师范大学教育系,其教育系也就随之消亡。虽然燕京大学教育系不存在了,但廖泰初等人到了北师大教育系,他担任电化馆馆长,与"许多教育合作,利用新教具改进教学,并多方面对开展视听教育进行探索,提高教学效果,受到师生的欢迎和好评"。[①] 可以这样说,燕京大学教育系的电化教育,对我国电化教育的发展产生了深远的影响,为建国后教育技术学专业的创立与发展做出了贡献。

四、近代教会大学教育学科的基本特征

教会大学教育学科建立在中国的土壤上,为了在竞争中生存,教育学科不断地引进西方先进的教育理念,并密切关注中国教育现实问题。教会大学教育学科在其演变和发展的过程中形成了若干基本特征,对近代中国大学教育学科的现代化发挥了一定的作用。

(一) 教育学科弥漫着宗教色彩

较之国立综合性大学和高等师范学校教育学科,教会大学教育学科明显呈现宗教色彩,虽然教育学科不断地走向学术化、本土化,但宗教性始终渗透其中。

首先,在课程设置上,教育学科开设了有关宗教方面的课程,让学生接受系统的宗教知识教育,逐渐培养学生的宗教信仰,进而养成学生的灵性生命。沪江大学教育系教员韦雅谷(James B. Webster)直言不讳地指出:"如果教会学校只传授现代科学知识,那它们的末日便指日可待,因为中国政府也会提倡现代科学知识而不考虑基督教特殊的价值观。"[②]为此,许多教育学科开设了与宗教有关的课程。例如,华南女子大学于1917年开办了教育专业,后来根据政府的立案要求,把宗教教育专业并入教育专业,1930年又创办了教育系。据《教育部立案私立华南女子文理学院一览》记载,所开设的宗教相关科目有"宗教教学法"(研究圣经及之解释方

---

① 张玮瑛、王百强、钱辛波:《燕京大学史稿》,北京:人民中国出版社1999年版,第151页。
② 转引自徐以骅:《教育与宗教:作为传教媒介的圣约翰大学》,珠海:珠海出版社1999年版,第297页。

法,以阐明关于宗教之真理)、"宗教教育之组织与管理"(授予学生以组织宗教教育之目的及原理,并其管理之方法)、"宗教教育之艺术"(讲授宗教之利用图画、唱歌,及演述故事之技术,以引起儿童之兴趣)、"基督徒人生哲学"(研究基督徒个人生活之要点,如上帝之信仰、祈祷之价值、圣经之实用,及救赎之真义)、"养成基督徒人格之教育"(授予学生以认识基督徒品格之特点,工作之标准,及其对社会之影响)及"基督教之社会思想"。每一门宗教课程都有其预设之价值标准。① 再如,有学者曾记载华西协和大学"文学院和教育系在它们的全部课程之中包括了宗教教育的全部课程。他们也向中学低年级中有希望的教师们推荐宗教学课程。"②

其次,教育学术研究以基督教教育为中心。传教士们是一手持《圣经》,一手持西学,创建了教会大学,但教会大学要想抵御来自中国人自身创办的大学的竞争,唯有提高其学术水平。圣约翰大学校长卜舫济在给布道部的信中表露过这种竞争心态:"如果我们落在后面,允许中国政府设立学术水准超过我们的学校,那么我们就将失去我们的机会。"③教育学科建设也是如此。为了教育学科的发展,传教士们努力进行教育学术研究,但同时这种学术研究又时时呈现出宗教色彩。如华中大学教育学院经常组织"教育学研讨班",由教育专业的学生和教师参与讨论一些重要的专业问题,例如,教育情感问题、宗教教育指导问题、教学法、大学的教师培训、青少年问题、辅导工作、中等教育的实用目的、中国高等教育中所存在的问题等。④ 尤其对基督教教育,教育学科注重研究基督教教育如何在当时中国发展,如何同中国环境相适应。教会大学教育学科的研究始终与基督教研究紧密结合在一起,以研究"基督教教育"为中心,这也是教会大学教育学科与普通大学教育学科不同的地方。

再次,宗教弥漫的校园氛围影响着教育学科学生。教会大学自一成立就确定了以培养传教士及教会领袖作为学校的宗旨和目的。狄考文早在1890年就指出:"学校里的宗教影响是最重要的事情。有了它,就有希

---

① 《教育部立案私立华南女子文理学院一览》,1930年,福建省档案馆39-1-2,载引自朱峰:《基督教与近代中国女子高等教育》,福州:福建教育出版社2002年版,第290页。
② 黄思礼:《华西协合大学》,珠海:珠海出版社1999年版,第64页。
③ F. L. H. Pott, "Letter to John Wood", May 11, 1909, Q243-169, pp.10-11.
④ "Annual Report of the School of Education", 1940-1941, Box 165, Folder 3083, Pages. 0321.

望取得伟大成果;没有它,学校至少是废物。"①许多学校的校训直接源自《圣经》,教会大学校园生活到处充溢着宗教气息。1919年,圣约翰神科主任聂高莱(Nichols, D. W)曾这样描述当时学校的宗教活动:"凡入本校肄业者,俱受耶教之栽培。每晨7时40分入聚集所祈祷唱诗。午时有教友聚教堂午祷。晚间亦然。其余如礼拜三晚祷,及教中各名人演说,此显见者也。"②传教士教师们希望通过这种校园生活,培植学生的基督徒灵性,并影响其对基督信仰的渴求,在这个过程中使基督徒的外在规范逐渐内化为学生心灵深处的自我认同,进而塑造其基督化的人格。教育学科师生浸润在这种宗教弥漫的精神氛围里,自然不可避免地会受到基督教文化的影响和熏染。

中国教会大学教育学科的"宗教性"并没有因它的"世俗化"而完全消亡,面对"世俗化"运动带来的挑战,教会大学教育学科的宗教教育不断地进行自我调适,以适应中国社会"世俗化"的需要。可以说,"宗教性"始终是教会大学教育学科的基本特征之一。

(二) 教育学科关注中国教育现实问题

教会大学教育学科从成立之日起就重视中国教育的研究,尤其重视中国教育现实问题的研究。

首先是关注中国乡村教育问题。中国是以农立国的国家,农民占人口的绝大多数。因此,中国的乡村改革和农村建设吸引了社会各方面的注意。教会大学敏锐地捕捉住这一热点和难点问题,积极地投入到乡村建设的运动之中。有一传教士曾描绘当时中国农民的境况:"从头到底就是他们的贫困……使他和他家人能生活下去的挣扎就是他所有的想法和所做的事情。在不花一个多余的铜子的窘迫中,教育、卫生、整洁、娱乐甚至宗教也常常被看成没有这些也能活下去的奢侈品……我们怎样才能拯救这些农民呢?"③回答非常简单:"当耶稣在世上时,在乡村和各国奔走,

---

① 陈学恂主编:《中国近代教育史教学参考资料》下册,北京:人民教育出版社1987年版,第24页。
② 转引自徐以骅:《教育与宗教:作为传教媒介的圣约翰大学》,珠海:珠海出版社1999年版,第185页。
③ 转引自章开沅、马敏主编:《基督教与中国文化丛刊》第3辑,武汉:湖北教育出版社2000年版,第374页。

减轻人们的痛苦,从罪孽中挽救他们,我们为什么不能以他的精神,通过乡村工作,通过提高他们的教育程度,改善他们的生活条件,发展他们的体魄和健康,影响他们的社会行为来满足他们的种种需要呢?"① 为此,教育学科以本身的学科特色,对乡村建设工作表现出极大的兴趣。燕京大学教育系一开始就参与乡村建设工作,先与华北乡村建设协进会合作,设实验区于定县。抗日战争爆发后,教育系又在学校附近设立了两个实验区。福建协和大学成立了乡村服务系,并于1935年制定了《福建协和大学乡村服务方案》,具体内容包括:设立乡村服务俱乐部,乡村戏剧俱乐部,各种健康与环境打扫运动,各种科普讲座等,此项方案得到了南京国民政府的财政资助。抗战期间,福建协和大学从福州迁到内陆农村地区的邵武后,教育学科积极参与乡村教育,帮助当地教会成立了教会小学,从低年级到高年级十分完备。金陵大学乡村教育系指导着成都平原10个农业职业高中学校,进行着高级农业农教人材的培养。齐鲁大学教育系和农业与经济系、家政系、保健系等一起,在济南以东70里的龙山镇创办了农村服务社,服务范围包括龙山镇及周围四十余个村庄,在此注重农民教育,建立了10所平民学校,3个妇女识字班,1个农民补习班等。② 金陵女子大学于1939年由教育系牵头在四川省仁寿县成立了乡村服务处,"仁寿距成都八十里,服务处有工作人员四人,这里的发展良好,获得农村社区欢迎。她们亦帮助村民了解战事的发展,放映电影给村民欣赏。遇寒暑假时,有一部分学生前往参加工作,当时县政府也能予以协作"。③ 由教育系发起的华南女子大学社会服务中心在乡村建设方面的成就尤为突出,以至于纽约女青年会妇女运动专家伍斯麦小姐(Miss Ruth F. Woodsmall)到华南女子大学后作了如下的评价:"华南女子大学过去和现在所作的贡献应予以保持。在我看来,华南的独特贡献是其毕业生紧密地建设性地融入中国的日常生活中,尤其是广大的农村地区"。④ 在乡村建设

---

① 转引自章开沅、马敏主编:《基督教与中国文化丛刊》第3辑,武汉:湖北教育出版社2000年版,第374页。
② 何晓夏、史静寰:《教会学校与中国教育近代化》,广州:广东教育出版社1996年版,第345页。
③ 转引自朱峰:《基督教与近代中国女子高等教育》,福州:福建教育出版社2002年版,第221页。
④ [美]华惠德《华南女子大学》,珠海:珠海出版社2005年版,第51页。

工作中,各教会大学教育学科不论平时还是条件艰苦的战时,深入农村,深入中国的基层,得到了广大农民的认可,在广大农民心中留下了深深的印痕。如华南女子大学学生"三支社教队中一支队伍的统计数字表明:她们共探访了 7 500 个家庭,举行 14 场次话剧表演,观看者达 16 500 人次,开办 4 个训练班,为 100 名妇女传授急救方法"。① 教会大学教育学科乡村教育也得到了快速发展,有关乡村教育的新专业纷纷成立,教会大学教育学科对中国乡村教育作出了一定的贡献。

其次是关注中国幼儿教育问题。幼儿教育是西方传教士关注的又一现实问题,但最初传教士关注幼儿教育并非为了发展中国的幼儿教育事业,只是由于在传教过程中遭到种种排拒,便把重点移到孩子身上。有传教士认为:"欲造民主国国民根基,除幼稚园外,无他术也;欲使街巷顽童、家中劣子,成为安分之小国民,除幼稚园外,亦无他术能收效若是之速也。"② 林乐知在《万国公报》上也发文《论中国极需设立幼儿园》,批判中国不重视儿童教育。在近代中国,幼儿教育机构率先由基督教会创立,并得以发展,陈鹤琴曾有一段话描述当时幼儿教育状况:"现在中国所有的幼稚园,差不多都是美国式的。幼稚生听的故事是美国的故事,看的图画是美国的图画,唱的歌曲是美国的歌曲,玩的玩具,用的教材,也有许多是从美国来的。就连教法,也不能逃出美国化的范围"。③ 而教会大学教育学科即为培养这些幼儿师资的主要机构之一。例如,沪江大学在 1920 开设了幼儿师范学校,由教育系副教授万尚洁(F. Catharine Bryan)负责该校,她曾在哥伦比亚教育学院获文科硕士学位,为了办好此校,她亲自"制定了课程,召募了一批教师,并说服了弗吉尼亚的浸会妇女捐钱为学校盖了一幢漂亮的楼,在 10 年里为这项事业作出了很大贡献"。④ 再如,辅仁大学教育学院创办了幼稚院和初级小学,根据儿童的个性及需求,发挥大学部和本校教师的优势,自行选编补充教材,在教学和管理上,由大学部教育系教授、研究中小学教育的专家徐恃峰进行指导,并把儿童玩具的研

---

① 转引自朱峰:《基督教与近代中国女子高等教育》,福州:福建教育出版社 2002 年版,第 192 页。
② 转引自何晓夏、史静寰:《教会学校与中国教育近代化》,广州:广东教育出版社 1996 年版,第 84 页。
③ 陈鹤琴:《我们的主张》,《陈鹤琴文集》下卷,北京:北京出版社 1985 年版,第 8 页。
④ [美]海波士著:《沪江大学》,珠海:珠海出版社 2005 年版,第 75 页。

究,尤其是国产玩具的研究作为教育学科的主要特色之一。近代教会大学教育学科对幼儿教育的重视,弥补了中国自古以来不重视儿童教育的弊端。

近代教会大学教育学科以中国本土实际为基点,关注乡村教育和幼儿教育等现实问题,楔入了中国教育的最薄弱环节,赢得了中国民众和政府的认同,从而使教育学科有了生存和发展的空间,并加快了教育学科"中国化"、"世俗化"的进程。同时,近代教会大学教育学科通过对这些教育现实问题的关注,扩大了教育学科的实践领域,并在一定程度上刺激和推动了国内其他大学教育学科的研究和实践。

(三) 教育学科率先导入并推行西方先进的教育理念

教会大学是西方教会在中国设立的大学,教育学科教师大都来自欧美或接受过欧美的教育,因此,教会大学教育学科具有较为浓厚的西方文化和教育背景,较少受中国传统的束缚和阻碍,许多先进的教育理论和方法往往率先被导入并应用。另一方面,教会大学教育学科也充分注意到了将西方外来文化与中国本土文化相结合,并在这方面做出了许多努力和尝试。

杜威主张"教育即生活"和"学校即社会",认为"学校生活的组织应该以儿童为中心,强调在学校里,儿童的生活应该成为决定一切的目的。"① 这一观点在许多教会大学教育学科的教学实践中得到充分推行。燕京大学第一任系主任高厚德认为"学校教育只是人的一生所接受教育的一小部分,此外还有农田教育、学徒教育,及各种职业教育、生活教育等等。教育的最终目的是为人类创造美好的将来"。同时,他主张把"教育缩小到最低元素,只有学生和要学的内容(教材)就够了。二者是最基本的。不一定要有教师。教室、校舍也不一定要存在"。② 在教学过程中,他始终把学生放在主体地位,重视启发引导,训练学生的思维等。华南女子大学校长卢爱德也吸收了杜威的"教育即生活"等观点,从理论上将教会、社会和国家的服务精神诠释为基督教女子教育的核心内容。她早在博士论文中

---

① 简·杜威著,单中惠编译:《杜威传》,合肥:安徽教育出版社 1987 年版,"编译者的话"第 4 页。
② 燕京大学文史资料编委会:《燕京大学文史资料》第一辑,北京:北京大学出版社 1988 年版,第 79 页。

已指出："那些指导这一代女子教育、肩负实践任务的人们，应该通过与生活处境的不断接触作出判断和调整，从而创造新女性。因此，新中国的女性要在知识、技巧和精神方面多作准备，以服务她的家庭、社会、国家和这个世界。"①卢爱德担任校长后，更是从理论和建制上全面引入了实用主义教育理念，为教育学科建立实验学校，注重实践和服务，从而对教育学科产生了深远的影响。在引进先进的教育理论和方法的同时，教会大学教育学科也充分注意到了将西方外来文化与中国本土文化相结合。有些明智的传教士主张："如果外国学校或一个外国人，不能像嫁接的枝条那样与活树的有机体融为一体，就会死去。我们现在必须想方设法把我们自己嫁接入中国这棵活树。"②沪江大学校长刘湛恩也曾指出："在教学方法和教材上，我们将接受外国最好的东西，但也保持中国最好的东西，使所有的一切适应中国的特殊需要。"③为此，教会大学教育学科教师努力实践着东西文化的融合。例如，金陵女子大学教育学科的华群小姐到安徽合肥工作了5年后，熟悉处于内地城市的中国女子学校所存在的种种问题，当她教授教育学科课程时，不仅能在教学方法上给学生以满足，而且能结合中国女子学校存在的问题进行针对性的授课。因此，她吸引了大量的学生前来教育系听课。教会大学作为中西文化碰撞交流的前沿阵地，其教育学科努力吸取中西文化的营养，并在发展过程中显示出与其他大学教育学科不同的特色。

恩格斯指出："历史上活动的许多个别愿望在大多数场合下所得到的完全不是预期的结果，往往是恰恰相反的结果。"④这一论断也符合教会大学教育学科在近代中国的情况。主观上，外国传教士来华主要不是为了发展中国的教育学科，而是试图利用教育学科的建设为其传教服务；但客观上，教会大学的教育学科在许多方面均开风气之先，促进了近代中国大学教育学科的发展，并对中国教育现代化产生了重要影响。

---

① Ida Belle Lewis, *The Education of Girls in China*, New York: Ph. D Thesis, Columbia University, 1919, p. 89.
② [美]乔纳森·斯潘塞著，曹德骏等译：《改变中国》，上海：三联书店1990年版，第176页。
③ 海波士著，王立诚译：《沪江大学》，珠海：珠海出版社2005年版，第115页。
④ 《马克思恩格斯选集》第4卷，北京：人民出版社1995年版，第248页。

第五章　近代私立大学教育学科

近代挪威一位大学校长曾经指出:"要将高等教育所知的事业办到好外(原文如此——笔者注),国立的、市立的及私立的都有才是。这些学校各有所长,各有所短,最好是能协力合作,各尽所长,互消所短。据我所知道的,还没有一个国家能够或是愿意将私立的创作尽行取缔的。若他们这样做时,那就如同一个自由的人被捆起了手足,或是一个牲畜被拴在地上一般。"①中国也不例外。早在清末出现过一些高等教育性质的私立学堂,但其程度普遍不高。进入民国后,私立大学有了较大的发展空间。纵观近代中国私立大学(本章所讲的私立大学不包含教会大学),其系科设置多以理工科为主,文科以应用性系科为主。虽然教育学科被历届政府认为是应由公立大学办理的学科,但立案的私立大学中有许多还是设置了教育学科,如复旦大学、南开大学、厦门大学、大夏大学、光华大学、大同大学、武昌中华大学等;其中有些大学设置教育学科的时间比较短,如大同大学教育学科。近代私立大学教育学科在建立与发展的过程中逐渐形成了自身的特色,与国立综合性大学教育学科突出"学术性"、高等师范教育学科强调"师范性"等有所区别,从而为其自身在竞争之林中开辟了一条独特的发展道路。

一、私立大学教育学科成立和发展概况

20世纪初,一批新式士绅和归国留学生开始兴建私立学校。但清政府没有制定专门的私立学堂章程,只在《学务纲要》中规定:"此后京外官绅兴办各种学堂,无论官设公设私设,俱应按照规定各项学堂章程课目切实奉行,不得私改课程,自为风气。"② 同时禁止私学堂专习政治法律、习兵操。这说明清政府除了对特别专业禁止外,对私立学堂基本上是听其

---

① 转引自吴哲夫:《私立学校在国家教育制度中的地位》,《新教育》1925年第1期。
② 舒新城编:《中国近代教育史资料》上册,北京:人民教育出版社1981年版,第198页。

自然发展,但没有纳入正式的学制系统,也不扶持私人开办大学。清末国人兴办的大学有中国公学和复旦公学,但这两所大学只是具有高等教育的性质,还不能称作真正意义上的大学。真正称得上大学的私立学校是在民国以后才逐渐兴起,教育学科也随着私立大学的兴起而设置。

1911年辛亥革命爆发,资产阶级革命派推翻了封建专制政体,建立了民主共和的政治制度,政府放开了私人办大学的权利,规定除高等师范学校一种外,均允许私人开办,并对私立大学制定了一系列倡导、鼓励的政策。1912年,教育部公布《高等教育专门学校令》,规定:"凡私人或私法人筹集经费,依本令之规定设立专门学校,为私立专门学校。"①同年颁布的《大学令》也规定:"私人或私法人亦得设立大学"。② 1914年12月,教育部整理教育方案草案,第一条就强调:"变通从前官治的教育,注重自治的教育。教育本为地方人民应尽之天职,国家不过督率或助长之地位",并指出:"大学为全国最高学府,其目的在培成富有理想之人物,以与世界之学术相应。以今日北京大学言之,学科设备诸未完全,欲言扩张,又多限于财力;以全国之大,无完善之大学不可也,大学不能多设尤不可也"。③政府在鼓励的同时,为确保私立大学的办学质量,还对私立大学制定了一系列的法规、法令。例如,1912年公布了《公私立专门学校规程》10条,1913年公布了《私立大学规程》14条等,试图通过各种法规完善对私立大学的管理,杜绝籍学敛财现象的发生。在政府的鼓励与支持下,私立大学一时兴起,但这一时期成立的私立大学的系科主要以文、法、商、经济等为主,其中法政科更是兴盛。1912年、1913年兴建的民国大学、北京中华大学、朝阳大学、武昌中华大学、明德大学、中国公学大学部等,都设立了法政科,这与当时的社会需求相一致。民国成立之初,知识分子对政治的热情十分高涨,"民初国人喜谈政治,组织政党,风尚所及,遂使私立学校多趋于法政。"④随着第一次世界大战的爆发,西方列强忙于战争,中国民族工商业得到了快速发展,而经济的发展使社会上对各级各类高级专门人才的需求越来越大。五四新文化运动后,自由、民主观念深入人心,许多人认为私立大学比国立大学更具有自由意志,因为"国立学校的宗旨,随

---

① 宋恩荣、章咸选编:《中华民国教育法规》,南京:江苏教育出版社2005年版,第383页。
② 同上,第385页。
③ 同上,第4—13页。
④ 《第二次中国教育年鉴》第二编,上海:上海商务印书馆1948年版,第147页。

政府的政策而转移,无永久性,无宽大性,不能任意发展",①而私立大学经费来自民间,可以"实现一种特殊的教育理想,与现在流行的社会制度与陶冶思潮不甚相同的理想",一种"更优良的新社会和更合理的新教育的理想"。②尤其是北京政府教育部于 1917 年颁布了《修正大学令》后,规定凡设一科者,亦可称大学,因此,私立大学迅速涌现。据《第一次中国教育年鉴》统计,1917 年至 1927 年间,私立大学经政府认可的由 7 所增至 15 所,私立大学占全国政府认可大学数量的 1/3,另加未被认可的,总共达 30 多所。针对这一情况,1925 年 7 月北京政府颁布了《私立专门以上学校认可条例》,规定:私立大学在获得政府认可之前,必须经过一个由政府批准的、为期 3 年的试办期,试办期内的私立大学由教育部管理,教育部随时可以勒令停止试办成绩不良的私立大学。只有试办期满,政府认为条件成熟之后,私立大学才能获得政府的认可。③这种既鼓励又限制的政策,使私立大学的数量和质量都得到了进一步的发展和提高。综观这一时期创办的私立大学,设置教育学科的开始增多。南开大学于 1918 年筹设文、理、商三科,学校刚创建时,教育学属于哲学及社会科学组,1923 年文科设教育学系,一度改为教育心理学系、教育哲学系。1920 年,陈嘉庚在集美创办厦门大学后成立了教育学科。1922 年,大同大学设置了教育学科。1924 年,欧元怀在上海办大夏大学,内设文、理、商、教育四科及预科。1925 年,光华大学成立,文学院下设教育学系。同年,广东国民大学设置教育系。私立大学教育学科的发展开始呈现出良好的趋势。

1927 年随着北伐胜利,南京国民政府为了加强统治,实行党化教育,宣称"教育不可无主义,主义只能宗于一。我们现在既以惟一的三民主义救国、建国、治国,教育是不能跳到国家范围以外去的。当然也只能宗于这惟一的三民主义而不能兼容其他主义,否则还是等于无主义。"④为此,政府对私立大学进行整顿,先后颁布了《私立大学及专门学校立案条件》、《私立大学条例》、《私立大学董事会条例》、《大学组织法》、《大学规程》、《私立学校规程》、《修改私立学校规程》等法规,对私立大学的设置、立案

---

① 《中国大学十六周年纪念会刊》,1928 年印,第 48 页。
② 邱椿:《我国私立大学之前途》,《中华教育界》1938 年第 6 期。
③ 参见[日]多贺秋五郎编:《近代中国教育史资料民国编》中册,台北:文海出版社 1976 年版,第 219 页。
④ 罗家伦主编:《革命文献》第五十四辑,台北:正中书局 1958 年版,第 305 页。

以及私立大学的性质、规格、课程、办学条件等进行规范。1927年颁布的《私立大学及专门学校立案条件》规定私立大学专任教师必须占全数的三分之一以上。① 1929年颁布的《私立学校规程》则规定私立大学的专任教师必须占全数的三分之二以上。② 另外，对学科设置也有特别规定。1933年1月教育部通令全国各私立大学，设立新学院应以农、工、医、商为限，不得添设文法学院。③ 通过整顿，私立大学教育学科在继续稳步发展的同时，开始趋于正规化，办学质量也逐渐提高。据《第一次中国教育年鉴》记载，已立案的私立大学设置教育学科的有大夏大学、光华大学、武昌中华大学、南开大学、厦门大学、复旦大学、广州大学、广东国民大学、中国公学、正风文学院、民国学院等。④ 这一时期，私立大学教育学科特色越来越彰显，已成为有些私立大学的特色学科，如厦门大学教育学科规模齐全，还成立了研究院，内设有称之为教育组的研究机构，不仅规模扩大，层次也提高了。厦大校旨明确提出："我国目下师资及教育专门人材，甚为缺乏，故对于教育科特加注意，以期养成良好师资，及教育界领袖。"⑤大夏大学也以教育学科著称，赢得了"东方的哥伦比亚大学"⑥的美誉。因此，私立大学教育学科的发展呈现出勃勃生机。

从1937到1945年，日本帝国主义发动了长达8年的侵华战争，我国的高等教育受到了严重摧残，许多高校纷纷内迁，在此过程中私立大学损失最大。这时一些原来基础比较好的私立大学由于资金等原因，也都改私立为国立，如厦门大学于1937年改为国立，1941年复旦大学由私立改为国立。有些私立大学则与国立大学合并，如南开大学与北京大学、清华大学合并，南开的哲教系与北京大学、清华大学的教育学科合并，组成了西南联大教育系。与此同时，南京国民政府在国势危殆之际，意识到教育

---

① 参见[日]多贺秋五郎编：《近代中国教育史资料民国编》中册，台北：文海出版社1976年版，第425页。
② 同上，第575页。
③ 《教育部二十一年度第三期预定三个月（二十二年一月至三月）行政计划》，《教育部公报》，第五卷第三、四期合刊，1933年。
④ 《第一次中国教育年鉴》丙编上，上海：上海开明书店1934年版，第87—129页。
⑤ 黄宗实、郑文贞选编：《厦门大学校史资料》第一辑（1921—1937），厦门：厦门大学出版社1987年版，第41页。
⑥ 转引自郑登云编著：《中国高等教育史》上册，上海：华东师范大学出版社1994年版，第221页。

的重要性,开始加强国立大学的教育专业,把教育学科扩大为师范学院,而对一些私立大学的教育专业则进行了调整,如广州大学1942年奉令将文学院与法学院合并为文法学院,教育学系停办;以教育学科著称的大夏大学,迁到贵阳的一部也奉令取消教育学院。私立大学教育学科逐渐削弱。抗战胜利后,私立大学开始复校,教育学科也有所恢复。到1947年,共有6所私立大学或学院设立教育学科:光华大学、大夏大学、武昌中华大学、广州大学、中国公学、乡村建设学院。从1947年下半年起,国民党政府在军事上全面溃败,经济也走向全面崩溃,私立大学教育学科随之逐渐萎缩。

二、影响私立大学教育学科发展的主要因素

教育学科在私立大学的建立和发展受到多方面因素的影响,本节就其主要因素分析如下。

1. 取决于学校创办人或负责人

从中国近代史上看,如果私立大学的校长或学校负责人对教育学科比较重视,或其本身就是教育学专家,那么该校的教育学科将会受到特别的重视。复旦大学校长李登辉对于教育学极为重视,20世纪20年代亲自教授与教育学有密切关系的"心理学"与"哲学"这两门课程。复旦大学刚开始只开设了几门教育课程,为了创办教育学系,李登辉鼓励章益出国学习教育学,对此章益在自传中曾写道:"我出国之前对于学习哪门学科没有定见。承李登辉校长的指点,才决定以教育学为第一专业,以心理学为第二专业。1926年毕业取得硕士学位。1927年回国,李校长就叫我回复旦,除在大学任课外,还让我担任预科主任,后来担任教育系主任。"[①]章益回国后在复旦大学主要开设历史教学法、小学各科心理等课程,两年后教育学系正式成立。同时,鉴于许多大学学生因家庭经济困难,在教育学系下附设了师范专修科,一直办到1937年。可以说,复旦大学教育学系的成立和发展与校长李登辉的深谋远虑是分不开的。大夏大学校长欧元怀、教务长鲁继曾都是教育学专家,在百忙之中亲自承担教育学科的教学

---

① 复旦大学校史编写组编:《复旦大学志》第一卷(1905—1949),上海:复旦大学出版社1985年版,第279页。

工作,还亲自登门拜请教育学科教师,先后为教育学院聘请了一批著名教授,而对那些确有学问的教师则不拘学历一概延揽门下。例如,沈百英先生毕业于江苏省立第一师范学校,只有中师的学历,但他在小学教材与教法方面确有精微的研究,商务印书馆由他编辑出版的小学教科书和少年儿童读物不仅风行全国,还远及海外。欧元怀校长亲自去听了他的课,当即聘沈先生为教育学院的教授。这种注重真才实学的识见,只有真正懂得教育学的领导人才能具备并作出决断。南开大学校长张伯苓于1917年42岁时赴美国哥伦比亚大学师范学院研究教育理论,又向美国著名教育学家杜威、心理学家桑代克、詹姆士悉心请教,对教育学有很深的理解与体悟,回国后,致力于创设教育学科。中华大学校长陈时于1907年留学日本,先入庆应义塾、后转入早稻田书院,前者的创始人是福泽渝吉,后者的创始人是大隈重信,都是日本明治维新后的著名教育家,陈时在日本所受的教育对他以后办学产生了十分重要的影响。以上私立大学的创办人或负责人本身就与教育学科有着密切的关系,因此,在这些学校内教育学科的发展备受关注。

2. 地理位置的影响

私立大学教育学科的兴起与其地理位置也有十分密切的关系,因为地理位置直接关系到教师聘请、招生来源、学生就业、学习环境等各方面。上海是近代工业的发源地,尤其到了20世纪30年代,上海的经济已达到旧中国的颠峰状态,全国进出口贸易大半在上海港吞吐出入,商业和轻纺加工工业等也遥遥领先,而金融业独占远东之鳌首。在强大的经济动力刺激之下,上海的高等教育在当时全国最为发达,截止1949年大学有41所,占全国大学总数的23.4%,大学在校生人数已达两万多人,为全国之最。因此,上海是一个人文荟萃的国际都市。大夏大学教育学院就益于上海的地理位置,所聘教授中很多人原是国立北京大学和国立东南大学的教授,当时都在上海商务印书馆或中华书局等处当编辑,个个都是饱学之士。在上海,其他设置教育学科的私立大学还有私立大同大学、私立诚明文学院、私立群治大学、私立东亚大学、私立光华大学、私立上海女子大学、私立新中国学院。另外,在北京,设置教育学科的私立大学有私立中国大学、私立民国大学等。除上海和北京这两大城市外,私立大学设置教育学科的还有福建厦门大学、武昌中华大学等。厦门大学是福建省南半部的第一所大学,闽南三十多个县,千余万人,全靠这所大学造就人才。

同时,厦门大学地处侨乡,"华侨多数为闽粤两省人士,且其根据地皆在南洋。远者不过旬余海程,近者且二三日即可到达,且厦门为闽南华侨之故乡,监督子弟教育,较为容易。即粤中子弟来此,亦极为便利。"①因此,厦门大学创办时就提出"本大学与海外各埠华侨关系甚深,故予华侨子弟以返国求学之机会,俾得发扬其眷爱祖国之热忱,使国内外之民族精神得以团结。"②厦门大学教育学科从"师范部"改为"教育学部"、"教育科"、"教育系"、"教育学院",学科规模不断扩大,得益于其有利的地理位置非浅,而且许多学生来自南洋,在经费上也得到了海外华侨的大力资助。中华大学则地处武昌,早在清末,湖广总督张之洞就在该地进行了一系列的教育改革,主持创办了武昌师范、湖北幼稚园、初等小学堂、高等学堂等一系列新式教育设施,重教兴学已成为地方新风。因此,中华大学一成立,作为武汉地区国人自办的第一所现代高等教育性质的学校,就在全国极具号召声势,各省投考者颇众,选拔了不少人才。该校成立之初就设立了师范专修科,1917成立了教育学门,1922年开办了教育学系。之后,教育学科规模不断扩大。可见,地理位置对私立大学教育学科的影响是相当大的。

3. 资金是学科发展的保证

资金是私立大学正常运转的基本物质保障。很多私立大学之所以创办,得益于创办者和有识之士的捐助。厦门大学主要依靠陈嘉庚的慷慨捐助,他认捐400万元,开办费100万元,分3年交清;经常费300万元,每年付12万。他不仅自己倾囊相助,还呼吁"内地诸君及海外侨胞,负国民之责任,抱同舟而共济,见义勇为,当仁不让,共同把厦门大学办好"。③厦门大学地处东南一隅,虽然生源充足,但厦门既不是全国的文化中心,也不是经济中心,因此,著名学者通常不愿前往。1925年是陈嘉庚的事业达到巅峰之年,厦门大学利用其优厚的经济条件,用重金礼聘教授,规定"教授月薪最高可达400元,讲师可达200元,助教可达150元;书记、事务员能起草各种公文并能写普通英文信者,月薪50－70元;能起草公文并能懂少许英文者,月薪40－50元;只能作誊录者,月薪也有25－35元;

---

① 《厦门大学第十二周年纪念专号》,1933年4月。
② 王增炳、骆怀东:《教育事业家陈嘉庚》,北京:教育科学出版社1989年版,第113页。
③ 洪永宏编:《厦门大学校史》第一卷(1921－1949),厦门:厦门大学出版社1990年版,第5页。

而且从不欠薪。"①因此,教育学科许多名教授纷纷南下厦门大学。1926年8月,厦大将隶属于文科的教育学系扩充独立为"教育科",下分教育学、教育心理学、教育行政学三个系,并附设模范小学。为了保持师资队伍的稳定,学校在1926年制订了《厦门大学优待教职员规则》,规定:"凡服务满10年者,其子女入本校肄业,得享受免纳学费之权力;凡服务满15年因病不能继续工作者,按其停止服务时所得薪俸25%发给恤金;凡服务满20年以上、年满65岁或年满56岁以上因病不能服务者,可享受养老年金,其中服务满20年是薪俸之35%。恤金及养老年金均以三年为限。"②1927年,学校又提出了对任职七年以上的教授给予休息假1年的优待,而且仍发全薪,如果该教师在从事研究工作,则可拨给研究经费。厦门大学对教师的优待极大地刺激了教育学科的发展,1930年2月根据教育部颁发的《大学组织法》及《大学规程》,厦大改各科为学院,分设文、理、法、商、教育五个学院;教育学院由孙贵定教授任院长,内分设教育方法学系、教育心理学系、教育行政学系,1932年又成立了教育原理学系。为了解决经费问题,私立大学通常聘请政界、军界、工商界名人及社会贤达担任学校董事会成员。如大夏大学为获得银行贷款,在其开办的最初几年曾聘请上海金融界的虞洽卿、钱新之、张公权、徐新六等人为校董会理事。南开大学也曾聘请颜惠庆、范旭东、李祖绅、胡适、蒋梦麟、范源濂、丁文江等人担任校董事会成员;张伯苓还经常发动国外校友会捐款,也曾得到美国洛克菲勒基金会、太平洋国际学会等的捐助。复旦大学校长李登辉曾亲赴南洋募捐,先后集款约三十万元,得到南洋兄弟烟草公司、郭子彬、黄弈柱各独捐校舍一座。一般设置教育学科的私立大学,基础相对比较好,资金也较为充足;这是因为教育学科是一个新兴的学科,完全从国外引进,国人对教育学科的评价一直褒贬不一,因此,一个毫无名气的私立大学设置教育学科是吸引不了生源的,只有具有相当实力的私立大学才能聘请名师,用名师吸引生源,再用学生作为品牌扩大社会影响,从而达到良性循环。

　　此外,从本章第一节中,不难发现政府及其政策的作用不可低估。民

---

① 洪永宏编著:《厦门大学校史》第一卷,厦门:厦门大学出版社1990年版,第67页。
② 黄宗实、郑文贞选编:《厦门大学校史资料》第一辑(1921—1937),厦门:厦门大学出版社1987年版,第88页。

初,政府不允许私人或私法人创办高等师范院校,而当时教育学科主要设置在师范,因此,私立大学几乎均未设置教育学科。北京政府时期,政府政策一放开,教育学科的设置随即增多。1921年陈嘉庚倡办厦门大学就是念及闽省千余万人,没有一所私立大学,不但专门人才短缺,就连中学教师亦无处可造就。为此,他决意倡办厦门大学,并且首先想到设置教育学科。继之,私立大同大学、大夏大学、群治大学、光华大学等都设置了教育学科。南京国民政府时期,政府政策进行了调整,对教育学科的设置有所限制,鼓励开办农、工、医、商等学科,这样教育学科在发展的同时又有所收缩。虽然教育学科有其自身内在的发展规律,但在近代中国社会转型时期,中西交汇、政局动荡,政府政策仍起着举足轻重的作用。

当然,影响教育学科设置的外在因素是多方面的,它们相互交织、相互影响,在此过程中教育学科自身内在的发展规律也始终起着十分重要的作用。

三、私立大学教育学科个案考察:厦门大学和大夏大学

近代中国私立大学教育学科无论在数量还是质量上都比不上国立或公立大学,但私立大学教育学科充分展示自身的特色,为自己赢得了生存空间,其中厦门大学教育学科和大夏大学教育学科可以说是典型例子。厦门大学教育学科由师范部逐渐发展成为教育学院,先后设有教育学、教育原理学、教育心理学、教育行政学、教育方法学等5系。大夏大学从厦门大学分离出来并于1924年6月厦门大学学潮之后创办起来,初设文、理、商、教、预等5科,其教育学院先后延聘若干曾留学美国哥伦比亚大学教育学院的著名专家前来任教,赢得了"东方的哥伦比亚"的美誉,下辖教育行政系、中等教育系、教育心理系、社会教育系。这两所大学教育学科齐全、规模较大,且都以教育学科作为学校的重点学科和特色学科。

(一) 专职教师少而精

在近代中国,私立大学教育学科得与国立综合性大学和师范大学共存,一个重要的原因就是具有一支一流水平的教师队伍,它们深深懂得教学质量就是私立大学的生命线。为此,私立大学教育学科虽然办学资金有限,但在选聘教师时充分发挥名师效应。大夏大学教育学科先后延聘

了艾伟、邰爽秋、韦悫、孙亢曾、朱经农、黄敬思、张耀翔、陈选善、赵廷为、朱有瓛、沈百英等已经成名的教育学专家,他们中很多是曾经留学国外的博士、硕士,原为国立北京大学和国立东南大学的教授,经验丰富,讲课富有特色。张耀翔把心理学在国人心目中演绎成一个饶有兴趣的学科。在心理学课堂上,他分析了变态心理,认为贪小便宜者其特征是占有别人的东西作为自己最大的愉快和心理满足,而批判狂妄自大者其根源是无知、守旧、无自知之明、集体意识差等等。在社会心理学课堂上,他指出身材修长的女生宜穿横条子的衣裳,矮小的女生宜穿竖条子的衣裳,利用人们的视觉心理可弥补其身材'缺陷',以达到美的效果;颜色有热色、冷色之分,红、黄、紫属热色,灰、黑、蓝属冷色,随着人们的爱好可以察知其性格于一斑。于是他把枯燥的心理学教活了。董任坚教授讲授教育心理、教育原理,讲课诙谐轻松。孙亢曾教授和颜悦色,娓娓道来,使人有如沐春风、如沾化雨的感觉。教师中还有在小学教材与教法方面研究有素的沈百英先生。每位教师都有自己的特色,而且他们中央大学多数人讲课从来不用课本,而是口授笔记。厦门大学教育学科先后延聘国内著名教育专家不下25位,但每一位都是当时的名家,其中有心理学专家孙贵定教授、教育社会学专家雷通群教授、教育哲学专家庄泽宣教授、擅长教学法的钟鲁斋教授和教育史专家姜琦教授等。

　　私立大学教育学科延聘的是名家,但往往是专职少,兼职多,而且一位教授兼授多门课程、兼任多种职务,这在私立大学是普遍的现象。大夏大学校长欧元怀,虽日理万机,但仍然兼授教育学课程;厦门大学教育学科孙贵定教授来校后任教育学院院长,兼任校务会议委员、校行政会议委员等九种职务。专职教师队伍少而精,大量的教师还是靠兼职来弥补师资队伍的不足,这也已成为私立大学教育学科的显著特色。据统计:1930年大夏大学教育学科的师生比为1:28、厦门大学为1:11,而同年国立北京大学教育学科师生比为1:6、国立中央大学教育学科师生比为1:9,[1]相比较而言,私立大学教育学科的师生比高于公立大学。这一方面由于私立大学教育学科确实因资金有限,对师资选聘精打细算;另一方面私立大学也有自己的考虑,集中资金用高薪聘请少量名师,利用名师吸引生源,

---

[1] 参看郑金洲、瞿葆奎:《中国教育学百年》,北京:教育科学出版社2002年版,第300—304页。

再用有限的资金聘请大量兼职名师和一流的大师到校讲学。以名师带动整个学科的发展,私立大学教育学科已把名师效应发挥到了极致。

(二) 教学管理严格而灵活

各私立大学采用学分制和选课制,严格而灵活的管理方式也是吸引学生报考就学的因素之一。大夏大学教育学院学生选习教育科目,在战前考试须达70分,方称及格。"学校对入学后的新生要求极严,达不到成绩标准者不准毕业,如《课程论》等课程,教授只给三分之二学生及格,其余三分之一学生则不能通过,必须重行修读。"①学期考试采用全校院系混合编座的办法,考场设在思群堂,鲁继曾教务长经常深入考场巡视,一次当他发现一位同学有作弊行为时怒不可遏,毫不宽容,立即撕毁试卷,并令其退出考场。据统计,大夏大学创办27年,录取新生在一万二千名左右,实际毕业的仅5770人。因此,许多人虽进过大夏,但未能读到毕业。② 严格的教学管理,对于保证毕业生的质量,具有至关重要的意义。但对于那些特别优秀的学生,在教学上则采取相当灵活的方法,可以提前毕业。据教育学院学生卢克宜回忆,"大夏的教育科是本科,等于今日大学的教育学系,学生要读四年才毕业。我呢! 以成绩优异的缘故,到了三年级上学期起,欧教师(指欧元怀——笔者注)和教育科主任程时煃,都准我多读学分,于是我自该学期起,所读学分是超过规定的。因为平时多读学分,又进暑校修读缘故,读至八月下旬,教育科中等教育组应修习的学程都给我读完了,八月底考查成绩及格,准予毕业,并授予'教育学士'学位。"③很多学生由于经济上困难,进暑期班和夜校修读学分,这样往往可以提前毕业。厦门大学教学管理也是如此,学生学业成绩的评定及毕业考试严格按照《厦门大学学生通则》进行管理。各门课程成绩由平时和期终考试决定,考试成绩分甲(最优)、乙(优等)、丙(及格)、丁(补考)、戊(重修)五种,最后成绩由教师根据平时及学科考试的成绩决定。学生如各学科最后成绩在丁等时,应于下次举行该课程之学科考试时补考,过期不得再试。补考成绩如仍在丁等时则应重修。但如果各学科之最后成绩在戊

---

① 张德龙主编:《大夏大学建校七十周年纪念》,1994年印,第71页。
② 政协西南地区文史资料协作会议编:《抗战时期内迁西南的高等学校》,贵阳:贵州民族出版社1988年版,第150—151页。
③ 臧履谦编辑:《学府纪闻:私立大夏大学》,台北:南京出版有限公司1982年版,第92页。

等,则须一律重修,不准补考。凡两学期连续之学科,如其第一学期之最后成绩在丁等,得准其继续修习第二学期之功课;如第二学期之最后成绩在丙等以上时,则其全学年之成绩作为及格;如其第二学期之最后成绩仍在丁等时,须补考其全学年之功课;如其第二学期之最后成绩在戊等时,须重修其全学年之功课。同时规定,学生缺课时数在授课时数五分之一以上者,不得参加考试。对毕业的要求,本科生除按规定之课程修满及格外,须于第四学年开始时,通过国语、英语口试及特别国文、英文笔试,并于最后一学期内通过其所习主课之毕业考试及毕业论文,方能毕业。教育学院采用学分制,以修满141分为毕业,但对每年应修学分也有严格规定,如"前两年每学期至少应修十八学分(修习军事训练及军事看护者至多以十九个半学分为限),至多以二十学分为限(修习军事训练及军事看护者至多以二十一个半学分为限)。后两年每学期至少须修习十五个学分,至多以十八个学分为限。"①总之,私立大学严格而灵活的教学管理,保证了教育学科的质量,赢得了良好的社会声誉。厦门大学教育学科在"民国十九年,中央训练部指定本校教育学院为资助升学党员投考学校之一。廿年六月,中华教育文化基金董事会通过,自二十年八月起,补助本校理学院及教育学院举办实验教育讲座,当时所开设者有教育的科学研究,及实验心理学之研究等。"②

(三) 学科齐全、课程丰富

厦门大学教育学科前后有教育学、教育原理学、教育心理学、教育行政学、教育方法学5系。为加强学科建设,1925年厦门大学发出正式文件,规定各学科、各系"每月须集会一次","以谋该科、该系之发展,并以交换各人之意见。"同时要求全体教职员"对于该科、该系、该机关,有何满意之处,有何不满意之处,有何种改良办法以救济之;又各教员对于所担任之学科,教授上课程上等,有无不惬意之处,应如何改良、刷新,或有何种新发明之办法,可促进前途之发展;务请各抒所见,报告于该管主任,以资采择,而利进行。"③厦门大学教育科发展很快,学科齐全,各学科课程设置

---

① 黄宗实、郑文贞选编:《厦门大学校史资料》第一辑(1921—1937),厦门:厦门大学出版社1987年版,第66页。
② 同上,第365页。
③ 洪永宏编著:《厦门大学校史》第一卷,厦门:厦门大学出版社1990年版,第64页。

丰富。各系开出大量可供选修的课程，"教育理论方面有：教育概论、教育史、教育哲学、社会学大意、教育社会学、现代教育思潮、教育之科学研究等；心理学方面有：普通心理学、教育心理学、社会心理学、实验心理学、学科心理、儿童心理学、特殊儿童心理学、青年心理学、高等教育心理学等；教育管理学方面有：教育行政、学校行政、课程编制、教育行政问题研究等；教学方法方面有：普通教学法、各科教学法研究、测验概要等；此外还有比较教育、乡村教育等课程。学院同时还建立副系制度，规定学生可以选修另一系的课程，修满18—20个学分，即可取得副系结业证书。"①学院还要求学生提高外语水平，开设了"英文修辞"及"英文作文"，并要求学生应修第二外语。

大夏大学脱胎于厦门大学，因而其教育学科从一开始就有一个较高的起点。欧元怀既是大夏大学主要创办人，也是原厦门大学教育学科教授，对教育学科建设十分重视。大夏大学从一开始就成立了教育科，下设教育心理系、中等教育系、教育行政系。1930年秋季，大夏大学为了扩充校务，以应社会需要，教育学院除原有教育心理、中等教育、教育行政3系外，又添置了社会教育学系。该系主要由社会教育专家马宗荣主持，他于1918年考取公费留日生，入东京帝国大学社会教育科学习，并获文学士学位，之后继续入帝国大学大学院研究所攻读两年。回国后在大夏大学社会教育系工作，创立的课程为当时全国各大学所效仿。课程设置除各系必修课程外，社会教育系的必修课为27门，主要有：社会教育原理、社会教育事业概论、社会教育行政、比较社会教育、民众学校教育、图书馆通论、图书馆教育论、图书馆组织与管理、民众娱乐教育、公民教育、简易技能、民众文艺与教育、戏剧与教育、映画与教育、音乐与教育、艺术与教育、演讲与教育、健康与教育、观览设施与教育、社会事业概论、社会教育问题设计、社会教育问题研究、教育行政、职业教育、职业指导、教育社会学、农村社会学等。为了把社会教育学系办得更好，1932年秋附设大夏公社，作为研究实验的基地和学生实习的场所。

厦门大学和大夏大学都注重教育学科建设，学科设置齐全，课程丰富，这是其他私立大学教育学科无法比肩的；而且有些学科已达到国内领

---

① 厦门大学校史编委会：《厦门大学院系馆所简史》(1921—1987)，厦门：厦门大学出版社1990年版，第324页。

先水平,有力地促进了私立大学教育学科建设。杜佐周在厦门大学教育学科期间写的《教育与学校行政原理》一书,采用统计学和图示的方法对教育行政的某些方面进行量化分析和系统分析,并对学校行政应注意的问题进行数量统计和数据分析,标志着中国教育行政学开始迈向科学化。私立大学教育学科对中国大学教育学科的现代化作出了重要的贡献。

(四) 教育教学实习富有特色

厦门大学和大夏大学教育学科的教育实习都颇具特色。当年厦门大学教育学科先后设置教育学、教育原理学、教育心理学、教育行政学、教育方法学5系,并每年开展教育教学实习。教育学科教师带领学生参观大、中、小学进行考察,方法有三类:特别参观是请各级学校当局报告历届办理情形,以资考镜;普通参观是注意各校大体之设备及卫生校舍之构造、图书仪器之购置等;教学法实验是到教室留意教师之态度、学生听讲时之兴趣并有无自动之精神。考察的对象首重中等教育,兼及大学、小学。考察的要点有六:一、学校之行政及组织;二、学校之建筑、设备及卫生;三、学校之课程及教学法;四、学校之训育设施及学生课外事业;五、学校教员之待遇及其位置;六、学校之职业指导。经过考察,广大学生了解了各地各校办学的优点及不足,对其在校期间改进教育工作及教学方法及其对毕业后从事教学及教育行政工作均大有裨益。教育学科每年都举行此类考察,在当时影响较大。从1926年秋季开始,教育学科师生又在附设的实验小学,试行设计教学法、道尔顿制、文纳特卡制等,取得一些经验。大夏大学教育学科也开展了富有特色的教育、教学实习。在"大夏大学创办初期,图书仪器虽然尚未充实,但学校很重视学生的实习,每周内,教育科实习班学生要由教授率领参观沪上著名各中小师范学校,每次参观后,集会讨论并由每位学生作出报告及批评。"[①]这种颇具特色的实习制度,也是大夏大学教育学科办学质量较高的原因之一,许多学生报考大夏大学就是冲着教育科而来。1926年大夏大学教育科及高等师范科学生人数占全校学生总数的百分之五十以上,可见大夏大学教育学科的人气之旺。教育实习不仅促进了教育学科在私立大学的发展,提高了教育学科在私立大学的地位。

---

① 宋秋蓉:《近代中国私立大学研究》,天津:天津人民出版社2003年版,第159页。

（五）在"教育救国"主旋律下师生和谐共存

厦门大学和大夏大学两校始终以"教育救国"作为办学的总体方针。厦门大学的创办人陈嘉庚是一个爱国者,他早年加入同盟会,从经济上大力支持孙中山的革命事业,被孙中山誉称为"革命之母"。为了报效祖国,他自称"乃一庸愚侨商","诚以救国既乏术,亦只有兴学之一方"。① 为了兴学,他不只把自己的全部资财投入学校,而且还变卖自己的大厦以维持厦大。在厦门大学附设高等师范学校的演讲中,陈嘉庚的爱国之心更是表露无遗,他说:"如吾国今日处此危机存亡之秋,凡属财产家宜捐其一部分振兴教育,以尽救国责任。国家存在而后国民之幸福乃有可言。否则,为犹太之富,任人侮辱宰杀,生命且不可保,安从何娱乐耶?"②在办学过程中,校长林文庆始终以爱国作为教育学生的思想主旨。他在《大学毕业生之责任》一文中指出:"我国现状,烽火漫天,干戈遍地,山河破碎,权利丧亡;而经济之紊乱,教育之衰颓,道德之沦亡,尤不堪闻问",因此,他希望毕业生"各抱至伟至大之毅力,至勇至诚之愿望,各本所学,各尽所能,为国家增光,为人民造福,万勿辜负本校造就人才之至旨也。"③正是在这种"教育救国"的主旋律下,涌现出一批爱国志士,如1926年大革命时厦大中国共产党支部的第一支部书记罗杨才就是教育系的学生。他参加领导了第一次国内革命战争时期厦门地区和厦大的工人、学生运动,不幸于1927年6月2日被反动派杀害,为人民革命事业献出了宝贵的生命。④也正是这种民族气节,在抗战期间激发教育学科师生相互勉励,和谐共处。据时人回忆,"师生间交谊会很常开。那时没有纪念周,不过会总觉得很多。每次开会,教授们必和我们做一些游戏,(这大概是他们从外国带回的)例如'室内跳高',是叫我们站着张着口去咬那挂在竿上的苹果,'室内跳远'是叫我们张口大笑,口最开的算是跳得最远的。闹的我们哄堂大笑。教授们私人请我们到他家或野外开会也是很常。林淑敏先生和

---

① 陈嘉庚:《陈嘉庚教育文集》,福州:福建教育出版社1989年版,第164页。
② 同上,第176页。
③ 《厦大周刊》第155期,1926年6月。
④ 厦门大学校史编委会编:《厦门大学院系馆所简史》(1921—1987),厦门:厦门大学出版社1990年版,第327—328页。

欧元怀先生似是最常请我们的,又是最有趣的。"①

大夏大学是在 1924 年 6 月厦门大学学潮之后,欧元怀、王毓祥等 9 人在上海创办起来,校名"大夏"寓"光大华夏"之意,其中蕴含着一种民族自豪感。在大学成立之初,校长马君武在第一次对教师和全体学生的讲话时,就以"三苦精神"和"师生合作"共勉。抗日战争时期,大夏大学迁至贵州,学校经费紧缺,但校长王伯群却说:"我们迁来贵州,就是为了给贵州青年解决上大学难的问题。对于清寒学生,不收费也行,甚至贴钱让他们上学也行;学校能开办一天,就要让他们有一天入学机会"。② 在上海沦陷区则由鲁继曾教授负责大夏的校务,汪伪政府竭力把一批留在沦陷区的社会名流拉入政府,他们对鲁继曾软硬兼施,还给他送来一封夹带着一颗枪弹的匿名信件进行威胁,但鲁继曾依然不为所动,表现了一个中国人应有的骨气。为民族办教育的精神激励着大夏大学教育学科师生。卢克宜曾在《我在大夏求学时的回忆》一文中提到当年拜访教育学科的教授,他说:"我所修习的学程(即课程——笔者注),教授们态度都很好,都是喜爱学生的。因此,我们同学去访问教授们,他们都是很欢迎的。在他们的家里,看看他们所指定的中英文参考书籍,能够和在教室内所讲的东西联系起来,对于功课更能了解,又承其谈谈研究学问的方法,真是获益不少哩。"③不仅师生间互相合作,教育学科同学间在学习与生活等方面也形成了一种相互关心、相互帮助的温暖气氛。在上海沦陷后,教育学院学生成立了"教育联谊会",参加同学有二十多位,联谊会除举办各种学术讲演、参观、征文比赛等活动外,还设有一个职业介绍组,调查有哪些同学愿意在课余担任某项能胜任的职业,如去中小学兼课、做家庭教师、抄写、打字等,有机会时予以介绍。学校对毕业生的就业问题也抱积极负责态度,大夏大学每届学生毕业前,学校就根据他们所学的专业,向各方面(需要单位)进行联系、推荐。

四、近代私立大学教育学科的基本特征

为能与综合性大学、高等师范学校教育学科等共存,私立大学教育学

---

① 《厦大校刊》第一卷第十期,1937 年 3 月。
② 邓宗岳主编:《大夏纪念集》,贵阳大夏校友会 1999 年印,第 43—44 页。
③ 臧履谦编辑:《学府纪闻:私立大夏大学》,台北:南京出版有限公司 1982 年版,第 90—91 页。

科在建立和发展过程中,采取了各种措施,并逐渐形成其鲜明的个性和特色。郭屏藩在《南开特性》一文中说:"一个学校,亦如同一个人一样,大都不免有些特性。这些特性,发展到相当显著的时候,在人就成了所谓性格,或脾气;在学校就成了所谓校风。"①私立大学与其他大学相比,自然有其自身的特性;同样,私立大学的教育学科与其他大学的教育学科相比,显然又各具特色。教育学科渗透服务社会的教育理念、课程设置社会需求、学术研究与社会现实相结合、为社会造就了大批应用性人才等,这些便构成了私立大学教育学科的主要特色和基本特征。

(一) 服务社会的教育理念渗透教育学科

传统大学理念强调用古典学术和文化培养人,主张大学应致力于探讨高深学问和追求真理,为此,大学应该是一个与世隔绝之所。与传统大学教育理念相比,近代中国私立大学强调发展社会的实用知识,力主培养社会应用性人才,将服务社会作为大学的主要理念。南开大学校长张伯苓在1928年提出"土货化"方针,强调教育必须解决中国的实际问题。南开大学教育学教授黄钰生指出大学的意义在润身和淑世,而润身是为个人,淑世是为社会,学以致用,用学问去改良社会。他说:"南大(南开大学——笔者注)就是将淑世放在润身之先的一个学校。"②复旦大学也提倡为社会服务的精神。在这种服务社会的教育理念渗透下,各私立大学教育学科特别强调为社会服务。南开大学教育学班曾在1923年"调查天津各幼稚园的状况,及各小学校的组织"。③ 还协助中华教育改进社对天津儿童智力的调查测验,到20年代后期社会调查开始成为南开大学教育学科教学工作中一项常规制度。大夏大学教育学科师生从30年代起,在邰爽秋、古梅等教授领导下,社会教育开展得有声有色。1942年,教育学院学生看到社会上很多少年儿童因家庭经济困难而无力入小学读书,就借上海市同孚路(现石门一路)大中里志毅小学的教室,定名为"克成义务夜校"("克成"由韦悫教授取名,意思是"克服困难,必定成功"),招收小学一至六年级程度的失学少年儿童,免费给学生辅导,还送给学生课本、练习

---

① 梁吉生主编:《南开大学校史资料选》(1919—1949),天津:南开大学出版社1989年版,第730页。
② 梁吉生编著:《张伯苓与南开大学》,太原:山西教育出版社1995年版,第98页。
③ 《南大周刊》(学生生活号)第5期,1924年5月。

册、铅笔等,在社会上产生了很大的反响。40年代后期,教育学院的一些学生在曹家渡五角场举办民校,搞工人业余教育,相当活跃。如1948年社会教育系学生在上海市中山北路开设了"工人夜校",当时参加夜校的有一百多人,在工人与学生之间建立了很深的感情。另外,广东国民大学于1927年仿效欧美大学 Extension University 之例,创立第二学院,"一时有志之士,乃至小学教员,云集景从"。① 报名夜校的学生数量有时甚至超过了日校学生,其中尤以教育、经济等专业为最。学生主要以机关公务员、中小学校长、教师居多,年龄在三十岁上下,有的甚至达到50岁。当时,学校的"第二学院"得到了社会的广泛好评。厦门大学教育学科学生在教师的指导下,创办了"平民学校"、"民众夜校",招收附近的失学儿童,受教育者前后不下五百人。很多私立大学教育学科把服务社会的理念付诸行动,以求教育理论与社会实际紧密结合在一起。

(二) 课程设置适应社会需求

在近代中国,服务社会的教育理念贯穿于私立大学教育学科的课程设置之中。与国立综合性大学教育学科课程设置偏重学术性、基础性相比,私立大学教育学科的课程设置明显表现出趋向社会性、应用性的特点。本小节拟以1931年大夏大学教育学院的课程设置为例展开分析。

1. 各系共同必修课程

教育学院分教育心理系、中等教育系、教育行政系、社会教育系,学生须修满150个绩点方准毕业。各系共同必修课程共79绩点,其分配如下(以绩点计):

国文:6 英文:18 教育原理:3 物学:6 教育之科学的研究:3
党义:2 军事训练:6 毕业论文:2 教育史:6 教育统计:6
心理学:6 论理学:3 经济学、社会学、政治学、哲学(选修其二):12

在共同必修课中特别注重英文的学习,前3年每学期英文占了3个绩点,3年共18个绩点,占各系共同必修课程79绩点的百分之二十三左右。这一方面与教育学科的性质有关,由于教育学科主要来自于国外;另一方面也与当时社会注重英文有关,懂得英文的学生在上海就业面更广。

2. 各系必修课程

---

① 《广东国民大学十周年纪念册·校史概略》,1935年印,第7页。

教育心理系：教育心理学：6　中等教育：6　教育测验：3
中等教育系：中等教育：6　教育行政：6　教育测验：3
教育行政系：教育行政：6　中等教育：6　社会教育原理：3
社会教育系：教育行政：6　社会教育原理：3　社会教育行政：2
比较社会教育：2　社会教育事业概论：3

在各系的必修课程中，大夏大学教育学科特别注重教育行政和中等教育，这两门课的绩点占所有各系必修课程总绩点（61绩点）的62%强。这与学生的就业有着直接的联系，因为绝大多数学生毕业后成为中等学校教师和教育管理人员，所以学校特别注重这两门课的开设。

3. 各系选修课程

除各系共同必修课和分系必修课程外，其余56个绩点为选修课程，其中51个绩点则分主系和辅系课程，可以在主系和辅系课程中选修。关于主系课程学院规定："凡本学院学生须于本学院四系中择一主系。该系中课程除本学院共同必修课程外至少须修满三十绩点。但凡以中学校课程内一学科为辅系者主系课程只须修满二十一绩点"。关于辅系课程学院规定："凡本学院学生除主系之外须于本学院或其他学院各系中选定一系以为辅系并须于共同必须课程外就选定该辅系中修满二十一绩点。但如以中学校课程中一学科为辅系者须修满三十绩点。"①另外5个绩点为纯粹选修课程，学生可以自由选修本学院及其他学院课程。由此可见，学生选课余地较大。从具体的选修课程看，课程设置应用性很强。以教育行政系为例，开设的师范教育、中等教育问题、乡村教育、职业教育、小学教育、教育观察及实习、地方教育行政、学校调查、学校建筑及卫生、教育法规及公文等。属于培养学校教师和行政人员的技艺性课程，操作性强，颇具实用性，而真正属于基础知识性的课程只有教育史、教育哲学、教育社会学、比较教育等几门课程。因此，选修课程明显注重实用性、职业性。②

大夏大学教育学科课程设置是近代中国私立大学教育学科的一个缩影，从中可以看出当时私立大学教育学科的主要培养目标是造就适应社会需要的应用性人才。

---

① 《教育学院课程》，载于大夏大学编：《(私立)大夏大学一览》，1931年印，第3页。
② 同上，第1—23页。

(三) 学术研究与社会现实相结合

私立大学不可能像条件优越的国立大学那样,走为学术而学术的道路。私立大学教育学科为谋求生路,必须充分利用自己的优势,瞄准用人市场,在教育学科与用人市场之间寻找契合点,进而扩大自身的社会影响,赢得众多的求学者和整个社会的支持。

为此,私立大学提倡学术研究与社会现实紧密结合,力图使教育研究直接为社会服务。复旦大学曾强调"纯科学的研究,为知识而求知识的研究,在大学中诚然也占有一个位置,然而,我们学校将特别重视国家社会的迫切需要。我们以后当致力于解决现代社会实际的问题,而不专崇尚经院式的理论研究。"①厦门大学教育学科许多教授的著作内容充实,切合国情,如钟鲁斋主持的"教育之科学研究"项目,在数年间完成了《两性学习差异之调查与研究》、《儿童与成人常用字汇之调查及比较》、《文纳特卡制个别教学法之实验》、《学习迁移问题之实验》、《厦门各小学教学方法之调查与研究》、《中学生现况及思想倾向之调查》、《中小学生兴趣之调查与研究》等课题的研究,均取得较好成果。另外,朱君毅主持的《历代人民之地理分布》、杜佐周主持的《常用字的调查》和《闽省教育经费之调查》等各项研究都与社会现实紧密地结合起来。同时,为使学生将修习的专业知识应用于实际问题之研究,教育学科加强对毕业生论文的指导,其中《中学生课外活动之指导》、《福建农村教育实际调查》、《遗传及环境与个性之关系》、《近代教育方法之比较的研究》、《儿童惧怕心理之调查与研究》、《生产教育之理论与实际》等毕业论文不仅达到一定的学术水平,而且与社会实际紧密结合,具有较高的应用价值。可以说,私立大学教育学科的研究具有很强的实用性,从而取得了显著的社会效益。厦门大学教育学院鉴于国内教育科学书籍之缺少,曾编译"厦门大学教育学院丛书"一套,由上海商务印书馆承印,出版了杜佐周著《教育与学校行政原理》、雷通群著《教育社会学》、钟鲁斋著《小学各科新教育法之研究》和《教育之科学研究法》、吴家镇译《欧美教育发达史》等数种,并收入《大学丛书》中,被许多大学教育学科作为教材或指定为参考书,在当时产生了广泛的影响。正

---

① 复旦大学校史编写组编:《复旦大学志》第一卷(1905—1949),上海:复旦大学出版社1985年版,第392页。

由于这种影响,1931 年 6 月,中华教育文化基金董事会通过自当年 8 月起补助教育学院每年 3 万元,连续提供 3 年。同年,中英庚款补助该校教育学院举办"教育教学讲座"。1934 年 7 月,中华教育文化基金会继续通过 1934 年度补助费 3 万元。

(四) 为社会造就了大批应用性人才

中华大学校长陈时曾说:"武汉大学是用国家的钱替国家培养人才,华中(指华中大学——笔者注)是用美国教会的钱替美国培养人才,中华大学是用中国社会的钱替中国社会培养人才。"① 私立大学教育学科确实为近代中国社会培养了大批人才。早在厦门大学建立前,陈嘉庚就了解到福建师范的现状,当时"由于师范生的学膳宿费全免,要求入学的学生往往很多,学校不敢公开招生,名额被当地的富家子弟占满了。在当时的学生中闽南人极少,多数学生只求混一张毕业文凭,根本不可能有决心献身教育事业,学校的教学质量也就可想而知了。面对这些情况,陈嘉庚感触很深。他下决心,以后只要有可能就一定先办师范学校,培养闽南贫寒子弟有志献身教育者,力挽教育的颓风。陈嘉庚深深地认识到:"要办好学校就必定有要好教师,而要有好教师就一定要办好师范学校。"② 因此,厦门大学建立伊始即成立了师范部,聘请美国哥伦比亚大学教育学硕士林淑敏为文科教授,第一年就录取了学生 84 人。此后,又把"师范部"改为"教育学部"、"教育学系"和"教育学院",教育学科规模越来越大,所招学生也越来越多。为了奖励品学兼优的清寒学生,"学校设陈嘉庚奖学费额 40 名,分甲、乙两种,甲种每名免纳学费外,每年另津贴 20 元,乙种免纳学费。新生入学试验成绩突出而家境贫寒,经入学试验委员会推荐者,同样有权享受奖学费。品学兼优但家境优裕的学生,由学校发给奖学证书,不享受奖学费优待。除奖学费外,学校还设陈嘉庚补助费 10 名,专门补助闽南籍学生。"③ 教育学科学生除努力学习外,自动组织教育学院同学会,砥砺品行,养成高尚人格,并经常举行教育论文比赛及邀请该校外教

---

① 周川、黄旭主编:《百年之功——中国近代大学校长的教育家精神》,福州:福建教育出版社 1994 年版,第 102 页。
② 陈景磐主编:《中国近现代教育家传》,北京:北京师范大学出版社 1987 年版,第 204—205 页。
③ 洪永宏编著:《厦门大学校史》第一卷,厦门:厦门大学出版社 1990 年版,第 90—91 页。

育专家作学术讲演，以资增长学识。教育学科在厦门大学私立时期的 16 年中，共培养出 215 名毕业生，而全校毕业生总数 636 名，占了 1/3。这些学生主要来自福建、江苏、浙江、广东、广西、四川、江西、湖南、安徽、山东、河南、奉天等，还有来自韩国的。毕业后，不少人任福建省教育厅督学、省、县立中学校长、县教育局长、省立实验小学校长等职，对福建省文化教育事业的贡献是不言而喻的。还有一些毕业生服务于国内其他地区或南洋之教育界，以其所学产生了较好的影响。

大夏大学作为私立大学，经费本来就拮据，加上物价飞涨，币制更迭频繁，其处境十分艰难；但即使在这种情况下，学校还筹集资金作为奖学金，奖励学习优秀者。甲等奖学金获得者全免学费，乙等免缴一半。在此激励下，很多学生投考大夏大学。当时教育学科是大夏大学的特色学科，1926 年教育学科和高等师范学校的学生占全校总数的 50%，为社会培养了大批教育人才。私立大学教育学科毕业的学生能否在社会上立足，直接关系到这个学科的生存。许多学生在校期间相当努力，毕业后为母校赢得了声誉。原江苏省立上海中学本来在南市蓬莱路一个狭小的地方，大夏大学教育学院毕业生郑通和担任该校校长后，"设法在漕河泾买了五百亩土地，并在那里发扬了大夏历来提倡的苦教、苦干、苦学的精神，严格学校规章制度，处处重视实践，为这所声誉卓著闻名全国的上海中学奠定了坚实的基础。"①正因为学生质量高，上海有名的公私立中学在大夏大学学生毕业前即向学校约聘教师。抗战前大夏大学教育学院学生对苏、浙、皖、赣四省教育贡献特大，抗战期间其毕业生对后方贡献甚多，对黔省教育尤具绩效，贵州各中等学校校长绝大多数由大夏教育行政系及教育心理系毕业生担任；至于社教机关，如图书馆、民众教育馆等负责人，大多也由教育学科毕业生充任。"据从 1925 年至 1949 年的统计，莆田籍考入该校学习的共 169 人，其中进教育学院的高达 94 人，占总数的一半以上。"这些学生"毕业后先后束装返里，应聘在木兰溪畔的城、涵等各中学任教，给各中学注入了一股新生力量。"②

美国当代著名教育学者伯顿·克拉克在《高等教育系统——学术组

---

① 张德龙主编：《大夏大学建校七十周年纪念》，1994 年印，第 81 页。
② 杨鸿训主编：《大夏，大夏：大夏大学建校 80 周年》，上海：上海大夏大学校友会 2004 年印，第 148 页。

织的跨国研究》一书中多次强调多元化有利于高等教育系统的完善与最优化。反观中国近代私立大学教育学科的发展,它们更加强调的是社会"应用性",这与国立综合性大学教育学科重视"学术性"、高等师范教育学科重视"师范性"形成了鲜明对比,从而推动了近代中国大学教育学科多元化格局的形成,丰富了教育学科的办学理念并促进了其现代化的步伐。

第六章 独立教育学院和独立师范专科学校教育学科

近代中国独立教育学院和独立师范专科学校均属高等师范教育,但鉴于独立教育学院和独立师范专科学校的教育学科性质特殊,故本文专辟一章进行论述。

一、独立教育学院教育学科的创立、特征及贡献

独立教育学院教育学科自创立起,就汇集了一大批民众教育专家,他们勇于探索,敢于创新,对近代中国大学教育学科的发展作出了独特的贡献。

(一) 独立教育学院的创立

1917年教育部颁布了《修正大学令》,规定"大学分为文科、理科、法科、商科、医科、农科、工科;设二科以上者,得称为大学。其但设一科者,称为某科大学。"[①]于是各地纷纷设立新大学,全国几乎形成了兴办大学的热潮,这在一定程度上导致了大学的泛滥。1929年南京国民政府开始规范大学的设置,先后颁布了《大学组织法》和《大学规程》,其中规定:大学得分文、理、法、教育、农、工、商、医各学院,凡具备三学院以上者,始得称为大学;不合以上条件者为独立学院,并且得分两科。独立教育学院正是当时大学整顿的产物。近代中国独立教育学院主要有山西教育学院、江苏省立教育学院、湖北省立教育学院、国立社会教育学院、四川省立教育学院。

山西教育学院原由山西省立国民师范学校高等师范部改组而成;1929年奉令改称为山西教育学院,设文科及教育科;教育科设教育学系

---

① 李友芝等主编:《中国近现代教育史参考资料》第二册,内部材料,第255页。

和心理学系,1931年招教育学系两班,并创设附属中学校。1928年江苏成立了江苏大学民众教育学校,1929年又添设劳农学院,设农民师范科;1930年奉教育部令合并改称江苏省立教育学院,下设民众教育学系、农事教育学系、农民师范专修科。1930年湖北省立学院为省立乡村师范学院及高级中学农科,1931年8月奉教育部令改称湖北省立教育学院,下设乡村教育系、农事教育系、乡村师范专修科、职业师资专修科和民众教育专修科。早在1928年国民参政会第一期集会时,教育部提出《各级教育实施方案》,其中第十六项第三条列有"设立培植社会教育人员专科学校"一项,1929年教育部拟订《第二期战时行政计划教育部实施方案》,规定于当年4月成立"国立社会教育学院"筹备处,1931年8月国立社会教育学院正式成立,学院下设社会教育行政学系、电化教育系、电化教育专修科。四川省立教育学院成立于1936年8月,其前身是四川省立乡村建设学院,下设社会教育系、农业教育系。独立教育学院的兴起,为其教育学科的发展创造了条件。

(二) 独立教育学院教育学科的主要特征

欧美各国独立设置的教育学院"多偏实用方面,含有特别性质,着眼于适应地方的特殊需要"。[①] 近代中国独立教育学院亦多含特殊性质,旨在培养特殊人才。独立教育学院的教育学科也各具特色,如江苏省立教育学院教育学科注重培养民众教育人才,湖北省教育学院注重培养乡村教育人才,国立社会教育学院教育学科注重培养社会教育人才,等等。虽然独立教育学院教育学科各具特色,但在相同的时代背景和社会环境中也形成了若干共同的特征。

1. 注重开展教育实验活动

独立教育学院教育学科普遍注重开展教育实验活动。俞庆棠在《民众教育》一书中曾说:"任何学术,都根于实践。原则和方法,都是从实践中规范出来。这十多年来中国民众教育理论与设施,都是许多人实践上做出来的。没有实践的试做,我们不会认识其中的问题,发现其中的困难。"[②] 江苏省立教育学院设有几个大的实验单位:北夏普及民众教育实验

---

① 湖北省立教育学院编:《湖北省立教育学院》,1934年印,第123页。
② 茅仲英主编:《俞庆棠教育论著选》,北京:人民教育出版社1992年版,第127页。

区、惠北民众教育实验区、南门实验民众教育馆及实验民众学校。这些实验单位"有的注重普及教育,有在培养学生组织能力,由实习生负责办理,有在市民和工人区域,为蓬户人力车组织'拉者有其车'的研究实验,有在作农业和合作的广泛推广指导,还有在为民众学校的编制、教材、教法以及社会活动作研究实验。"①俞庆棠与甘豫源合撰的《江苏教育学院普及民众教育的实验》一文详细介绍了普及民众教育的实验工作,最后得出的结论是教育实验区不宜过大,也不宜过小,这是因为"区域愈小,则其所实验的因子,愈易于控制和测量。可是,也因为社会环境本是整个的、复杂的,区域过小了,事业反更难设施而有效。"②江苏省立教育学院教育学科重视开展教育实验活动,其他独立教育学院的教育学科大都也有这个特点。例如,国立社会教育学院"设有社会教育实验区,实验乡村成人教育及运用乡村组织以推进基层建设之方法;设有国民教育实验区,实验儿童教育及以学校为中心推进地方自治之方法;设有实验民众学校,实验扫除文盲之教材教法,以及推行民众学校之制度;设有实验补习学校,实验继续教育之教材教法,使一般受过基本教育之民众,得有继续受较高程度的教育之可能。"③各独立教育学院教育学科注重教育实验,学生则在开展实验的过程中不断地成长。例如,江苏省立教育学院"学生上课,不限于院内教室,而是学生在四年内或专修科学生在两年内,都有1/4的时间住在实验区、民校或其他有关学校从事院外教育实习,由教师下乡、下厂或住在区、校内加以指导。实验区、校的一切活动都由学生自行设计、主持与参加。"④经过实验锻炼后,在院内、院外逐渐形成一种联系实际、艰苦朴素的校风,颇为当时国人所称道。

2. 课程设置偏重乡农、民众教育

独立教育学院教育学科的课程设置均偏重于乡农、民众教育,为培养乡农、民众教育的师资打下了扎实的理论基础。江苏省立教育学院教育学科侧重于民众教育的理论和实际,把民众教育理论分为民众教育哲学

---

① 江苏省立教育学院校友会编:《人民教育家俞庆棠与江苏省立教育学院》第一辑,第59页。
② 俞庆棠:《民众教育》,南京:正中书局1935版,第152页。
③ 《国立社会教育学院概况》,1948年印,第55页。
④ 中国人民政治协商会议江苏省委员会文史资料研究委员会编:《江苏文史资料选辑》第十三辑,江苏人民出版社1983年版,第48页。

和民众教育科学,具体设置了民众教育史、民众教育原理、民众教育学、成人学习心理、比较成人教育、民众教育实施法、民众教育行政、民众教育教材教法、民众教育测量与统计、民众教育视导、民众艺术教育、电化教育、民众教育思潮、民众教育专题等课程。湖北省立社会教育学院"课程依据各类具体目标及训练程序而定,大抵:本科第一学年为引导的(Orientation),一方完足普通基本知能——如党义,军事训练,教育概论,普通农艺,生物学,心理学,社会学,经济学;一方更导以进一步研究的途径,使得一综合的鸟瞰,俾为他日专门研究的准备。第二学年课程逐渐分化,除少数公共必修科外,余渐按下列数中心——即乡教系,农中系,村治系,——而支配。斯时一方受分系的基本训练,他方更从事实验与实习,渐使理论实际互相贯通。第三学年起,继续分系研究,各系由指导员率领学生至农场实习,乡村改进实验区作业,试验乡村师范学校及民众学校教学,实验室实验,图书馆研究,从做上学,从行上知,打破旧式呆板上课制的形式。(大约下午作业上午公共讨论)。迨至第四学年最末一学期,则根据所观察所学习者作最后整个农村改进问题的研究和讨论。"① 1933 年度乡村教育系的课程设置具体为二年级设有理化(选修)、史地(选修)、军事训练、森林学、教育统计、教育心理和教育行政讲座、农村经济、生物学、合作组织及运动、园艺学、儿童学、教育史、国术;三年级设有畜牧学、理化(选修)、史地(选修)、教育心理和教育行政讲座、民众教育及实施、乡村调查及报告、教育研究、教育行政、乡村教育、乡村自治、生物学、教育测验、小学课程、国术。乡村师范专修科一年级和二年级讲授乡村社会学、职业教育、乡村教育、乡村社会调查等课程。另外,国立社会教育行政系设有成人学习心理、教育视导与调查、乡村教育、乡村建设、民众教育馆、补习教育、推广教育、民众学校、社教实施法、社教教材、休闲教育、劳工教育等课程。独立教育学院教育学科的课程设置偏重于适应乡村、乡农、民众的需要,极大地丰富了近代中国教育学科的课程教学内容。

3. 充实和推进教育理论研究

独立教育学院在实验和教学的基础上,以各自的主要方向为中心开展了教育理论的研究工作。江苏省立教育学院教育学科注重民众教育理论的研究,延揽各方教育专家,如聘请俞庆棠、雷沛鸿、孟宪承、李蒸、吴福

---

① 湖北省立教育学院编:《湖北省立教育学院》,1934 年印,第 129 页。

桢、顾复、刘同圻、徐锡龄、童润之、傅葆琛、赵冕、陈礼江、王倘、甘导伯、李积新等,在广泛参考吸取各种教育改革理论与主张的基础上,不断丰富并充实民众教育的理论,发表了许多理论著作和研究实验报告。如"有关成人学习心理和比较实验,各国成人教育的介绍,民众教育思潮的探索,民众教育人员的培养和训练,社会教育学制的研究,民众教育馆的理论和实施方法,民众学校课程教材和教学方法等等,影响是非常之大的。有好几年,专门组织了《一年来的民众教育特辑》,从各方面来概观和总结民众教育的理论和实践。"①民众教育专著亦如"千树万树梨花开",主要有俞庆棠的《民众教育》(正中书局)、高践四的《民众教育》(商务印书馆)、庄泽宣和徐锡龄的《民众教育通论》(中华书局)、甘导伯的《乡村民众教育》、甘豫源的《民众教育》(中华书局)、陈礼江的《民众教育》(商务印书馆)等。俞庆棠著的《民众教育》一书还用作师范学校教材。由此,民众教育理论大大丰富起来。另外,国立社会教育学院设立研究部,以综理一切学术事宜,逐渐发展成为当时国内社会教育研究中心。"研究方法除个别研究外,并注重集体研究。"研究部下设研究设计及编辑出版两组。研究设计方面的主要工作为:"(1)约请本院教员作各种教育及与教育有关的专题研究,(2)约请或联合各种专家作各种社会教育实施的研究实验,(3)鼓励并指导本院学生组织各种学术研究团体,(4)举办各种社教论文竞赛,(5)敦请国内外学者举行学术讲演,(6)举行社会教育座谈会,(7)举行各种社会实施概况调查,(8)编造各科测验量表,(9)搜集并研究各地民众读物,(10)研究并绘制各种社教统计图表,(11)研究并设计各种社教教材教具,(12)为各地社教机关代办研究设计。"编辑出版方面的主要工作为:"(1)编辑本院丛书,(2)编辑社会教育辅导丛刊,(3)编辑社会教育辞书,(4)编辑中国社会教育大事记,(5)编译各国社会教育名著,(6)编辑民众读物,(7)编辑民众应用文与乡土教材,(8)编印《教育与社会》季刊,(9)编辑社会教育论文索引,(10)剪贴并征集社会教育参考资料。"②并已取得了若干研究成果。

  为进一步推进社会教育理论研究,1930 年成立了"中国社会教育

---

① 江苏省立教育学院校友会编:《人民教育家俞庆棠与江苏省立教育学院》第一辑,第 59 页。
② 《国立社会教育学院概况》,1948 年印,第 55—56 页。

社",这是社会教育的一个全国性的学术团体,该社附设中原社会教育馆及广东花县实验区,以为示范。"中国社会教育社"历年研究的重要课题有:民众教育的范围问题、民众教育的制度问题、民众教育的政策问题、战时民众教育实施方案、民众教育十年推行计划问题等,出版的重要刊物有:《社友通讯》《全国社会教育机关概览》(中英文本)、《本社概况》(中英文本)等。俞庆棠任该社常务理事兼总干事,一切工作均在她主持之下进行。中国社会教育社对社会教育之推进,社会教育理论之树立,国际教育学术团体之合作与交流,起了很大的作用。

4. 重视培养民众及乡村教育人才

独立教育学院教育学科为近代中国培养了大批民众及乡村教育人才。俞庆棠认为民众教育人才应符合以下要求:第一,必须对民教事业有深厚的兴趣,有最大的热忱,相信一切政治、经济、教育应该建筑在民众的基础上;第二,热爱民众,为民众"烧心香",处处为民众着想,埋头苦干,为民众办实事;第三,民众教育工作清苦、清高,不计较个人利害得失。她强调:"物质上的酬报,不算什么酬报,凡是在施教时,民众的反应、进步、感激以及将来在社会上良好的影响,对于抗战建国工作,有直接或间接的贡献,这才是诸位真正得到的酬报。"① 另外,民众教育的基本理论、农业科学技术、民众谋生的基本技能等,均应知晓。为培养此种人才,江苏省立教育学院民众教育系和农事教育系都十分注重对学生的锻炼,"每到下乡下厂实习期间,学生自行举炊、料理自身生活,而大部分时间则用于民众教育的活动。"② 湖北省立教育学院的最大使命是复兴农村,培养复兴农村的专门人才,学院的人才培养目标是"(一)乡村师资及教育行政人员,(二)农业推广及农副指导人员,(三)主办农村社会改进事业人员"。③ 因此对学生"本科重在养成知识,技能,劳动,经验及理想五者俱备的人才,不惟有高深的学术作基础,抑且有娴熟的技能供运用,彼能计划,能调度,能回溯已往,能预测未来,能充良好的乡村教师,能任专责的农业改进人员,并能做干练的农村改进运动的领袖。"④ 独立教育学院教育学科通过实验和

---

① 俞庆棠:《在抗战建国期中民众教育者的任务》,《社友通讯》第 7 卷第 2 期。
② 中国人民政治协商会议江苏省委员会文史资料研究委员会编:《江苏文史资料选辑》第十三辑,南京:江苏人民出版社 1983 年版,第 49 页。
③ 湖北省立教育学院编:《湖北省立教育学院》,1934 年印,第 29 页。
④ 同上,第 127 页。

教学,为近代中国培养了大批民众及乡村教育人才。

(三) 从比较的角度看独立教育学院创办乡村教育学科

独立教育学院与教会大学教育学科都非常重视乡村教育,开设了乡村教育课程,建立乡村实验区开展研究工作,设置了具有中国特色的乡村教育专业或学科,教育学科师生也都深入乡村,取得了一定的成绩。但仔细分析它们的宗旨、性质、规模、程度等,独立教育学院教育学科和教会大学教育学科的乡村教育还是有很大的差异。

从宗旨来看,独立教育学院教育学科重视乡村教育主要基于以下考虑。首先,出于对乡村民众的了解和同情。当时在乡村受教育的人很少,俞庆棠曾说:"中国的教育,只顾到一部分学龄儿童,踏进学校大门的,在城市大都是中产以上的子弟;在乡村大都是地主的子弟。至于劳苦大众和她们的子女,绝大多数被拒于学校大门之外"。[①] 正是因为没有受过教育,民众普遍表现出愚昧落后。曾在江苏省立教育学院任教的傅葆琛指出:民众"一百个里头有八九十个都是'目不识丁'的'睁眼瞎子'。因为他们不识字,信账既不会写,报纸也不会看,世情不懂得,国事也不晓得,把别人说的话当作新闻,是非真假全弄不清楚,遇着那些土豪劣绅,受了欺骗,还把他们当作好人。你说可怜不可怜! 这样用耳朵代眼睛的人,几同五官不全。不识字的害处,真是说不胜说"。[②] 对乡村民众发自内心的同情是独立教育学院教育学科乡村教育的出发点之一。其次,把乡村教育作为立国之本。面对乡村教育的困境,独立教育学院教育学科把重点放在乡村,认为乡村教育才是立国之本。高阳曾对3年来的江苏省民众教育事业做过一番总结:"民众教育之目的在改进整个的社会。整个的社会何由而可得改进? 须全社会民众的教育程度随时世之递迁而继长增高。一方面时世递迁,另一方面全社会民众的教育程度有继续不断的长进,则社会之进步亦可以断言也。故吾人不欲提倡教育则已,苟欲提倡教育,则当竭力提倡民众教育,使社会民众的教育程度得与日俱进,而整个的社会亦得有进无退。"[③] 俞庆棠也指出:"国际形势、民族环境、经济危机转变

[①] 熊贤君:《俞庆棠教育思想研究》,沈阳:辽宁教育出版社1997年版,第86页。
[②] 傅葆琛:《为什么要办乡村平民教育》,《乡村平民教育的理论与实际》,江苏省立教育研究实验部1931年印,第2页。
[③] 高阳:《三年来江苏省民众教育设施的经过》,《教育与民众》第2卷第6期,1931年。

得这样快,从前受过了三年、五年或十年的教育如不加继续学习,能不能适应现代社会的需要? 在国际侵略和国内扰乱的局面之下,试问以大多数没有受过教育的民众组成的国家,如何能表现全民的力量,来谋民族的复兴? 我们需要一种更切实用、更普遍,且于民族更有贡献的教育。"① 独立教育学院教育学科以乡村教育作为振兴民族的基点。而教会大学教育学科虽然也重视乡村建设,但其出发点与独立教育学院教育学科则完全不同。教会大学教育学科重视乡村教育,主要是在内外压力之下而作出的调整。20世纪20年代中国民族主义不断高涨,收回教育权、改造教会教育已在全国形成共识。面对这股浪潮,教会大学希望通过为中国服务来转移人们的视线,从而有利于其在中国的生存和发展。另一方面,1921年中国教育调查团建议教会大学应以更加"中国化"取得中国人的认同,最终实现"中华归主"的目的。在这种内外压力之下,当时教会大学一致把目光转向了乡村。教育学科鼓励师生参加农村建设计划,深入乡村,深入中国社会的根部,希望通过乡村教育,唤起中国社会各界人士的支持,从而使教育学科尽快融入中国社会。因此,独立教育学院教育学科的最终目的是为国家服务,而教会大学教育学科则希望通过乡村教育,得到中国人的认同。

从性质来看,独立教育学院教育学科的乡村教育带有很强的政治色彩。如湖北省立教育学院的创办主要是"鉴于三十年来教育的失败,特遵照中央的教育方针及趋向,开办这个学院,以最适宜的科学教育最严格的身心训练,养成最健全的乡村师资与农民领袖,准备到匪已勤而乡要清的时候,好去发展农村经济,推行义务教育。"② 独立教育学院教育学科推行乡村教育时,在政策和资金上也大都得到国民政府的大力支持。1928年全国第一次教育会议通过了《实施民众教育及确定社会教育经费案》,并在《请大学院提交国民政府议决以明令颁布分期施行民众教育案》中明确指出:"民国建设的基础,在健全的民众,而健全的民众,非教育不能养成。吾国教育素不发达,在今日不读书,不识字者,约百分之八十以上,故非从速施行民众教育不足以巩固民国建设的基础"。③ 同时,独立教育学院教

---

① 俞庆棠:《民众教育理论的探讨》,《教育与民众》第6卷第9期,1935年。
② 湖北省立教育学院编:《湖北省立教育学院》,1934年印,程其保"弁言"。
③ 转引自熊贤君:《俞庆棠教育思想研究》,沈阳:辽宁教育出版社1997年版,第73页。

育学科许多教师也认为乡村教育必须依靠政府的力量推行,如俞庆棠认为拯救乡村的主要方式要从行政上着手:"行政分为普通行政与教育行政。在普通行政方面,我希望撤裁一切苛捐杂税,与发展交通、建设水利等。至于教育行政方面,不是仅指在城市为有钱的子弟所办的教育而言。希望此后政府注重乡村教育,增进农业教育,实行劳动教育,使个个农民都受教育,使个个学生都劳动化"。① 依靠政府的力量推行乡村教育,自然使乡村教育带有鲜明的政治色彩,所以俞庆棠之后说:"民众教育的政策,从内容方面而言,是应以政治教育为中心的,因为可以拿政治的力量来改善经济,藉经济的动机来推进教育,用教育的方式来解决政治;申言之,用教育的力量来解决政治,用政治的力量来推进教育,企望政治与教育之组织合一"。② 而教会大学教育学科从事乡村教育更多的是带有宗教精神。20世纪初,西方教会尤其是美国教会开始进行广泛的农业传教,因此,近代中国教会大学教育学科投入乡村教育与世界范围的农业传教有着密切的关系。为促进基督教势力在中国乡村地区的发展,教会大学教育学科利用自身的专业优势,开设乡村教育课程、开办乡村教育学科,本着基督教的"牺牲和服务"精神,带着基督徒的清苦、忍耐和执着,在乡村建设中得到了农民的认可、接受。教会大学教育学科通过乡村教育,引起学生对乡村建设的兴趣,从而使其关心农村问题,最终如司徒雷登所希望的有助于增进学生的道德和精神幸福。当然,乡村教育学科的产生和发展,在加快教会大学教育学科"中国化"进程方面也起了较大的推动作用。

从程度来看,独立教育学院教育学科和教会大学教育学科都重视乡村建设,在乡村建设过程中也都取得了一定的成绩。据甘导伯、朱若溪在《江苏省立教育学院之乡村民众教育工作》一文中统计,高长岸实验区在1929—1932年,识字人数由49%增至66%。③ 另据俞庆棠对黄巷实验区1929—1932年的统计,3年内文盲数由93.47%降至49%,半文盲数由0.88%上升至4.5%,而非文盲数由5.65%上升至46.5%。④ 教会大学教育学科师生深入民间、深入中国社会的乡土,也取得了可喜的成绩。但经过

---

① 俞庆棠:《中国农村衰落的原因和救济方法》,《申报月刊》第一卷第4号,1932年。
② 俞庆棠:《民众教育》,南京:正中书局1935年版,第95页。
③ 转引自熊明安、周洪宇主编:《中国近现代教育实验史》,济南:山东教育出版社2001年版,第524页。
④ 茅仲英主编:《俞庆棠教育论著选》,北京:人民教育出版社1992年版,第279页。

仔细分析,可以发现独立教育学院与教会大学教育学科的乡村建设在程度上还是有差异的。相比较而言,独立教育学院教育学科深入乡村的程度更彻底,实行完全开放的办学形式,如江苏省立教育学院学生杨燮理在《教育与民众》杂志发表了一篇回忆民众教育实习的文章《下乡实习生活漫谈之一》,其中写道:"谈到我们在乡间的工们,那真忙得不得了。每(天早)晨六时起床后,略息片刻,就是揩台抹凳,洒扫庭院……作种种整洁的工作。在去年五月至十月间,每天晨间还要到园艺场去浇水。等到我们烧水洗脸,时间总要在七点钟以后。早餐后我们就开始正式办公:如草拟各项活动计划,写作公文及工作报告,登记收发文,填制各项表册,批改民校卷子。倘若时间许可,还要做一点调查、接洽、访问等工作,一直忙到十二点钟吃中午饭为止。午后一时至三时,跑到办事处一里路远近的民众日校去教课,课后或至农杨作中耕、除草、挑粪等劳农工作,或至民众体育场指导农民运动,或至农业仓库协助库物,非至日落西山,不会止手的。晚间先把汽油灯处理好,六点半钟就在民众夜校授课,与民校学生同出壁报,有时跑到特约茶园与村民讨论各种乡间问题,此外或参加民众国术团,或指导冬防队,或召集甲长讲习会,通常总要十一点钟才睡觉。这是我们日常的工作。至于各项临时活动也很多,如推广优良种子,打预防针,布种牛痘,取缔露天粪坑,设置垃圾箱,举行卫生展览会、婴儿健康比赛会、稻作展览会、病虫害展览会、象棋比赛、乒乓球比赛,以及地方领袖会的召集,民众学校校董会同学会的举行,都是很费时间的;而我们的工作人员只有两人(指西漳分会),工作的忙碌和紧张,则可知了"。① 而教会大学教育学科主要利用寒暑假或课余时间深入乡村,也有学者指出教会大学"主要还是关心校内教育工作,但在对报告,特别在对差会与中国公众报告时,学校特别强调自己对中国的服务。由于人们已经普遍接受教会大学只能通过为中国社会服务而达到最好地为基督教服务的观点,因此,学校当局有可能大量汇报自己的社会福利工作,以显示成绩,并以此争取资助。尽管如此,社会福利工作也从未成为学校的主要职能(很少有学校认为应该这么做);许多计划经费不足,安排不当;而且,这些工作常常是师生利用业余时间进行的"。② 不仅深入乡村的程度不同,在具体的

---

① 杨燮理:《下乡实习生活漫谈之一》,《教育与民众》第6卷第5期,1935年。
② [美]杰西·格·卢茨:《中国教会大学史》,杭州:浙江教育出版社1987年版,第280页。

乡村教育过程中,独立教育学院教育学科站在国家民族的高度探讨乡村教育和乡村建设,努力用教育推进乡村建设,最终目的在改造社会、复兴民族;而教会大学教育学科所开展的乡村教育,还只是立足于服务社会,远未达到用乡村教育推进乡村建设、改造乡村社会的程度。因此,独立教育学院与教会大学教育学科所开展的乡村教育在程度上是不可同日而语的。

(四) 独立教育学院对近代教育学科的贡献

独立教育学院教育学科具有与普通大学教育学科不同的性质和特色,注重成人教育和社会教育,对近代中国成人教育学科和社会教育学科的建立和发展作出了贡献;同时,在教学和实验研究中,其别具一格的教学方法和研究方法也促进了近代中国教育学科的建立与发展。

1. 促进了近代中国成人教育学科和社会教育学科的建立和发展

独立教育学院以开展乡农教育、民众教育及社会教育的教学和研究为其最大特色,而乡农教育和民众教育主要针对成人,并主张主要通过社会教育的方式开展乡农教育和民众教育,在这些方面它们做了大量的工作,并积累了比较丰富的思想和实践成果。

江苏省立教育学院认为社会掌握在成人手里,因此,对成人进行教育就意味着对社会进行改造,并把民众教育分成三个阶段:"(一)是失学的儿童、青年和成人的基础教育;(二)是已受基础教育的儿童、青年和成人的继续教育和进修;(三)是使民众在整个社会生活中,知能和道德不断前进和向上,以经营人类合理的共同生活"。① 民众教育专家俞庆棠还对成人学习能力减低之说进行批驳,她援引桑代克的《成人学习》一书中关于"成人与儿童学习能力比较实验"的结论:"(1)老年与幼年学习数量的差别,比青年或幼年间的差别小;(2)除年龄以外,若别的因素都是相等,则年龄于学习,影响几等于零;(3)从各家的意见来看,主张成人学习力较高与主张成人学习力较低或幼年人学习力相等的,为数相对无多"。② 最后她得出的结论是"无论成人或儿童,不学总是无术的。所以教育成人时,

---

① 江苏省立教育学院校友会编:《人民教育家俞庆棠与江苏省立教育学院》第一辑,第115页。
② 俞庆棠:《民众教育》,南京:正中书局1935年版,第23页。

增进其学习的机会,这是最重要的。"①同时,由江苏省立教育学院创办的《教育与民众》期刊着力于国外成人教育制度和理论的介绍和引进。例如,雷沛鸿在《北欧的成人教育》一文中对丹麦、瑞典、挪威和芬兰等国的成人教育制度作了详细的介绍。他指出:"我们知道丹麦瑞典挪威数国的成人教育,都注重本国历史及本国语言,而芬兰还注重戏剧、音乐和乡饮酒礼……如藉戏剧以唤起民族意识,神话歌谣传播民间文学,乡饮酒礼以联络社会情谊,因势利导,引人入胜,使教育事业,活泼泼地实施。"②再如,郑冠兆在《美国成人教育面面观》一文中专门对美国的成人教育事业、博物院、工人教育、私立函授学校事业、大学扩充教育、公开论坛、妇女社、社会研究新学校以及其他劳工团体等进行了介绍。为进一步加深国人对外国成人教育和社会教育制度的认识和理解,江苏省立教育学院曾直接聘请丹麦国际民众教育学院专家马烈克(Peter Mauniche)来院讲学;国立社会教育学院还经常与世界成人教育协会、英国成人教育学社、美国成人教育协会等团体密切联系,交换资料。在借鉴、吸收国外成人教育和社会教育制度和理论的基础上,独立教育学院教育学科把许多理论和思想与中国实际相结合,提出了符合中国成人教育、社会教育发展的建议和措施。如国立社会教育学院注意调查成人"社会的背景、文盲的状况、成人学习的困难,以及所用的字汇、词汇、课程、教材和课本、教学方法和教学工具、实施的方式、招生留生的问题、辅导和推广的工作,实施的人员,推行的制度,乃至毕业生的情形"③,希望通过调查研究的途径,探求解决中国成人教育和社会教育问题的办法。

同时,一批成人教育学科和社会教育学科课程相继开设。例如,江苏省立教育学院教育学科设置了民众教育史、民众教育原理、民众教育学、成人学习心理、比较成人教育、民从教育实施法、民众教育行政、民众教育教材教法、民人教育测量与统计、民众教育视导等课程;国立社会教育学院教育学科设立了成人学习心理、国民教育、乡村教育、补习教育、推广教育、民众教育馆、乡村建设、社教教材等课程。民众教育馆、民众茶园、博物馆、图书馆、剧院、电播教育、教育电影等西方成人教育和社会教育常用

---

① 俞庆棠:《民众教育》,南京:正中书局1935年版,第29页。
② 雷沛鸿:《北欧的成人教育》,《教育与民众》第1卷第10期,1930年。
③ 古楳:《国立社会教育学院实施成人教育的研究实验》,《中华教育界》,复刊第1卷第8期,1947年。

的方法,在中国大地上得到初步的实践,并取得一定的成效。教师和工作人员,更是走出学校,深入到家庭和社会生活集中的地方。所有这些对成人教育学科和社会教育学科的建立和发展起到了很大的促进作用。

2. 丰富了教育学科的教学和研究方法

独立教育学院注重教育实验,并把教学地点从课堂扩大到乡间、市井等地,因此,其教学原则与方法别具一格。江苏省立教育学院教育心理学教授陈礼江在总结施教原则时指出:"(1)要适应民众的需要;(2)要在实际事业上施教;(3)要引起民众自动;(4)要从经济上着想;(5)要联络当地机关;(6)要注重团体活动;(7)要兼用个别指导;(8)要善于利用机会;(9)要用活的方法;(10)要简单明了,易于了解;(11)要注意人格感化;(12)要以民众为本位。"①至于具体的教学方法,则更是异彩纷呈。陈礼江曾作过比较全面的总结:"(1)有用耳的,如举行通俗演讲、说书、音乐会等;有用目的,如办理图书馆、博物院、展览会等;有耳目交际用的,如民众学校;有用全身的,如表演戏剧、化妆讲演、军事训练、体育卫生等。(2)有用讲演式的,有用讨论式的。(3)有用静的揭示或陈列的,有用动的实验和表演的。(4)有用独自学习的,有用比赛的。(5)有用个别的,如个别指导;有用集体的,如组织合作社。"②按照傅葆琛的分类,大体有"(1)强迫式(只有官厅能采用);(2)劝导式(分个人劝导、团体劝导,又分口头劝导、文字劝导);(3)利诱式(如提倡识字则赠送书报,推行农业则散给种子);(4)感化式(须以身作则);(5)示范式(农业表证场、卫生展览会、模范家庭等)。"③各类又可细分为很多教法,其中"导生传习制"④尤被看重。独立教育学院教育学科的上述实践活动,无疑丰富了教育学科的教学方法。

同时,独立教育学院教育学科与普通大学教育学科性质不同,因此,其研究方法也不一样。独立教育学院教育学科普遍注重实验研究,俞庆棠认为:"没有实验或不能实验的研究,只能是没落无聊文人的夸夸其谈,茶余饭后的消遣,为学术而学术的自我陶醉,是误己误国误人的不良作

---

① 陈礼江:《民众教育》,南京:江苏教育学院1935年印,第406—409页。
② 同上,第392—393页。
③ 傅葆琛:《农村社会的改造与民众教育的实验》,《民众教育论文选》,河北教育厅1936年印,第381页。
④ 导生制,亦称倍尔—兰喀斯特制,是英国牧师倍尔与兰喀斯特创造的一种互教互学制度。

风;而没有研究的实验,则是盲人骑瞎马,如何进行,推展什么,达到什么目的,中途会出现一些什么问题,出现问题如何解决,实验者心中没有一点谱,犹如一位醉汉开着没有刹闸的汽车,后果不堪设想"。① 为此,独立教育学院教育学科把实验区当作发明民众教育理论的实验室,创办了许多实验区、实验民校、实验民教馆、实验民众图书馆等,教师在实验中研究,并形成了共识:无论自己的主张如何得意,都必须拿到实验区去接受实验的检验。例如,当时曾有缩短义务教育年限的主张,江苏教育学院教育学科就以惠北民众教育实验区的王家宕乡村实验学校为实验区,做6年制小学4年完成的实验,结果证明缩短义务教育年限是可行的。在实验的基础上,编辑了专门教材,由商务印书馆发行,这对当时解决乡村义务教育实施起到了一定的促进作用。学生也在实验中成长,江苏省立教育学院的一位学生回忆道:"我在教育学院学习四年,除一般的参观学习不计外,整整一年是住到农村和农民在一起,住在他们家里,吃在他们家里,教他们识字、唱歌、农业、史地、科学、军事知识,风里雨里,白天黑夜不息,在农民中交了很多朋友。在我工作和教育对象中,可以说没有一个资本家及其子女,也没有农村的地主老财"。② 因此,实验研究法是独立教育学院教育学科的又一特色,也是对大学教育学科研究方法的有力补充和发展。

二、独立师范专科学校教育学科的创设及其特征

独立师范专科学校与独立师范学院都属于独立高师,它们是同一层次的两个并列的系统。但独立师范学院教育学科理论与应用并重,而独立师专则偏重于操作技能的训练。独立师专教育学科自创立起,较之独立教育学院教育学科,在课程设置、教学方法、教材内容、人才培养等方面即呈现出不同的特征。

(一) 独立师范专科学校的创设

清末民初有师范专科学校,但只是相当于专科教育,并未明确称为专

---

① 熊贤君:《俞庆棠教育思想研究》,沈阳:辽宁教育出版社1997年版,第231页。
② 杨汝熊:《理论联系实际》,《无锡文史资料》第25辑,1991年。

科学校。南京国民政府成立后,在专科教育方面先后颁布了《专科学校组织法》《专科学校法》等重要法规,专科学校教育制度正式确立。在师范专科教育方面,当时的师范专修科均附设于大学教育系或师范学院。1938年颁布的《师范学院规程》曾明确规定师范学院得附设专修科,招收高级中学或同等学校毕业生,或具有高级中学毕业同等学力者,修业年限3年,毕业后服务3年。随着抗战的爆发,国民党政府开始注重师范教育,主张设置独立高等师范;这主要是因为抗战爆发后,中等教育发展很快,普通中学、中等职业学校和师范学校的数量都有明显增长。例如,"福建省公私立中等学校1942年计有159所,比上年增加17所,还有18所私立中等学校正在筹备中。"据福建教育厅1942年初步统计,"当时每年需要中等学校教师2 900余人,而1941年教师实有数只2 122人,差距甚大。据对本省部分中等学校所做的调查,1938年—1941年中等学校专任教师每校平均只有10.4人,每个教师应教学生数达25.21人,与全国中等学校师生平均比例数(1∶12强)的差距甚为惊人"。① 独立高等师范在《师范学院规程》颁布后才逐渐复兴,数量十分有限;而综合性大学的教育学科培养目标又比较广泛,并非专门为培养中等学校各科教师而设,其性质不同于高等师范院校中的教育学科。因此,为适应抗战时期社会的需要,弥补独立高等师范和综合性大学教育学科的不足,独立师范专科学校应时而生,第一所独立设置的师范专科学校是1941年8月创立的福建省立师范专科学校。校长唐守谦曾在美国学习教育学,获哥伦比亚大学博士学位,具有较深厚的教育科学理论修养、较丰富的大学教学和教育行政经验,在职3年对福建师专的创业经营颇有建树。此后,独立师专不断涌现,至1947年底全国师范专科性质的学校共15所,②它们是:国立国术体育师范专科学校,国立边疆学校师范专修科,国立康定师范专科学校,国立体育师范专科学校,国立福建音乐专科学校师范专修科,国立幼稚师范专科学校,上海市立师范专科学校,安徽省立安徽学院师范部,福建省立师范专科学校,陕西省立师范专科学校,江西省立体育师范专科学校,四川省立体育专科学校师范专科,河北省立师范专科学校,山东省立师范专

---

① 邹有华、徐君藩:《福建省立师范专科学校的筹办和初期概况》,《福建文史资料》第二十三辑,1990年。
② 《第二次中国教育年鉴》下,上海:商务印书馆1948年版,第916—917页。

科学校,上海市立幼稚师资专修科。其中设有教育学科的有上海市立师范专科学校,安徽省立安徽学院师范部,福建省立师范专科学校,河北省立师范专科学校,国立幼稚师范专科学校设有幼稚教育师资专修科。1948年国民政府颁布了《大学法》和《专科学校法》。《大学法》再次规定:"大学各学院附设专修科,招收高级中学或其同等学校毕业生,或具有同等学力者,修业二年,但应呈请教育部核准后设立之。"并规定"师范学院应由国家单独设立,但国立大学得附设之。"①这实际上再一次确认了师范专科学校的独立地位。

(二) 独立师范专科学校教育学科的主要特征
——以福建省立师范专科学校为中心

独立师范专科学校从成立到建国前,虽然时间不长,但发挥的作用却不小。教育学科在独立师范专科学校也曾独树一帜。本小节即以福建省立师范专科学校为中心,具体考察近代独立师范专科学校教育学科的主要特征。

1. 应社会需要而设

师范专科学校教育学科设置的目的很明确,就是为了满足地方中等学校师资的需求。抗战爆发后,国民党政府实行"地方自治",命令各省市自1940年起推行"管、教、养、卫"合一的"新县政"。在教育方面,除推行义务教育与民众实习教育合流、儿童教育与成人教育并重的"国民教育制度"外,还要求加强中等教育,规定在5年内每县应设立县立初级中学一所。另外,教育部要求各省分区设立高级中学。根据这一指示,福建省教育厅计划自1942年起3年内增设中等学校183所,而当时公私立中等学校总数只有159所。增设中等学校需要大量师资,因此,许多有识之士大声疾呼,要求采取措施,解救"师荒"危机,在省教育厅编印的《中等教育》杂志上连续载文反映这些呼声。如"孙邦正的《中学师资问题的检讨》(第3辑)、邹有华的《师荒及其解救途径》(第4辑)和檀仁梅的《本省中等学校的师资问题》、张文昌的《本省中等学校教师最近四年服务与离校状况调查》(均载于第8辑)。沈链之还在《福建教育通讯》第6卷第5期上发表

---

① 宋恩荣、章咸选编:《中华民国教育法规选编》,南京:江苏教育出版社2005年版,第417—419页。

了一篇题为《本省中等学校师资的缺乏问题》的文章。"① 福建省教育厅对于创设本省中等学校师资培训机构，态度也比较积极。因此，福建师范专科学校的创立，主要是为了解决当时中等学校师资紧缺的问题，其教育学科也是如此。1941 年教育科第一届学生招生 39 人，1944 年毕业 26 人。按当时学制只能培养初中教师，但实际上初期毕业生后来在高中任教者占很大比例，而且多成为本省中学和中等师范学校的教学和行政骨干，有些毕业生还被选拔为高等学校教师。

2. 课程设置偏重师范实践技能的培训

师范专科学校教育学科刚成立时无章可循。教育部虽曾颁布《师范学院专修科及师范专科学校必修及选修科目表施行要点》，其中规定各科须修满一百学分，方得毕业；对于教育实习（包括教学实习、训导实习及行政实习）除在第三学年第一学期内依照规定指导学生参观见习暨试教外，并于第三学年第二学期分发充任实习教师，但这个《要点》直到了 1944 年才颁行。因此，师范专科学校教育科的课程设置主要参考师范学院本科各系课程，根据师范专科学校学习年限和教育科为培养师范学校教育科目教师和学校行政、地方教育行政人员的宗旨，加以压缩调整。福建师范专科学校教育科规定，"学生在 3 年内至少须修满 108 学分，相当于本科 5 年 170 学分的 63.5％强"。② 同时，由于战事的影响，沿海许多中学相继迁往内地，一批已经或计划增设的新校班数也减少。因此，福建师范专科学科教育科为使学生一专多能，毕业后也能兼教其他方面的科目，"特设辅科，分组选修国文、历史或地理课程，并正式规定：凡选修某组课程满 18—20 学分者，毕业得兼任有关学科教员"。③ 由于师范专科学校修业时间短，专业针对性强，因此，师范专科学校教育学科的课程设置大都系统性、理论性不强，但十分注重师范实践操作技能的培训。

3. 教育学科以教学为主

师范专科学校教育学科完全以教学为主，基本上是一个教学组织。因此，在具体教学过程中，大多较好地避免了照搬外国知识、技能和"偏重

---

① 邹有华、徐君藩：《福建省立师范专科学校的筹办和初期概况》，《福建文史资料》第二十三辑，1990 年。
② 同上。
③ 同上。

理论"的弊病,而是努力探索适合国情的教学模式。福建师范专科学校对教学管理相当严格,教育科实行"计划教学",要求各门课程都必须做到:"1. 编制课程纲要,并经科内讨论审定,以避免各科教材内容出现重复或遗漏现象;2. 严格按进度进行教学;3. 改进教学方法,除采用讲演法教学外,还要采取讨论、实验、实习、练习、调查、参观等方式进行教学,以提高教学效率;4. 指定课外参考书,布置课外作业(不仅教育科如此,其他科亦指定参考书和布置课外作业,并要求学生写读书报告或研究报告)。"[1]正因为学校有关部门对教学工作管理较严,所以,虽然抗战时期条件相当艰苦,但教育科教学秩序仍比较稳定。对科学研究,除了教育问题规定为学校的任务之外,其他学科多由教师自觉进行,未形成制度,不过学校规定教师轮流在"总理纪念周"上作学术专题报告,寓有提倡科学研究之意。

4. 推行"政教合一"的管理模式

独立师范专科学校教育学科应时而设,主要目的是为了抗战的需要。因此,除了注重人格训练外,国民党政府强调"政教合一"。蒋介石在第三次全国教育会议上曾说:"今天我们再不能附和过去误解了许久的教育独立的口号。使教育者自居国家法令和国家所赋予的责任以外而成为孤立的一群。……应该使教育和军事政治社会经济一切事业相贯通",要强制"教育界齐一趋向,集中目标,切切实实为实现三民主义而努力",反对"各逞所见,各行其是"。[2] 为了加强对专科学校的控制,1948年国民党政府根据1929年《专科学校组织法》制订并通过了《专科学校法》,规定"专科学校得设训育委员会,以校长、教务主任、训导主任为当然委员,并有校长聘请担任主要科目之专任教员三人至十五人组织之,校长为主席,训导主任为秘书,规划有关训导之重要事项"[3]等条款,意在通过立法的手段对专科学校管理组织加以完善,特别是增设训导处、训育委员会更是为了加强国民党政府对专科学校的思想控制。因此,当时的师范专科学校大多推行"政教合一"的管理模式。如福建师专学校校方就认为应根据蒋介石所说的"政治与教育应打成一片","使学校成为政府的研究部,政府为学校

---

[1] 邹有华、徐君藩:《福建省立师范专科学校的筹办和初期概况》,《福建文史资料》第二十三辑,1990年。
[2] 沈云龙主编:《第二次中国教育年鉴》一,台湾:文海出版社1986年版,第54—55页。
[3] 宋恩荣、章咸选编:《中华民国教育法规选编》,南京:江苏教育出版社2005年版,第421页。

的实验场。强调师专的一切计划与实施都要以此为准则"。① 师范专科学校教育学科在教学管理、课程设置、教材的选定等方面均体现了这一指导思想。

总之,独立师范专科学校教育学科教学时间短,专业针对性强,实践训练多,因此,学生毕业后能很快走上教学岗位,以应社会急需;加之独立师专同独立师范学院一样其学生享有公费待遇,"师专教育科学生绝大多数出身于社会贫苦阶层",②他们入学后生活朴素,深感接受高等教育的机会来之不易,平时多能勤学苦练,毕业后也大都安贫乐业。这就极大的缓冲了中等师资的紧张状况。但独立师范专科学校教育学科以教学为主,对教育学科的理论研究则非其主要任务。

---

① 邹有华、徐君藩:《福建省立师范专科学校的筹办和初期概况》,《福建文史资料》第二十三辑,1990年。
② 同上。

第七章　近代中国大学教育学科的历史地位

以上各章对近代中国大学教育学科进行了具体的考察，可以发现高等师范、国立综合性大学、教会大学、私立大学、独立教育学院和独立师范专科学校的教育学科，由于其所处的学校性质不同，学科建设的侧重点也各异，不同的制度环境下教育学科表现出的特征也不一样，尽管这类特征从根本上说只是相对的。各类不同性质的大学教育学科既相互竞争又相互促进，共同促使教育学科不断地成长、壮大。

一、近代中国大学教育学科体系的确立

从20世纪初至1949年，经过近半个世纪的发展，近代中国大学教育学科已在全国范围内形成网络状结构，包含多种分支学科的教育学科群也已初步形成，其人才培养、学术研究、学位授予等学科建设不断走向制度化，从而促进了近代中国大学教育学科体系的确立。

（一）近代中国大学教育学科的分布结构

清末优级师范学堂成立之初，教育学科并未设立专门的系科组织，只是开设了一些教育学类课程。到民初，大学教育学科加速发展，教育学科的专业系统及学科体系开始呈现，如高等师范学校不仅设有教育专修科，而且还有教育研究科。尤其在《壬戌学制》颁定和实施后，综合性大学开始大规模参与教育学科建设，教育系科组织在综合性大学也广泛设置；加之，教会大学、私立大学、独立教育学院和独立师范专科学校设置的教育学科，从学校类别、系科等分布来看，近代中国大学教育学科已形成网络状结构。

1. 学校分布状况

据《第一次中国教育年鉴》统计,各大学设置教育学科的已有42所。①

国立或公立综合性大学有14所:山东大学教育学院下设教育行政系、乡村教育系,中山大学下设教育学系(附设教育研究所),中央大学教育学院下设教育学系、教育心理学系、教育行政、教育社会学系,北京大学文学院下设教育学系,浙江大学文理学院下设教育学系、心理学系,暨南大学教育学院设教育学系和教育心理系,四川大学教育学院下设教育学系,武汉大学文学院下设哲学教育系,清华大学理学院下设心理学系,安徽大学文学院下设哲学教育系,东北大学教育学院下设教育学系,河南大学文学院下设教育系,湖南大学文学院下设教育学系,云南东陆大学文学院下设教育系。

高等师范有3所:国立北平师范大学教育学院下设教育学系,甘肃师范学院下设教育学系,河北女子师范学院下设教育学系。

独立教育学院有3所:山西教育学院下设教育学系,江苏教育学院下设民众教育学系、农事教育学系及民众教育、农民教育、农民师范专修科,湖北教育学院下设农村教育系、农事教育系及乡村师范、职业师范、民众教育专修科。

教会大学有11所:东吴大学文学院下设教育系,武昌华中大学教育学院下设教育原理系、教育行政系、教育心理系,金陵大学文学院下设教育系,辅仁大学教育学院下设教育学系、心理学系,沪江大学教育学院下设教育学系,岭南大学文理学院下设教育学系,齐鲁大学文学院下设教育学系,燕京大学文学院下设教育学系,之江文理学院下设教育学系,金陵女子文理学院下设教育学系,福州协和学院文学院下设教育心理学系。

私立大学有11所:大夏大学教育学院下设教育行政系、中等教育系、教育心理系、社会教育系,光华大学文学院下设教育学系,武昌中华大学文学院下设教育学系,南开大学文学院下设教育哲学系,厦门大学教育学院下设教育原理系、教育心理学系、教育行政学系、教育方法学系,复旦大学文学院下设教育学系,广州大学文学院下设教育学系,广东国民大学文学院下设教育学系,正风文学院下设教育学系,中国学院下设哲学教育系,民国学院下设教育系、教育专科、教育专修科。

20世纪三四十年代,全国各大学教育学科迅速发展,即使经过8年抗

---

① 参见《第一次中国教育年鉴》丙编上,上海:开明书店1934年版,第25—140页。

战,其数量不但没有减少,相反增多了。据《第二次中国教育年鉴》统计,各大学设置教育学科的有 63 所。①

国立或公立综合性大学有 22 所:中央大学师范学院下设教育学系、教育研究所,国立政治大学下设教育学系,北京大学文学院下设教育学系,中山大学师范学院下设教育系,西北大学文学院下设教育学系,暨南大学文学院下设教育学系,复旦大学文学院下设教育学系,浙江大学师范学院下设教育学系,安徽大学文学院下设哲学教育系,中正大学文法学院下设教育学系,重庆大学文理学院下设教育学系,四川大学文学院下设哲学教育学系,南开大学文学院下设哲学教育学系,河南大学文学院下设教育学系,山西大学文学院下设教育学系,厦门大学文学院下设教育学系、教育心理学系、教育原理学系、教育行政学系、教育方法学系,广西大学文学院下设教育学系,东北大学文学院下设教育学系,长春大学文学院下设教育系,安徽省立安徽学院大学部下设教育学系,广东省立文理学院下设教育学系,新疆学院下设教育学系。

高等师范有 13 所:北平师范学院文学院下设教育系,蓝田师范学院下设教育系,湖北师范学院下设教育系,南宁师范学院下设教育学系,贵阳师范学院下设教育系,昆明师范学院下设教育系,西北师范学院下设教育系,长白师范学院下设教育系,女子师范学院下设教育学系,河北省立女子师范学院下设教育学,桂林师范学院下设教育系,台湾省立师范学院下设教育学系、教育专修科,江苏省立师范学院下设社会教育系、农事教育系、劳作师资专修科、电化教育专修科,四川省立师范学院下设社会教育系、农事教育系。

独立师范专科学校有 4 所:上海市立师范专科学校下设幼稚教育师资专修科,福建省立师范专科学校下设教育科,河北省立师范专科学校下设教育科,国立幼稚师范专科学校设有幼稚教育师资专修科。

独立教育学院有 3 所:国立社会教育学院下设社会教育行政系、电化教育专修科、电化教育系,江苏省立教育学院下设社会教育学系、农业教育学系、劳作师资专修科、电化教育专修科,四川省立教育学院下设农业教育系、教育系、教育专修科。

---

① 参见《第二次中国教育年鉴》第五编高等教育部分,上海:商务印书馆 1947 年版,第 100—303 页。

教会大学有 11 所:金陵大学文学院下设哲学心理学系、教育学系,燕京大学文学院下设教育学系、心理学系,辅仁大学教育学院下设教育学系、哲学心理学系、心理组,岭南大学文学院下设教育学系,圣约翰大学文学院下设教育学系,武昌华中大学教育学院下设教育学系,华西协和大学下设教育学系,齐鲁大学文学院下设教育学系,福建协和大学文学院下设教育学系,之江文理学院文科下设教育学系,华南女子文理学院下设家事教育学系。

私立大学有 10 所:广州大学文法学院下设教育学系,光华大学文学院下设教育学系,大夏大学教育学院下设教育学系、社会教育学系、教育心理学系,大同大学文学院下设教育学系,震旦大学文学院下设教育学系,武昌中华大学文学院下设教育学系,东北中正大学文学院下设哲学教育学系,珠海大学文学院下设教育学系,中国学院文科下设哲学教育系,乡村建设学院下设乡村教育学系。

无论战前还是战后,教育学科在各类大学都有设置,分布很广;而且战后设置教育学科的大学比战前明显增加,国立或公立综合性大学教育学科从战前的 14 所增加到 22 所,高等师范由战前的 3 所发展到战后的 13 所,独立师范专科学校也出现了 4 所。这说明在抗日战争期间,由于师资的匮乏,南京国民政府开始关注师范教育及其教育学科,教育学科作为训练师资的作用重又得到重视和发挥。

2. 系科分布状况

据《第一次中国教育年鉴》统计,各大学设置教育系科的具体状况如下:①

大学设置教育学系的有 31 所:中山大学、中央大学教育学院、北京大学文学院、浙江大学文理学院、暨南大学教育学院、四川大学教育学院、东北大学教育学院、河南大学文学院、湖南大学文学院、云南东陆大学文学院、国立北平师范大学、甘肃师范学院、河北女子师范学院、山西教育学院、江苏教育学院、东吴大学文学院、金陵大学文学院、辅仁大学教育学院、沪江大学教育学院、岭南大学文理学院、齐鲁大学文学院、燕京大学文学院、之江大学文理学院、金陵女子文理学院、光华大学文学院、武昌中华大学文学院、复旦大学文学院、广州大学文学院、广东国民大学文学院、正

---

① 参见《第一次中国教育年鉴》丙编上,上海:开明书店 1934 年版,第 25—140 页。

风文学院、民国学院。

大学设置教育行政系的有5所：山东大学教育学院、中央大学教育学院、武昌华中大学教育学院、大夏大学教育学院、厦门大学教育学院。

大学设置教育心理系或心理学系的有9所：中央大学教育学院、暨南大学教育学院、武昌中华大学教育学院、福州协和学院文学院、大夏大学教育学院、厦门大学教育学院、浙江大学文理学院、清华大学理学院、辅仁大学教育学院。

大学设置教育社会学系或社会教育系的有2所：中央大学教育学院、大夏大学教育学院。

大学设置教育哲学系或哲学教育系的有4所：武汉大学文学院、安徽大学文学院、南开大学文学院、中国学院。

大学设置教育原理系的有2所：武昌华中大学教育学院、厦门大学教育学院。

此外，大学设置民众教育学系或农事教育学系的有2所、乡村教育系1所、中等教育系的1所、教育方法学系的1所等。

抗战结束后，据《第二次中国教育年鉴》统计，各大学设置教育系科的具体状况如下：①

大学设置教育学系的有51所：国立政治大学、中央大学师范学院、中山大学师范学院、四川大学文学院、浙江大学师范学院、中正大学文法学院、广西大学文学院、东北大学文学院、国立厦门大学文学院、暨南大学文学院、西北大学文学院、北京大学文学院、长春大学文学院、河南大学文学院、复旦大学文学院、重庆大学、山西大学文学院、安徽省立安徽学院大学部、新疆学院、国立师范学院、国立西北师范学院、立北平师范学院、国立昆明师范学院、国立女子师范学院、南宁师范学院、国立贵阳师范学院、国立桂林师范学院、国立湖北师范学院、国立长白师范学院、台湾省立师范学院、河北省立女子师范学院、金陵大学文学院、燕京大学文学院、辅仁大学教育学院、岭南大学文学院、武昌华中大学教育学院、华西协和大学、福建协和大学文学院、圣约翰大学文学院、齐鲁大学文学院、之江文理学院文科、大夏大学、光华大学文学院、广州大学文法学院、大同大学文学院、

---

① 参见《第二次中国教育年鉴》第五编高等教育部分，上海：商务印书馆1947年版，第100—303页。

震旦大学文学院、武昌中华大学文学院、东北中正大学、广东省立文理学院、珠海大学文学院、四川省立教育学院。

大学设置教育科或教育专修科的有5所：福建省立师范专科学校、安徽省立安徽学院师范部、河北省立师范专科学校、四川省立教育学院、台湾省立师范学院。

大学设幼稚教育师资专修科的有2所：上海市立师范专科学校、国立幼稚师范专科学校。

大学设置社会教育学系的有5所：国立社会教育学院、江苏省立教育学院、江苏省立师范学院、四川省立师范学院、大夏大学。

大学设有哲学教育学系的有5所：国立南开大学文学院、中国学院文科、国立安徽大学文学院、四川大学文学院、东北中正大学文学院。

大学设农业教育系或农事教育系的有4所：江苏省立师范学院、四川省立师范学院、江苏省立教育学院、四川省立教育学院。

大学设电化教育系或电化教育专修科的有2所：国立社会教育学院、江苏省立教育学院。

此外，大学还设有教育心理学系2所、家事教育学系1所、乡村教育系或乡村建设系1所、社会教育行政学系1所、教育原理学系1所、教育方法学系1所、教育行政系1所，还有哲学心理学系或心理学系或心理学组等等。

上述状况表明，近代中国大学教育学科设置丰富，不仅有教育学系，而且有教育原理系、教育行政系、教育心理学系、教育社会学系、教育方法学系、初等教育系、中等教育系、电化教育科、幼稚教育师资专修科、家事教育学系等，新兴的学科不断涌现。同时，战后设置教育学系的大学明显增加，从战前的31所发展到51所，而且有些大学教育学系本身就包含教育行政组、教育心理组等学科。

总之，近代中国设置教育学科的大学不断增加，教育系科设置日益丰富，这给教育学科的生存和发展赋予了合法性，"以学系为基础的学科是人力资源和经费流通的场所，拥有权力充当很难打破的知识生产地盘"。①学科组织的牢固，为学科的发展提供了坚实的基础，带来了学科本身的繁

---

① ［美］华勒斯坦等著，刘健芝等编译：《学科·知识·权力》，北京：生活·读书·新知三联书店1999年版，第33页。

荣,最终促使教育学科不断走向分化。因此,近代中国大学教育学科网络状结构的形成,为大学教育学科的教学和科研的开展以及教育学者的聚合等创造了条件;同时,这种开放型的网络状结构,也有利于不同大学的教育学科既相互竞争又相互促进。

(二) 近代中国大学教育学科群的初步形成

随着近代社会科学和自然科学的发展,教育学科呈扇形扩散。正如有的美国学者所指出的,"当学科吸引更多的学者生产更多的知识,它们变得更严密;当他们变得更严密就会分裂出次领域,结果自然再专门细分。正如物理学和文化人类学、新批评和解构主义或者社会生物学和分子生物学等例子显明,这种分裂循着几条线索进行:研究对象、方法、理论、认识论上的预设和意识形态。当每个专业都挤拥了学者,充塞着知识,学者们开始辩论一些以前无人问津的领域内往往为人忽略的次要点,对主要问题有兴趣的人也会往别处看。因此,'核心领域的密度在领域边缘、在前线上'在交汇之处'开放了创造的空间'"。① 近代中国大学教育学科以教育学为核心,学科不断分化和综合。从最初设置教育原理、教育史、应用心理学、伦理学大意、教授法等几门课程,到 20 年代,教育哲学、教育心理学、教育行政学、教育社会学等几门主要的教育分支学科先后建立,而且随着教育科学化运动的展开,当时南京高等师范学校和北京高等师范学校的一批学者,强调运用科学方法研究儿童心理、教育心理,编制各种教育统计和测量的量表,出现了教育统计学、教育测量学、实验教育学等学科。30 年代,伴随着乡村建设运动和民众教育运动的蓬勃展开,又涌现众多新的领域或方向,如乡村教育、农村教育、民众教育、成人教育、社会教育、职业教育等,教育学科课程大大扩充,主要的课程已达到五十门左右。② 之后教育学科还在不断地分化与综合,到 40 年代末出现了电化教育、教育生物学、学校财政等课程,教育学科分化之快、课程设置之多,令人目不暇接。到 1949 年,已形成了包括众多分支学科的学科群及其体系。据有的学者分析,近代中国教育学科已形成以下主要几类:"第

---

① [美]华勒斯坦等著,刘健芝等编译:《学科·知识·权力》,北京:生活·读书·新知三联书店 1999 年版,第 30 页。
② 侯怀银:《20 世纪上半叶中国教育学发展问题的反思》,博士论文,华东师范大学,2001 年,第 140 页。

一类,主要作为一门学科的教育学、教育原理、教学通论、教学法、课程编制等;第二类,主要有教育哲学、教育社会学、教育心理学、教育统计学、教育行政、学校行政、教育史、比较教育等。此外,个别学者还提到教育经济学、教育生物学、教育医学、教育论理学、教育伦理学、教育美学等学科;第三类,主要有幼稚教育、初等教育、中等教育、高等教育、职业教育、师范教育、乡村教育、艺术教育、女子教育、特殊教育、家庭教育、社会教育、民众教育、电化教育等;第四类,主要有教育测验、教育实验等"。① 大学教育学科已经出现了众多分支学科,而且即使是同一门学科,由于各人理解不同,其发展方向也不一样。例如,关于教育社会学,雷通群认为"教育社会学(Education Sociology)是社会学之一分科,即是应用社会学之一种"。②而陈科美则把教育社会学视为教育学的分支,认为教育社会学是"一种比较复杂的教育科学"。③ 他不赞同把教育社会学仅仅视为借用社会学的材料、方法和原理来研究和解决教育问题的学科。由此可见,近代中国大学教育学科不仅分支学科众多,而且学科内容已渐臻丰富。

在近代中国大学教育学科产生、分化和不断发展的过程中,一部分学者曾尝试着对教育学科的分类问题进行理论的阐析和归纳,以求揭示近代中国大学教育学科体系及其特征,并出现若干有代表性的观点和见解。

例如,孙振编纂的《教育学讲义》④把教育学分为理论教育学和应用教育学:理论教育学分目的论和方法论,方法论细分教学、训育、美育、体育;应用教育学分家庭教育、学校教育、社会教育。学校又细分为各科教学法、教育制度论(教育行政)、学校组织法、学校卫生。

傅继良在《肯定教育科学的实际根据》⑤一文中把教育学分为理论的科学和实际的科学:1. 理论的科学:(1)抽象的:教育哲学、教育原理、教育统计;(2)具体的:普通的(包括各级教育和幼、小、中、大、师范等之研究)、特殊的(包括教育社会学、比较教育)、联合的(包括教育思潮、教育史)、应用的(包括实验教育、艺术教育、公民教育、健康教育、生计教育);2. 实际

---

① 侯怀银:《20世纪上半叶中国教育学发展问题的反思》,博士论文,华东师范大学,2001年,第129页。
② 雷通群:《教育社会学》,上海:商务印书馆1932年版,第6页。
③ 陈科美:《教育社会学讲话》,上海:世界书局1945年版,第9页。
④ 孙振编纂:《教育学讲义》,上海:商务印书馆1926年版。
⑤ 傅继良:《肯定教育科学的实际根据》,《师大月刊》第1卷第4期,1933年。

的科学:(1)普通的:各种教育(包括个别、家庭、职业、军事、社会、民众、农村、特殊等教育);(2)特殊的:儿童教育、学习心理、教学视查、学校管理、教员、课程编造、工作分析;(3)联合的:教育制度、学制系统、教育法令;(4)应用的:教育测验、智力测验、常务调查、学校建筑、学校卫生、教学法参观及实习。

王秀南的《教育学的研究和实践》①则把教育学分为理论门和实际门:1.理论门:(1)教育历史:史前教育(教育民族学)、教育通史、教育专史(各国教育史、各级教育史、各种教育史);(2)比较教育:各国教育比较研究、各级教育比较研究、各种教育比较研究、教育问题比较研究;(3)教育哲学:教育学说、教育哲学总论(包括教育论理学、教育伦理学、教育美学)、各派教育哲学;(4)教育科学:教育原理、教育社会学、教育生物学、教育心理学、教育测量学、教育统计学;2.实际门:(1)各级教育:国民教育(包括幼稚教育、小学教育、民众补习教育)、中等教育、高等教育(包括专科教育和大学教育)。

此外,还有一些著作曾提及教育学科的分类原则问题,如张宗麟著《教育概论》(商务印书馆1938年版)、张怀著《教育学概论》(辅仁大学1946年版),姜琦著《教育学新论》(正中书局1946年版),徐德春编《教育通论》(中华书局1948年版)等。虽然近代中国教育学者对教育学科的分类不一,但总体上受德国赫尔巴特学派代表人物莱因的影响颇大。"德人赖因氏,于其系统教育学中,分实践教育学、理论教育学二类"。② 受此二分法的影响,当时中国学者大多在此基础上进行"撷长补短",又参照中国教育的实际情形,拟定"一种教育学底新体系之分野"。③ 教育学者对教育学科分类的认识和把握对近代中国大学教育学科体系的确立产生了一定的影响,虽然这些分类不很完善,但反映了中国教育学者试图从理论上对教育学科体系进行系统的构建。如有的学者以研究对象为标准进行分类,注重教育本质的研究;有的学者以研究方法为对象进行分类,注重教育方法的研究;有的学者从教育活动形态的角度出发对教育学科进行分类,强调教育学科的应用性特征等等。

---

① 王秀南:《教育学的研究和实践》,《中华教育界》复刊第2卷第8期,1948年。
② 王炽昌编,郑宗海等校:《教育学》,上海:中华书局1922年版,第7页。
③ 姜琦:《教育学新论》,南京:正中书局1946年版,第14—15页。

（三）近代中国大学教育学科建设的制度化

美国学者亨廷顿在《变化社会中的政治秩序》中指出："制度就是稳定的、受珍重的和周期性发生的行为模式。组织和程序与制度化水平成正比例。哈佛大学与一些新开办的郊区中学都是一种组织，但和这些新中学相比，哈佛之制度化的程度要高得多。"①如果说学科组织使教育学科的发展拥有一块固定的基地和平台，那么学科制度化是使学科的发展走向有序、稳定和规范的根本保证。考察近代中国大学教育学科的建立与发展过程，可以发现其人才培养、学术研究、学位授予等方面已渐趋制度化、规范化。

近代大学教育学科已形成专科、本科、研究生等各种层次的人才培养机制。清末，教育学科只是作为课程设置在大学，还没有专门的教育系科出现，因此也就谈不上专门的人才培养。到民初，高等师范学校开始出现了教育专科，如北京高等师范学校教育学科的教育专攻科、南京高等师范学校的教育专修科等。当时教育专科主要是为了满足师资的需求，北京高等师范学校在1916年《筹议本校扩充办法说帖》明确提出："专修科为专精科学而设，其有补助学力之不足，而是以推广国民教育收效最速者。"②1922年随着"高师改大"运动的兴起，各类大学开始大规模地创办教育本科，这时人才培养除了教育学科教师外，主要是培养中学师资和教育行政人员等。为此，各大学教育学科普遍采用主科、副科制。例如，北平师范大学教育学系规定主科"为专业训练而设，包括基本科目、分化科目及各组公共科目，均系必修。……共计90学分"；副科"为培植在中等学校担任一种普通科目之能力而设。自第一学年至第三学年由学生商同主任于本校各系内择定一系为副科，在其所设一定围内选修之，共计30学分"。③ 再如，北京大学教育学系则规定："主科须习满44单位以上，辅科须习满20单位以上，共计64单位，方得毕业。"④ 此外，一些大学实行

---

① ［美］塞缪尔·P·亨廷顿著，王冠华等译：《变化社会中的政治秩序》，北京：生活·读书·新知三联书店1989年版，第11页。
② 《本校记事》，《北京高等师范学校校友会杂志》第一辑，1916年。
③ 许椿生等编：《李建勋教育论著选》，北京：人民教育出版社1993年版，第141页。
④ 王学珍、郭建荣主编：《北京大学史料（1937—1945）》第三卷，北京：北京大学出版社2000年版，第1753—1754页。

志愿师范生制。如1947年中央大学师范学院的系别与文理学院相同系合并后,为了维持中学各学科教师的培养,该校规定在文理两院实行志愿师范生制度,以师范学院和文理学院结合的方式共同培养中学各学科师资。与此同时,近代大学教育学科的研究生培养也形成一定的规模。1934年,国民政府教育部根据《大学组织法》关于"大学得设研究院"的规定,公布了《大学研究院暂行组织规程》。《规程》规定研究院"为招收大学本科毕业生,研究高深学术,并供给教员研究便利起见","招收研究生时,以国立、省立及立案之私立大学与独立学院毕业生经公开考试及格者为限。并不得限于本校毕业生。""研究期限暂定为至少二年"等。进而,对研究生培养目的、招生、考试方式、学习年限等作了具体规定。此后,依据教育部的《规程》,各大学又作了具体、详实的规定。如中央大学于1936年制定了《大学研究院组织》和《研究院简章》,使研究生培养走上了规范化道路;即使在抗战期间,中央大学研究院仍在原来的基础上,重新制定《大学研究院暂行组织规程》14条和《研究生简章》,研究生培养并未因战乱而停止。

众所周知,学术研究是大学学科建设的重要方式之一,也是新兴学科产生与发展的源泉和动力。1912年教育部公布的《大学令》明确指出:"大学以教授高深学术、养成硕学闳材、应国家需要为宗旨。"①各大学教育学科对教师开展科研提出了相应的要求,并采取了一系列措施。如北京高等师范学校为保证教师从事学术研究的时间,规定教师授课每周"至多不过二十小时"。②1922年《壬戌学制》颁定,综合性大学开始设置教育学科,从此教育学科的学术性进一步加强,各大学教育研究机构相继成立,如中山大学成立了"教育研究所",北平师范大学成立了"教育研究所",中央大学成立"教育实验所",浙江大学成立了"心理实验室",西南联大成立了"教育研究室"等等,北平师范大学还明确规定要把学术研究作为教师的重要任务和工作之一。为鼓励大学开展学术研究,1931年国民政府公布的《中华民国训政时期约法之国民教育专章》中明确提出:"学术及技术之研究与发明,国家应予奖励及保护。"③为此,各大学相应地采取各种具

---

① 宋恩荣、章咸选编:《中华民国教育法规选编》,南京:江苏教育出版社2005年版,第384页。
② 璩鑫圭等编:《中国近代教育史资料汇编·实业教育 师范教育》,上海:上海教育出版社1994年版,第997页。
③ 宋恩荣、章咸选编:《中华民国教育法规选编》,南京:江苏教育出版社2005年版,第47页。

体措施,建立了学术奖励制度。浙江大学校长竺可桢在礼聘国内外专家学者的同时,鼓励本校讲师、助教在国内外进修深造,对服务满7年而成绩卓著的教授给予离校休假,可自由从事考察或进修,以利更新知识。为促进教育学术交流,各大学设法提供教育学者一个稳定的学术阵地,先后创办了多种教育学术期刊。如北京高等师范学校创办了《教育丛刊》,北京女子师范大学创办了《女师大学术季刊》,中央大学创办了《教育季刊》和《教育心理学研究报告》,中山大学创办了《教育研究》,厦门大学创办了《厦门大学教育学院研究丛刊》,江苏国立教育学院创办了《教育与民众》等。抗战爆发后,尽管财政困难,但教育部还是抽取一定的资金加强教育学科建设,如1938年"部发国家建设专款项之五万元"给西南联大师范学院,学院"几全部用在图书仪器之设备",①师范学院教育学科的资料室得到了充实。总之,随着近代大学教育学术研究机构的建立、教育学术期刊的创办、学术研究经费和学术奖励制度的推行,近代大学教育学术研究开始迈向制度化。

最后,近代中国大学教育学科学位制度逐渐形成。1912年10月北京政府颁行的《大学令》明确规定国立大学毕业生除授予毕业证书外,得称学士。当时的北京高等师范学校只是相当于专科性质,为提高毕业生程度,培养专门的教育人才,遂于1920年开办"教育研究科",规定修业年限为2年,结业时获"学士学位",这标志着我国最早的教育学士学位的出台。1931年,南京国民政府开始草拟《学位授予法》,1935年4月22日立法院通过并颁布《学位授予法》12条。其大旨是:学位分学士、硕士、博士三级;学士学位的授予资格为凡曾在公立或立案之私立大学或独立学院修业期满,考试合格并经教育部复核无异者;硕士学位的授予资格为获得学士学位后,曾在公立或立案私立大学或独立学院之研究院或研究所继续研究两年以上,经该院、所考核成绩合格者,得由该院、所提出硕士学位候选人;博士学位的授予资格为获得硕士学位后,在研究院或研究所继续研究两年以上,经该院、所考核成绩合格,由教育部审查许可者,得为博士学位候选人,而且博士学位候选人,须经博士学位评定会考试合格,方由国家授予博士学位;硕士学位及博士学位之候选人,均

---

① 北京大学、清华大学、南开大学、云南师范大学编:《国立西南联合大学史料》总览卷一,昆明:云南教育出版社1998年版,第144页。

须提交研究论文。①《学位授予法》的颁行,标志着中国学位制度的正式建立。同年5月,教育部依照《学位授予法》之精神,颁布了《学位分级细则》12条,其中规定教育科学位分教育学士、教育硕士、教育博士三级。6月,教育部公布了《硕士学位考试细则》,对教育等8科设考。次年4月,教育部又公布了通过《硕士学位考试办法》,进一步补充《硕士学位考试细则》。随着学位制度的颁行,北平师范大学教育学科、中山大学教育学科、中央大学教育学科等纷纷招收研究生,并授予硕士学位。如中山大学教育教育所从1928年到1941年共培养了6届,有17名研究生被授予硕士学位。② 从1943年起,教育部要求各校硕士论文均须送教育部复核,复核时先请专家1人评阅,再提交教育部学术审查会审查通过,最后由教育部授予硕士学位。据第二次中国教育年鉴统计,从1943年到1948年,共授予硕士学位者232人,其中教育学科26人,他们分别是中山大学教育学科11人,中央大学教育学科有8人,北平师范大学6人,政治大学教育学科1人。③ 其中中央大学教育学科8名硕士研究生简况见第三章表3—1,其余大学教育学科硕士研究生简况见下表:

表7—1 1943—1948年间各大学教育学科硕士研究生简况表

姓　名	研究学校及科部	论文题目
钱　蘋	中山大学教育学部	问题儿童个案研究
吴江霖	中山大学教育心理学部	数系填充测验与智慧及能倾之关系
严元章	中山大学教育学部	中国教育制度的研究
杨泽中	中山大学教育学部	现代三大教育思潮的比较研究
李審蝉	中山大学师范科教育学部	训导问题
梁兆康	中山大学师范科教育学部	教育组织的比较研究
丁宝兰	中山大学师范科教育学部	我国中学课外活动改造研究
凌洪龄	西北师范学院师范科教育学部	我国古代团体竞赛运动
刘　泽	西北师范学院师范科教育学部	三民主义与初中本国史教材研究

---

① 参见《中国教育大系·历代教育制度考》(下),武汉:湖北教育出版社1994年版,第2329—2330页。
② 中山大学编:《国立中国大学现状》,韶关:国立中山大学出版部1943年版。
③ 沈云龙主编:《第二次中国教育年鉴》(四)第六编,台北:文海出版社有限公司1986年版,第80—82页。

(续表)

姓　名	研究学校及科部	论文题目
佘增寿	西北师范学院师范科教育学部	影响学业成绩之重要因素
李天祜	西北师范学院师范科教育学部	秦汉之民族英雄及其影响
韩温冬	西北师范教育学部	中心及国民学校行政工作之研究
陈藻芬	中山大学教育心理学部	儿童入格顺应问题之研究
吴瑰卿	中山大学教育学部	吾国中学英语作文教学法之研究
关瑞铃	中山大学教育学部	广东师范教育问题研究
王宝祥	中山大学教育学部	三民主义教育政策之研究
贾则復	西北师范学院教育学部	中学国文精读教材
金子达	政治大学研究部	我国新教育制度的研究

资料来源：沈云龙主编：《第二次中国教育年鉴》（四）第六编，台北：文海出版社有限公司1986年版，第80—82页。

总之，近代中国大学教育学科随着设置的组织不断扩大，学科群的逐渐庞大，学科建设制度化等，促进着近代大学教育学科的发展。从大学教育学科产生到1949年，近代中国大学教育学科已取得了丰硕的成果，教育学科体系已基本确立。

二、近代中国大学教育学科的局限性与不足

近代中国大学教育学科成绩斐然谁也不能否认，但在肯定成绩的同时也应客观地、正确地分析近代中国大学教育学科存在的局限性与不足。

（一）教育学科地域分布及分支学科发展不平衡

近代中国大学教育学科发展快速，地区分布广，分支学科越来越丰富，但同时可以发现，教育学科的地域分布不合理，分支学科发展不平衡。

首先，教育学科的地域分布不合理。据《第一次中国教育年鉴》所列设置教育学科的大学，其地域分布状况如下：

华东地区设教育学科的大学有18所：山东大学、中央大学、浙江大学、暨南大学、安徽大学、江苏教育学院、东吴大学、金陵大学、沪江大学、齐鲁大学、之江大学、金陵女子文理学院、福建协和学院、大夏大学、光华大学、厦门大学、复旦大学、正风文学院。

华北地区设教育学科的大学有10所：北京大学、清华大学、国立北平师范大学、河北女子师范学院、山西教育学院、辅仁大学、燕京大学、南开大学、中国学院、民国学院。

华中地区设教育学科的大学有6所：武汉大学、河南大学、湖南大学、湖北教育学院、武昌华中大学、武昌中华大学。

华南地区设教育学科的大学有4所：中山大学、岭南大学、广州大学、广东国民大学。

西南地区设教育学科的大学有2所：四川大学、云南东陆大学。

西北地区设教育学科的大学有1所：甘肃师范学院。

东北地区设教育学科的大学有1所：东北大学。

抗战结束后，这种不合理的布局有所改观，但地区差距依然存在。据《第二次中国教育年鉴》所列设置教育学科的大学，各地域分布状况如下：

华东地区设教育学科的大学有22所：中央大学、国立政治大学、浙江大学、暨南大学、厦门大学、复旦大学、江苏省立师范学院、上海市立师范专科学校、安徽大学、安徽省立安徽学院、福建省立师范专科学校、江苏省立教育学院、国立社会教育学院、金陵大学、福建协和大学、圣约翰大学、之江文理学院、齐鲁大学、大夏大学、光华大学、大同大学、震旦大学。

华北地区设教育学科的大学有8所：南开大学、北京大学、北平师范学院、河北省立女子师范学院、河北省立师范专科学校、燕京大学、辅仁大学、中国学院。

华中地区设教育学科的大学有7所：国立中正大学、河南大学、山西大学、国立师范学院、国立湖北师范学院、武昌华中大学、国立幼稚师范专科学校。

华南地区设教育学科的大学有9所：中山大学师范学院、广西大学、国立桂林师范学院、岭南大学、华南女子文理学院、广州大学、南宁师范学院、广东省立文理学院、珠海大学。

西南地区设教育学科的大学有9所：四川大学、重庆大学、国立女子师范学院、国立昆明师范学院、国立贵阳师范学院、四川省立师范学院、四川省立教育学院、华西协和大学、乡村建设学院。

西北地区设教育学科的大学有3所：西北大学、新疆学院、国立西北师范学院。

东北地区设教育学科的大学有4所：东北大学、长春大学、国立长白师范学院、东北中正大学。

港澳台地区设教育学科的大学有1所：台湾省立师范学院。

无论战前还是战后，设置教育学科的大学主要集中在华东地区，战前为18所，战后则达到22所；战前广大的华中、华南、西南、西北、东北地区总计才14所，战后华中、华南、西南、西北、东北等地区设置教育学科的大学明显增加，总数达到33所；港澳台地区也开始出现了大学教育学科。因此，虽然大学教育学科的地域分布有所改观，但整体来说其分布还是不合理。

其次，各分支学科发展不平衡。近代中国大学教育学科从起步到1949年，教育学科体系已基本形成，但在发展过程中，由于各分支学科有各自的研究领域和发展方向，加之分支学科原有基础不同、研究方法和手段的局限以及研究者水平的高低和人数的多寡等原因，分支学科之间的发展极不平衡。

第一，理论性学科与应用性学科之间发展不平衡。作为理论性学科的教育学、教育哲学、教育社会学、教育史学等学科起步早，发展相对比较成熟。例如，探讨教育一般规律的教育学从一开始在我国出现到1949年，共出版了108本教育学的译著和专著[1]，其中不少是在授课讲义的基础上写成的，发展较为迅速，内容也极为丰富，"不论是教育基本原理（如教育的本质、目的、教育与社会、人的身心发展的关系，教师与学生等），还是学校应实施的教育内容（如智育、体育、德育、美育、职业技术教育等）和学校管理，它几乎都涉及。其研究范围几乎涵盖当代教育学所研究的一切领域"。[2] 而且随着教育学科的发展，在教育学体系下分化为教育概论、教育原理、教育通论、德育原理等，由一门笼统的学科分化为各门具体的学科。再如，教育哲学从教育学中分离出来始于20年代初，从1922年到1949年，共出版了25本教育哲学的专著或译著。[3] 在不同的历史时期，出现了不同的教育哲学著作。较著名的有范寿康的《教育哲学大纲》，吴

---

[1] 侯怀银：《20世纪上半叶中国教育学发展问题的反思》附录二和附录三，博士论文，华东师范大学，2001年。
[2] 金林祥：《20世纪中国教育学科的发展与反思》，上海：上海教育出版社2002年版，第127页。
[3] 侯怀银：《20世纪上半叶中国教育学发展问题的反思》附录二和附录三，博士论文，华东师范大学，2001年。

俊升的《教育哲学大纲》、姜琦的《教育哲学》和张栗原的《教育哲学》等,这些著作基本反映了教育哲学在中国发展的大致脉络和状况。范寿康的《教育哲学大纲》是他早年留学日本期间写成的,深受康德哲学的影响,并试图用历史的和逻辑的方法,对教育哲学作理论上的探讨;吴俊升的《教育哲学大纲》是他在北京大学教育学系讲授教育哲学的讲义,以杜威的教育哲学思想为依据,其中还介绍了涂尔干的社会学思想;姜琦的《教育哲学》是他在厦门大学教育学院讲授教育哲学的讲义,明确指出以三民主义教育哲学,并结合唯物史观来解释历代教育思想与制度的变迁;张栗原的教育哲学是其在广东文理学院主讲教育哲学的讲义,以马克思主义理论为指导,试图揭示教育的本质和价值,并提出要建立有自己民族特色的教育哲学。教育哲学以不同的理论为支撑,已初步形成了不同于其他学科的独立体系,并且成为各大学开设的主干课程。与理论性学科的丰富内涵相比,作为应用性很强的分支学科,如教育管理学、教育统计学、教育卫生学、教育技术学等,虽然在近代中国大学迅速崛起,但整体发展还是相对迟缓。

第二,各级各类教育学科之间发展不平衡。在幼儿教育学科、初等教育学科、中等教育学科和高等教育学科之间,幼儿教育、初等教育和中等教育相对比较成熟,开设的系科也比较多,而高等教育发展迟缓。许椿生的调查显示:设置初等(小学)教育的有9个系科、设置中等(中学)教育的有10个系科,设置幼稚教育的也有5个系科,而设置高等(大学)教育的则只有2个系科。从这一时段内出版的译著和专著中也可粗略得知,有关幼儿教育、小学和中学教育的译著和专著远远多于高等教育。在师范教育、职业教育、女子教育、成人教育、特殊教育、社会教育、乡村教育、家事教育、电化教育等各类教育学科中,则是新兴学科相对比较薄弱,如电化教育学科可以说刚刚起步;此外由于种种原因,特殊教育学科在近代中国大学众多教育分支学科中也是一个极为落后的学科。

第三,跨学科领域各学科发展不平衡。在跨学科领域之间,学科发展更是不平衡。有的学科发展相当快速,如教育心理学,不仅从国外引入最新的教材和有关书籍,而且廖世承、艾伟、萧孝嵘等一批教育学者及时汲取国外研究成果,并试图将中国教育心理领域所遇到的问题纳入到教育心理学的研究范围,形成了自己独特的研究范围和研究重点,从20世纪20年代起一些高等师范学校就已开始把教育心理学作为必修课程。而另外一些跨学科领域,如教育病理学、教育财政学、教育环境学等学科分别在1935年、1936年、1938年从国外引进,但并未受到充分的重视;教育人类学、教育生物学等研究也刚刚起步;还有相当一部分学科甚至还孕藏在其他学科中,有待于进一步分化,像教育经济学,就主要孕藏于经济学当中,从教育学科中分化出来,已是建国以后的事了。

学科发展不平衡,有些学科已与当时国际同步,向纵深方向发展,而有些学科刚刚起步,甚至才初露端倪,近代中国大学教育学科发展参差不齐,这也是学科发展中存在的突出问题。

(二) 课程设置不完善

近代中国大学教育学科分化快速,课程也在不断地增多,但在课程设置方面仍存在着一些不和谐的音调,主要体现在:

1. 课程设置缺乏统一的标准

对于近代大学教育学科的课程设置,1935年北平师范大学教育学系学生许椿生专门对各大学教育学科课程进行过调查,他抽取了29所主要大学教育学系的课程设置进行问卷调查,具体以10所大学教育学系的教育课程列表展开分析①,它们是中央大学、北京大学、湖南大学、河南大学、北京师范大学、河北女子师范学院、辅仁大学、之江文理学院、燕京大学及厦门大学,其课程设置情况如下:②

教育原理科目:教育概论(10)(数字指开设此门课程有几所教育系)、教育原理(1)、幼稚教育(5)、初等(小学)教育(9)、中等(中学)教育(10)、高等(大学)教育(2)、师范教育(6)、教育哲学(9)、文化教育(1)、艺术教育(1)、道德教育(1)、教育社会学(9)、工作学校要义(1)、中国新教育研究(1)。共66个系科开设。

教育方法科目:普通教学法(8)、特殊教学法(1)、各科教学法(2)、中学教学法(2)、教材及科教法(4)、参观及实习(8)。共25个系科开设。

教育史科目:教育史(4)、中国教育史(2)、西洋教育史(3)、中国教育思想史(2)、西洋教育思想史(3)、近代教育思潮(5)。共19个系科开设。

教育心理科目:普通心理学(7)、教育心理学(9)、普通心理与教育心

---

① 这里教育学系以外的教育各系如教育心理系、教育方法系等概未列入。
② 许椿生:《大学教育系之课程》,《师大月刊》第20期,1935年。

理(1)、实验心理(6)、儿童心理(4)、青年心理(2)、儿童及青年心理(4)、变态儿童心理(特殊儿童心理)(2)、学习心理(2)、生理心理(2)、理论心理(1)、学科心理(4)、个性心理(1)、社会心理(4)、变态心理(6)、高等教育心理学(3)、心理学史(1)、系统心理(3)、现代心理学(2)、应用心理学(2)、动物心理(2)、情绪心理与教育(1)。共69个系科开设。

社会教育科目：社会教育(4)、职业教育(4)、公民教育(1)、乡村教育(7)、民众教育(3)、图书馆管理法(1)。共20个系科开设。

教育行政科目：教育行政(9)、学校(管理)行政(6)、学务(教学、学校)调查(7)、教学视查(视学指导,2)、课程论(7)、学校卫生(3)、小学教育实际问题(1)、教育行政问题研究(1)、中国教育问题研究(1)、教育法令(1)、比较教育(9)。共47个系科开设。

教育测验与统计科目：教育测验(4)、心理测验(3)、教育及心理测验(4)、智力及品格测验(1)、测验研究(1)、测验概要(1)、教育统计(9)、测验统计(1)、统计数学(1)、实验教育通论(2)。共24个系科开设。

此外，还设有教育指导(包括职业选择,1)、教育英文(2)、教育名著选读(4)、论文(教育要题研究,7)等课程。

结果，他发现上述10所大学教育学系所设课程不下百种，以至于许椿生认为有些课程设置纯粹是为了"迎合青年心理，甚或因位置私人，为凑钟点而设不相干的科目"。①同时，各大学教育学科所设课程分歧非常之大，如中央大学教育学科第一年级必修最多，以后逐年减少；而河南大学教育学科第一年级必修仅12学分，到大四则多达36学分。同为综合性大学教育学科，必修课分量及其学分的分配出现了完全相反的现象。为此，庄泽宣提出："大学教育系课程问题有急切彻底改造的必要。"②1939年教育部为统一大学教育学科的课程设置，颁布了《教育学系课程草案》③，规定教育学科学生最少须修满170学分方得毕业，必要时得增修学分，但5年中增修学分最多以12学分为限，并规定了教育学系的必修课程18门和选修课程28门。由于这个课程标准过于刻板，没有一定的弹性，所以部颁课程一公布，马上受到了各方批评。如林本在《对于部颁师

---

① 许椿生：《大学教育系之课程》，《师大月刊》第20期,1935年。
② 庄泽宣：《大学教育学系课程问题》，《教育杂志》第25卷第1号,1935年。
③ 该草案具体内容可参见本文第三章表3－2。

院教育课程草案之批评与意见》一文对教育学系课程设置进行了全面的批评,①并强调近代大学教育学科课程设置需要一个统一的标准,而不是具体的硬性规定。

2. 课程设置与培养目标不完全契合

一般而言,课程的设置必须与各大学教育学科的培养目标相一致。但近代大学教育学科往往有多种培养目标,如北平师范大学教育学系的培养目标是:"A、在学校或教育行政机关担任行政职务之能力;B、在中等学校担任一种普通科目及教育各种科目之能力;C、对于各种教育实际问题有独立研究解决之能力";②厦门大学教育学科的培养目标是"以研究教育学术,造就教育行政人员,各级学校师资、及教育专门人才,以求实现三民主义教育为宗旨。"③各大学教育学科的培养目标归纳起来大致有三个:"一是培养师资:为当时的中等师范学校培养教育科教师,为中小学培养学科教师;二是为教育研究机构和学校培养教育研究人员;三是为教育管理机构和学校培养教育行政人员。"④然而,近代大学教育学科的课程设置与其培养目标并没有完全契合,主要表现在以下几个方面:

(1) 关于培养师资,一部分学生毕业后从事师范学校教育学科教师的职业,但很多大学并未与之配套的师范实习学校,因此,很多学生在校时并未真正实习过教育课程;另有一部分学生毕业后担任中小学学科教师,但很多大学教育学科又对具体课程设置进行了限制,允许学生选择一副系,但规定最多只能修 40 学分,最少仅 24 学分,以这皮毛之知识传授给中小学生,自然感觉力不从心,以致出现疲于应付、学非所用的现象。

(2) 关于培养教育管理和学校教育行政人员,各校教育学科虽然都设有教育行政、学校管理、课程编制、训育问题、视学指导等课程,但许椿生的调查显示"从未见到一个教育学系对于行政规定有完密妥善的实习办法,大部分教育学系且没有'行政实习'这一科目"。⑤

---

① 林本:《对于部颁师院教育系课程草案之批评与意见》,《教育杂志》第 29 卷第 6 号,1939 年。
② 许椿生等编:《李建勋教育论著选》,北京:人民教育出版社 1993 年版,第 140 页。
③ 黄宗实、郑文贞选编:《厦门大学校史资料》第一辑(1921—1937),厦门:厦门大学出版社(内部资料)1987 年,第 66 页。
④ 胡艳:《新形势下大学教育学院的功能》,《北京师范大学学报》(社会科学版),2006 年第 6 期。
⑤ 许椿生:《大学教育系之课程》,《师大月刊》第 20 期,1935 年。

(3)关于培植教育研究人员,各大学教育学科非常重视教育研究人才的培养,也设置了一些有关教育研究的课程,但由于教育学科目标广泛,所设教育课程的门类非常多,以致学生无暇再顾及研究。因此,近代大学教育学科课程设置存在着与培养目标错裂的现象。

3. 课程设置内容重复

教育学科课程内容经常出现重复现象。有些课程虽然名称不一,但内容却是相同的,如"比较教育"、"各国教育行政"、"各国教育制度"都是德、法、英、美、日、俄等国的教育比较;"课程论"、"课程组织"、"课程编制"内容同一;"学务调查"、"教育调查"、"学校调查"内容也大体相同。同时,不同课程之间也往往内容重叠。如"初等教育"中有教学方法、教科书的选择和使用、儿童的训导,"小学教材及教学法"中也包含教学的各种方法、教科书的选择与使用,"教育行政"中又含有教科书的选择与使用、儿童的训育,①很多课程内容重复交叉,缺乏必要的整合。

(三)教材建设整体水平不高

从20世纪初到1949年,大学教育学科教材从无到有,从直接译自外国教科书到联系中国实际自编讲义、教材,大学教育学科教材建设的历程从总体看渐趋完善。但在轰轰烈烈的大学教育学科教材建设背后,仍然隐藏着不少问题。

1. 教材与中国具体实践相脱离

近代大学教育学科教材往往与具体实践相脱离,很多课程所用教科书和参考书直接模仿、移译国外。1926年,有学者曾对大学教学用书和参考书进行评议,把商务印书馆发行的教育名著7种、师范丛书1种、世界丛书2种;共学社教育丛书1种;南京高等师范学校范丛书1种;中华书局发行的教育丛书2种,新文化丛书1种;少年中国学会丛书1种等共16种进行考察,结果发现除一种是我国学者自行编写以外,其余全部是译本。② 由于大学教育学科教材和参考书译自国外,很多证明学理的实例亦取材于国外,因此,很多教材内容往往与中国具体的教育实际相脱离。很多学生能背得出教科书上行政组织的原则,但到了自己接办小规模的

---

① 参见郑金洲、瞿葆奎:《中国教育学百年》,北京:教育科学出版社2002年版,第309页。
② 参见华超:《大学教育用书问题评议》,《教育杂志》第18卷第3号,1926年。

学校时,却常常把适用于大规模学校的组织系统图无条件地抄袭过来,笑话百出;有些学生把教科书上编排日课表的原理和方法背得滚瓜烂熟,但一到实际编排时,却不知如何着手;又有些学生,在学校时装满了一些学科弹性制、巴达维亚制、剑桥制、巴巴拉制、道尔顿制、文纳特卡制等新名词,但是到了自己所教的班上,发现学生程度不齐、教学困难的时候,却又手足无措。①

2. 教材出版机构混杂、教材重复建设多

随着大学教育学科的开设,课程设置不断扩充,对新教材的需求也不断增加,教科书印量惊人,又能不断地重印,因此,自一开始,各出版机构就把教科书的出版作为运营的主要途径。这些机构除了官办之外,许多是民办的,如商务印书馆、文明书局、中华书局、中国图书公司、共学社等。据中华书局总经理陆费逵指出,截至1933年,上海书业公会会员共有四十余家,总资本接近九百余万元。若合计不入书业公会的出版社和印刷业,数目达100家。② 这些出版机构相互竞争,相互争利,诚如法国学者戴仁(Jean Pierre Drège)所说的:"不像法国出版界,中国的出版、发行和印刷三种职能在1949年前没有区分。所有出版社几乎都承担了书籍从手稿到售卖的整个流通过程。……以上三者合一,反映出出版家职能的商业性的基本作用。出版家不是作为某种思想传播的传播者出现,而首先是作为要贩卖的产品——书籍的商品包装员和推销员而问世。"③因此,在利益的驱动下,许多出版机构在大学教育学科教科书出版方面存在着重复印行等许多问题。例如,共学社的教育丛书中的《儿童心智发达测量法》与世界丛书中的《推孟氏订正比纳西蒙智力测验》,前者旧而简,后者新而详,新的完全可以代替旧的。再如,有的学者认为,商务印书馆发行的师范丛书中的《教育心理学》,与中华书局发行的教育丛书中的《学习心理学》,研究范围大体相同,但前书的内容及其特点实质更适合于近代中国的教师和学生。④

---

① 郑金洲、瞿葆奎:《中国教育学百年》,北京:教育科学出版社2002年版,第309—310页。
② 转引自李家驹:《商务印书馆与近代知识文化的传播》,北京:商务印书馆2005年版,第192页。
③ [法]戴仁著,李桐实译:《上海商务印书馆:1897—1947》,北京:商务印书馆1996年版,第3—4页。
④ 参见华超:《大学教育用书问题评议》,《教育杂志》第18卷第3号,1926年。

三、问题与反思

近代中国大学教育学科在建立与发展的过程中,从无到有,从草创到发展,不断地走向成熟,可以认为近代中国大学教育学科史就是一部教育学术发展史。然而,教育学科在发展过程中也存在着严重的局限性与不足。因此,总结近代中国大学教育学科的成败得失,进而分析其背后潜在的若干深层次问题,以求进一步引发对大学教育学科发展普遍规律的反思,这或许对当前我国新一轮教师教育改革有所裨益。

(一) 教育学科与师范教育的关系问题

从近代中国大学教育学科建立与发展的研究中,可以发现教育学科与师范教育的关系最为紧密,一言以蔽之,两者之间存在着一种相辅相成的互动关系。

中国近代教育学科设置在师范,最初主要是学习日本的教育模式。日本在明治时期十分重视师范教育,认为培养教师直接关系到国家的未来。1886年文部大臣森有礼主持颁布了《师范学校令》,使师范学校在学制上自成体系,并规定师范学生必须按照国家规定学习,学生享受公费资助,但毕业生必须到指定的教育岗位工作。1894年,文部省制定了《高等师范学校规程》和《女子高等师范学校规程》,确立了高等师范在师范教育中的特殊地位。1897年撤消原来的《师范学校令》,又重新公布了《师范教育令》,两级师范学校体制以法令的形式得以确立。之后,日本文部省对师范学校进行了一系列的整顿,如1898年特设了文科第一部——教育学部,1900年设置的研究科以教育学、教育制度、实验心理学、学校卫生、专科教育、儿童研究、教育演习等为中心科目,同时规定教育学科始终为各科的共同必修科目,并对毕业生的服务年限进行了规定。整顿后的日本高等师范开始把教育学科放在学校中心地位。

20世纪初,中国师范教育及其教育学科的设置主要是引进日本的这种"封闭式"模式。1904年清政府颁定的《奏定学堂章程》明确把师范教育分为初级师范学堂和优级师范学堂。在初级师范学堂设置教育学科课程,规定授课顺序为先讲教育史,次讲教育原理,接着讲教育法令及学校管理,最后讲实事授业。又规定优级师范学堂"以造就初级师范学堂及中学堂之教员管理员为宗旨",①修业年限为 4 年,费用由政府免费提供,并根据情况奖给相应的官职,但学生毕业后必须从事教职的义务,年限暂定为 6 年,否则"酌令缴还在学时所给学费以示惩罚。"②教育学科课程在优级师范学堂定为公共必修课,第二、第三学年系统开设教育理论、教育史、教授法、学校卫生、教育法令以及"教授实事练习"等。于是,既形成了独立师范教育体制,优级师范学堂又在其中保持了独特的地位,教育学科课程也以公共必修课的形式在优级师范学堂开始系统开设。民初,留日归国学生范源濂担任教育总长,开始导入日本划区设立师范的做法。日本在明治初期曾分为七大区,在每一大学区设立一所师范学校,第一大学区为东京,第二大学区为名古屋,第三大学区为大阪,第四大学区为广岛,第五大学区为长崎,第六大学区为新泻,第七大学区为宫城。为统筹高等师范的设置,民国政府以日本为榜样,先后于 1912 年颁布《师范教育令》和 1913 年颁布《高等师范学校规程》,把优级师范学堂改称为高等师范学校,并将高等师范学校定为国立,在全国分 6 大师范区。随着高等师范地位的提高,教育学科的层次和规模也逐渐提高和扩大,出现了教育专修科、教育研究科,开始培养教育专门人才,教育学科在高等师范的作用进一步发挥。此后,尽管"高师改大"运动导致高等师范学校纷纷改为综合性大学,使得高等师范的独立地位受到削弱,但进入 20 世纪 30 年代后,南京国民政府改弦易辙,努力重振高等师范教育。例如,1932 年国民党四届三中全会通过了《确定教育目标与改革教育制度案》,规定:"师范大学应脱离大学而单独设立";"教育部择令全国适宜地点,设师范大学两所或三所,各国立大学之教育学院或教育系,概行并入师范大学";"师范教育机关,分简易师范学校、师范学校、师范大学三处,均由政府办理";"师范学校及师范大学,学生修业完毕后,由教育部或省教育厅市教育局指定地点,派往服务,均满始给毕业证书,始得自由应聘或升学。其有规避服务不得力者,取消资格,并缴纳费用"。③ 从而使得高等师范的独立性、免费制和义务服务等规定再一次得到强化,教育学科的价值再次得到肯定,

---

① 舒新城编:《中国近代教育史资料》中册,人民教育出版社 1981 年版,第 682 页。
② 同上,第 694 页。
③ 刘问岫编:《中国师范教育简史》,北京:人民教育出版社 1984 年版,第 84 页。

第七章 近代中国大学教育学科的历史地位

这表明政府和社会日益要求通过教育学科的研究和学习使高等师范学生获得一种专业性的教育技能，进而充分发挥师范教育的特质和作用。高等师范遂渐次恢复，其教育学科不仅有4年制本科，而且还出现了教育研究所、师范研究所，教育学科课程设置越来越丰富，学生竞相入读教育系，教育学科成为高等师范系科中人数最多的学科。不难发现，中国近代高等师范的发展深受日本的影响，而教育学科的发展又和高等师范紧密联系在一起。近代中国师范教育的发展和变迁从一个侧面反映出教育学科的发展和演变。

教育学科在高等师范的支撑地位始终没有改变，它不仅在高等师范已成为一门独立的学科，而且还为全校各学科专业开设教育学、心理学方面的课程，这类课程成为全校的公共必修课，对20世纪上半叶近代中国高等师范的发展起了重要的推动作用，有力地促进了教师教育专业水平的提高。当然，高等师范这种学校组织形式也为教育学科的发展提供了有利的平台，教育学科在高等师范形成了很多特色，主要包括：(1)主辅修制的推行。教育学科由于不能代替基础教育各学科，难以担当培养基础教育各学科师资的重任，为此，高等师范教育学科创造性地采用了主辅修制。如北京高等师范学校升格北平师范大学后即建立了主辅修制，鼓励学生在选修某系为主科的同时，可以选修其他科系的课程，"凡以甲学系为主科者，对于乙学系之科目不论必修与选修，于一定范围内，均得自由选习"①；蓝田师范学院教育学科更是把副科分为10组，并明确规定10组的基本课程和学分。高等师范教育学科采用主辅修制来重点扶植和发展各学科教学点，如语文教学学科、数学教育学科、物理教学学科、化学教育学科、外语教学学科等，分科教材教法研究的分量也明显加重，这些措施加大了造就基础教育各学科师资的力度，形成和强化了高等师范教育学科的特色，这一学术传统一直延续至今。(2)修业年限的延长和调整。随着主辅修制的推行，为加强学生的学科知识和教育素养，"高师改大"后的师范大学实行6年制，前2年是预科，后4年是本科；1938年出台的《师范学院规程》规定教育学科本科生修业年限延长为5年。然而，师范学院教育学科毕业生出路相对狭窄，主要从事教师职业，而当时教师待遇普遍低下，生活清苦，很多中学生本来就视师范专业为畏途，再加上时间一延长，

---

① 《学则概要》，《教育丛刊》，1923年第4期。

师范学院教育学科的招生受到很大的制约,因此,不久又从 5 年改为 4 年。① 到 1948 年,北平师范大学在"师范院校改进委员会会议"上重又提出修业年限应从原来的 4 年延长到 5 年,与会者还一致认为"欲求学生在校达修习完善至两科之任务,亦非增加修业年限不为功"。② 近代高等师范教育学科修业年限的反复调整对我国高等师范教育学科的办学模式产生了深远的影响,从某种意义上讲,今天我国实施和提出的教育硕士学位及"4+X"模式也可以说是以上措施的延续和发展。

确实,近代教育学科因高等师范得到大力发展,而教育学科的发展也巩固了高等师范的地位,两者之间已形成相辅相成的互动关系。诚如某些学者所指出的:"我们为什么要办师范院校来培养教师?就是因为有教育科学的存在。教育学就是综合教育科学基本规律的学问,它在培养合格教师上有极重要的作用。"③然而,今天人们不能以此固步自封,在新一轮教师教育改革的过程中,必须与时俱进,以更加开放的心态对待和处理教育学科与师范教育的关系问题。

(二) 近代中国大学教育学科的"双轨制"及"多元化"问题

在近代中国,教育学科设置在高等师范还是综合性大学,大的论争就有四次。第一次早在清末,师范学堂是隶属于京师大学堂还是单独设置,曾发生过争议,有人认为 1902 年的《钦定京师大学堂章程》曾有仕学馆和师范馆均属京师大学堂的规定,以此为据认为师范学堂就没有单独设置的必要④;最后,由于清政府办新教育需要大量师资,加之当时日本的师范都是独立设置的,所以优级师范学堂单独设置占了上风。第二次论争的焦点是单独设置高等师范还是附设于普通大学。1922 年学制制定前后,中学学习年限增加,学生程度提高,因此,高等师范提高程度已成定局,但高等师范是改为师范大学还是综合性大学则成了论争的焦点。当时形成

---

① 1946 年教育部修正公布《改进师范学院办法》规定师范学院在校修业年限改为 4 年,但离校后须担任实习教师 1 年。
② 《师范院校改进委员会会议记录》,1948 年 10 月 11 日,载于《1946—1948 年多种会议记录》,北京师范大学档案馆,全宗 1,案卷号 72。
③ 陈侠:《关于教育学教材改革问题的思考》,《华东师范大学学报》(教育科学版),1991 年第 4 期。
④ 参见刘捷、谢维和:《栅栏内外——中国高等师范教育百年省思》,北京:北京师范大学出版社 2002 年版,第 177—178 页。

了两派:独立派以李建勋等北京高等师范学校教授为主,主张把高等师范学校升格为师范大学;合并派以郭秉文、许崇清、顾树森等为代表,极力主张把高等师范改为综合性大学。这次论争在 1922 年学制的制定过程中达到高潮,由于新学制明确规定在综合性大学也可设置教育学科,从此综合性大学设置教育学科占了上风。第三次主要是针对高等师范教育,论争的焦点是取消抑或保留高等师范的问题。20 年代末至 30 年代初,有关中学及师范学校教员检定的条例尚未颁布,①社会上普通存在着"人尽可师"的观念。1928 年全国教育会议期间,论争再次燃起,以北平师范大学教授为一方,以胡适等人创办的《独立评论》为另一方,在这次论争中,从教育学角度批评师范大学制度最有代表性的是署名叔永(叔永即任鸿隽——笔者注)的《教育改革声中的师范教育问题》一文。② 1932 年 12 月召开的国民党四届三中全会上,则出现了两种完全不同的提案:一种认为师范大学应脱离大学而单独设立,教育部应设师范大学 2 所或 3 所,各国立大学之教育学院或教育学系概行并入师范大学;另一种则认为师范教育不应另设,以免畸形发展。这次论争的结果是:由于抗战的爆发,各地师资日益紧缺,高等师范教育的地位重新得以确立。第四次发生在 1947 年前后。1946 年,国民政府颁布《改进学院办法》,规定:"国立大学未设师范学院者,得于文学院内增设教育系,并在教育系内设置类似管训部之机构,由教育系主任主持办理师范生一切特殊训练与管训事宜。"③次年,教育界一些人士对高等师范教育的体制和学制的改变纷纷发表意见,这次论争强调师范学院附设于综合性大学内弊多利少,主张师范学院应独立设置的居多数。

纵观以上四次大的论争,从表面看是有关教育学科究竟设置在高等师范还是综合性大学更为合理的问题,但其实质是如何评价教育学科从所谓"封闭型"向"开放型"转化的问题。应该说,这种转化对当时中国来说是合理的,也是顺应历史潮流的。清末,教育学科主要模仿日本设置在师范,形成了相对封闭的、独立的格局和模式。民初新式教育快速发展,例如 1909 年共有中学 438 所,学生 33 881 人,到 1916 年,中学 350 所,表

---

① 《中学及师范学校教员检定暂行规程》和《中学及师范学校教员检定委员会组织规程》于 1934 年颁布。
② 叔永:《教育改革声中的师范教育问题》,《独立评论》第 28 号,1932 年。
③ 李友芝等编:《中国近现代师范教育史资料》第二册,内部材料,第 544 页。

面上似乎减少了,但学生数却达 60 924 人,将近翻一番;①而清末优级师范学堂和民初高等师范学校虽然发展较快,全国高等师范学校在校学生数 1915 年为 1 917 人,毕业学生数为 719 人,到 1918 在校学生数虽达 2 111 人,毕业学生数却仅为 743 人②,远远跟不上中等教育学生数的发展,因此,仅靠高等师范显然无法满足中等学校对师资的需求,综合性大学通过教育学系、教育学院或师范学院的形式参与教师培养,在一定程度上可以缓解当时基础教育师资需求的压力。加之,20 世纪 20 年代以后,随着归国留美学生的增多,他们针对当时国内的现状,倡导引入美国教育模式,杜威、孟禄等人的相继来华,更是起了推波助澜的作用。这一时期美国教育学科的设置呈现一种开放的模式,教育学科除设置在高等师范外,还向综合性大学发展,教育学科大学化的基本路径可以归纳为四个方面:"师范学校向教师学院并最终向综合大学的升格,大学教育学讲座制向教育系再向大学教育学院的转变,文理学院建立教育系,大学直接建立教育学院。"③因此,在近代中国,综合性大学设置教育学科,顺应了当时中国教育改革以模仿美国为主的形势。再者,就教育学科本身而言,从 20 世纪初京师大学堂师范馆设置教育学方面的课程,到清末的优级师范学堂和民初的高等师范学校,教育学科经过二十多年的发展,已积累了一定的学术基础,此时,教育学科要在更高的平台上实现质的飞跃,在学术上以求进一步突破,无疑综合性大学更具优势,因此,在综合性大学设置教育学科符合教育学术自身发展的客观规律以及教育学科学术化的总体趋势。

在近代中国,大学教育学科在体制上不仅形成了"双轨制",即教育学科设置在国立高等师范和国立综合性大学,而且还出现了"多元化"的趋势,这是由中国特殊的国情所决定的。在近代中国,始终存在着师资紧缺的问题。清末民初,随着新式教育的大量出现,大批新式教师成为急需;"高师改大"后,由于高等师范纷纷改为综合性大学,造成中学各科合格教师的匮乏,抗战的爆发后,中小学师资紧缺更为凸显。因此,除了高等

---

① 参见陈学恂主编:《中国近代教育史教学参考资料》下册,北京:人民教育出版社 1987 年版,第 337—346 页。
② 参见璩鑫圭等编:《中国近代教育史资料汇编·实业教育 师范教育》,上海:上海教育出版社 1994 年版,第 907—913 页。
③ 周钧、朱旭东著:《美国教师教育大学化形成的路径研究》,《高等教育研究》,2005 年第 12 期。

师范和国立综合性大学设教育学科外,教会大学、私立大学以及独立教育学院和独立师范专科学校也都设有教育学科,积极参与教师的培养。与此同时,随着大学教育系科的发展,其培养目标日趋多元化,不仅培养教育学科教师、中小学各学科教师、乡村教育和民众教育师资,而且还培养教育研究机构和学校教育研究人员、教育管理机构和学校教育行政人员等,不同的培养目标需要有不同类型的大学为之提供不同的发展空间,从而形成不同层次、不同类型和不同教育体制所需的人才。因此,在近代中国形成了以高等师范教育学科和国立综合性大学教育学科为主体,教会大学教育学科、私立大学教育学科以及独立教育学院和独立师范专科学校教育学科为辅助的"多元化"格局。这种格局从某种意义上讲比美国走得更远、更为开放。

各大学教育学科既相互竞争又相互补充,共同对近代中国大学教育学科的发展起到了积极的推动作用。不同类型的大学教育学科在发展过程中逐渐形成了不同的特色:在高等师范学校,教育学科师生注重环境熏陶、人格训练,重视教学实践技能的培养,教学内容、教学方法、学术研究等都充分考虑到为基础教育服务;综合性大学教育学科在师资队伍建设、课程设置、刊物杂志的发行、培养人才目标的确定等方面,围绕着学术性和专业性展开。此外,教会大学、私立大学、独立教育学院和独立师范专科学校教育学科也都呈现出丰富多彩的文化景观,从而为学科文化的形成创造了有利的条件。

必须指出的是,无论采用"双轨制",还是"多元化",教育学科的设置必须符合国情。譬如说,美国的教育体制是与美国的政治、经济、文化背景相适应的,1900年美国工业总产值跃居世界首位,约占世界工业总产值的百分之三十,成为世界上最富有的工业国;美国工农业的迅速发展,为教育的发展提供了丰厚的物质基础;在美国,不同类型大学的教育学科形成了不同的人才培养目标,适合不同的人才层次的需要。而中国的经济实力、文化背景、教育基础等无法与美国媲美,因此盲目照搬美国模式,必然会带来严重的负面效应。例如,1922年的"高师改大"运动,曾使我国大学一度出现教育学科培养目标定位不明确、学科重复设置等现象,最终导致教师整体素质下降等严重后果。当时许多教育学者分析了因由,有人指出:"因为自从高等师范学校制度取消后,专门训练师资的地方既没有,于是大学毕业不能谋得他项工作者就来中等学校当教员。学力优良者,因缺乏教师的事业的训练,已难获最高的服务效率;学历低劣者,则更不堪言,而不知怎样的应付。"① 庄泽宣在《大学教育学系方针及设施问题》一文也曾提及杭州教育学会分会与会者"多数以为大学教育系兼高师性质恐两败俱伤,故以恢复全国分区设高师为治本上策。"② 直至抗战爆发,随着师资紧缺的加剧,独立高等师范才渐次恢复,教育学科"双轨制"主导下的"多元化"格局才得以巩固,合格师资紧缺的局面稍有缓解。因此,教育学科的设置究竟采取何种模式,必须根据本国的国情,制定出适合本国的经济和教育发展总体水平的大学教育学科制度,否则不免事与愿违。这一点正如王凤喈在《中国师范教育之回顾与前瞻》一文中总结道:"第一、对于已经成立之制度不要轻于改变,一因各种事业须在稳定状态下,方能谋进步,若是制度频易,举棋不定,则进不甚难;二因一种制度之优劣,须经过相当时期,方能判定,若制度时易,优劣难于断定,而改变之结果,多无益于事业之进行。第二、改变制度或政策,须根据科学的调查和研究,须将过去与现在的教育状况,调查清楚,各种现象所以发生之原因,研究明白,使改革办法,确是合乎实际需要。过去之错误,即在对于师范教育制度轻于改变,改变常是依据主观的意见,或系模仿外国,很少是根据客观研究之结果。"③

尽管经过了不少弯路和曲折,近代中国大学教育学科最终形成了"双轨制"主导下的"多元化"格局,这种模式是先后借鉴日本、美国的经验并结合中国的国情,经过了近半个世纪的实践后才得以确立的。这种模式对于9年制义务教育尚未完全普及,东西部地区、城乡之间教育仍存在着很大差距,文化和教育趋向多元化的当代中国,无疑有许多值得借鉴的地方。

(三) 近代中国大学教育学科本土化问题

由于近代中国大学教育学科主要不是直接从教育理论探索以及教育教学实践中产生的,从根本上来说是移植的产物,是"舶来品",是在先后模仿日本、美国体制的基础上形成的,因而近代中国大学教育学科的本土

---

① 陈礼江:《大学教育系任务的商榷》,《教育杂志》第25卷第4号,1935年。
② 庄泽宣:《大学教育系方针及设施问题》,《教育杂志》第24卷第1号,1934年。
③ 王凤喈:《中国师范教育之回顾与前瞻》,《教育杂志》第27卷第1号,1937年。

化特色并不鲜明,甚至可以说大学教育学科自引进之日起至1949年尚未形成具有中国特色的大学教育学科。

其实,自教育学科引进之日起国人就注意到它的实践性。《癸卯学制》特别规定各省优级师范学堂须附设中学与小学,"以备研究普通教育之成法,以图教育进步,为各普通学堂之模范,且以资本学堂学生之实事练习"。优级师范学堂还需附设教育博物馆,"广为搜罗中国及外国之学堂建筑模型图式、学校备品、教授用具、学生成绩品、学事统计规则、教育图书等类,陈列馆中,供本学堂学生考校,并任外来人参观,以期教育之普及修改。"①五四新文化运动前后,当教育学科转而向欧美学习之际,有学者明确提出教育研究要处理好教育理论与教育实际的关系。例如,朱元善在《教育者研究态度之革新》一文指出:"教育之研究,虽分理论与实际两方面。此不过为研究之方便计。决无不根据实际之理论。亦决无不根据理论之实际。理论与实际,犹物之有表里然。岂能孤立者哉。""由国家社会之高处而观察教育。以高深之学识而建设理论实际整合无间之真教育。此乃当今教育革新之第一步。"②20世纪20年代以后,更有部分学者提出了中国教育民族化的问题:"现在中国教育界还有一些的觉悟,觉悟的是:中国的教育必须是中国的,必须是中国教育者自己研究出来的,深闭固柜固然是不可能的,东抄西袭也是徒劳而无功。所以现在国内研究教育的人,尤其是在欧美日本习过教育的留学生,他们研究教育的工作渐渐踏实了,他们高瞻远瞩的眼光也渐渐回顾到本国民族性的优点和劣点,以及本国社会一般民众的实况和需要了。"③随之,很多分支学科明确提出了中国化的问题。就教育哲学学科而言,1934年北京大学教育学系主任吴俊升提出"中国教育需要一种哲学"④,但究竟需要哪一种哲学并未明确说明。几乎与此同时,姜琦发表了《中国需要哪一种哲学》一文,文中明确指出了三民主义是我们中国的哲学和教育的基础。他在《教育哲学》一书的序言中也曾写道:"我们对于三民主义之哲学的解释,把它应用于教育事象之上,而创成一种中国教育哲学"。⑤ 1937年,姜琦又在《教育杂志》

---

① 舒新城编:《中国近代教育史资料》中册,北京:人民教育出版社1985年版,第694—695页。
② 朱元善:《教育者研究态度之革新》,《教育杂志》第10卷第1号,1918年。
③ 刘天予:《我们应当自反的一个重要问题》,《现代教育》,1929年第1期。
④ 吴俊升:《中国教育需要一种哲学》,《大公报》,1934年11月5日。
⑤ 姜琦:《教育哲学》,上海:上海群众图书公司1933年版,"自序"。

上发文指出:"(1)我们若建设一种教育哲学,我们须先确立教育哲学之界说,不使他与从来的'哲学的教育学相混';(2)我们若需要一种中国的教育哲学,我们必须以三民主义为中心思想;(3)我们若是研究中国教育哲学,我们应该采用'实践的民生的辩证法'。"① 30年代末40年代初,张栗原在广东文理学院主讲教育哲学,其讲稿由上海三联书店出版发行,在该书中张栗原明确指出:"我们的教育哲学应该是中国的教育哲学,从我们民族出发的教育哲学"。② 有关教育社会学最早的专著是陶孟和的《社会与教育》,该书是我国第一部明确以教育与社会之关系为研究对象,并较为系统地研究教育社会学的著作,标志着中国教育社会学的诞生。而雷通群《教育社会学》一书则明确提出中国化的问题。他说:"本书的宗旨在使教育社会学成为中国化",③在书中他还力图用教育社会学的理论阐述中国的教育与社会问题,如犯罪、人口素质、贫困、教育机会、民主等。关于教育行政学学科的本土化问题,则由罗廷光在《教育行政》一书中明确指出:"我们不能把国外的教育制度移植过来,同样也不可把外国教育行政书籍直接拿来应用……我们要做开创的工作,要本远到的目光,深邃的见解,认清本国教育行政的问题,运用科学的方法和专门的智能以解答,更当就教育行政之'学'与'术'本身作进一步研究,以树立本门学术之深厚的基础"。④ 该书以中国教育管理问题为主题,运用中国的调查研究和统计材料,讨论中国的教育实际问题。

在各分支学科提出中国化的同时,教育学科研究者和教师曾一度探索中国教育的具体实践,直面中国教育的现实,参加了规模宏大的乡村教育运动、民众教育运动,主要有定县平民教育实验、邹平乡村建设实验、无锡民众教育实验、华西实验区乡村建设实验等。伴随着乡村教育运动、民众教育运动的蓬勃开展,乡村教育问题、民众教育问题引起教育界的广泛关注和重视,反映在大学教育学科建设和学术发展方面,一时间许多大学教育学科纷纷创设乡村教育学科、民众教育学科,如江苏省立教育学院、河南民众师范院、大夏大学社会教育学系、山东乡村建设研究院、湖北省立教育学院民众教育专修科、国立社会教育学院、四川省立教育学院、河

---

① 姜琦:《中国教育哲学之方向的商榷》,《教育杂志》第27卷第4号,1937年。
② 张栗原:《教育哲学》,上海:三联书店1949年版,第72页。
③ 雷通群:《教育社会学》,上海:商务印书馆1933年版,"序"。
④ 罗廷光:《教育行政》上册,上海:商务印书馆1943年版,"自序"。

北县政建设研究院、广西普及国民基础教育研究院等。正如有的学者所说的:"一门学科是否在学校教育内容中占有一席之地,是其研究水平和普及程度的重要标志之一。只有将一门学科纳入教育尤其是高等教育的教学内容中,才有利于研究者之间的相互切磋与合作,形成百家争鸣的学术氛围,进而促进学科的发展,更重要的是有利于培养学科研究与教学的后备力量,以保证学科发展的持续性和活力。"①大学乡村教育学科和民众教育学科的创设,不仅培养了大批乡村教育和民众教育的人才,而且也展开了理论研究,出现了许多有关乡村教育与民众教育的专著。据统计,近代中国出现的有关乡村教育的专著共 29 部,有关民众教育的专著共 39 部。② 乡村教育理论和民众教育理论得到不断充实和提高,并形成了较为系统的民众教育理论体系。尽管大学乡村教育学科和民众教育学科建设取得了不少成绩,然而轰轰烈烈的乡村教育和民众教育运动并未能持久开展和保持活力,本土化的大学乡村教育学科和民众教育学科很快走向衰落,这由多方面的原因所造成。一方面,乡村教育和民众教育为新兴的教育运动,在教育方法上无成法可循,又少先例可援,还没有形成一套行之有效的方法;各大学在实施乡村教育、民众教育时,教育目标并无确定的中心思想,以致步骤不一,收效甚少;在理想与现实之间,有关乡村教育和民众教育的理论在一定程度上超越了当时的国情和民情,超越了当时国民经济的发展水平和受教群体的特殊状况,因而很多民众教育学者的思想和实践仅仅停留在学校和实验区范围之内,或仅仅在局部地区发挥作用。另一方面,由于当时政治腐败、经济贫困,加上抗日战争的全面爆发,抗战胜利后紧接着又是全面内战,长期的战争使得本已窘迫的大学更为捉襟见肘。连俞庆棠也不得不感叹:"民众教育工作者一点一滴的努力,成效是有的,可是抵挡不住帝国主义的侵略,封建势力的压迫;一点一滴的成就,帝国主义的势力一冲进来全都完了。我这么多年来的工作,感到这是个社会制度问题啊!"③尽管乡村教育家和民众教育家们付出了艰辛的努力,但由于各种主客观原因的制肘,大学乡村教育学科和民众教育学科最终未能进一步发展。因此,真正反映近代中国教育实践的独特创

---

① 马和民、高旭平:《教育社会学研究》,上海:上海教育出版社 1998 年版,第 57 页。
② 侯怀银:《20 世纪上半叶中国教育学发展问题的反思》附录三,博士论文,华东师范大学,2001 年。
③ 转引自茅仲英:《俞庆棠》,《中国现代教育家传》第四卷,长沙:湖南教育出版社 1987 年版,第 163 页。

造、从中国教育实践出发所构建并形成的学科十分有限。

总体而言,近代中国大学中反映中国国情的教育学科尚未形成,体现中国特色的原创性理论并不多见,正如近代国人所描述的:"各大学教育科系的教授们,虽然有不少的人在做研究,办学的人也在注意当时社会研究教育的空气,确是欣欣向荣;但大部分力量用于介绍美国教育思想和方法","充其量做的是搬运和验证的工作";①另有一部分大学教育学者把主要精力放在教材的编写上,没有更多去关注中国教育现实状态。因此,廖泰初曾发出如下的感叹和呼唤:"中国教育哲学实在贫乏得可怜,我们需要一种教育哲学,我们需要真正的教育哲学家,我们需要一种根据本国历史背景、目前社会状况和将来世界趋势而产生的教育哲学。"②确实,本土化问题是始终贯穿于近代中国大学教育学科发展的关键问题,也是一直没有解决好的问题。因此,正确处理中国大学教育学科的本土化问题,也是实现当代我国大学教育学科腾飞的关键之所在。

四、后续课题

本书行将脱稿之际,笔者深感关于近代中国大学教育学科的研究,还有许多课题有待进一步探索和阐析。

首先,就近代中国大学教育学科本身而言,本课题力图从师资、课程、教学、人才培养、学术研究等各个方面展示近代中国大学教育学科的真实面貌,但由于史料的限制,对其教学和科研活动未能展开更为具体生动的考察,如京师大学堂师范馆日本教习服部宇之吉所用的教育学教材,笔者费了很大的力气,但始终未能找到;在考察北平师范大学教育研究所的研究活动时,除了李建勋教授的研究成果外,此外还有多种研究成果,由于当时经费所限,未能刊印,这些未能刊印的成果,其学术价值如何?在当时产生了怎样的影响?再如对各大学教育学科的实习、社会调查等教学环节等也由于资料所限,写得比较笼统。为了补充史料的不足,笔者曾设想访谈几位老教育学家,由他们回忆当年在大学教育学科学习、工作等真实情况,但由于这些老教育学家或年事已高,不便访谈,或移居国外,一时

---

① 罗廷光:《教育科学研究大纲》,上海:中华书局1931年版,高君珊"序"。
② 廖泰初:《中国教育研究的回顾与前瞻提要初稿》,《教育学报》,1940年第5期。

难以取得联系等种种原因,致使访谈最终未能实现,这是本研究过程中的遗憾之处。另外,本文侧重介绍了北京高等师范学校、南京高等师范学校、北平师范大学、中央大学、北京大学、西南联大、燕京大学、厦门大学、大夏大学等几所著名大学教育学科,而较少涉及其他大学教育学科的情况,对独立教育学院和独立师范专科学校教育学科的论述则显得更为单薄,这些既是本文的不足之处,又构成未来研究的重要后续课题。

其次,从近代中国大学教育学科与现当代大学教育学科的历史关联看,毫无疑问前者是后者的基础,后者是前者的延伸和发展,建国后尤其在改革开放后至今,在新的历史条件下,中国大学教育学科的建设和发展取得了很大的成就,新的分支学科不断涌现,学科群日趋庞大,教育人类学、教育控制论、教育美学等新的研究领域或方向大大改变了传统大学教育学科的结构。同时,大学教育学科的实践性大大增强,不仅为我国教育方针、政策的制定提供了理论依据,而且在一定程度上有力地促进了学校教育和教学质量的提高,动态的学科发展格局已基本形成。在当代中国大学教育学科不断朝纵深方向发展之际,也存在着不少问题,其中有些还与建国前的问题有惊人的相似之处,如教育学科本土化的问题。当代中国大学教育学科还没有完全摆脱对外国的依赖,原创性不足,很多研究追踪外国亦步亦趋,具体表现在概念的借鉴、体系的确定、术语的使用等,都还存在着西方化的倾向。所以有学者说:"我们似乎以更快的速度,把教育学在中国20世纪上半叶所经历的历史过程,匆匆又跑了一遍。"[①]因此,如何把近代中国大学教育学科的研究与当代中国大学教育学科的改革与发展结合起来?如何把近代中国大学教育学科建设和发展的经验教训作为当代中国大学教育学科发展的历史借鉴?这也是本研究应该进一步探讨的后续课题之一。

---

① 侯怀银:《20世纪上半叶教育学在中国引进的回顾与反思》,《教育研究》,2001年第12期。

主要参考文献

一、基本史料

教育部编. 第一次中国教育年鉴[M]. 上海:开明书店,1934.

教育部编. 第二次中国教育年鉴[M]. 上海:商务印书馆,1948.

张静庐编. 中国近代出版史料(初编、二编、补编)[M]. 北京:中华书局出版,1957.

陈主恂主编. 中国近代教育大事记[M]. 上海:上海教育出版社,1961.

中央教育科学研究所编. 中国现代教育大事记[M]. 北京:教育科学出版社,1988.

舒新城编. 中国近代教育史资料(上、中、下)[M]. 北京:人民教育出版社,1985.

陈学恂主编. 中国近代教育史教学参考资料(上、中、下)[M]. 北京:人民教育出版社,1986.1987.1987.

朱有瓛编. 中国近代学制史料(第一辑上下、第二辑上下、第三辑下、第四辑)[M]. 上海:华东师范大出版社,1983.1987.1987.1989.1992.1993.

潘懋元、刘海峰编. 中国近代教育史资料汇编·高等教育[M]. 上海:上海教育出版社,1993.

璩鑫圭、唐良炎编. 中国近代教育史资料汇编·学制演变[M]. 上海:上海教育出版社,1991.

璩鑫圭等编. 中国近代教育史资料汇编·实业教育 师范教育[M]. 上海:上海教育出版社,1994.

朱有瓛等编. 中国近代教育史资料汇编·教育行政机构及教育团体[M]. 上海:上海教育出版社,2007.

李友芝等编. 中国近现代师范教育史资料(一、二册)[M]. 内部材料.

中国第二历史档案馆编. 中华民国史档案资料汇编(第五辑第一编、第五辑第二编、第三辑)[M]. 南京:江苏古籍出版社,1994.

[日]多贺秋五郎编. 近代中国教育史资料民国编(中册)[M]. 台北:文海

出版社,1976.

罗家伦主编. 革命文献(第五十四辑)[C]. 台北:正中书局,1958.

宋恩荣、章咸选编. 中华民国教育法规选编[M]. 南京:江苏教育出版社,2005.

中国社会科学院世界宗教研究所. 中华归主(下册)[M]. 北京:中国社会科学出版社,1987.

李楚材编. 帝国主义侵华教育史资料·教会教育[M]. 北京:教育科学出版社,1987.

《南大百年实录》编辑组编. 南大百年实录·中央大学史料选(上卷)[M]. 南京:南京大学出版社,2002.

南京大学校史资料选辑[M]. 内部资料,1982.

北京大学、清华大学、南开大学、云南师范大学编. 国立西南联合大学史料(一、二、三、四、五、六卷)[M]. 北京:北京大学出版社,1998.

燕京大学文史资料编委会编. 燕京大学文史资料(第一辑)[C]. 北京:北京大学出版社,1988.

燕京大学文史资料编委会编. 燕京大学文史资料(第三辑)[C]. 北京:北京大学出版社,1990.

王文俊等选编. 南开大学校史资料选(1919—1949)[M]. 天津:南开大学出版社,1989.

黄宗实、郑文贞选编. 厦门大学校史资料(第一辑)[M]. 厦门:厦门大学出版社承印,内部资料,1987.

二、近代教育家原著

张子和编. 大教育学[M]. 上海:商务印书馆,1914.

王炽昌编,郑宗海等校. 教育学[M]. 上海:中华书局,1922.

陶孟和. 社会与教育[M]. 上海:商务印书馆,1922.

庄泽宣. 教育概论[M]. 上海:中华书局,1932.

雷通群. 教育社会学[M]. 上海:商务印书馆,1933.

罗廷光. 教育科学研究大纲[M]. 上海:商务印书馆,1933.

罗廷光. 师范教育新论[M]. 南京:南京书店,1933.

姜琦. 教育哲学[M]. 上海:上海群众图书公司,1933.

姜琦. 现代西洋教育史[M]. 上海:商务印书馆,1935.

吴俊升. 教育哲学大纲[M]. 上海:商务印书馆,1935.

俞庆棠. 民众教育[M]. 南京:正中书局1935.
陈礼江. 民众教育[M]. 南京:江苏教育学院印,1935年.
张宗麟. 教育概论[M]. 上海:商务印书馆,1938.
罗廷光. 教育行政(上册)[M]. 上海:商务印书馆,1943.
陈科美. 教育社会学讲话[M]. 上海:世界书局,1945.
石联星. 教育学概论[M]. 上海:中国文化服务社,1946.
姜琦. 教育学新论[M]. 南京:正中书局,1946.
萧孝嵘. 教育心理学[M]. 南京:正中书局,1947.
徐德春编. 教育通论[M]. 上海:中华书局,1948.
张栗原. 教育哲学[M]. 上海:三联书店,1949.
蒋梦麟. 过渡时代之思想与教育[M]. 上海:商务印书馆1933.
蒋梦麟. 西潮·新潮[M]. 长沙:岳麓书社,2000.
瞿葆奎、郑金洲主编. 二十世纪中国教育名著丛编. 福州:福建教育出版社,2006.
华中师范大学教科所主编. 陶行知全集(第5卷)[M]. 长沙:湖南教育出版社,1985.
中国蔡元培研究会编. 蔡元培全集[M]. 杭州:浙江教育出版社,1998.
朱光潜. 朱光潜全集[M]. 合肥:安徽教育出版社,1993年.
许椿生等编. 李建勋教育论著选[M]. 北京:人民教育出版社,1993.
蔡振生、刘立德编. 陈宝泉教育论著选[M]. 北京:人民教育出版社,1996.
汤才伯主编. 廖世承教育论著选[M]. 北京:人民教育出版社,1992.
刘述礼、黄延复编. 梅贻琦教育论著选[M]. 北京:人民教育出版社,1993.
白吉庵、刘燕云编. 胡适教育论著选[M]. 北京:人民教育出版社,1994.
曲士培编. 蒋梦麟教育论著选[M]. 北京:人民教育出版社,1995.
吕达、刘立德主编. 舒新城教育论著选[M]. 北京:人民教育出版社,2004.
董远骞、施毓英编. 俞子夷教育论著选[M]. 北京:人民教育出版社,1991.
茅仲英主编. 俞庆棠教育论著选[M]. 北京:人民教育出版社,1992.
林志钧主编. 饮冰室合集[M]. 北京:中华书局,1989.
夏东元编. 郑观应集[M]. 上海:上海人民出版社,1982.

三、编著、译著

金林祥主编. 20 世纪中国教育学科的发展与反思[M]. 上海：上海教育出版社，2002.

王坤庆. 20 世纪西方教育学科的发展与反思[M]. 上海：上海世纪出版集团、上海教育出版社，2000.

郑金洲、瞿葆奎. 中国教育学百年[M]. 北京：教育科学出版社，2002.

周谷平. 近代西方教育理论在中国的传播[M]. 广州：广东教育出版社，1996.

杜成宪等. 中国教育史学九十年[M]. 上海：华东师范大学出版社，1998.

陈桂生. 历史的"教育学现象"透视——近代教育学史探索[M]. 北京：人民教育出版社，1998.

王坤庆. 教育学史论纲[M]. 武汉：湖北教育出版社，2000.

唐莹. 教育学[M]. 北京：人民教育出版社，2002.

陈桂生. 元教育学"的探索[M]. 福州：福建教育出版社，2002.

陈桂生. 教育学的建构[M]. 长沙：湖南教育出版社，1998.

叶澜. 教育研究方法论初探[M]. 上海：上海教育出版社，1999.

叶澜主编. 二十世纪中国社会科学——教育学卷[M]. 上海：上海人民出版社，2005.

[美]埃伦·康德利夫·拉格曼. 一门捉摸一定的科学：困扰不断的教育研究的历史[M]. 北京：教育科学出版社，2006.

张焕庭主编. 西方资产阶级论著选[M]. 北京：人民教育出版社，1964.

[德]赫尔巴特. 普通教育学·教育学讲授纲要[M]. 杭州：浙江教育出版社，2002.

[德]拉伊著，沈剑平、瞿葆奎译. 实验教育学[M]. 北京：人民教育出版社，2005.

熊明安. 中华民国教育史[M]. 重庆：重庆出版社，1997.

李华兴主编. 民国教育史[M]. 上海：上海教育出版社，1997.

霍益萍. 近代中国的高等教育[M]. 上海：华东师范大学出版社，1999.

余立、郑登云主编. 中国高等教育史[M]. 上海：华东师范大学出版社，1994.

潘懋元主编. 中国高等教育百年[M]. 广州：广东高等教育出版社，2003.

[加]许美德. 中国大学：1895-1995，一个文化冲突的世纪[M]. 北京：教

育科学出版社,2000.

王凤玉编著. 借鉴与创新——中国近现代高等教育的成长历程[M]. 哈尔滨:黑龙江人民出版社,2002.

金以林. 近代中国大学研究[M]. 北京:中央文献出版社,2000.

熊明安. 中国高等教育史[M]. 重庆:重庆出版社,1983.

曲士培. 中国大学教育发展史[M]. 太原:山西教育出版社,1996.

涂又光. 中国高等教育史[M]. 武汉:湖北教育出版社,1997.

谢桂华主编. 20世纪的中国高等教育·学位制度与研究生教育卷[M]. 北京:高等教育出版社,2003.

陈景磐主编. 中国近现教育家传[C]. 北京:北京师范大学出版社,1987.

周川、黄旭主编. 百年之功-中国近代大学校长的教育家精神[C]. 福州:福建教育出版社,1994.

蔡建国. 蔡元培与近代中国[M]. 上海:上海社会科学院出版社,1997.

郝平. 北京大学创办史实考源[M]. 北京:北京大学出版社,1998.

刘捷、谢维和. 栅栏内外——中国高等师范教育百年省思[M]. 北京:北京师范大学出版社,2002.

胡艳、米靖. 制度的建构与超越——北京师范大学与20世纪的中国师范教育[M]. 北京:北京师范大学出版社,2005.

北京师范大学史编写组编. 北京师范大学校史(1902—1982)[M]. 北京:北京师范大学出版社,1982.

王淑芳、邵红英主编. 师范之光[C]. 北京:北京师范大学出版社,2002.

王淑芳、王晓明主编. 北师大轶事[C]. 北京:北京师范大学出版社,2002.

刘锡庆主编. 我与北师大[C]. 北京:北京师范大学出版社,2002.

马啸风主编. 中国师范教育史[M]. 北京:首都师范大学出版社,2003.

刘问岫编. 中国师范教育简史[M]. 北京:人民教育出版社,1984.

李铁君、马超、冯茁编著. 教师教育概论[M]. 哈尔滨:黑龙江人民出版社,2002.

崔运武. 中国师范教育史[M]. 太原:山西教育出版社,2006.

陈侠. 师范教育和教育科学[C]. 北京:人民教育出版社,1985.

《中国现代教育家传》编委会. 中国现代教育家传(第8卷)[C]. 长沙:湖南教育出版社,1985.

俞立中主编. 师范之师[C]. 上海:华东师范大学出版社,2007.

李溪桥主编. 李蒸纪念文集[C]. 北京:中国社会科学出版社,1996.

何国华. 陶行知教育学[M]. 广州:广东高等教育出版社,1997.

江苏陶行知教育思想研究会编. 纪念陶行知[C]. 长沙:湖南教育出版社,1984.

梁山、李坚、张克谟. 中山大学校史(1924—1949)[M]. 上海:上海教育出版社 1983.

冒荣. 至平至善 鸿声东南——东南大学校长郭秉文[M]. 济南:山东教育出版社,2004.

王德滋主编. 南京大学百年史[M]. 南京:南京大学出版社,2002.

朱斐主编. 东南大学史(第一卷)[M]. 南京:东南大学出版社,1991.

朱一雄主编. 东南大学学校校史研究[M]. 南京:东南大学出版社,1989.

萧超然等编. 北京大学校史(1898—1949)[M]. 上海:上海教育出版社,1981.

西南联合大学北京校友会编. 国立西南联合大学校史[M]. 北京:北京大学出版社,1996.

谢泳、智效民. 逝去的大学[C]. 北京:同心出版社,2005.

李振东. 北大的校长们[C]. 北京:中国经济出版社,2003.

罗德真、罗一真编. 秉烛沧桑——教育学家罗炳之[C]. 南京:南京大学出版社,2002.

王世儒、闻笛编. 我与北大[C]. 北京:北京大学出版社,1998.

张玮瑛、王百强、钱辛波. 燕京大学史稿[M]. 北京:人民中国出版社,1999.

张宪文. 金陵大学史[M]. 南京:南京大学出版社,2002.

[美]杰西·格·卢茨. 中国教会大学史[M]. 杭州:浙江教育出版社,1987.

[美]乔纳森·斯潘塞著,曹德骏等译. 改变中国[M]. 上海:三联书店,1990.

史静寰. 狄考文与司徒雷登[M]. 珠海:珠海出版社,1999.

谭双泉. 教会大学在近现代中国[M]. 长沙:湖南教育出版社,1995.

顾长声. 传教士与近代中国[M]. 上海:上海世纪出版集团、上海人民出版社,2004.

何晓夏、史静寰. 教会学校与中国教育近代化[M]. 广州:广东教育出版社,1996.

高时良. 中国教会学校史[M]. 长沙:湖南教育出版社,1994.

[美]司徒雷登. 在华五十年[M]. 北京:北京出版社,1982.

罗义贤. 司徒雷登与燕京大学[M]. 贵阳:贵州人民出版社,2005.

[美]蔡路得. 金陵女子大学[M]. 珠海:珠海出版社,1999.

朱峰. 基督教与近代中国女子高等教育[M]. 福州:福建教育出版社,2002.

史静寰、王立新. 基督教育与中国知识分子[M]. 福州:福建教育出版社,1998.

吴洪成. 中国教会教育史[M]. 重庆:西南师范大学出版社,1998.

[美]柯约翰. 华中大学[M]. 武汉:华中师范大学出版社,2003.

黄新宪. 基督教教育与中国社会变迁[M]. 福州:福建教育出版社,1996.

吴梓明. 基督宗教与中国大学教育[M]. 北京:中国社会科学出版社,2003.

胡卫清. 普遍主义的挑战[M]. 上海:上海人民出版社,2000.

刘家峰、刘天路. 抗日战争时期的基督教大学[M]. 福州:福建教育出版社,2003.

熊月之、周武主编. 圣约翰大学史[M]. 上海:上海人民出版社,2007.

燕京研究所编. 燕京大学人物誌(第一辑)[C]. 北京:北京大学出版社,2001.

南开大学校史编写组. 南开大学校史[M]. 天津:南开大学出版社,1989.

洪永宏编著. 厦门大学校史(第一卷)[M]. 厦门:厦门大学出版社,1990.

厦门大学校史编委会. 厦门大学院系馆所简史(1921—1987)[M]. 厦门:厦门大学出版社,1990.

私立武昌中华大学校史组. 中华大学[M]. 武汉:华中师范大学出版社,2003.

潘懋元口述,肖海涛、殷小平整理. 潘懋元教育口述史[M]. 北京:北京师范大学出版社,2007年.

田正平. 留学生与中国教育近代化[M]. 广州:广东教育出版社,1996.

卫道治主编. 中外教育交流史[M]. 长沙:湖南教育出版社,1998.

田正平主编. 中外教育交流史[M]. 广州:广东教育出版社,2004.

[加]许美德、[法]巴斯蒂等. 中外比较教育史[M]. 上海:上海人民出版

社,1990.

[日]阿部洋. 中国近代学校史研究[M]. 东京:东京福村出版株式会社,1993.

汪向荣. 日本教习[M]. 北京:中国青年出版社,2000.

[日]实藤惠秀. 中国人留学日本史[M]. 北京:生活·读书·新知三联书店出版社,1983.

宋秋蓉. 近代中国私立大学研究[M]. 天津:天津人民出版社,2003.

王炳照主编. 中国私学、私立学校、民办教育研究[M]. 济南:山东教育出版社,2002.

藏履谦编辑. 学府纪闻:私立大夏大学[C]. 台北:南京出版有限公司,1982.

张德龙主编. 大夏大学建校七十周年纪念[C]. 内部资料,1994.

政协西南地区文史资料协作会议编. 抗战时期内迁西南的高等院校[C]. 贵阳:贵州民族出版社,1988.

大夏大学编. 大夏大学一览[C]. 内部资料,1931.

陈科美主编. 上海近代教育史(1843—1949)[M]. 上海:上海教育出版社,2003.

金忠明等主编. 中国民办教育史[M]. 北京:中国社会科学出版社,2003.

复旦大学校史编写组编. 复旦大学志(第一卷 1905—1949 年)[M]. 上海:复旦大学出版社,1985.

田正平主编. 中国教育史研究(近代分卷)[M]. 上海:华东师范大学出版社,2001.

施良方. 课程理论——课程的基础、原理与问题[M]. 北京:教育科学出版社,1996.

钱曼倩、金林祥主编. 中国近代学制比较研究[M]. 广州:广东教育出版社,1996.

忻福良. 高等专科教育学[M]. 太原:山西教育出版社,1993.

忻福良等编. 上海高等学校沿革[M]. 上海:同济大学出版社,1992.

李钧. 中国高等专科教育发展史[M]. 上海:学林出版社,2005.

庞青山. 大学学科论[M]. 广州:广东教育出版社,2006.

[美]华勒斯坦等著. 学科·知识·权力[M]. 北京:生活·读书·新知三联书店,1999.

万力维.控制与分等——大学学科制度的权力逻辑[M].南京:南京师范大学出版社,2005.

陈燮君.学科学导论——学科发展理论探索[M].上海:三联书店上海分店出版,1991.

李铁君.大学学科建设与发展论纲[M].北京:中国社会科学出版社,2004.

毛祖桓.教育学科体系的结构研究[M].北京:中央民族大学出版社,1999.

张诗亚、王伟廉.教育科学学初探[M].成都:四川教育出版,1990.

熊贤君.俞庆棠教育思想研究[M].沈阳:辽宁教育出版社,1997.

熊明安、周洪宇主编.中国近现代教育实验史[M].济南:山东教育出版社,2001.

陈永明编著.日本教育——中日教育比较与展望[M].北京:高等教育出版社,2003.

王桂编著.日本教育史[M].长春:吉林教育出版社,1987.

周洪宇主编.学位与研究生教育史[M].北京:高等教育出版社,2004.

王雷.中国近代社会教育史[M].北京:人民教育出版社,2003.

四、论文

雷尧珠.试论我国教育学的发展[J].华东师范大学学报(教科版),1984,(2).

瞿葆奎、喻立森.教育学逻辑起点的历史考察[J].教育研究,1986,(11).

叶澜.关于加强教育科学"自我意识"的思考[J].华东师范大学学报(教科版),1987,(3).

周谷平.近代西方教育学在中国的传播及其影响[J].华东师范大学学报(教科版),1991,(3).

陈元晖.中国教育学七十年[J].北京师范大学学报(社会科学版),1991,(1).

瞿葆奎.中国教育学百年(上)[J].教育研究,1998,(2).

郑金洲.我国教育系科发展史略[J].华东师范大学学报(教育科学版),1999,(4).

黄济.20世纪中国教育学科的发展[J].北京师范大学学报(人文社会科学版),2000,(1).

贾永堂. 论教育学理论及其在近代发展的阶段与特点[J]. 华东师范大学学报(教科版),1989,(4).

张启航等. 教育学体系的历史考察[J]. 辽宁师范大学学报,1988,(1).

蔡振生. 近代译介西方教育的历史考察[J]. 北京师范大学学报,1989,(2).

苏云峰. 近代中国教育思想之演变[J]. 台湾近代史研究所集刊,第10期.

陈桂生. 教育学的迷惘与迷惘的教育学[J]. 华东师范大学学报(教科版),1989,(3).

郑师渠. 论京师大学堂师范馆[J]. 北京师范大学学报(人文社会科学版),2002,(5).

夏金元. 近代中国高等师范教育制度的沿革[J]. 辽宁师范大学学报(社会科学版),2002,(3).

胡艳. 北京师范大学与中国现代师范教育制度的建立[J]. 高等师范教育研究,2002,(6).

胡艳. 新形势下大学教育学院的功能[J]. 北京师范大学学报(社会科学版),2006,(6).

胡艳. 封闭或开放——记20世纪20、30年代对教师培养模式的争论[J]. 教师教育研究,2005,(4).

胡艳. 清末、民国时期的免费师范生制度[J]. 中国教师,2007,(6).

马超山. 浅谈中国师范教育体制的变革[J]. 辽宁师范大学学报(社科版),1994,(6).

王建军. 论中国近代高等师范教育模式的演变[J]. 华东师范大学学报(教育科学版),1998,(1).

王建军. 中国师范教育百年简论[J]. 河北师范大学学报(教育科学版),2002,(4).

崔运武、郑登云. 论清末民初的高等师范教育[J]. 教育史研究,1999,(2).

刘捷. "高师改大运动"及其现代价值研究[J]. 高等师范教育研究,2001,(3).

汪兆悌、蔡振生. 我国高等师范教育独立体制的历史考察[J]. 北京师范大学学报,1984,(4).

李剑萍. 中国近代师范教育争论问题的透视[J]. 华东师范大学学报(教育科学版),1996,(3).

李剑萍. 中国近代师范教育的中国化历程[J]. 高等师范教育研究,1998,(2).

孔春辉. 廖世承创办国立师范学院的因由及其经过[J]. 湖南师范大学教育科学学报,2006,(5).

孔春辉. 廖世承在国立师范学院的社会教育实践[J]. 湖南师范大学教育科学学报,2007,(5).

周慧梅. 民国时期社会教育师资的培养方式及其特征[J]. 教师教育研究,2007,(4).

李兴韵. 杜威、孟禄访华与中国高等教育界的派别纷争[J]. 北京大学教育评论,2007,(5).

王楠. 东西文化的碰撞——中国近代大学的创建[J]. 西安电子科技大学学报(社会科学版),2004,(3).

王建华. 中国近代大学的形成与发展——大学校长的视角[J]. 清华大学教育研究,2000,(4).

刘剑虹. 我国近代综合性大学的发展历程与办学经验[J]. 宁波大学学报(教育科学版),2004,(5).

宋秋蓉. 私立大学与近代中国的社会转型[J]. 华东师范大学学报(教育科学版),2004,(3).

阎光才. 民国时期我国私立高等教育的发展过程、特点及启示[J]. 煤炭高等教育,1997,(1).

田正平. 关于中国私立高等学校的几点思考[J]. 北京大学教育评论,2003,(1).

谭献民. 教会大学与中国高等教育近代化[J]. 长沙水电师院社会科学学报,1995,(2).

瞿葆奎. 关于教育学"中国化"问题[J]. 华东师范大学学报(人文科学版),1957,(4).

陈桂生. 略论教育学"中国化"现象[J]. 教育研究与实践,1994,(4).

侯怀银. 20世纪上半叶中国教育学发展的基本历程[J]. 山西大学学报(哲社版),2002,(6).

侯怀银. 20世纪上半叶中国教育学科科学化思潮述评[J]. 教育理论与实

践,2003,(9).

侯怀银. 20世纪上半叶中国教育学在中国引进的回顾与反思[J]. 教育研究,2001,(12).

侯怀银. 20世纪上半叶中国教育学者对教育学学科独立性的研究[J]. 教育研究,2003,(4).

侯怀银. 我国教育学的学术建设初探[J]. 中国教育学刊,1999,(4).

黄志平. 20世纪上半叶中国教育学范式的发展历程[J]. 内蒙古师范大学学报(教育科学版),2005,(3).

李国庆、张正锋. 论高等师范院校的师范性[J]. 教育研究,2002,(8).

陈桂生. 略论教育学"中国化"现象[J]. 教育理论与实践,1994,(4).

周钧、朱旭东. 美国教师教育大学化形成的路径研究[J]. 高等教育研究,2005,(12).

周钧. 历史社会学视角的美国大学教育学院研究——评教育学院之困境[J]. 教育学报,2006,(2).

肖朗. 王国维与西方教育学理论的导入[J]. 浙江大学学报(人文社科版),2000,(6).

肖朗. 异源同流,殊途同归——严复和王国维导入西方教育学说的比较研究[J]. 华东师范大学学报(教育科学版),2001,(4).

肖朗. 中国近代大学学科体系的形成——从"四部之学"到"七科之学"的转型[J]. 高等教育研究,2001,(6).

肖朗. 康德与西方大学教育学讲座的开设[J]. 华东师范大学学报(教育科学版),2003,(1).

肖朗、叶志坚. 王国维与赫尔巴特教育学说的导入[J]. 华东师范大学学报(教科版),2004,(4).

肖朗、项建英. 近代教会大学教育学科的建立与发展[J]. 高等教育研究,2005,(4).

肖朗、项建英. 近代高等师范学校教育学科的建立与发展——以北高师和南高师为中心[J]. 华东师范大学学报(教科版),2006,(1).

项建英. 试论近代教会大学教育学科的师资[J]. 浙江师范大学学报(社会科学版),2005,(5).

项建英. 近代综合性大学教育学科论略[J]. 高教探索,2006,(5).

项建英. 近代私立大学教育学科的建立与发展[J]. 高教探索,2007,(2).

项建英. 近代学制与大学教育学科的发展[J]. 江苏高教,2007,(3).
项建英. 卜舫济的大学教育思想及办学实践[J]. 高教探索,2008,(2).
项建英. 教育"科学化"运动与近代中国大学教育学科的发展[J]. 现代大学教育,2009,(5).
项建英. 论近代中国大学教育学科设置模式嬗变[J]. 江苏高教,2009,(3).
肖朗,项建英. 学术史视野中的近代中国大学教育学科[J]. 社会科学战线,2009,(9).
项建英. 近代教会大学教育学科的缘起及其特征[J]. 高教探索,2010,(1).

五、未刊学位论文

侯怀银. 20世纪上半叶中国教育学发展问题研究[D]. 博士学位论文,华东师范大学,2001.
周晔. 教育期刊与中国近代教育[D]. 博士学位论文,浙江大学,2005.
施峥. 中国近代警察教育研究[D]. 博士学位论文,浙江大学,2007.
黄国庭. 江苏公立民众教育研究(1927－1937年)[M]. 硕士学位论文,华南师范大学,2005.
董德宝. 中国近代心理学家的教育活动[M]. 硕士学位论文,河北大学,2006.
江丽云. 日本近现代教师教育发展研究[M]. 硕士学位论文,华中师范大学,2004.
冉春. 抗战时期国立师范学院的设立及其历史评析[M]. 硕士学位论文,华中师范大学,2004.
孔春辉. 廖世承在国立师范学院的办学思想及实践研究[M]. 硕士学位论文,湖南师范大学,2006.

六、报刊

《教育世界》
《教育杂志》
《新教育》
《中华教育界》
《教育通讯》

《民众与教育》
《独立评论》
《师大月刊》
《国师季刊》
《国立师范学院旬刊》
《高等教育季刊》
《京报》
《北平晨报》

七、工具书

顾明远主编. 教育大辞典(上、下)[M]. 上海:上海教育出版社,1998.

张宪文主编. 中华民国史大辞典(上、下)[M]. 南京:江苏古籍出版社,2001.

徐友春主编. 民国人物大辞典[M]. 石家庄:河北人民出版社,1991.

宋嗣廉、韩力学主编. 中国师范教育通览(上、中、下卷)[M]. 长春:东北师范大学出版社,1998.

大百科全书出版社编辑部编. 大百科全书·教育[M]. 北京:大百科全书出版社,1985.

中国百科大辞典编委会编. 中国百科大辞典[M]. 北京:华夏出版社,1990.

后记

本书是在我的博士论文的基础上修改而成。对于近代中国大学教育学科的研究,本人一直存在着浓厚的学术兴趣。近代中国各类大学教育学科,它们究竟设置了哪些课程?采用什么教学方法?使用什么教材?培养出来的研究生质量如何?成立了哪些学术机构?进行了哪些学术研究?各类不同性质的大学其教育学科又有什么特点?等等。这些问题一直吸引着我去探索、去深思。为探明真相,搜寻第一手可靠资料,我跑遍了北京、上海、南京等各大图书馆,对浩如烟海的史料进行了细细的爬梳,钩玄稽沉,几易数稿。其间,时感底蕴不足,步履蹒跚,但在课题研究过程中,得到了我的导师肖朗教授的不断点拨和鼓励,使我及时走出迷雾,认清了方向。导师做学问,注重积累,严谨踏实;导师为人,谦逊随和,淡泊名利。虽然已毕业 4 年,但导师还经常打电话关心我的学业,希望我能在博士论文的基础上,进一步修改,使书稿质量得到明显提升。所以,每当我懈怠的时候,导师的谆谆话语总是激励我不断地上进,不断地追求,不断地奋发。在这里,真的不知用什么话语来表达我的感激之情,今后惟以加倍的努力来报答导师对我的培养和扶植,方不负恩师对我的厚爱。

这本书稿也倾注了很多学者专家的心力。孙培青教授、杜成宪教授、田正平教授、周谷平教授、刘正伟教授、张彬教授、商丽浩教授、赵卫平教授、汪辉副教授等,他们给我提了很多宝贵的建议,使我受益良多。在此谨向他们致以诚挚的谢意!

这里,我也要特别感谢我的丈夫余骏及女儿余樾,他们的默默支持是我努力工作的最大动力。没有他们的支持,我不可能在宽松、温馨的家庭氛围中从事课题研究。可以说,这部文稿中也凝结着他们的付出和努力。

同时,书稿在撰写过程中,参考和引用了前辈先贤的大量研究成果,已在书中标注,在此一并感谢。由于学识有限,疏漏和错误在所难免,恳请专家和读者批评指正。

项建英
2011 年 4 月记于金华

图书在版编目(CIP)数据

近代中国大学教育学科研究/项建英著.
——上海:华东师范大学出版社,2012.3
ISBN 978-7-5617-9305-3

Ⅰ.①近… Ⅱ.①项… Ⅲ.①高等学校—学科建设—研究—中国—近代 Ⅳ.①G642.3

中国版本图书馆CIP数据核字(2012)第023084号

近代中国大学教育学科研究
项建英 著

责任编辑	倪为国
特约编辑	钱 健
封面设计	卢晓红
责任制作	肖梅兰

出版发行	华东师范大学出版社
社 址	上海市中山北路3663号 邮编 200062
网 址	www.ecnupress.com.cn
电 话	021—62450163 转各部门 行政传真 021—62572105
客服电话	021—62865537 (兼传真)
门市(邮购)电话	021—62869887 地址 上海市中山北路3663号华东师范大学校内先锋路口
网 店	http://hdsdcbs.tmall.com
印 刷 者	上海市印刷十厂有限公司
开 本	787×1092 1/16
印 张	19.75
字 数	285千字
版 次	2012年3月第1版
印 次	2012年3月第1次
书 号	ISBN 978-7-5617-9305-3/G·5562
定 价	38.00元
出 版 人	朱杰人

(如发现本版图书有印订质量问题,请寄回本社客服中心调换或电话021-62865537联系)